普通高等教育"十二五"国家级规划教材
高等职业教育旅游专业基础课教材

旅游宗教文化

LÜYOU ZONGJIAO WENHUA

（第6版）

沈祖祥　李　萌　主编

北京·旅游教育出版社

前言

旅游与宗教有着密切的联系,俗话说:"天下名山僧占多。"国内外的宗教圣地和宗教人物活动场所,无一不是闻名遐迩的旅游胜地。凡是宗教文化遗存之地,无一不是翠枝如黛、碧草如茵、环境清幽、景色宜人、游人如织。旅游者也好,旅游从业人员也好,如果缺乏系统而丰富的宗教文化知识,就无法系统深入地理解和阐释作为世界文化遗产之一的宗教文化和宗教旅游资源的旅游意蕴。所以发展旅游事业离不开宗教文化。

遗憾的是,在旅游活动中具有举足轻重的地位和影响的宗教文化,竟没有引起旅游界足够的重视和关注。在此之前,国内还没有一本关于旅游与宗教文化的专门教材和研究著作,哪怕是普及读物也没有。国内旅游院校虽然都开设了《旅游宗教文化》课程,但所用教材都是其他宗教类书籍,与旅游缺乏相应的联系。

《旅游宗教文化》是我国第一部从旅游角度探讨宗教文化及其旅游资源的教材和著作,它综合运用了旅游学、宗教学、美学等学科的理论知识,是旅游者和旅游从业人员深入认识和实际开发利用宗教文化及其旅游资源的重要参考书籍和资料。

本书主编沈祖祥,1985年毕业于上海复旦大学历史系,现为复旦大学旅游系副教授,专业从事旅游文化教学与研究,擅长旅游策划,主持各类旅游策划项目300余项;李萌,现为中国社会科学院—上海市人民政府上海研究院研究员,主要研究文化旅游产业,创新型产业人才开发与培养等。本书其他参编人员还有:乌姗姗、陆伟峰、章怡芳等。

作为我国第一部从旅游角度探讨宗教文化及其旅游资源的教材和著作,本书具有如下特点:

第一,主题鲜明,重点突出。

在我国辽阔的土地上,曾先后有佛教、基督教、伊斯兰教、道教、东正教、摩尼教、犹太教等数十种宗教存在过,《旅游宗教文化》有选择地介绍与旅游关系最密切、影响最广泛的佛教、道教、基督教和伊斯兰教,以突出重点,便于学习。本书从旅游角度出发探讨旅游宗教文化,篇幅最多的是佛教文化艺术、佛教名山古刹、道教名山、道教宫观建筑物、基督教教堂、伊斯兰教建筑,以及宗教节日与穆斯林的生活习俗,而这些正是旅游过程中旅游者最常接触和迫切想了解的。

第二,布局合理,深入浅出。

本书结构合理,布局恰到好处,不论是佛教、基督教,还是道教、伊斯兰教,都能介绍得深入浅出,疏而不漏,难易适中。同时文笔流畅,不像一些宗教文化教材和著作那样枯燥。

第3版的修订,除修改了书中原有的差错外,结合时代的发展、学生需求的变化,对书中的一些内容进行了更新和增减;同时,为了强化内容和学生未来实际工作的联系性,在保证原有教材内容连贯性的基础上,结合高职学生发展实际,以够用、适用为原则,弱化了部分过于冗长的理论介绍内容。

第4版修订除修改部分差错、调整体例外,新增加了"民间信仰"一章内容。

第5版修订除修改部分差错、更改过时的提法外,增加了"宗教旅游学理论"一章内容,提纲挈领,纲举目张,为宗教旅游学学科建设做基础。

第6版修订除修改部分差错、删除过时的提法外,顺应案例教学趋势,新增了"旅游宗教文化教学案例"一章内容。

沈祖祥　李萌

2017年4月3日于上海

目　录

第一章　宗教旅游学理论 … 1
   第一节　宗教旅游的迅速崛起 … 1
   第二节　宗教与旅游:互为依存 … 6
   第三节　宗教旅游:概念、对象与内容 … 8
   第四节　宗教旅游资源:概念及类型 … 10
   第五节　宗教旅游的研究方法与研究意义 … 15

第二章　佛　教 … 17
   第一节　佛教的产生和发展 … 18
   第二节　佛教的教义和神阶 … 25
   第三节　佛教文化艺术 … 44
   第四节　佛教名山古刹 … 70

第三章　道　教 … 106
   第一节　道教的由来及其发展 … 107
   第二节　道教的基本教义 … 117
   第三节　道教的神仙谱系 … 121
   第四节　道教名山 … 129
   第五节　道教宫观 … 142

第四章　基　督　教 … 152
   第一节　基督教概况 … 152
   第二节　基督教的经典和教义 … 157
   第三节　基督教在中国 … 158
   第四节　基督教教堂 … 161

第五节 基督教的礼仪和节日 …………………………………… 169

第五章 伊斯兰教 ………………………………………………… 174
第一节 伊斯兰教的兴起与外传 ………………………………… 174
第二节 伊斯兰教的基本教义与制度 …………………………… 177
第三节 伊斯兰教建筑 …………………………………………… 181
第四节 宗教节日与穆斯林的生活习俗 ………………………… 189

第六章 民间信仰 ………………………………………………… 196
第一节 中国民间信仰概况 ……………………………………… 196
第二节 中国民间信仰中最为常见的神灵 ……………………… 199
第三节 旅游与中国民间信仰的关系 …………………………… 204

第七章 宗教文化旅游资源的开发与利用 ……………………… 216
第一节 宗教文化旅游资源的基本特征 ………………………… 217
第二节 宗教文化旅游资源的旅游价值 ………………………… 218
第三节 宗教文化旅游资源开发应遵循的原则 ………………… 219
第四节 宗教文化旅游资源开发应注意的问题 ………………… 221

第八章 旅游宗教文化教学案例 ………………………………… 225
第一节 以河南巩义河洛汇流景区为例 ………………………… 225
第二节 以四川平武报恩寺为例 ………………………………… 234

第一章 宗教旅游学理论

引言

宗教与旅游不仅有缘,而且有着双向促进和依赖的作用。宗教是现代旅游业赖以存在和发展的基础,作为宗教文化醒目标志的宗教名山、名观、名寺、名塔、名窟、名宫、名殿,已经成为我国最具有神秘感、诱惑力和吸引力的旅游资源,并演变成为旅游文化客体的一种。笔者从学科建设的高度,在国内首次对宗教旅游的概念、内涵、对象及学科性质、研究内容进行系统研究,构建起了宗教旅游学学科理论体系,为旅游宗教文化奠定了理论根基。

学习目标

了解宗教旅游的概念、内涵,宗教旅游的研究对象,建立宗教旅游的学科理论体系。

理论是学科的基石,一门学科只有当它形成了自己独有的理论,才会因特立独行而感到自在,这便是一门学科的活力所在。

宗教旅游在当代迅速崛起,并逐渐发展成为旅游学的一门分支学科,进入学术界的研究视野,彰显了宗教文化的魅力。

第一节 宗教旅游的迅速崛起

宗教旅游在中国从开始出现,到进入学术研究视野,跻身旅游学,最后成为一门"新学",前后经历了30多年时间。宗教旅游在中国迅速崛起。

一、从自发的探索到自觉的超越

宗教旅游迅速崛起,是中国旅游立足自身谋求发展,从自发的探索到自觉的超越,有其深刻而复杂的背景。

1. 旅游产业转型发展的背景

中国是世界上旅游产业发展最快的国家之一。自20世纪80年代以来,随着世界经济的快速增长和科学技术的全面进步,中国旅游业进入了一个快速、持续、高速增长的阶段。1998年召开的中央经济工作会议确定把旅游业定为国民经济新的增长点,从而为旅游业的发展营造了更加宽松的政策环境。2003年,国务院总理温家宝强调要"把旅游业培育成为中国国民经济的重要产业",表明了党中央、国务院对旅游产业的高度重视和支持。"十三五"以来,中央和地方更是把发展旅游业放到了前所未有的战略地位,特别是2016年1月19日国家旅游局李金早局长在全国旅游工作会议上提出,中国旅游要实现从"景点旅游"到"全域旅游"的转变,为旅游产业发展提供了历史性机遇。今后相当长一段时期,将是我国旅游产业发展的黄金时期。加快旅游发展,是贯彻落实科学发展观,构建和谐社会,全面建设小康社会的重要内容,对推动经济、社会全面协调、可持续发展,实现经济社会的跨越式发展有着极其重要的意义。

然而,制约中国旅游产业发展的瓶颈依然十分突出:旅游产业散、乱、弱、小、集约化程度不高,真正具有竞争力、高集约化的大型旅游企业并不多,结构问题突出,创新能力不足,旅游产品模式仍旧传统、单一。归根结底,则是文化内涵严重缺失。

直面旅游问题,攻坚克难,需要勇气,更需要智慧。宗教旅游以其独特的意义和方法可以帮助解决中国旅游产业发展中出现的文化问题。

2. 文化需求日益增长的背景

文化是人类文明的标志,是一个时代社会发展的缩影。一个国家或者地区在长期的发展中,经过反复的积累和选择,必然形成包含丰富历史内涵和时代气息的文化,并成为支撑当代社会发展的内在力量。

20世纪,世界上还没有几个国家能够清晰地意识到,在当代信息社会里,一个国家的经济和社会的命运如此紧密地联系甚至取决于文化;很少有人能认识到,在当今世界,文化对一个国家发展的重要意义。

2008年全球金融危机爆发以后,欧美的实体经济都不同程度地遭受重创,但文化产业的经济动力作用却得到了很好的发挥,使国民经济中的比重和作用更加凸显。历史经验表明,一个国家或地区爆发金融危机或进入经济困难的时期,恰恰是其经济结构调整的最佳时机。当今世界旅游发展的一个重要趋势就是旅游与文化日益融合,文化的需求带动了经济社会的发展,文化产业作为一种国家文化的基本形态,不仅是国家参与世界竞争的"软实力"之一,而且越来越成为一种强大的产业实体。

当全球生产力的发展已经到了靠文化赚钱的时代,当几乎每个行业都无法再靠简单的资源与外部竞争的时候,独特创意所形成的创新逐步成为生存和发展的唯一出路。伴随着旅游全球化、发展多极化、产业多元化的发展趋势,世界范围内的旅游产业的竞争日益激烈,文化在旅游发展中将发挥越来越重要的作用。在众多旅游需求和动机中,文化将成为中国旅游继续高速发展的强动力、旺需求。

二、从古代的风生水起到现代的风起云涌

宗教旅游由来已久。魏晋南北朝时期的宗教主要是佛教和道教。佛教在西汉末年传入中国,到魏晋南北朝时,佛教及寺院经济已逐步发展起来,并很快顺应当时的玄谈风气,依附玄理,深受文人士大夫的欢迎。佛教作为外来宗教遂和玄学并驾齐驱,一同渗透中国的政治、经济、思想、文化、艺术各个领域,和中国的旅游文化结下了不解之缘。

宗教旅游,是一种让人生在山水中超脱,放灵魂于自然中净化,并产生浓郁的思辨哲理、壮志宏愿的旅行学习活动。具体可分为两种:一种是为传经、取经开展的修学旅游;另一种是为居静休闲、清谈佛理而开展的山水旅游。

西晋末年,西域龟兹的游僧佛图澄来到洛阳,他因善念神咒、解经文、弄方技而得到统治者的信任,在今河北临漳、河南安阳地区说法、传教。来华弘扬佛法的西域僧人还有安清(字世高)、支谶。安清在华20余年,用中文翻译佛门经义,人称"普见菩萨";支谶是大月氏人,汉桓帝时来到中国,他翻译的经书译文平实,玄理深远,被称为"月氏菩萨"。佛图澄之后,在北朝较有影响的是鸠摩罗什。他弘扬佛教,广出妙典,共讲译经籍38部、294卷,使北朝的佛教发展又上了一个台阶。天竺(印度)来的外国僧人中,对我国佛教及文化影响较大的是达摩。在少林寺,他开创了静坐修行的佛教禅宗派,创立了少林武术。如今少林寺里仍有许多关于他的传说故事、壁画和浮雕等,为后世提供了不可多得的人文旅游资源。这些僧人的来华形成了外国教徒东行传法的风潮,也加快了我国僧人西行求法的游方步伐。

朱士行是我国魏晋之际为搜寻法典而游方国外的第一人。他深感汉代所出《道行经》的译理不尽,上下文缺乏连贯,为寻找原本书,西行求法,行程5850公里,抄写到90章正品梵书,计60余万言。继他之后,先后约有50多位僧人分别去西域、印度等地求法,其中,最有代表性的是法显西行。法显为西晋名僧,因佛经中的戒律残缺不全而立志求法。他不顾65岁的高龄毅然西行,到印度求经学法,游历佛教遗迹并学习梵文梵语,之后又到斯里兰卡继续进修佛学,学成之后携带大量经卷由海路回国,途中被狂风巨浪吹到了印度尼西亚。14年后,法显历尽千辛万苦

回到国内,一边着手整理经卷,一边撰写《佛国记》,记录下了当时我国的西北部地区以及印度、巴基斯坦、斯里兰卡、印度尼西亚等地的物产、风俗、宗教和地理状况,该书成为考察研究南亚古代史的重要著作和珍贵的旅游地理文献。之后还有释法献、僧道荣、惠生、道邃等的出游,并均记下了域外的经历和见闻。中外僧侣的佛学旅游,为雄奇深沉的中国旅游文化增添了新的色彩和活力。

在山水中居静休闲、清谈佛理的僧人有于法兰、支道林、释道安、释慧远等。于法兰曾与西域高僧竺法护同隐一山,后隐居于浙江剡县(今嵊州)石城山。支道林也隐居于石城山,并在山上建造了栖光寺,为品山论水、谈玄论佛而常与王羲之等文人雅士聚在一起。释道安认为山水可以养性而遍访名山秀水,并在安静处栖居,离俗从素,以研习经文或宣讲佛法为生。慧远是释道安的弟子,佛学造诣极高。他精通儒家经典和老庄哲学,在去罗浮山(今广东境内)传教的途中,为庐山的幽静所吸引,留在庐山。后由江州刺史出资,慧远主持建造了东林寺,此后在东林寺一住便是30多年,成为南方佛学的精英。慧远还和庐山的隐士文人等有亲密交往,共同研讨佛学问题,融合儒学和道教,使之适应中国的国情,为佛教的中国化做出了贡献。他在庐山一带留下许多传说、古迹等,如"神运殿""龟垒墙""虎跑泉"等,后世为此争相参观游览庐山。

宗教旅游受佛教影响较大,除此之外,还有中国土生土长的道教。道教旅游以神仙学说为核心,人称仙游。为了成仙,道教徒必须辗转山水,吸取天地之精华,锤炼出仙风道骨,方能长生不老。魏晋南北朝最负盛名的仙游家有葛洪、陆修静和陶弘景等。

葛洪,东晋丹阳句容人,字稚川,号抱朴子,所著《抱朴子·内篇》第一次全面论述了道教的宗旨、哲理、仪式和方法等,是道教理论的奠基作之一。据说他为了搜罗和收集方术方法而广游大江南北,访山问水,结交了许多道友,观赏了许多胜景,并对登山涉水的法术作了专门研究。

陆修静是刘宋时吴兴人。他云游八方,见闻广博,阅历丰富,是道门中"行万里路,读万卷书"的山水旅游家。晚年隐居庐山时与释慧远、陶渊明等同游同乐,共享山水。他把天师道与金丹道结合,并认为道、佛是一致的,只是途径不同而已。他还学习佛教仪式,编著斋戒仪范的方法,为道教制定了较完善的仪范。他编辑整理了一些道经,著为《三洞经书目录》,为《道藏》的分类目录奠定了基础。同时,他还创立了南天师道。

陶弘景,人称"山中宰相",他精通阴阳五行,山川地理,医术本草,后隐居于句容县句曲山的华阳洞。陶弘景在道经上取得的成就,与他的仙游活动是分不开的,他遍历名山,访求仙药,坚持不懈,而且游乐的兴趣、品位又高人一筹,是个出类拔萃的旅游大家。

魏晋南北朝时期宗教旅游的开展,形成了独特的宗教景观,并产生了宗教旅游文化。工整、肃然的道观,香火缭绕、辉煌的寺院,雄伟的石窟,庄严的浮屠等宗教建筑艺术,遍布于祖国各地,给多元化的旅游文化增添了庄严的宗教蕴意。六朝时期开发出的道教名山有青城山、罗浮山、茅山、龙虎山、阁皂山等;佛教名山有山西五台山、浙江普陀山、四川峨眉山、安徽九华山。六朝时期,为了长久地保存佛像,进行苦行苦修的佛教徒在荒山野岭开凿石洞,雕刻佛像、佛经和舍利塔,形成了举世闻名的佛教石窟艺术。现存北朝的石窟遗址分布广泛,有新疆的龟兹石窟、甘肃敦煌的莫高窟、山西大同的云冈石窟、河北邯郸的响堂山石窟和河南洛阳的龙门石窟等。其中莫高窟、云冈石窟和龙门石窟被称为佛教石窟艺术的三大宝库。石窟内的雕刻形式由简单的印度式逐渐演化为有中国民族特色的形式,布局均衡而前庭开阔,有藻井、土木建筑构造等,风格多姿多彩,体现了我国西北地区的民风、民情和民俗。佛塔的建筑风格在这一时期有楼阁式、密檐式和金刚宝座式数种,其中楼阁式是塔的基本造型。总之,道观、佛寺及鬼斧神工的佛教石窟雕刻与此时山水人文精神的结合,名士与高僧的合流等,突破了传统的旅游文化概念,形成了旅游哲学精神,开创了特色鲜明、新意迭出的具有时代特征的旅游文化,为后世旅游的高度发展奏响了序曲。

佛教在隋唐真正得以兴盛,先后出现了八个佛教宗派。各派对于佛经的搜求、翻译和整理相当重视,以更好地宣传本派理论,同时也促进了佛教中国化的进程。唐代出现了一些著名的漫游僧侣,他们为求真正的佛典,跋山涉水,不远万里。其中,最杰出的代表是玄奘。玄奘出身于儒学世家,进入佛门后曾周游各地,访问名僧,猎读佛经,研习佛理,对成佛、佛性等问题进行了思考,并对印度的大乘佛教产生了浓厚的兴趣,因而开始了他历时17年、历经110国的西行旅程。一路上他踏访各地的佛教胜迹,聆听神话传说,记下当地的见闻和风貌。玄奘在印度潜心学法、虔诚取经问佛的同时还对印度的社会状况作了全面细致的考察,成为中国旅游文化史上的一次壮举。他拓宽了中印友好交往的陆上通道,是我国伟大的佛学家兼旅游家。他的《大唐西域记》记载和传播了古印度灿烂的物质文明和精神文明。玄奘之后的西游僧人还有义净,他在异国研习佛教,回国后写了《南海寄归内法传》《大唐西域求法高僧传》等著作,对古代跨国佛学旅游作了一次总结,意义深远。

唐代我国与日本的交流十分密切。唐代高僧鉴真不畏艰难险阻,六次东渡传法。他在日本奈良设戒坛传经解道,为日本留下了律学传承。他带去的大批佛教经像、药物、艺术品等,对日本的社会经济、文化等产生了重要的影响。唐朝时,也有从日本来到中国学习佛法的日本僧人,如阿倍仲麻吕、圆仁。

除了国际宗教旅游外,国内宗教旅游也有新气象,许多僧人为立宗传法,如吉藏、弘忍、神秀、慧能等,往来于各名山圣水之间,并留下了至今仍香火缭绕的佛刹梵宫,该地已成为旅游胜地。此外如王梵志、胡令能、钱起、常建等,心向佛门而居尘世,以寻觅世外桃源、得方外之情为人生追求,他们的这种热恋隐居,悠游林下的游风,开创了别具一格的旅游文化。他们像王维一样,在游居潜行中将禅家意味的人格美加注到真实的自然山水之中,以获取现实生活中得不到的理想社会美。同时,道教徒的旅游活动也十分兴盛。当时以"道在山林"为时尚,他们陶醉于自然山水的美和神韵,已达到真正旅游的境界。

宗教旅游在当代更是风起云涌。宗教旅游产品不断推陈出新,宗教朝圣之旅,宗教文化体验之旅产品深受青睐和欢迎,各种宗教活动场所举办的"听钟声,迎新"活动吸引了众多的香客、游人。无锡灵山大佛、普陀南海观音大佛,作为宗教旅游的创新工程,已经成为宗教旅游新的亮点。

第二节 宗教与旅游:互为依存

 特别提示

旅游对宗教的影响。

对于现代大多数人来说,宗教是个既熟悉又陌生的东西。说它熟悉,是因为在现代社会中几乎到处都有它的踪迹,即使足不出户,每年一本的"皇历"就能证明;说它陌生,是因为其实大多数人对于宗教的哲学精华不甚了了,抑或知其然而不知其所以然。现代社会是科学昌明的社会,人们大都受过起码的科学熏陶,按理说这种前科学的玩意早该进历史博物馆了,然而,在偶然性起作用的领域里仍有许多人经意或不经意地走进寺庙,踏进教堂,求助于菩萨,乞求于神示。这说明,宗教并不因科学的日益昌明而衰退,作为这个世界总的理论和纲领,宗教似乎是人类永远的心理需要,不论什么年代,也不管生存环境怎样的险恶,宗教总有理由,也总有机会找到一片自己容身的绿洲。

宗教曾经极度辉煌,在世界历史发展进程中产生过积极而深远的影响。一部世界通史,从某个角度说,也就是世界宗教发生发展演进的历史。佛教是一种源远流长的古老的世界性宗教,已有2500余年的历史,它的创立、传播和发展给人类社会和历史文化带来了巨大的影响。它的故乡在古印度,后由古印度向外传播发展,跟其他民族的古老文化与宗教互相交流融合,形成世界范围内各具特色的民族性佛教。基督教是古希腊哲学和希伯来宗教的混合产物,与伊斯兰教、佛教并列为世界三大宗教,是世界上拥有信徒最多、影响最广泛的世界性宗教,分布的国家和地区超过150个,教徒超过16亿,约占全世界人口的三分之一。伊斯兰教诞生于公元7世纪初的阿拉伯半岛,在上千年的历史发展和演变过程中,它不仅成为阿拉伯民族的精神支柱,而且大大突破了阿拉伯地区的范畴,成为当今世界第二大宗教。

宗教是一方丰饶绚丽的田园,人类历史上一切引以为豪的奇葩、巨树,大多根植于它的沃土,并因其内涵丰富、基础深广而葆有无尽的魅力和持久的生命。

旅游是自然界对人类的馈赠,是人类对自然最平和的探寻。对人类而言,旅游是一种衣食无忧的行为,是一种心智开放的潇洒。旅游的真正产生,是文明的信号,是社会发展的佐证。人类在旅游上取得足够的自觉,是人类的幸运,在拓展生命空间的同时,展现了人性和人格的力量。

旅游作为一种经济行为出现较晚,但作为一种文明和文化行为却古已有之,并且大体上与人类历史进程共起源,这就使宗教与旅游不仅结缘,而且有了双向促进和依赖的作用。正如大部分的艺术作品得到旅游者垂青一样,宗教文化现已不仅具有宗教象征意义,而且同时也具备了旅游文化的含义。宗教和宗教文化在旅游业中的地位与作用越来越明显,具体突出体现在以下三个方面。

1. 宗教是旅游业赖以存在和发展的基础之一

宗教文化的形成发展与各种人文景观、文化现象、特殊的历史事件及其发生地等内容紧紧地联系在一起,使旅游文化景观多姿多彩。这种景观是旅游业的重要资源,是旅游业赖以生存和发展的基础之一。在旅游中,人们在欣赏自然美景与人文胜景时,神秘的宗教氛围、雄伟的宗教建筑,显然也是其选择的重要内容。

2. 宗教促成旅游,旅游又直接推动宗教发展

佛教在中国起源于两汉时期,发展于魏晋南北朝,兴盛于隋唐,而直接促进其发展的是南来北往的弘法之旅,弘法之旅既让佛教文化得到广泛的传播,也成为佛教文化与旅游文化最初结合的重要方式。

佛教在中国落地生根后,佛教弟子广游名山,建造名刹,开辟了众多的佛教名胜。佛教"四大名山"以不同的风景姿色出名,自成一绝,与"五岳"相比,在旅游者心目中的地位毫不逊色,而这正是由佛教文化所赋予的特殊性所决定的。

道教崇尚自然,十大洞天、三十六小洞天和七十二福地,大多分布在幽静奇特的名山上。道教修行需要远离尘世,避开喧哗,僻野山林正是理想的修行环境,于是道观进入山林,山林得到开发。

虽然自然山水在基督教和伊斯兰教中的地位不高,以山或水出名的宗教景观较少,但教堂和清真寺作为一座城市的整体形象的一部分却非常突出。

3. 宗教景观是重要的旅游吸引物

要吸引广大的旅游者前往旅游观光,景观不仅要有秀丽的自然风光,灿烂的历史文化,而且也不可或缺各具千秋的宗教景观。

"天下名山僧占多",宗教赋予自然山水以各不相同的特殊意义。发展旅游事业需要宗教文化,作为宗教文化醒目标志的宗教名山、名观、名寺、名塔、名窟、名宫、名殿已经成为我国最具有神秘感、诱惑力和吸引力的人文旅游资源之一,如佛教"四大名山"的峨眉山、五台山、九华山、普陀山,道教"三十六洞天"的华山、青城山、天台山等,无不翠枝如黛,碧草如茵,环境清幽,景色宜人,香烟缭绕,游人如织。

第三节 宗教旅游:概念、对象与内容

一、基本概念

在一定的教义教规和相应的仪式与组织系统的作用下,宗教文化正逐渐演变成为旅游客体中的一种。与此同时,旅游者开始积极探索宗教和宗教文化,虽然这并不等同于宗教学研究者的工作,因为旅游者的目的不在于探明宗教的意义和内涵,而主要在于从宗教旅游中得到美的享受,但一门新兴的学科——宗教旅游学却由此应运而生。

宗教旅游是宗教与旅游的结合,要阐明宗教旅游的概念、内涵及学科性质,首先需要明确与宗教旅游相关的一些定义。

何谓宗教?作为人类发展到一定历史阶段的产物,宗教是指一定的教义、教规,有一定的仪式和一定的组织系统的信神的社会实体。宗教至少具备以下特征:教义、教规,仪式和组织系统,信神和社会实体。

何谓旅游?旅游是一种文化现象,是一种文明所形成的生活方式,是旅游者这一旅游主体借助旅游媒介等外部条件,通过对旅游客体的能动的活动,碰撞产生的各种现象的总和。由该定义可知,至少需要三方面的共同努力,才能构成旅游这种现象,他们分别是旅游主体、旅游媒介和旅游客体,其中旅游者的主体意志、精神活动是主线。

宗教旅游的概念虽然离不开"宗教"与"旅游"这两个最基础的概念,但显然不是简单的叠加,而是有机的组合。国内外学者对宗教旅游概念研究阐述得不多,而且多主要从宗教文化旅游的角度进行论述。如丁季华教授主编的《旅游资源学》就曾这样写道:"文化旅游是一种旨在观察社会、体验风俗和亲身体验历史文化积累的旅游……世界上多姿多彩的民族文化演绎出丰富多彩的文化旅游种类:民俗旅游、宗教旅游、艺术旅游、寺庙旅游、寻根旅游、修学旅游、健身旅游等。宗教旅游在文化旅游中占有较大的份额。"[①]把宗教旅游归类为文化旅游、专题旅游和特色

---

① 丁季华.旅游资源学[M].上海:生活·读书·新知上海三联书店,2003:97.

旅游,大体上没错,只是欠全面周到,而且迄今未见有人就宗教旅游做出系统专业的概念界定。

宗教旅游概念的界定,与宗教旅游的内涵有着最直接的联系。从宗教旅游的内涵出发,必须明确以下两点:第一,宗教旅游不能完全等同于宗教文化旅游。虽然宗教文化旅游占据宗教旅游的主体,但除宗教文化旅游之外,还有其他宗教内容的旅游。宗教旅游较宗教文化旅游内涵外延更为广泛。第二,宗教旅游的主体既包括非宗教信徒,也包括宗教信徒。而从宗教文化角度对宗教旅游的认识的界定,实际上排斥了宗教信徒作为宗教旅游者的事实。据此,我们对宗教旅游作如下的概念界定:

宗教旅游是因宗教观念、宗教情绪和宗教活动而形成的凡与信仰有关的以宗教旅游资源和旅游产品为主要载体和吸引物,以消遣、娱乐、休闲、学习、体验为主要目的,旨在观察了解宗教彼岸世界,体验宗教风俗和宗教历史文化积累,欣赏宗教景观的一种旅游活动。

宗教旅游虽然也包括宗教信徒,但宗教信徒的宗教活动与宗教旅游有着明显的差别,宗教旅游并不以宗教朝圣参拜活动为主要目的。

二、研究对象及内容

宗教旅游是旅游学的一门分支学科,以探究宗教旅游的发生、发展及其演变规律为其研究对象。

宗教旅游主要有以下几个方面的研究内容:

1. 宗教及宗教理论

这是宗教旅游学习研究的基础,内容包括宗教知识、宗教理论和宗教文化等。

2. 宗教旅游主体

宗教旅游主体是宗教旅游研究的重点,根据宗教旅游行为理论模式,宗教旅游主体将研究宗教旅游者的个人特征、旅游动机、行前期望、实际体验及其之间的关系。

宗教旅游行为理论模式如下:

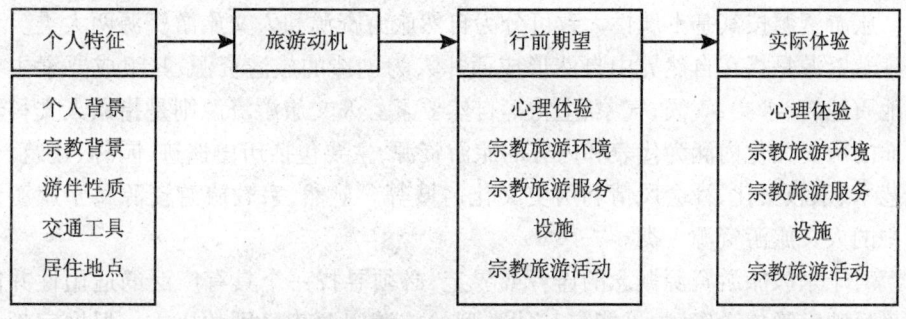

3.宗教旅游景观

宗教旅游景观对宗教旅游者有着极强的吸引力,宗教旅游景观研究既研究作为宗教旅游产品的宗教旅游景观,同时也研究作为宗教文化积淀的宗教旅游名胜。

4.宗教旅游发生发展及演变的历史

宗教旅游是在继承悠久的历史文明的基础上发展起来的,与人类的旅游行为相始终,因此有必要循着历史的轨迹,通过前人生生不息的宗教旅游活动,去探究宗教旅游生成、发展、演变的历程。

5.宗教旅游理论

通过对宗教旅游概念、内涵、学科性质、研究对象和研究内容进行研究,旨在建立一个系统科学的宗教旅游学科体系。

6.宗教旅游管理

宗教旅游的健康发展有赖于科学的经营管理,因而应加强宗教旅游经营管理的研究。

7.宗教旅游政策

宗教旅游具有很大的特殊性,必须研究相关的政策法规,做到有的放矢、文明健康。

第四节 宗教旅游资源:概念及类型

由宗教圣地、宗教建筑、宗教礼仪、宗教艺术和宗教活动等内容组成的宗教旅游资源是宗教旅游开发最主要的对象。开发利用宗教旅游资源,将独到的构思、巧妙而精湛的艺术融于青山绿水之中,构筑一道道奇妙神秘的宗教文化旅游风景线,不仅有利于宗教文化的继承、传播、交流和研究,而且有利于形成有特色的旅游产品,增添旅游资源的吸引力,提高旅游的文化品位。

一、宗教旅游资源的概念

旅游资源按其基本属性大致可分为自然旅游资源和人文旅游资源两大类。自然旅游资源是指在自然界中自然形成而非人为创造的旅游资源,其组成要素主要为地质地貌、水文、气候、气象、生物等自然要素。人文旅游资源则是指以人文科学方面的历史文化内涵为代表和内容的旅游资源,主要包括历史遗迹、园林、建筑、文学艺术、宗教文化、社会风情和历史文化名城等。显然,宗教旅游资源属于旅游资源中的人文旅游资源一类。

对于宗教旅游资源概念的诠释或界定,必须寻找一个具有广泛的适用性并能准确反映宗教旅游资源,且能与其他类型的旅游资源相区别的标志。根据宗教学家对于宗教定义的理解和把握,宗教四种要素(宗教观念、宗教体验、宗教行为、宗教体制)的综合与统一,提出宗教本质及其基本内容,把宗教与非宗教明确区分开来。

基于宗教学家对于宗教本质的把握和理解,结合旅游资源的内涵和特征,我们对宗教旅游资源的概念做这样的诠释和界定:宗教旅游资源是指能激发旅游者的旅游动机,具有一定旅游价值和旅游功能,并能产生良好的经济效应、社会效应和生态效应的各类宗教事务或现象(宗教四要素综合与统一的产物)的总和。

二、宗教旅游资源的类型

宗教旅游资源的分类是一个既复杂又困难的问题,因为宗教旅游资源包括的内容非常广泛,并且有着不同的表现形式。遵循宗教旅游资源分类的整合性、独立性和实用性原则,宗教旅游资源可有以下几种分类方法。

1.按照宗教旅游资源和开发现状进行分类

按照宗教旅游资源的开发现状,可以将宗教旅游资源分为两类。

(1)潜在的宗教旅游资源

潜在的宗教旅游资源,指的是那些本身具有一定的游览、观赏价值,但由于各种条件的限制,目前尚无力开发,不大为人所知或者旅游价值开发不足的宗教旅游资源。具体来讲,主要是指那些没有开发的宗教文化遗迹、遗物及相关的活动,以及已经开发了,但仍不能吸引大量游客的旅游资源。

(2)现有的宗教旅游资源

现有的宗教旅游资源,是指那些已经开发且具有相当影响和知名度的旅游资源。如河南洛阳白马寺、登封少林寺、开封相国寺等,由于它们本身旅游价值很高,在全国乃至全世界都享有很高的知名度,这类宗教旅游资源即为现有的宗教旅游资源。

2.按照宗教旅游动机进行分类

根据宗教旅游者的旅游需求和旅游动机的类型,宗教旅游资源可以分为以下两类。

(1)宗教朝圣旅游资源

世界著名的宗教圣地如佛教圣地蓝毗尼,伊斯兰教圣地麦加,天主教圣地梵蒂冈,犹太教、基督教和伊斯兰教共同的圣地耶路撒冷等。

(2)宗教考察旅游资源

宗教考察旅游资源是一种深层次的宗教旅游资源,它比一般的宗教旅游资源更具民族性、地域性、神秘性,更能反映某一区域或某一宗教群体的文化内涵或特质。宗教考察旅游资源的主体多为有较高文化、善于思考的知识型的旅游者。宗教考察旅游资源的种类很多,如宗教语言、宗教建筑、宗教教义等。

3.按照文化结构进行分类

按照文化结构,宗教旅游资源可以分为以下三类。

(1)宗教物质旅游资源

以具体事物方式存在,能够直接被旅游者观赏和参与的宗教旅游资源,如各种宗教遗址、遗迹、寺庙、建筑等。

(2)宗教行为旅游资源

包括各种宗教行为规范、风俗习惯和生活制度等。

(3)宗教观念旅游资源

也称宗教精神旅游资源,包括宗教思维方式、思想观点、价值观念、宗教禁忌等。

4.按照宗教种类进行分类

按照宗教种类,宗教旅游资源可以分为佛教旅游资源、道教旅游资源、基督教旅游资源、伊斯兰教旅游资源等类型。

5.按照宗教要素结构进行分类

根据宗教四要素,宗教旅游资源可以分为以下四大类:

宗教观念旅游资源
- 灵魂观念
- 神灵观念
- 神性观念(包括节庆观念和神迹观念)

宗教体验旅游资源
- 对神圣物的依赖感
- 在神圣物面前的敬畏感
- 对神圣力量的神奇和无限的惊异感
- 对违反神意而产生的罪恶感和羞耻感
- 相信神的仁慈和宽恕而产生的安宁感
- 与神际遇或人神合一的神秘感

宗教行为旅游资源
- 巫术
- 禁忌
- 献祭
- 祈祷

宗教体制旅游资源
- 由宗教信徒的组织化而形成的宗教组织和教阶体制
- 由宗教观念的信条化而形成的教义系统和信仰体制
- 由宗教体验的目的而形成的修道体制
- 由宗教行为的规范化而形成的宗教礼仪

6.按照宗教文化内容进行分类

根据宗教文化的内容,宗教旅游资源可以分为以下八类。

(1)宗教圣地旅游资源

宗教圣地是指宗教建筑密集、规模宏大、历史悠久、辐射范围广阔、八方信徒仰慕的大型宗教活动场所,宗教圣地旅游资源即指由宗教圣地及宗教圣地文化构成的旅游资源。我国著名的宗教圣地有:佛教四大名山——山西五台山、浙江普陀山、安徽九华山和四川峨眉山,八宗祖庭——华严宗祖庭、天台宗祖庭、三论宗祖庭、法相宗祖庭、律宗祖庭、密宗祖庭、净土宗祖庭和禅宗祖庭,道教名山——江西龙虎山、江苏茅山、四川青城山、湖北武当山等。

(2)宗教名山旅游资源

我国著名的宗教名山旅游资源有五台山、九华山、普陀山、峨眉山、鸡足山、千山、天台山、天童山等佛教名山,泰山、华山、衡山、嵩山、龙虎山、青城山、崂山、武当山、罗浮山等道教名山。这些旅游资源不仅数量多、分布广,而且内涵深刻、意蕴丰富。

(3)宗教活动场所旅游资源

宗教活动场所是宗教活动的一种物化建筑。宗教活动场所旅游资源按照宗教信仰的不同可分成原始宗教神祠旅游资源、佛教寺院旅游资源、道教宫观旅游资源、伊斯兰教清真寺旅游资源、基督教教堂旅游资源以及其他宗教活动场所旅游资源等。

(4)宗教艺术旅游资源

一切宗教幻化的世界都是无形的世界,要使无形向有形转化,就必须使神形与神灵得到双重展示。在艺术的参与下,前者随着造神运动的结束而在绘画、雕塑等形式中转为静态的现象,后者则随着神灵的变化莫测而在语言、技术等形式中转为动态的显现。正是在这种双重展示的要求下,宗教艺术显示出了它永久的魅力。

宗教艺术旅游资源涉及的种类很多,有书法、绘画、雕塑、技艺等。

(5)宗教建筑景观旅游资源

宗教建筑景观旅游资源以其数量之众多,分布之广泛,规模之恢宏,造型之殊异,形式之齐全,结构之奇巧,风格之独特,保存之完整的优势,在宗教旅游资源中首屈一指。宗教建筑景观旅游资源主要有石窟、寺庙、塔、亭、阁、台等。

(6)宗教活动旅游资源

宗教信仰者内在的宗教体验和宗教观念通过外在的身体动作和语言形式表现出来的就是宗教活动(宗教行为),宗教活动主要有宗教巫术、宗教禁忌、祈祷献祭等。

伊斯兰教的主要宗教活动有礼拜、施舍、斋戒、开斋节等;天主教和基督教的主要宗教活动包括日常宗教活动做礼拜和大型宗教活动圣诞节、耶稣受难节、复活节

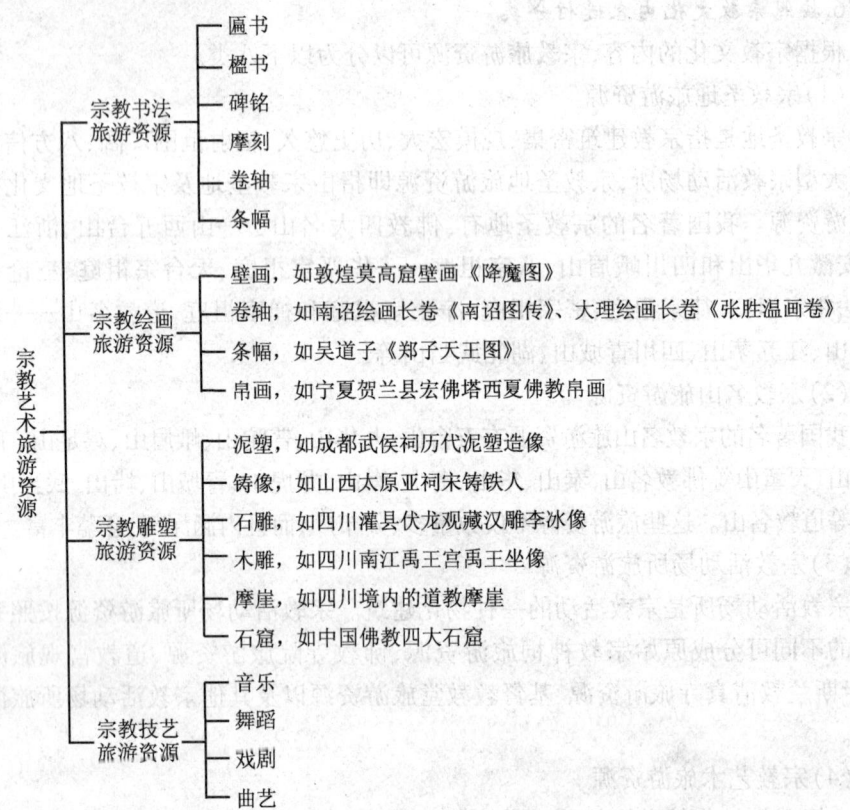

等；佛教的主要宗教活动有日常佛事活动，即"早晚功课"（或称"念佛"）和大型佛教活动佛诞节、六朋大法会（又称文殊菩萨诞辰节）等。

宗教所特有的献祭、祈祷、节庆等活动，构成宗教活动旅游资源的重要内容。

(7) 宗教礼仪旅游资源

宗教信仰者的宗教活动总是通过一定的礼仪形式表现出来，宗教礼仪的主要类型有巫术仪式、禁忌仪式、献祭仪式和祈祷仪式，具体包括以下几个方面的内容：

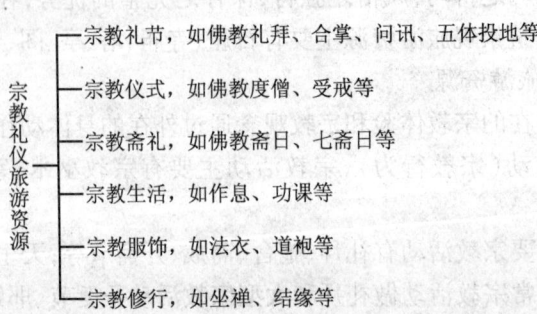

(8)宗教神迹旅游资源

神迹与神意或天命一样,是宗教赋予神的基本神性之一。根据宗教神迹的创造主体进行分类,宗教神迹旅游资源主要包括以下几个方面的内容:

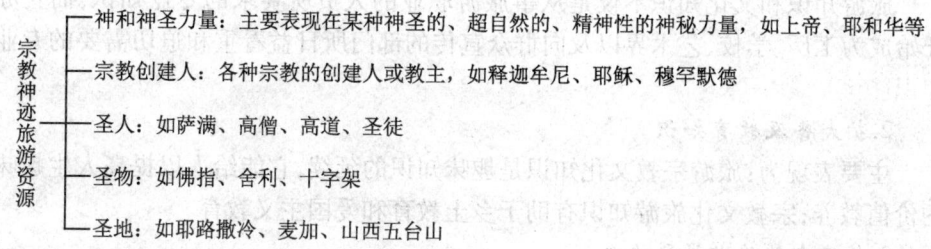

宗教神迹旅游资源
- 神和神圣力量:主要表现在某种神圣的、超自然的、精神性的神秘力量,如上帝、耶和华等
- 宗教创建人:各种宗教的创建人或教主,如释迦牟尼、耶稣、穆罕默德
- 圣人:如萨满、高僧、高道、圣徒
- 圣物:如佛指、舍利、十字架
- 圣地:如耶路撒冷、麦加、山西五台山

第五节 宗教旅游的研究方法与研究意义

一、研究方法

1. 系统方法

宗教旅游研究可以采用系统方法。这有助于我们克服宗教旅游学习过程中只重部分、忽略整体考察的倾向,使我们更清楚地认识到宗教旅游系统内部诸要素及其环境之间的相互联系,从整体上把握宗教旅游的性质、特征、内容、形式、结构、功能、类型和变迁,从而更准确地掌握宗教旅游发展的演变规律。

2. 辩证法

系统方法不能代替马克思主义唯物辩证法,如比较研究的方法和史论结合等方法。这就是说,宗教旅游研究在采用系统方法的同时,必须和其他各种研究方法配合,相互补充,相互为用。

3. 跨学科分析方法

在现代科学综合化和整体化趋势下,多学科、跨学科的研究方式将处于特殊重要的地位。因此,宗教旅游研究在方法上还须借助于文化学、历史学、民俗学、心理学、地理学等其他学科的研究方法。由于现代科学高度发展,宗教旅游领域已非只有一般训练的研究工作者所能涉足,一个研究工作者要想成为百科全书式的学者也势所不能,这就需要加强宗教旅游与其他相关学科(如中外关系史、交通史等)的联系,分工合作,密切配合。

二、研究意义

1. 扩充和深化旅游知识和文化知识

旅游知识和文化知识不仅是从事旅游职业的人员所要求的专业知识,而且亦开始成为工厂、学校、艺术界以及向群众宣传的部门所日益看重和迫切需要的专业知识。

2. 扩大普及教育知识

主要表现为:旅游宗教文化知识是趣味知识的延续,它能给人以提高人生趣味的价值教养;宗教文化旅游知识有助于乡土教育和爱国主义教育。

3. 构建宗教旅游学科体系

其必要性表现为:①来自社会科学学术上的要求。现代社会,宗教旅游已为人民大众所共享,宗教旅游在今天已具备广泛的社会意义,人们把它作为一门学问来研究,是当今社会科学的正式研究对象。②来自文化旅游学科建设上的要求。文化旅游是旅游学学科体系的一个最基本的部分,建设科学的文化旅游学科体系,不能没有宗教文化旅游。③来自文化研究上的要求。文化是一门纵横交错、多层次、多维度的综合性学科,作为人类社会活动之一的宗教,其文化理所当然成为研究的对象之一。

本章小结

> 本章首先剖析了宗教旅游风起云涌的时代背景,宗教与旅游互为依存的关系,然后着重对宗教旅游概念、研究对象及研究内容作了探索性研究。

思考与练习

1. 宗教与旅游是一种怎样的关系?
2. 什么是宗教旅游?
3. 宗教旅游资源呈现怎样的特征?

第二章 佛 教

引 言

佛教文化景观遍布中华大地,当你在旅游活动中面对各类佛教文化景观时,你了解它们的宗教含义与文化价值吗？能充分欣赏吗？事实上许多人由于缺乏佛教文化知识,在游览佛教圣地、观赏佛教文化景观时,只能跟着别人"看热闹",而自己却看不出门道,有的甚至还闹出不少笑话,使游览活动审美体验效果大打折扣。学习本章内容,将会使你在游览佛教旅游景观时,获得更全面、更深入的旅游体验和更多的游览乐趣。

学习目标

对佛教文化源远流长的发展历程做追本溯源式的了解,知道其发展脉络;能够正确理解佛教的基本教义,不仅要做到"知其然",还要"知其所以然";全面了解佛教中供奉的各类神灵,掌握佛教文化艺术的丰富内容和特征;熟悉我国主要的佛教名山与佛教名刹。

佛教是世界三大宗教之一,距今已有2600年的历史,它的创立、传播和发展给人类社会带来了巨大影响。两汉之际,佛教传入中国,经过与中国传统思想文化的相互冲突、融合,逐渐发展成为一种具有中国民族特色的宗教,深刻地影响了中国社会的政治、经济、文化、艺术乃至民族性格。中国佛教在传播和发展过程中创造了辉煌灿烂的佛教文化,留下了丰富多彩的佛教文化遗产。佛教文化景观作为一种典型的人文旅游资源已成为新时期我国发展旅游业的重要资源依凭,正以其鲜明特色、独特意境和深厚内涵吸引着越来越多的旅游者。

第一节　佛教的产生和发展

一、佛教的创立

佛教的创立与时代关系密切。公元前6世纪至公元前5世纪的古印度社会通行等级森严的种姓制度。所谓种姓制度是将人分成四个世袭职业的等级：第一等级为婆罗门，即为当时居于统治地位的婆罗门教的僧侣，执掌祭礼、传教与法律，他们是掌握神权的精神贵族；第二等级为刹帝利，包括国王、官僚、武士，执掌军事、政治，他们是掌握政权的军事贵族；第三等级为吠舍，为农民、手工业者、牧人、商人等一般劳动者，是被统治阶级；第四等级是地位最低下的首陀罗，为仆役、奴隶、杂工等低等劳动者，没有任何权利。种姓世袭，不可改变，引起了非常尖锐激烈的社会矛盾，各种反对婆罗门教的思潮不断涌现。佛教就是在这样的背景下逐渐萌发的。

佛教的创始人是释迦牟尼。"释迦"是种族名称，"牟尼"是"明珠"的意思，喻"圣人"。释迦牟尼是佛教徒对他的尊称，意为"释迦族的圣人"。其原名叫悉达多·乔达摩，"乔达摩"是他的姓，"悉达多"是他的名。"悉达多"的意思是"吉祥"或"达到了目的的人"，汉译为"成就者"。他成道后又被称为"佛陀""佛"，还常常被称为"世尊""如来"等。"佛陀"是梵文意译，也译为浮屠、浮图、佛驮等，意译为"觉"或"觉者""知者"，"觉"有三义：自觉、觉他（使众生觉悟）、觉行圆满，这三项俱全者方名为"佛"。"世尊"原是婆罗门教对长者的尊称，佛教借用以尊称释迦牟尼，称其具足众多功德，能利益世间，为世所尊，故名世尊。"如来"是梵文意译，"如"又称"如实"，即所谓的"真如"，指佛所说的"绝对真理"、事物的真相、宇宙万有之本体。"如来"指从如实之道而来，开示真理者。

佛教早期典籍中并没有释迦牟尼这位创始人生平的完整记录。其主要事迹散见于佛教各个部派后来编成的经律中，往往与神话交织在一起，存在许多荒诞成分。佛教中有许多关于他的传说，人们对他究竟是一个真实历史人物还是神话传说中的人物曾经产生争论。根据现有的文献和考古资料，基本可以确认他是一个历史人物，其生活年代是从公元前565年至公元前486年，与我国孔子的生活年代（公元前551年至公元前479年）大致相同。

释迦牟尼佛出身于刹帝利种姓，相传他是古印度著名王族甘蔗王的后裔，其父净饭王是迦毗罗卫国（今尼泊尔南部与印度毗邻处）的国王。释迦牟尼佛出生前，其母亲摩耶夫人按当时风俗回娘家分娩，路过蓝毗尼园（今尼泊尔境内）的时候，生下了他。这一天是四月初八，后来佛教把这一天定为"佛诞日"。释迦牟尼佛出生后第七天，其母摩耶夫人不幸去世，其由姨妈摩诃波阇婆提夫人抚养。这位姨妈后来皈依了释迦牟尼创立的佛教,成为佛门中第一个尼姑。释迦牟尼佛相貌端庄,天资聪颖,深得其父净饭王的喜爱。他自幼在宫廷里接受传统的婆罗门教育,过着非常优越的生活。净饭王立他为太子,希望他能继承王位。但释迦牟尼佛却有感于社会现实的残酷和人世的无常,并不想继承父业做一个政治上的统治者。他经常思索人生痛苦的原因及解脱的途径与方法等一系列问题。据说佛陀14岁那年曾驾车郊游,在城东门遇见了一位老人,在南门遇到了一个病人,在西门遇见了一个死人,在北门遇到了一位修行者。他亲眼看见人间的痛苦与艰难,下决心向修行人学习,产生了跳出生死轮回、出家修行的念头,强烈希望能帮助大众消除忧伤与痛苦。其父净饭王一心希望他继承王位,便想尽一切办法阻止他出家,在为他提供各种优越的享乐条件的同时,又在他16岁那年为他娶了邻国公主、其表妹耶输陀罗为妻。一年多后,耶输陀罗生了一个儿子——罗睺罗。但这一切并未动摇佛陀出家修行的决心。在他29岁时的一个夜晚,毅然抛弃了宫廷的舒适生活,离开妻儿,走上了出家修行之路。他先到王舍城郊外漫游,拜师修习禅定,后又跑到伽耶城郊外的深山,尝试通过严格的苦行去发现真理,找到解脱之路。他一直坚持了六年,身体消瘦形同枯木,却依然没有发现什么真理,便另辟蹊径选择了平静反省的道路。他到附近的泥连禅河洗净了六年的积垢,并接受了一个牧女供养的乳糜,使身体得到恢复。随后来到一棵荜钵罗树(后称菩提树)下静坐沉思,立下誓言:若不证得无上正觉,绝不起座。经过七天七夜(也有说七七四十九天)的沉思默想,他终于在一天夜里大彻大悟,洞察了人生的真正本质,得到了解脱苦难的真谛,获得了解脱。这标志着他真正觉悟成道,因而被称为佛陀,简称佛,意为觉悟者。这一年他35岁。悟道这一天据说是十二月八日,因而佛教定这一天为佛"成道日"。中国佛教传统认为,释迦牟尼是在十二月初八这一天成佛的,所以每逢这一天佛教寺院都要举行一些佛事活动,并且用各种杂粮煮成乳粥供佛,以纪念牧女对释迦牟尼的供养。中国民间在十二月初八喝"腊八粥"的习俗与此有密切关系。

  释迦牟尼佛得道以后,为了使他的思想和学说能让别人理解和接受,开始了长达45年之久的传教活动,遍游各地,广收门徒。他首先在波罗荼城外的鹿野苑向阿若憍、陈如等五人宣传佛法,五人非常佩服,当即皈依了佛陀,他们成为佛陀最早的弟子。由于这是佛陀首次说法,所以佛教史上称为"初转法轮"。"转",在此是宣讲之意,"法轮"则喻佛法。"转法轮"一指佛之说法如车轮辗转不停,一指佛法能摧破众生烦恼邪恶,如转轮王(古印度神话中的圣王)转动"轮宝"(神话中的一种战车)摧破山岳岩石一样。到这个时候佛教的所谓佛、法、僧三宝皆已具备,标志着佛教的创立。在长达45年的传教说法过程中,佛陀的足迹遍布恒河两岸,他一心讲道,宣扬佛法,教化众生。其传教对象包括了当时社会各种姓、各阶层,很多王族富豪在政治经济上对其传教活动予以支持。佛陀有两个最重要的经常说法的住处:一是位于拘萨罗国首都舍卫城南的祇园精舍(也称给孤独园精舍),是佛陀的居士弟子、大富商给孤独长者布施的;二是位于摩揭陀国首都王舍城的竹林精舍,竹园是一巨富迦兰陀长者所施,精舍是摩揭陀国国王出资所建。随着传教范围的扩大,僧人、教徒越来越多,释迦牟尼佛建立了僧团组织,并制定了僧众共同遵守的戒律。由于佛教是以反对婆罗门教的姿态登上历史舞台的,其众生平等的主张得到婆罗门之外大多数人的拥护,加上佛陀本人在传教说法活动中很善于用偈颂、散文、故事、譬喻、问答等灵活的形式宣讲佛法,并且还让弟子们到处说法传教,所以佛教思想在社会上迅速得到广泛的传播。佛陀的儿子罗睺罗也皈依了佛教。佛陀80岁那年在拘尸那迦城附近的娑罗丛树下去世。后世佛教徒把释迦牟尼佛之死称为"大般涅槃"。他们在拘尸那迦修建了大般涅槃堂,塑了释迦牟尼佛侧身躺卧的大般涅槃像。佛陀去世这一天据说是二月十五日,后来佛教徒就把二月十五日作为"佛涅槃节"。相传,释迦牟尼佛尸体火化后的遗骨(即舍利)被分为八份,由八个国家的国王所分,并分别建塔安奉,有的遗骨后来又流传到中国等地。在古印度埋葬舍利的坟冢称"窣堵坡",是佛塔的雏形。这些佛塔所在地和佛陀出生地蓝毗尼园、成佛证道处的毕钵罗树林、第一次布道处鹿野苑以及佛陀涅槃地、尸体火化地都成为佛教信徒顶礼膜拜的圣地。释迦牟尼被尊为佛祖,他已从现实中的佛陀变为佛教的尊神、一个理想化的崇拜偶像,而其弟子也就被称为"释子"。佛教出家信徒常被称作"释氏"的原因即在于此。

二、佛教在印度境内的发展

印度是佛教的故乡。佛教自产生之日起在古代印度流传了一千八百多年,形成了一个佛教文化发源地带。然而到13世纪初期,佛教在印度急剧地衰落和消失了,直到19世纪末才重新由斯里兰卡传入,但与印度原来的佛教已有很大的不同。

佛教在印度的发展分为四个时期:原始佛教时期(公元前6世纪—公元前4世纪中叶);部派佛教时期(约公元前4世纪中叶—公元前1世纪中叶);大乘佛教时期(约公元1世纪中叶—公元7世纪);密教时期(约公元7世纪—公元12世纪)。

(一)原始佛教时期

原始佛教指的是佛陀及其弟子所传的佛教。释迦牟尼在世时,由于他的影响与努力,佛教在印度传播相当广泛,在印度北部和中部恒河流域一带拥有相当多的信徒。他去世后,留下了一个总体上团结完整的佛教僧团。在其去世后的100年间,佛教教团较统一,佛教教义与信徒的修行生活也未出现重大的分歧与差异。但由于释迦牟尼在世宣讲佛法时,只是口授身传,并无文字记载,所以弟子们所闻所记不免各有差异。为纯洁教义,维护教团组织和戒律的统一,继承佛法,佛教徒曾进行过四次大"结集"。所谓"结集",是指通过集体会诵经典而确立佛典。据说,在释迦牟尼去世当年,由其大弟子迦叶召集 500 名比丘在王舍城附近的七叶岩毕波罗窟集会,共同忆诵佛经,这是佛教史上的第一次结集,又称"五百结集"或"王舍城结集"。在这次结集大会上,佛陀的弟子阿难和优婆离分别根据各自记忆诵出经律二藏,得到大家认可,确定了现存《阿含经》的基本内容。

(二) 部派佛教时期

公元前 4 世纪至公元前 1 世纪,即释迦牟尼佛去世后的 100 年到 400 年间,佛教教团出现了分裂。最初分为尊崇传统、保守旧规的上座部和较为进取、强调改革和发展的大众部,史称这次分裂是佛教的"根本分裂"。在此之后,这两大派又继续发生多次分裂,形成的派别有 18 部(也有说 20 部)之多。佛教史上称这一段时期为部派佛教时期。统一佛教分裂的时间大致是在第二次结集前后。这次结集发生于释迦牟尼逝世 100 年后,有 700 人参加,地点在印度东部的毗舍离城。这次结集修正了传教中出现的一些背离教义的学说,进一步修订了佛经,同时也出现了对佛经不同理解的争论。佛教第三次结集是在公元前 3 世纪。当时印度建立了强大统一的孔雀王朝,国王阿育王把佛教定为国教,佛教发展在印度达到空前兴盛。这次结集由阿育王在华氏城组织,有 1 000 僧人参加,分别用巴利文和梵文两种文字撰写记录。佛教第四次结集,也就是最后一次结集是在公元前 1 世纪左右,由犍陀罗贵霜王朝迦腻色迦王召集。从阿育王时代开始,佛教从印度境内向境外四方传播。到公元前 1 世纪中叶,佛教僧侣的足迹已达到西亚、中亚、东南亚和南亚的许多地区,佛教开始成为世界性宗教。

(三) 大乘佛教时期

大乘佛教的形成一般认为是在公元 1 世纪左右。"乘"原意为"乘载"或"车辆",也有"道路"之意。大乘佛教兴起后,自称能运载无量众生从生死轮回之此岸到达涅槃解脱之彼岸,故称"大乘";而把原始佛教和部派佛教贬为"小乘",谓之"小道""小业",认为那是佛陀为小根器的人所说的教法。但原有的佛教并不承认自己是什么小乘,而认为自己才是佛教正统,指责大乘非佛说。大乘佛教的出现是印度佛教史上继部派佛教之后佛教内部的又一次大分裂,也是印度佛教最大的一次分裂。由于大乘佛教大力参与和干预社会世俗生活,主张深入众生,救度众生,所以其适应能力很强,包容范围较广,发展速度很快。后来也分为两大派别:瑜伽行派与中观学派。

(四) 密教时期

大乘佛教发展到公元 7 世纪时,密教兴起,从此进入印度佛教发展的最后一个阶段——密教流行时期。当时在印度境内,曾经一度衰落的婆罗门教经过大量吸收民间信仰、融合佛教及外国宗教思想,逐渐演变成为新婆罗门教即印度教,并在印度广大地区取得了统治地位。佛教受印度教的影响,逐渐出现了密教派别。公元8世纪以后,密教在印度佛教中取得主导地位,恒河南岸的超行寺成为密教的学术中心。密教在唐代传入中国,成为中国佛教宗派之一;又由中国传入日本,称"真言宗"。传入中国藏族地区的密教则形成了"藏密"。密教其实是大乘佛教、印度教和民间信仰相结合的产物,以高度组织化的咒术、礼仪、民俗信仰为其特征,后来逐步同化于印度教。公元8世纪之后,伊斯兰教传入印度。由于伊斯兰教特别反对偶像崇拜,印度佛教寺院财富及文物被掠夺与破坏,并有佛教教徒被杀。公元13世纪初,印度仅存的佛教寺院超行寺烧毁,这标志着佛教在印度绝迹。至此为止,在印度流行了一千八百多年的佛教由于其自身发展、受印度教攻击、遭穆斯林破坏等原因而衰亡了。直到六百多年后的19世纪,佛教才由斯里兰卡重新传入印度。

三、佛教向印度境外的传播

释迦牟尼佛在世时,佛教主要在恒河中、上游一带传播。他去世后,他的弟子逐渐把佛教传到了恒河下游。至于印度佛教何时由南亚次大陆传入其他国家和地区,比较可信的说法是从大约公元前3世纪孔雀王朝的阿育王统治时期开始的。阿育王(?—公元前232年)是佛教史上有名的保护佛教的国王,他在位期间奉行佛教,并使之成为国教。传说他曾经建立了84 000座寺塔,并且在全国颁布敕令和教谕,刻制于摩崖和石柱之上,现在已有不少雕刻精美的遗存被发现。目前人们能见到的阿育王时期的石刻遗存多分布于交通要道、商业市场及河流渡口之处,想来当年是为便于广大民众看见。阿育王不仅组织了有上千名比丘参加的佛教第三次结集,而且在结集后积极鼓励并派出大批佛教徒到各地去传播佛教,这使佛教在扩展至印度南北各地的同时也传播到了斯里兰卡、缅甸、叙利亚、埃及、希腊等地。这次大规模的传教活动影响很大,奠定了印度佛教文化向外传播的基本方向。佛教从此发展成为世界性宗教。从某种程度上说,佛教成为一种世界性宗教首先应归功于阿育王,他被佛教徒尊为"法阿育王"。贵霜王朝迦腻色迦王(公元78年—120年)时期,佛教继续向境外传播,在中亚地区影响很大,进一步传到了伊朗等地,并经丝绸之路传入中国,后由中国东传至朝鲜、日本等国。

佛教在不同国家或地区传播的过程中,形成了各自的特色。就南传佛教而言,各个国家有着明显的共性:从地理位置上看,斯里兰卡、缅甸、泰国、柬埔寨、老挝这些南亚国家相互毗邻或接近;从信仰上看,都以佛教上座部为主,在教义上都遵守原始佛教与早期佛教的经典;在宗教实践上,都注重禅定修持,注意保持传统戒律,其经典是巴利文体系的佛典。这些国家的社会风俗、伦理道德也与佛教有极深刻的关系。佛教在这些国家具有如下特色①：一是"正统"观念。这些国家的佛教坚持上座部是佛教的正统，对其他派别一概视为"庶出"，以嫡传正统自居。在发展中摒绝一切"非正统"佛教，形成了精密独特的上座部佛教文化传统。这种传统使得南传佛教保持了早期佛教的基本特色，即持戒较严、恪守教义，注重经典的字面意义，崇拜佛陀而很少有多神崇拜倾向。二是南传佛教深受王权约束。王权至高无上，佛教即使被尊为国教，依然必须受王权约束，国王往往通过一套规范的佛教组织管理制度来控制佛教，这种高度的组织规范化传统是北传佛教所不能比拟的。三是在南传佛教各国的传统文化中，佛教文化的地位很高，所占比重很大。东南亚各国传统文化中宗教色彩极其突出，这一点是北传佛教各国所不能比拟的。甚至可以说，佛教文化是这些国家文化的基本形态。在每一个国家，佛教都居国教地位，全民族多数人都信仰佛教，民间所有传统习俗或多或少都与佛教有关。在斯里兰卡有70%左右的国民是佛教信徒，缅甸约有80%的国民是佛教信徒，柬埔寨近90%的国民是佛教徒，而在泰国这一比例几乎达到95%左右。四是南传佛教在近现代以来相当活跃，对世界范围内佛教的复兴与发展起到了很大的推动作用。在南传佛教所有国家中，斯里兰卡佛教占有最主要的地位，稍次是缅甸和泰国，它们曾继斯里兰卡之后成为历史上南传佛教的中心，对柬埔寨、老挝等国佛教的传播和发展有很大影响。而后两国的佛教发展相对薄弱一些，兴盛的历史比较短暂。

在北传佛教中又可分为汉地佛教和藏传佛教两部分，这两部分在长期的发展过程中也都形成了各自鲜明的特色。就汉地佛教而言，不论是相对于印度本土的佛教原型，还是相对于其他民族、地区的佛教文化，其发展比较独立和成熟，民族化、中国化的程度很高。自佛教离开印度本土向境外传播以后，应该说以在中国（主要是汉地）的发展最为充分。佛教的发展与中国原有的儒、道教关系非常密切，佛教在中国的发展史，也是佛、儒、道三者相互斗争、融合的历史，它们的相互影响十分深刻。汉地佛教还表现出明显的功利性、实用性色彩，而宗教神学的色彩越来越淡薄，民间信仰的氛围却很浓。汉地佛教信徒往往是出于对佛教神灵的纯粹功利实用性祈求而烧香拜佛的。这在许多方面都有明显体现。例如，在汉地佛教中，作为佛教创始者的释迦牟尼佛被大大淡化，而阿弥陀佛、观世音菩萨、弥勒佛等功能性神灵则影响广泛，深入人心，甚至达到妇孺皆知的程度。汉地佛教传播到日本、朝鲜、越南等国后，这些国家的佛教又都形成自己的特点。日本佛教主要是从中国输入的，每个大的宗派都可以多多少少地在中国佛教文化中找到源头。但不容忽视的是，日本佛教具有很强的创造性。从中国传入日本的每一个宗派即使名

---

① 何云.佛教文化百问[M].北京:中国建设出版社,1989:42-43.

称与中国原来的宗派名称相同,但在实质内容上已有很大的变化。如日本佛教的天台宗根本不同于中国汉地佛教的天台宗,其净土宗也不能和汉地佛教净土宗相提并论。日本佛教具有自己的独特个性。另外,日本佛教发展的连续性特点较突出,自传入起,不管受到多大的冲击,如第二次世界大战的彻底战败、现代工业文明的强烈冲击等,日本佛教基本上没有失去传统特色,一直延续到当代。佛教在日本的发展与国家政治关系比较密切,历代都有皇室贵族出家为僧;佛教地位较高,佛教徒也大都具有积极参与国家事务的一贯传统。朝鲜佛教与中国汉地佛教保持着相当密切的关系,不像日本佛教那样富于创造、善于吸收。其流派、思想组织及发展轨迹与中国佛教都比较类似和接近。越南佛教既受从海路传入的印度佛教的影响,又受从陆路南下的中国佛教的影响,而以后者为主。其宗派以禅宗为主流而杂以净土宗等,在发展过程中也非常依赖王权的支持。与汉地佛教相比,藏传佛教的特色非常突出:其一是全民信仰,佛教领袖保持着绝对的神圣地位,佛教信徒大都比较虔诚;其二是政教合一,整个社会生活严格受王权、神权的控制,佛教的领袖在世俗生活中也具有重要地位,寺院既是佛教中心往往也是政治统治中心;其三是藏传佛教具有强烈的神秘色彩。目前,西藏以其藏传佛教的独特个性日益引起广大旅游者的兴趣。

上文曾提到,在公元前3世纪时,印度孔雀王朝的阿育王曾派遣大批佛教僧侣四处传教。在这次大规模的传教活动中,有一些传教僧侣把佛教传播到了叙利亚、希腊等地,使得佛教影响所及远达今中东、欧洲一带。尽管如此,佛教在相当长时期内主要流传在亚洲的范围以内,直到近代,随着西方殖民主义者在亚洲活动,佛教才开始引起西方世界的重视。佛教在欧美地区的传播是近一个多世纪以来的事。最初引起一些欧美学者兴趣的是佛教哲学。那些对东方文化有兴趣的学者开始收集各种佛教文献进行研究。第二次世界大战以后,佛教禅宗和密宗在欧美得到了广泛的传播,许多国家建立了一些佛教研究机构,形成了全国性的佛教组织,出版了一系列佛教研究著作和期刊。但在这些欧美国家中,正式的佛教信徒却为数很少,佛教徒中大部分是亚洲移民的后裔或侨民。也就是说,作为学术研究的佛教哲学在西方的发展,主要受学术研究兴趣的影响;而作为纯信仰对象的佛教在西方社会流传,更多的是受日渐增多的东方移民和侨民的影响。佛教在西方世界尽管有一定发展,但佛教徒依然以东方移民和侨民为主体。

 特别提示

佛教能够发展成为世界性宗教,与佛教进一步向四方传播有关。贵霜王朝迦腻色迦王(公元78年—120年)时期,佛教同时开始东传中国。

📖 **拓展知识**

一般认为，佛教于西汉之际传入中国。当时由贵霜王国通往西域到敦煌有两条线路：一条是越过葱岭，然后过玉门关到敦煌；另一条是越过葱岭，沿塔克拉玛干沙漠北缘到达敦煌。佛教沿这两条路线传到敦煌后，再向内地传播。除陆路外，佛教还由海上丝绸之路传入，即由斯里兰卡、爪哇、马来半岛、越南而至广州，再传到内地。

第二节 佛教的教义和神阶

一、佛教的基本教义

佛教典籍浩瀚而庞杂，而且在长期发展中各宗各派都有自己的理解、发挥和创造，这就使得人们对佛教教义教理的全面了解非常困难。我们只能从佛教各派都共同承认的基本教义入手来进行简要的介绍。佛教的基本教义主要有四谛说、八正道、十二因缘说、业报轮回说等内容，这些内容基本上体现出了佛教作为一种宗教对社会人生诸问题的看法、态度和对理想境界的追求。

（一）四谛说

"四谛"是佛教各派共同承认的基础教义，形成较早。相传释迦牟尼在荜钵罗树下静坐沉思达到大彻大悟的境界时，悟道的核心就是"四谛"之理。这也是佛陀"初转法轮"——在鹿野苑向最早的五个弟子宣讲佛法的根本内容。所谓"谛"，有"真理"或"实在"的意思，是印度哲学通用的概念。"四谛"就是佛教中的四条真理，即苦谛、集谛、灭谛和道谛。由于这四条是神圣的真理，所以"四谛"又称为"四圣谛"。其核心是宣扬整个世界和全部人生为无边之苦海。四谛又可分为两部分，苦、集二谛说明人生的本质及其形成的原因，灭、道二谛指明人生解脱的归宿和解脱之路。

1. 苦谛

所谓苦谛，就是认为社会人生等一切本性皆苦，并以此为真理。这是佛教对世俗世界所做的一个最基本的价值判断。这一教义成了全部佛教理论的出发点。佛典关于"苦"的分类很多，有四苦、五苦、八苦、九苦、十一苦等，比较有代表性的说法是人生有所谓"八苦"，即生苦、老苦、病苦、死苦、怨憎会苦、爱别离苦、求不得苦、五盛阴苦。这八苦又可分为两大类：第一类是生、老、病、死四苦，认为人生的自然过程是苦，这是肉体上的苦；第二类是怨憎会、爱别离、求不得、五盛阴四苦，是把人的主观愿望不能满足说成是苦。怨憎会苦是指不得不与自己所讨厌、怨恨的人和事凑在一起之苦;爱别离苦是指不得不与喜欢的亲爱之人、事分开之苦;求不得苦是指心中所祈求的名利、地位以及一切喜欢的东西得不到满足之苦,这些都是精神上的苦。最后归结为五盛阴苦,"五阴"是佛教对"人"的一种特殊称谓,五盛阴苦即以人的存在本身为苦,人生自身就是诸苦的集合体。这样一来,"苦"就具有普遍的性格。世上任何一个活生生的人,都会经历其中几苦乃至全部八苦。佛教把人生判定为苦,由此带来鄙薄人生、悲观厌世思想,在软弱的失意者和绝望者中间很容易引起共鸣。这也是佛教往往会在动荡、黑暗的社会和时代得到较快发展的一个基本原因。在这种时候,佛教往往成为许多个人取得心理平衡、求得暂时解脱的精神寄托。

2. 集谛

亦名习谛,又名因谛。它是说明造成世间人生痛苦的原因的。集谛是早期佛教的理论基础,认为世间人生痛苦的根源在于由"无明"(愚昧无知,不明佛理)和"渴爱"所引起的各种贪欲,即佛教通常所说的"业"与"惑",依业受报便会有生死轮回之苦。"业"是造作之意,泛指一切身心活动。"惑"是烦恼之总称,实际包含世间一切思想观念、感情欲望等。"惑"与"业"共同结合被视为轮回报应的总因。在佛教中"惑业"往往并称。佛教认为,一切的苦是"三业"(身业——行动;语业——言语;意业——思想活动)、"两惑"(见惑——一切的妄见;思惑——贪、嗔、痴等妄情)所造成的。

3. 灭谛

指灭尽世俗诸苦得以产生的一切原因,从生死轮回中解脱出来,证入无苦的涅槃境界。它要人们相信,造成世俗诸苦的一切原因可以断灭,从而超脱生死轮回,达到佛教出世间的最高理想境界——"涅槃"。"涅槃"是梵文的音译,意译作"灭度""圆寂"等,其原意是指火灭或风散。在早期佛教理论中,"涅槃"是熄灭了一切"烦恼"(世人的一切感受和情绪),从而达到超越时空、超越生死、与现实世界对立的一种境界。其实,从本质上说,涅槃就是一种死亡状态。不过佛教反对把涅槃理解为死亡,因为按佛教教义,死与再生是联系在一起的,死亡不过是"有情"从一个轮回阶段转变到另一个轮回阶段。涅槃的根本特点则是超越了生死轮回。这些说法使"涅槃"蒙上了一层神秘的宗教色彩。但世俗社会一般把涅槃理解为"死亡"的代名词。

4. 道谛

要使一个具有正常生活和思维能力的人达到寂静状态,并不是一件容易之事,所以在早期佛典中有大量篇幅是强调达到涅槃的必要性和可能性的,认为要达到涅槃境界必须经历一个漫长的多方面修习的艰苦过程。消灭痛苦通向涅槃的全部修习方法和途径就叫作"道谛"。"道"是"通"的意思。佛教告诉人们达到涅槃境界的方法和途径即所谓的"八正道"。

(二)八正道

八正道又称"贤圣八道""八圣道",是道谛的发挥。它具体指出了解脱诸苦、断绝轮回、达到涅槃境界的八种途径和方法。这八种方法是正见、正志(正思维)、正语、正业、正命、正精进、正念、正定。所谓正见是指对佛教真理四谛等的正确见解;正志即正思维,是指对四谛佛教教义的正确思维;正语即不作一切非佛理之语;正业即从事清净身业;正命即符合佛法戒律规定的正当合法的生活;正精进是指勤修涅槃之道法;正念指明记四谛之理,离尽邪非之说;正定即坚定四谛之信念,将心专注于一境。佛教认为,按"八正道"修行,可由凡入圣,从迷界此岸达到悟界彼岸,故又将"八正道"比喻为"八船""八筏"。这些解脱途径和方法后来又被简要地归纳为戒、定、慧"三学"。戒学、定学、慧学从身、口、意三个方面规范佛教徒的日常行为和思想活动,是学佛者必须修持的。"戒"是用来"制恶"的,是约束佛教徒日常生活的纪律,后来扩大为极其烦冗的"律",即戒律。佛教有五戒(不杀生、不偷盗、不邪淫、不妄语、不饮酒)、八戒(五戒之外再加三戒,即不眠坐高广华丽之床;不装饰打扮及视听歌舞;不食非时食)之说,甚至还有十戒之说,即在八戒之外再加上二戒——不涂饰香鬘和不蓄金银财宝。而广义的戒律则包含一切正行。"定"即禅定、止,是一种修习方法。修持者须注意力集中,观悟佛理,灭除一切情欲烦恼,获得一种特别的内心体验。习定的方法一般为调身、调息、调心,使精力集中而归于平静,从而达到静心息虑、邪思妄想无从发生的心境。"慧"又译为"智""智慧",能使修持者断除烦恼达到解脱。实际上,"慧"指的是考察人生和宇宙诸现象的一种特殊观点和思维方法,其产生主要依靠经文和师长的教导,通过禅定沉思所得。由于佛教徒内省体验到的内容越来越多,慧学特别发达。这恐怕是佛教哲学丰富多彩的原因之一。戒、定、慧三学几乎概括了佛教理论的全部内容,是任何一个学佛者都必须修持的。

(三)十二因缘说

十二因缘亦称十二缘生、十二缘起。它是苦、集二谛的延伸,其主要内容是分析苦因和论述三世轮回之理。缘起,是佛教最基本的理论之一,是全部佛法的理论基础。其意为"诸法皆由因缘而起",因缘即关系和条件。其基本命题是"此有故彼有,此起故彼起,此无故彼无,此灭故彼灭",认为一切事物或现象的生起,都是一种相互依存、互为因果、互为条件的关系。世间没有孤立存在的现象和事物,离开因缘,就没有世间的一切。它把人生分为彼此互为条件和因果联系的十二个环节,由十二个概念构成一个前后相续的因果链条,故称十二因缘。包括无明(痴)、行、识、名色、六入、触、受、爱、取、有、生、老死十二部分。"无明"亦译为痴,即愚昧无知,特指不明佛理,它是一切生死痛苦的总根源。"行"即由无明而引起的各种善恶行为,故有"痴是行缘"之说。"识"指脱胎时的心识,是由"行"的影响力(业力)而引起的,谓"行是识缘"。"名色",指胎中已具身心的生命体,生命体托识而成,此谓"识是名色缘"。"六入"又名六处或六根,指眼、耳、鼻、舌、身、意,这里指肉体与精神的统一,即有意识活动的人体。由于感知机能来自生命体,故谓"名色是六入缘"。"触"指胎儿出生后与外界事物接触,相当于幼儿阶段。六种感知机能是接触外界事物的基础,故谓"六入是触缘"。"受"即对苦、乐的感受,相当于童年阶段。如果不接触外界对象就无从感受,故曰"触是受缘"。"爱"主要是指由感受引起的物质贪欲与男女情爱等,相当于青年阶段,是谓"受是爱缘"。"取"是指由贪爱而引起的对可供享受之物的追求执取,是谓"爱是取缘"。"有"是指由追求执取造成的必得后报的各种业行,谓"取是有缘"。"生"即诞生,这里指由于爱、取、有而产生的果报,即导致了来世的再生,故曰"有是生缘"。有生就有死,来世之生仍将趋于"老死",故曰"生是老死缘"。佛教认为,人生就是上述十二个互为因果的环节所构成的流传过程,这十二个环节可由顺、逆两种顺序来观察:从无明到老死,是由原因到结果的顺观;若从结果推其原因,即由老死逆观至无明,则把无明视为人生一切痛苦的总根源。众生由于无明而沦于生死轮回的苦海之中不得解脱。

十二因缘说是佛教"业报轮回"说的理论基础,也是佛教徒的人生观的重要内容。传说释迦牟尼得道成佛时关键是证得了"四谛""十二因缘"之理。佛陀得道后讲法的重要内容之一也是"十二因缘",佛陀80岁涅槃时谆谆嘱咐其弟子的仍是"四谛""十二因缘"等内容,所以说十二因缘理论是佛教最基本的理论之一。应该说,该学说在一定程度上反映了客观事物普遍存在的事实,含有辩证法的因素。但是它把缘起说最终都归结为因果铁律,即一切缘起现象都是因果联系,只有因果关系一种;它还往往把毫无联系的或偶然的事件强说成是因果联系,这样一来就把因果律神秘化、主观化,最终导致"业报轮回说"的产生。

(四)业报轮回说

"十二因缘说"同"因果报应""生死轮回""三世说"相结合,可用以解释社会中的不平等、人间的不公道。当十二因缘与过去、现在、未来三世的轮回说联系在一起时,就构成了三世两重因果业报轮回。十二因缘在三世因果中的循环运行如下图所示:

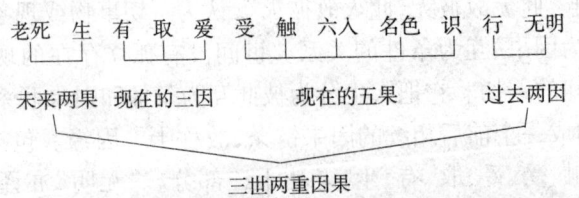

这就叫作三世两重因果。三世即过去世、现在世、未来世,两重因果即过去世的两因造成现在世的五果,即为一重因果;现在世的三因造成未来世的两果,又为一重因果,合起来即为两重因果。过去的一生行为决定今世一生的状况;今世一生的行为决定来世一生的状况,这就是因果报应。"业"指的是人的一切身心活动,任何思想、行为都会给行为者本人带来一定的后果,这后果叫作"报应"或"果报"。做什么性质的业,就得到什么性质的报,所谓善有善报、恶有恶报是其主要内容。这样"业报"的宗教理论就成了早期佛教的宗教核心,也成了解释人生差别和社会不平等起源的学说。

(五)三法印

"三法印"是对佛教基本教义的一种概括。"三"是数目,"法"是使学者、闻者能了悟而得到解脱的道理,"印"有印信、印证之义。三法印即三种印证是否是真正佛法的标准或标记。凡符合这三条者,为真正佛法,反之则为外道。其具体内容是诸行无常、诸法无我和涅槃寂静。第一,诸行无常。"诸"意为一切,"行"有迁流、变动之意。诸行,指一切因缘和合而生的物质现象和精神现象的生起和变化。常,即恒常,永恒不变之意。无常,即刹那生灭,变化无常。诸行无常意指世界上一切东西无时无刻不处在生灭变化之中,没有常住性。这是佛教由缘起论而推出的一个重要结论。第二,诸法无我。法,泛指一切事物和现象。我,指固有的本性,有主宰和实体的意思。诸法无我意思是一切现象皆因缘和合而成,时刻处在变化无常之中,没有固有的本性,没有独立的实体或主宰者。它是佛教区别于当时印度其他思想流派如神创说、灵魂说的一个根本观点。第三,涅槃寂静。涅槃原意是指火的熄灭或风的吹散,佛教用它表示灭尽一切烦恼的最高理想境界,也译作"灭度""圆寂"等。涅槃寂静意思是通过修持灭尽一切烦恼,超脱生死轮回,进入涅槃解脱之境界。

二、佛教诸神

(一)佛

佛是梵语音译"佛陀"的简称。也有译作"佛驮""浮陀""浮屠""浮图"等。在梵文中的意义为"觉者""知者"。"觉",指既能自觉,又能觉他,同时还是觉行圆满者,是佛教修行的最高果位。佛教宣称,一般凡夫俗子以上三项(自觉、觉他、觉行圆满)都缺,毫无觉悟可言;声闻(闻听佛陀言教而觉悟者)和缘觉(因前世修行的因缘或观十二因缘之理自行觉悟者)缺后两项;菩萨缺最后一项,唯有佛才三项皆全。小乘佛教所讲的"佛",一般是专用作对释迦牟尼的尊称。大乘佛教所讲的"佛",除尊释迦牟尼外,还泛指一切觉行圆满者。比如,过去佛有七佛、燃灯佛;未来佛有弥勒佛;东方有阿閦佛、药师佛;西方有阿弥陀佛等。从佛身说又有法身佛、报身佛和应身佛等。

1. 释迦牟尼佛

释迦牟尼是佛教始祖,亦称"世尊""如来"等,是佛教寺院的大雄宝殿必须供奉的佛像。释迦是种族名称,牟尼意为明珠,喻圣人。释迦牟尼即意为"释迦族的圣人",是佛教徒对他的尊称。其原名是悉达多·乔达摩。乔达摩是梵语音译,是他的姓,意译为"最好的牛"。

2. 过去七佛

即毗婆尸佛、尸弃佛、毗舍婆佛、拘楼孙佛、拘那舍佛、迦叶佛和释迦牟尼佛。我国最著名的七佛造像就是辽宁省义县奉国寺内的七佛像大雄宝殿中以过去七佛为主尊供奉,佛坛上塑有七尊高达8米多的佛像,该寺七佛的顺序是按年龄排列的,以毗婆尸佛为最尊,所以其塑像在正中间。过去七佛按时间上的先后顺序排列应该是:①毗婆尸佛,"毗婆尸"是梵文的音译,意思是"胜观""种种观",所以毗婆尸佛就是"胜观佛",是过去七佛的第一佛。②尸弃佛,尸弃意为"最上",尸弃佛又称"最上佛",是过去七佛的第二佛。③毗舍婆佛,毗舍婆是"一切有"之意,故毗舍婆佛又称"一切有佛",为过去七佛的第三佛。④拘楼孙佛,"拘楼孙"为"成就美妙"之意,所以他又可称"成就美妙佛",为过去七佛的第四佛。⑤拘那舍佛,"拘那舍"意为"金寂",故他又称"金寂佛",为第五佛。⑥迦叶佛,"迦叶"的意思是"饮光",故又称"饮光佛",是第六佛。⑦释迦牟尼佛是第七佛。也有的寺院另建七佛殿供奉七佛,如山西省交城县玄中寺的七佛殿内供奉着泥塑镀金的七佛坐像。

3. 三世佛

"三世"是佛教的说法,即过去、现在、未来三世,也可以说成前世、现世、来世或前生、今生和来生等。在佛教寺庙大殿里大多供奉三尊佛像。

横三世佛 横三世佛是指东方净琉璃世界的药师佛、娑婆世界的释迦牟尼佛、西方极乐世界的阿弥陀佛。三尊塑像的排列一般是释迦牟尼佛居中,药师佛居左侧,阿弥陀佛居右侧。释迦牟尼佛是娑婆世界的教主,"娑婆"意思是"堪忍",即能忍。这是释迦牟尼佛进行教化的世界,其实也就是现实世界。药师佛是东方净琉璃世界的教主,又称药师玻璃光佛、大医王佛、医王善逝。其典型形象为左手持一个内可盛甘露的钵,右手以拇指和食指持一药丸(造像时多仅仅以手势表示,并不塑出钵和药丸),或持法轮象征佛之说法如法轮常转不息。药师佛的右胁侍为月光菩萨,左胁侍为日光菩萨,此三者合称"东方三圣"或"药师三尊"。阿弥陀佛是西方极乐世界的教主,他在中国民间有着极为广泛的影响。其左胁侍是观音菩萨,右胁侍是大势至菩萨,此三者合称"西方三圣"或"阿弥陀三尊"。横三世佛以释迦牟尼为主,并将东、西方教主供于一殿,有着一定的象征意义,也表示佛教徒的一种信念,即东方为日出之处,象征万物生长,以东方为生之乐园;

西方为日落之地,象征万物归宿,以西方为死之妙境。把三佛供于一殿则意为包容一切之吉祥。

竖三世佛 竖三世佛是代表过去(前世、前生)、现在(现世、现生)、未来(来世、来生)三种时间世界的佛。因这三种佛在时间上是上下相连续的,故称为竖三世佛,即现在佛释迦牟尼,一般居中间,过去佛燃灯佛一般居左侧,未来佛弥勒佛一般居右侧。释迦牟尼佛前面已有介绍,这里主要介绍燃灯佛和弥勒佛。相传燃灯佛是释迦牟尼佛的启蒙老师,时间上既早,辈分上也高,故谓之过去佛。还有一种通行说法,认为过去佛是迦叶佛,这里迦叶佛与释迦牟尼佛的大弟子迦叶尊者不是一个人。迦叶佛是过去七佛中的第六佛,他也是释迦牟尼佛的前世之师,以他为过去佛也是恰当的。弥勒佛,弥勒是梵文音译,意思是"慈氏",这是佛教的菩萨名,跟佛还差一等,是释迦牟尼佛的弟子,侍立一旁听法。释迦牟尼佛预言,弥勒将继承自己的佛位成为未来佛,即弥勒是佛陀的法定接班人。弥勒成佛前称为弥勒菩萨。作为未来佛的弥勒,其正统的塑像是印度式的。这种弥勒像十分庄严肃穆,眼观鼻,鼻观心,超凡脱尘,摒弃七情六欲,凝神入定,一副悲天悯人的神情。这种塑像在大雄宝殿常见。中国许多寺院的天王殿里所供奉的那位袒胸露腹、笑口常开的胖大和尚,是在我国民间有很大影响的"大肚弥勒佛",它并非弥勒真身,传说是弥勒的化身。历史上实有其人——中国的布袋和尚契此。相传,在我国唐末五代的后梁时期,浙江奉化出了个怪和尚,自称名契此。长得矮胖,肚子奇大,容貌猥琐,出语无定,四处坐卧。常用竹杖挑着个大布袋在闹市中出现,面带笑容终日奔走,劝化众人信佛。因其总背一布袋,故人称其为"布袋和尚"。他一生的功行都异乎常人,经常能准确预测天气晴暖、人之祸福,还常常把布袋中化缘来的什物全倾倒在地上,他的疯癫行为引起人们极大的兴趣,因而名噪一时。他的死也很奇特,贞明二年(公元916年)的一天,他来到奉化岳林寺东廊,在一块磐石上端坐,说了一首偈:"弥勒真弥勒,化身千百亿,时时示世人,世人自不知。"偈毕便安然而逝。人们细一琢磨悟出这位胖大和尚就是弥勒佛的化身,是弥勒的转世。他的肉身被人们安葬在岳林寺西1公里之处,此处起名"弥勒庵"。从宋代开始,在江浙一带人们就按布袋和尚的形象塑成弥勒菩萨像供奉。后来又把他放到寺院的天王殿里,使人一进寺门就可看见。从此他便取代了佛经里的弥勒菩萨而名扬四海,在我国民间几乎家喻户晓。他那抚膝袒胸、喜眉乐目、手掐念珠、笑口常开的形象很逗人喜欢。后来又出现了一种"五子戏弥勒"的塑像:弥勒身上有几个大胖小子,爬上爬下与他嬉戏,此即为所谓的"送子弥勒",很受一般老百姓的尊崇。事实上,佛教中所说的作为释迦牟尼佛的法定接班人的弥勒与中国布袋和尚契此完全是两码事。佛教寺院中把过去佛、现在佛、未来佛这竖三世佛供在一起,体现出佛佛相生、更替不已的哲理。

4. 东方三圣

药师佛、日光菩萨和月光菩萨合称"东方三圣"或"药师三尊"。药师佛是东方净琉璃世界的教主,他手下有十二员神将,还有两大帮手——左胁侍日光菩萨和右胁侍月光菩萨。佛教传说,药师成佛前与日光、月光是亲骨肉,后父子三人得道成就,荣登东方净琉璃佛国教主和教主助理宝座,成为东方三圣。日光菩萨也即日光遍照菩萨是东方净琉璃世界中无数无量菩萨中的上首菩萨,其名号具有"日放千光、遍照天下、普破冥暗"之含义。他协助药师佛救助尘俗,摧破生死幽冥,犹如日光遍照人间。日光菩萨在密宗中叫作"威德金刚"。日光菩萨的塑像一般是肉色,左手持宝幢,右手结与愿手印,坐于赤莲上,掌上或莲上有一日轮。月光菩萨也即月光遍照菩萨,与日光菩萨一样在药师佛的无数菩萨中同为级别最高的上首菩萨。其塑像一般是黄色,左手持着莲华(花),右手持月轮。

5. 西方三圣

西方三圣指西方极乐世界的三位大圣人:教主阿弥陀佛,其左胁侍观音菩萨,右胁侍大势至菩萨。西方三圣又称阿弥陀三尊。阿弥陀是"无量"的意思,所以阿弥陀佛又叫"无量佛"。其名号有十三个之多,如无量寿佛、无量光佛、无边光佛、无碍光佛、无对光佛、焰王光佛、清净光佛、欢喜光佛等。在所有名号中,以"无量寿佛"和"无量光佛"最重要,也最有名。阿弥陀佛是中国民间最信奉的佛之一。在佛教寺院中阿弥陀佛与其左胁侍、右胁侍一般被置于"三圣殿"中:阿弥陀佛居中,左胁侍观音的左手持杨柳枝,右手持净瓶;右胁侍大势至则手持莲花茎。阿弥陀佛是中国净土宗信仰的主要对象,其信徒念佛的常用语就是"南无阿弥陀佛",叫作六字名号。"南无"有"致敬""归命"之意,整句的意思是"礼敬阿弥陀佛""归命阿弥陀佛"。念诵"南无阿弥陀佛"是表示一心皈依于阿弥陀佛。净土宗认为此句中包含着众生一心仰赖阿弥陀佛的信心和阿弥陀佛愿力救助众生的神奇效用,如念念不舍,死后可往生西方净土。所以净土宗以念诵这句敬语作为主要的修行方法和达到目的的途径。除这种念法外,还经常念诵阿弥陀佛的不同名号,如"南无无量寿佛""归命无量光佛"等。密教称阿弥陀佛为"甘露王"。

6. 三身佛

指释迦牟尼的三种佛身,也即三种不同的像。三身指的是法身、报身和应身,又叫自性身、受用身、变化身。"身"除了体貌外还有"聚积"的含义,即由觉悟和聚积功德而成就佛体。法身佛是毗卢遮那佛,"毗卢遮那"意思是"遍一切处""大日",即其光明普照万方。所以密宗又把它译为"大日如来"。报身佛是卢舍那佛,"卢舍那"是"光明遍照"之意,报身佛表示证得了绝对真理获得佛果而显示了佛的智慧的佛身。应身佛是释迦牟尼佛,又称化身佛、应化身,表示随缘教化,为超度世间众生而根据不同状况和需要所现之身。在佛殿中一般是法身佛居中,报身佛居左侧,应身佛居右侧。

7. 五方佛

密教认为其教法来自大日如来,故以大日如来为密教第一祖、密教教主,因而最崇奉大日如来。密教寺庙神殿皆以大日如来为中心加以崇拜。密教教义中有"五佛五智"或"五智五身"之说,认为其教主大日如来具有五种智慧,为教化众生化为五方佛:中央毗卢遮那佛,即大日如来,代表法界体性智;东方香积世界的阿閦佛,代表大圆镜智(金刚智);南方欢喜世界的宝生佛,代表平等性智(灌顶智);西方极乐世界的阿弥陀佛,代表妙观察智(莲华智);北方莲花世界的不空成就佛,代表成所作智。密教寺庙的大雄宝殿往往供奉这五位主尊佛。

8. 欢喜佛

欢喜佛是佛教密宗的本尊(本尊是指在诸尊中以该尊为本而尊崇之),多作男女二人裸身相抱之形。曾供奉于印度和中国藏族地区、蒙古族地区等佛教寺院里。尤其是喇嘛寺庙里几乎都有这种佛像。显宗佛教严禁色欲,将"不淫邪"列为五戒之一。密宗则不同,认为女性是供养物,她们是佛、菩萨等化身而来,用色欲调伏那些阻碍修法的魔障和无明,然后将其引渡到佛国。所以在修习密宗最高果位无上瑜伽密时,必须男女双修,并特别强调异性的摧动。欢喜佛双身裸体,象征无牵无挂、一尘不染、脱离了尘垢凡界。双体拥抱,男者代表智慧,女者代表禅定,此二者在佛典中被比作"车之双轮""鸟之双翼",缺一不可。男女双抱合体则体现了智慧与方法双成,男女相合为一完人,是以"大欢喜"。欢喜佛像有单体、双体两类。北京雍和宫密宗殿里供奉的那牛头而九体合在一起的欢喜佛便是单体的;双体欢喜佛种类很多,造型复杂,如胜乐金刚、金刚亥母、密集金刚、时轮金刚等,都是藏传佛教密宗所供奉的本尊,这些佛像多在藏传佛教密宗寺院里可见到。

(二) 菩萨

菩萨是梵语音译"菩提萨埵"的简称,意译为"觉有情""道众生""道心众生"。旧时又译作"大士""开士""高士""大圣"等。菩提的意思是自正、觉;萨埵的意思是众生、普济众生。菩提萨埵意谓既能自觉又能觉他者。菩萨就是"上求菩提(觉悟),下化有情(众生)"之人。在大乘佛教中,菩萨是仅次于佛的第二等果位,地位仅次于佛,要远远高于罗汉。菩萨的职责是帮助佛,用佛教的宗旨和教义解救在苦海中苦苦挣扎的众生,将他们"度"到极乐世界去,了却一切烦恼。在中国佛教中,菩萨的影响远大于佛,人们亲近菩萨甚于亲近佛是一个显著的特点。

1. 四大菩萨

关于"四大菩萨"一般有两种说法:一种是中国佛教中说的文殊、普贤、观音、地藏四大菩萨,另一种是《法华经》说的弥勒、文殊、观音、普贤四大菩萨。流传较广的是中国的四大菩萨说,后一种说法远没有前者流行,其影响不大。

文殊菩萨 文殊是梵文音译"文殊师利"的简称,意译为"妙德""妙吉祥"。专司佛的智慧,通常作为释迦牟尼佛的左胁侍与司"理"的右胁侍普贤并列在佛的两旁。其塑像呈"非男非女"之相。常见的文殊塑像头顶有五髻(多为密宗造像),象征大日如来之五智;左手执莲花,莲花上安放一部《般若经》,象征般若一尘不染;右手持宝剑,象征智慧如同金刚宝剑一般锐利,能够斩断群魔和一切无明烦恼。有的像坐于莲花台,表示清净;有的乘狮子或孔雀,表示智慧威猛。佛教中常以狮子比喻佛法威猛,能摧毁一切之邪魔。据传其显灵说法道场在山西五台山,五台山上的菩萨顶为文殊菩萨居住处。五台山由此而成为中国一大佛教名山,香火常年旺盛,每年都有众多的国内外佛教徒远道而来参拜朝圣。

普贤菩萨 普贤是梵语的意译,中国佛教中常称"普贤大士",常作为释迦牟尼佛的右胁侍出现,与文殊菩萨并列在佛的两边,被认为专司佛的理德。按佛教的说法,佛或菩萨是没有什么性别之分的。在我国唐代以前,普贤多为男身女相,宋以后则多为女身女相。他常骑一白象,佛教认为"普贤之学得于行,行之谨审静重莫若象,故好象"。骑白象也有一定的象征意义。"象有大力,表法身荷负;无漏无染,称之为白。"传说普贤菩萨显灵说法的道场在四川省峨眉山,山上金顶常有显灵圣迹——著名的金顶佛光,吸引着众多的香客、游人。

观音菩萨 观音菩萨全称观世音菩萨。观世音是梵语的意译,亦译为"光世音""观自在""观世自在"。唐代为避唐太宗李世民讳,故称观音。观音为阿弥陀佛的左胁侍,与阿弥陀佛、大势至菩萨合称"西方三圣"。观音菩萨在中国世俗中的名气和影响几乎超过了一切神祇。本来作为释迦牟尼佛左胁侍的文殊菩萨在佛教中居于菩萨之首的地位,但观世音菩萨信仰流行之后取代了其地位,观世音菩萨成了世俗心目中的第一菩萨,在中国可以说是家喻户晓、妇孺皆知。《法华经》称其为大慈大悲的菩萨,众生遇难时只要诵其名号,菩萨即时闻其声音前往拯救解脱。这也许是信徒视其为解危救难的救星,对他进行广泛敬爱与崇拜的重要原因之一。据传观世音菩萨为普济众生苦难,可以应机示现种种化身,所以有很多种观世音菩萨的身相,有六观音、七观音、三十三观音等。一般所说的观世音是指作为总体的圣观世音。

关于六观音一般有两种说法。天台宗所传的是大悲观音、大慈观音、狮子无畏观音、大光普照观音、天人丈夫观音、大梵至圣观音。密宗所传的是千手千眼观音、圣观音、马头观音、十一面观音、准胝观音、如意轮观音。下面介绍一下密宗所传的六观音。

千手千眼观音又称"千眼千臂观音",简称千手观音、大悲观音。据说观世音在过去"无量亿劫"(极其遥远的过去)听千光王静如来说《大悲心陀罗尼经》后,即发誓要利益一切众生,于是长出千手千眼。千手表示遍护众生,千眼则表示遍观世间。其形象主要有四十手眼和千手千眼两种。四十手眼观音造像多是在两眼两手下，左右各有二十手，手中各有一眼，共四十手四十眼，分别配上所谓"二十五有"（佛教中意指三界中二十五种众生的生存环境），四十与二十五相乘，正好是千手千眼。这是用了形象化的夸张手法显示观音的慈悲无比广大。另一种千手观音则实有千手千眼。其典型造型是：面有三眼，臂有千手，于千手掌各有一眼。我国最大的木雕千手观音是河北承德外八庙大佛寺（普宁寺）的大乘阁之千手千眼观音，这尊观音共有四十只手，每只手掌中心有一眼，加上面部三眼，共有四十三只眼。此像高达二十余米，堪称木雕观音之最。我国四川省大足县有一著名的石刻千手观音，它位于宝顶山大佛湾的观音殿。这尊观音共有一千零七只手，是名副其实的千手观音。其形态各异的千余只手布满了观音殿的整个崖面，让人叹为观止。

十一面观音共有十一个颜面，每张脸面貌不一，十一张脸孔重叠而上排列，像座小宝塔。正面三面为菩萨善面慈悲相，左侧三面为嗔怒相，右侧三面为獠牙上出相，背后一面为暴恶大笑相。这十面加上观音本体一共十一面。

马头观音又称马头菩萨、马头大士，其形象为马头、菩萨身，一般是右手捻莲花，左手持武器（常为长柄大斧），或坐或立。此像形貌作大愤怒威猛摧伏之状。观音菩萨的很多种变化相皆呈温柔慈悲之相，唯马头观音现愤怒相，观眼上吊，獠牙显露，面有三目，头发倒竖，头顶马头。其形状有一面二臂、一面四臂、三面三臂、三面四臂等多种。中国佛教天台宗一派称其为"师子无畏观音"。

准胝观音之准胝，是梵语音译，意为"心性洁净"。常为女性形象，有三目十八臂。坐于出自水中的莲花上，下有二龙王支撑。

如意轮观音常为六臂金身像，因手持如意宝珠和轮宝，所以称为如意轮观音，多为坐像，呈思维状。

圣观音的形象可视为观音的标准像，所以又称"正观音"。其像一面两臂，温柔秀丽，头戴天冠。他与其他观音的重要区别在于其所戴天冠中有阿弥陀佛像，顶戴阿弥陀佛像表示能降伏外道魔障。人们一般所说的观音就是指圣观音。

除了上述种种观音以外，我国民间还创造出了"送子观音"，其实在六观音、七观音、三十三观音诸名目里，都没有"送子观音"的说法，其出现完全是世俗的需要，并非出自任何佛教经典。"送子观音"在我国民间有着非常广泛的影响。观音菩萨显灵说法的道场是在浙江省普陀山，此山为我国四大佛教名山之一，被誉为"海天佛国"。所谓的海岛观音就是观音菩萨在其显灵说法道场普陀洛迦山的形象。海岛观音又名渡海观音，一般置于大雄宝殿主尊佛像后面。其形象是足下踏着鳌鱼，传说他动一动身子就要发生地震。观音左侧是善财童子，右侧为龙女。海岛观音像、海岛观音图在佛教寺院中常可见到。

特别提示

中国四大菩萨中,观音菩萨地位最高,名气最响,中国民间广泛流传着"送子观音"的故事,其出现完全是世俗的需要,并非出自任何佛教经典。

拓展知识

中国佛经上对观音菩萨的记载,或说是男,或说是女,莫衷一是。唐代以前寺庙多塑男性,据说观世音菩萨是古印度一个国王的长子;唐代时期则多见女性观音,相传为妙庄王之女。清代学者俞正燮考证说:"观音出世时本为男身,而来中国显示灵感,则多变性为女身。"

地藏菩萨 "地"指大地,"藏"即储藏存有。"地藏"意指他如同大地一样含藏着无数善根种子。按佛教说法,他受释迦牟尼佛嘱咐,在释迦牟尼佛涅槃、弥勒佛未出世之前,发誓尽度天道众生,拯救诸苦,始愿成佛。观音菩萨以救度世间众生为主,而地藏菩萨则主要救度地狱中所有"罪鬼"。地藏菩萨常有剃和尚头的形象,这是由于其被附会为新罗王子金乔觉的缘故。传说,在佛灭后1 500年,地藏菩萨降诞于新罗国王族,是王子,名金乔觉,出家后于唐玄宗时来华入九华山修习,99岁圆寂,肉身不坏。现在安徽省九华山之月(肉)身殿相传即是其灵塔。地藏菩萨的形象因此多呈现出家相,着比丘装。右手持锡杖,表示爱护众生,也表示戒修精严。左手持如意宝珠,表示满足众生的愿望。其显灵说法的道场安徽九华山是中国四大佛教名山之一,被誉为"仙城佛国"。

2. 善财童子和龙女

他们是观音菩萨的左胁侍和右胁侍。在佛教寺院的塑像中,观音菩萨左边侍立的一位男身像就是善财童子,右边侍立的一位女身像就是龙女。善财,也即善财童子,是佛教菩萨名。他虽被描绘成或塑成天真孩童模样,但"童子"一称谓并非少年、儿童的含义。佛门中称菩萨为"童子"另有含义:一是菩萨作为候补佛,将来要荣登佛位,就像太子以后要继承王位;二是指菩萨持戒清净,就像童子没有淫欲贪念,十分纯真。有趣的是,世俗之人因其名为"善财童子"而认为"善财"一定善于理财,善于招财,于是将其作为"招财童子""送财童子"加以礼拜、供奉,而一些妇女则由"童子"二字而认为求其投胎能生贵子,也加以虔诚膜拜。龙女是观音的右胁侍,传说她通过向释迦牟尼佛献宝球而成佛。她的名气和影响远不如善财大。应注意的是,作为观音右胁侍的龙女与中国民间奉祀的龙女——神话中的龙王女儿完全是两码事。中国的龙女是一位美丽善良、追求幸福爱情的可爱姑娘。

3. 五大明王、八大明王

明王是密宗佛、菩萨的一种变化身，是为了教化众生特别是贪愚者而显化的愤怒威猛的尊神。明王之"明"有光明的意思。以佛、菩萨的智慧光明摧破众生的烦恼业障，故称"明王"。密宗认为，诸佛可显化为自性轮身（真身）、正法轮身（菩萨身）和教令轮身（明王身）三种身。按密宗理论，五方佛（自性轮身）可显化为五菩萨（正法轮身），而五菩萨又可显现为愤怒威猛的五明王（教令轮身），所以有五明王之说，即不动明王（大日如来化身）、降三世明王（阿閦佛化身）、军荼利明王（宝生佛化身）、大威德明王（阿弥陀佛化身）和金刚夜叉明王（不空成就佛化身）。这些明王像皆示现极愤怒相，状极恐怖。此外还有八大明王的说法，它们是由密宗的八大菩萨转化而来的。

（三）罗汉

罗汉是梵语音译"阿罗汉"的简称，是小乘佛教修行达到的最高果位。而在大乘佛教中罗汉则低于佛、菩萨，为第三等。佛教认为，获得罗汉这一果位即断尽了一切烦恼而进入涅槃境界，永远不会再投胎转世受所谓生死轮回之苦。获得罗汉果位的人即为罗汉，可以受到人、天的供养。释迦牟尼佛传教45年，弟子众多，但最出名的门徒有10人，即所谓的"十大弟子"，他们都是佛祖亲传，亲耳听闻佛陀言教而成为觉悟者，又都获得了阿罗汉果，因而又都是罗汉。除此之外还有十六罗汉、十八罗汉、五百罗汉等。

1. 十大弟子

佛祖的十大弟子即摩诃迦叶、阿难陀、目犍连、罗睺罗、舍利弗、须菩提、富楼那、摩诃迦旃延、阿那律、优婆离，其中罗睺罗是释迦牟尼佛的儿子。传说十大弟子各有一方面的独特专能。

摩诃迦叶，又叫大迦叶。相传他是佛教第一次结集的召集人。在一般佛教寺庙的大雄宝殿里，"大雄"释迦牟尼像的两旁常塑有两位比丘立像：一老年人像，一中年人像。年长的那位是迦叶尊者，"尊者"是对大德大智和尚的敬称。据说释迦牟尼佛涅槃后，由迦叶继续统率徒众，后世称其为"初祖"。

阿难陀是释迦牟尼佛的堂弟，其最大的本事是"多闻第一"，即长于记忆，记性最好。佛教第一次结集时，阿难单独一人就诵出了全部的经藏。释迦牟尼佛涅槃后，迦叶成为初祖，迦叶"升灭"以后，阿难继领徒众，所以他被后世称为"二祖"。大雄宝殿里释迦牟尼佛像两旁的两位比丘像中那位中年人即是阿难尊者。迦叶、阿难是真实的历史人物，在创立佛教上贡献很大，可谓"开教功臣"。

目犍连又称"目连"，是在中国民间广有影响的"目连救母"故事的主角。据传目连见母亲死后成了饿鬼在地狱受苦，如处倒悬，自己却无以救助，便求佛拯救。释迦牟尼佛告诉他的解救方法是，在每年的七月十五日准备百味饮食供养十方自咨（忏悔）僧众，便可使其母解脱。以此传说为根据，后来形成了佛教中的一个重要节日——七月十五日的盂兰盆会，每逢这一天，佛教寺院都要举行超荐历代祖先的佛事活动。

罗睺罗是释迦牟尼佛出家前生的儿子，在释迦牟尼佛得道之后回家乡传教时皈依了其父创立的佛教，也成为著名的"十大罗汉"之一。

舍利弗在众多弟子中被誉为"智慧第一"，善讲佛法。传说释迦牟尼佛在去世前三个月的一天，说自己将入涅槃，舍利弗很难过，不愿见佛陀死去，便要求自己先佛而死，佛祖为他解脱往昔因缘，不久舍利弗便自行入灭（自杀身亡），以身殉道。

须菩提在佛祖十大弟子中有"解空第一"之美称。"空"是佛教的一种理论，指事物的虚幻不实。佛教以"悟空"为进入涅槃最高境界之门。须菩提对"空"理解最透，也最善于解说。

富楼那与释迦牟尼佛同日生，他在释迦牟尼佛成道后于鹿野苑初转法轮（首次说法传教）时皈依了佛祖，是佛教初期僧团的重要成员。在十大弟子中以"说法第一"著称，他最善于分别义理，广说佛法，辩才最为出色。

摩诃迦旃延在十大弟子中被誉为"议论第一"，最善于分别诸经，分析法义，擅长说法。

阿那律是释迦牟尼佛的堂弟，其绝活是"天眼第一"。天眼，又叫天眼通，即能知众生未来生死事，他是佛门的千里眼。

优婆离据说是释迦牟尼佛做太子时王宫中的理发师，他在释迦牟尼佛成道还乡时跟从佛祖出家。在众多弟子中以奉持戒律最为严谨著称，被誉为"持律第一"。在佛教第一次结集时，据说由他诵出了律藏。

2. 四大罗汉

据佛经说，佛陀在即将"灭度"之际，特别指派了四位大弟子要"住世不涅槃，流通我法"，即住世间弘扬佛法。这四位住世的阿罗汉就是大迦叶比丘、君屠钵叹比丘、宾头卢比丘、罗睺罗比丘（比丘，用中国话说即"和尚"）。此四者即为四大罗汉。不过他们的画像、塑像极少，并不流行。

3. 十六罗汉和十八罗汉

十六罗汉是由四大罗汉发展而来，常供奉于大雄宝殿的两侧。十六罗汉的名目的典据主要是唐玄奘所译的《法住记》。其名称是：宾度罗跋啰惰阇（骑鹿罗汉）、迦诺迦伐蹉（喜庆罗汉）、迦诺跋厘惰阇（举钵罗汉）、苏频陀（托塔罗汉）、诺讵罗（静座罗汉）、跋陀罗（过江罗汉）、迦理迦（骑象罗汉）、伐阇罗弗多罗（笑狮罗汉）、戍博迦（开心罗汉）、半托迦（探手罗汉）、罗睺罗（沉思罗汉）、那伽犀那（挖耳罗汉）、因揭陀（布袋罗汉）、伐那婆斯（芭蕉罗汉）、阿氏多（长眉罗汉）、注荼半托迦（看门罗汉）。十八罗汉是由这十六罗汉发展而来，在十六罗汉的基础上加进了两个,即庆友(降龙罗汉)和宾头卢(伏虎罗汉)。对后两名加上的罗汉有很多种说法。在元朝以后,十八罗汉取代十六罗汉成为佛寺中罗汉塑像的通常格式。从此,十八罗汉在社会上有了广泛的影响。

4.五百罗汉

罗汉的队伍不断壮大,后来竟有五百罗汉之说。关于其来历有多种不同的说法。一般指释迦牟尼佛去世后参加第一次佛经结集的五百比丘,以大迦叶和阿难为首,至于五百比丘中的其他人,除知名的十大弟子外,一般没有名号记载。然而我国流传的五百罗汉都有名号,这在佛经中找不到根据,当是宋人附会之说。我国有些寺庙如北京碧云寺、昆明筇竹寺、苏州西园戒幢律寺等建有五百罗汉堂。

(四)护法神

1.二十天

又叫二十诸天,为佛教护法神。二十天本是印度神话中惩恶护善的二十位天神的神名,佛教采用其说,用为护持佛法的神。这二十诸天的名称是:大梵天王、帝释尊天、多闻天王、持国天王、增长天王、广目天王、金刚密迹、摩醯首罗、散脂大将、大辩才天、大功德天、韦驮天神、坚牢地神、菩提树神、鬼子母神、摩利支天、日宫天子、月宫天子、娑竭龙王、阎摩罗王。以上诸神总称二十诸天。山西省大同市西的华严寺内有明代彩塑二十诸天神像,十分精美。北京市西郊法海寺的二十诸天壁画(二十诸天礼佛图),生动传神,个性鲜明,非常著名。除塑像和壁画外,二十诸天像还会出现在用于"水陆法会"的水陆画上。

2.四大天王

俗称四大金刚,是佛教王国里名气最大的神将。他们四位在天王殿中享受供奉。其名称及形象分别是:东方持国天王,名多罗吒,身白色,穿甲胄,手持琵琶。"持国"意为慈悲为怀,保护众生。他要用音乐来使众生皈依佛教。南方增长天王,名毗琉璃,身青色,穿甲胄,手握宝剑。"增长"指能传令众生,增长善根,保持佛法。手持宝剑,为的是保护佛法不受侵犯。西方广目天王,名毗留博叉,身红色,穿甲胄,手中缠一龙。"广目"意为随时观察世界,护持人民。北方多闻天王,名毗沙门,身绿色,穿甲胄,右手持宝伞,左手握神鼠——银鼠。"多闻"比喻福、德之名闻于四方。北方多闻天王在印度神话中又是财富之神,故其在四天王中信徒最多。在神魔小说《封神演义》里,四大天王被彻底汉化了,变成了"增长天王魔礼青(持剑,职风),广目天王摩礼红(执琵琶,职调),多闻天王魔礼海(执伞,职雨),持国天王魔礼寿(执龙,职顺)",广目与持国二天王的法宝与通行说法正好相反。在中国寺庙里,四大天王不仅形象被彻底汉化,皆为中国古代武将打扮,而且被赋予了独特的寓意,即"风调雨顺"四个字,暗示着五谷丰登,天下太平,反映了老百姓的美好愿望。

3. 托塔李天王

其是由佛教四大天王中北方多闻天王"分化"出来的，经过《封神演义》《西游记》等神魔小说的改造，四大天王中的多闻天王变成了"托塔天王李靖"即托塔李天王。李靖是个真实的历史人物，是唐初大将，精通兵法，在唐末被神化，成为神明，后来成为在民间有广泛影响的、妇孺皆知的统率百万天兵天将的大元帅了。

4. 阎王

又作阎罗、阎罗王、阎魔王等，是梵文的音译，意译为"缚"，缚有罪之人也。阎罗本为古印度神话中的管理阴间之王，佛教吸收这种说法，称其为阴间地狱之王。所谓"十殿阎王"是指中国佛教所讲的在地狱中审判死者罪孽的十王，分别是：秦广王蒋、楚江王历、宋帝王余、五官王占、阎罗王苞、卞成王毕、泰山王董、都市王黄、平等王陆、转轮王薛。这十殿阎王是中国佛教创造的主管地狱的神，约在唐末五代时开始流行。在民间影响广泛的中国阎王著名的有韩擒虎、范仲淹、寇準、包拯等，其中包拯是古代最为著名的中国阎王。

5. 韦驮

在我国佛教寺院天王殿的正中供奉的两尊神像，正面是笑口常开的大肚弥勒佛的坐像，其背后则塑着一尊仪表端严、威武雄壮、手持金刚杵的武士装立像，这就是护法神韦驮，又叫韦驮天、韦驮菩萨。据说，韦驮是南方增长天王手下的八个将领之一，居四大天王三十二神将之首。其原名叫韦天将军(韦琨)。我国唐代时有和尚宣称他曾与"天人"会谈，说及南方天王部下的韦将军是"诸天之子，主领鬼神，如来欲入涅槃，佛弟子(韦将军)护持赡部遗法"，后来把韦天将军与佛经中所说的韦驮天相混。韦驮是佛教天神，传说佛陀涅槃时，有邪魔将释迦牟尼佛的遗骨夺走，韦驮猛追急赶，终于将遗骨夺回，所以认为他能驱除邪魔，保护佛法。正是由于他立下了这一护佛大功，韦驮像才被供奉于天王殿弥勒之背，面对大雄宝殿。一般认为，在我国佛教寺庙中供奉韦驮自宋代开始。由于韦驮的供奉与我国佛教传说有着直接关系，所以他的形象是地道的中国武将打扮。韦驮像金盔金甲，年轻英勇，威风凛凛，手执金刚杵，其姿势一般有两种：一种是双手合十(僧人所行礼节)，横杵于腕上，直挺挺站立；一种是一只手把杵拄地，另一只手叉腰。这两种姿势各有奥妙："合掌捧杵者，为接待寺，凡游方释子到寺，皆蒙供养。按其杵据地者则否，可一望而知也。"就是说，行脚僧(云游僧人)只要看见寺内韦驮像是双手合掌捧杵的，就知寺院欢迎他们，可大摇大摆进去；若是见到握杵拄地的韦驮，就不能贸然进去，应考虑是不是受欢迎。

6. 关羽

关羽是中国三国时蜀国大将，山西解州人，以忠义名世，受到历代人民的敬仰。在我国民间有不少以关羽为主神的庙，称关帝庙，宋代以后，关羽被道教崇奉为神，称为"关帝圣君"。佛教是外来宗教,然而在我国有的佛教寺庙中把关羽作为"伽蓝"(佛教寺院的通称)神,即护法神供奉,这在佛典中找不到根据,与中国的一些传说有直接关系。传说隋代天台宗智𫖮想在当阳玉泉山建寺庙,一天山上出现了"天地晦暝,风雨怒号,妖怪殊形,倏忽千变"种种恐怖现象。智𫖮安然以对,这时出现二人,自报姓名是关羽、关平父子。关羽称死后主此山,愿舍山为大师做道场,并且愿意永远护卫佛法。智𫖮在寺院建成后为关羽授五戒。又有传说,唐代高僧神秀到当阳玉泉山创建道场,见当地人都供奉关羽,就拆毁了关羽祠。这时关羽现身向神秀说明前事,神秀建寺后让关羽作为寺院的守护神。后世根据这些传说把关羽列入伽蓝神加以供奉。事实上,佛教之所以把关羽这一在我国民间影响很大的神化人物接引过来作为佛教的神供奉,恐怕很大程度上是出于争取信众、扩大佛教影响的现实需要。一般认为,关羽作为佛教的护法"伽蓝神"是唐朝以后的事。

7. 哼哈二将

在寺院的山门殿里,殿门的两旁常立有两位金刚像,二金刚为鬼神力士之形,高二丈余,阴威凛然可畏,俨然寺庙的门神。这两位尊神是佛教的护法神,具体职务是寺院的"门神爷"。对此二护法神的说法有多种:一种说法是此二金刚是手持金刚杵(古印度最坚固之兵器)警卫佛的夜叉神,又叫"执金刚"。传说佛陀常有手执金刚杵的五百个随从侍卫,其中最重要者叫"密迹金刚",是500名警卫的队长,他担当起把守寺院第一道大门的重任。最初的金刚力士只有他一个,但这不符合中国传统的"成双""对称"的惯例,于是又增加了一位,一左一右对立于山门殿两侧。另一种说法是昔有国王夫人生了1 000个儿子,都成了佛。国王的第二夫人又生了两个儿子,长子愿为王,次子愿为密迹金刚神,护卫1 000个哥哥传教布法,故寺门塑其形象。而在我国民间老百姓并不了解这些说法,而习惯将这二位门神叫作"哼哈二将"。这种叫法来源于明代神魔小说《封神演义》。哼哈二将,一个叫郑伦,一个叫陈奇。"哼将"郑伦,本是商纣王的督粮上将,有异术,碰到敌人,鼻子一哼,响如洪钟,同时喷出两道白光,吸人魂魄。后被周将郑九公擒获,投降了周武王。后与商朝大将金大升(是个牛怪)战,被金斩杀。"哈将"陈奇,也是商纣王督粮官,受异人秘术,养成腹内一道黄气,张嘴一哈,黄气喷出,见者魂魄自散,与敌战常以此招取胜。与降周的哼将郑伦战时,二者一哼一哈,彼此相拒,不分胜负,后来被哪吒打伤臂膀,又被黄飞虎一枪刺死。周灭商后,姜子牙称郑伦、陈奇"镇守西释门,宣布教化,保护法室,为哼哈二将之神"。一些寺庙据此在山门塑哼哈二将神像,二神为力士形象,躯体雄伟,面相愤怒,手持金刚杵,一鼓鼻,一张口,露牙睁目,凶猛可怖。我国有些地区还将哼哈二将作为门神,过年时将门神画贴在大门之上,在民间颇为流行。其实,佛教经典中根本没有"哼哈二将"这样的名称。

8.天龙八部

又叫"龙神八部""八部众",是佛教故事中常说的鬼神的总称。即天众、龙众、夜叉、乾达婆、阿修罗、迦楼罗、紧那罗、摩睺罗迦。天众,指佛教讲的诸天神,如护持佛教的四大天王、韦驮天、阎魔王等二十诸天即是。龙众,传说中管兴云降雨之神。夜叉是一种能食鬼又能伤人的恶鬼,其特点是勇健、轻捷、隐秘。有三种夜叉:一在地上,一在空中,一在天上,以护持佛法、保护众生为己任。乾达婆,称乐神或香神,据说是侍奉帝释天(二十诸天之一)而司奏伎乐之神,在佛教中是欢乐吉祥的象征。敦煌壁画中的飞天据说就是中国化的乾达婆,其体态丰满,飘带飞扬,凌空飘荡,非常优美。阿修罗,又称凶神,原为古印度神话中的一种恶神。阿修罗有容貌丑陋之义,佛教收为护法神。迦楼罗,意为金翅鸟,其大无比,以龙(蛇)为食,可除毒蛇害,有益于众生。在中国被说成是在佛陀头上的一个护法神——大鹏金翅鸟。紧那罗,歌神。前边提到的乾达婆是奏俗乐的乐神,而紧那罗是奏法乐的天神。摩睺罗迦是大蟒神。"天龙八部"诸天鬼神,均受佛教化,以护持佛法、保护众生为天职。其中天众和龙众最重要,所以统称为天龙八部。

(五)神僧

1.济公

南宋僧人道济,俗名李心远,世称济公。最初在浙江杭州灵隐寺出家,后来移往净慈寺,于此寺亡故。由于他不守戒律,嗜好酒肉,举止如疯如狂,又被称为"济癫僧"或"济癫"。在有关他的大量民间传说中,济公是个爱打抱不平的神通广大的传奇人物,是个济危扶难的奇特高僧。老百姓尊称他为"济公活佛""活菩萨"。佛教徒则把济公神化,说他是"降龙罗汉"转世。济公的塑像很奇特。在罗汉堂中,济公并不排列在罗汉们的队伍中,如北京碧云寺南院罗汉堂,不注意是找不到济公的,因为他蹲在了房梁之上,称为梁上济公。据说是因为他去罗汉堂报到晚了,加上辈分不高,只好屈尊在此。还有一些寺庙,尤其是江南一些大庙里,济公常常站在过道里,如江苏苏州西园戒幢律寺罗汉堂即是如此。他的塑像是身穿破僧衣,手执一把破扇子,面部表情塑得极为生动。从左面看,他愁容满面,所谓"愁眉苦脸";从右面看,他笑容满面,所谓"春风满面";从正面看,他半边脸哭、半边脸笑,所谓"半嗔半喜""啼笑皆非""哭笑不得"。他集喜怒哀乐于一身,深受人们欢迎和喜爱。济公造像以苏州西园戒幢律寺、四川新都宝光寺等处最为著名。

2.疯僧

又叫风波和尚,与怪僧济公作为一对"奇僧"而引人注目,二位常常被同时供奉,一"疯"一"癫",很是有趣。在四川新都县宝光寺罗汉堂里,观音塑像的两侧,分别有疯僧和济公的立像。疯僧左手拿破扫帚,右手执吹火筒,蓬头垢面,口歪嘴斜,但两眼炯炯有神。在安徽九华山的旃檀禅林,韦驮殿前有两个小雕像,一个是济癫和尚,一手拿小酒盅,一手摇破芭蕉扇,手舞足蹈,似酒醉归来,逍遥自在;另一个就是疯僧,赤足,手挥拂尘,左胁下夹着一把扫帚。关于疯僧,民间流传着"疯僧扫秦"的传说。据说南宋这个风波和尚疾恶如仇,痛恨秦桧等人诬害岳飞,在秦桧等人到灵隐寺求签时,他痛训秦桧并用手中的破扫帚扫秦桧的脸,后扬长而去,瞬间不见。还有一种传说是说风波和尚痛恨害死岳飞的奸臣秦桧,一心想扫灭秦贼,拿着扫把,只要是人群集聚之地,即使很清洁他也挥动扫帚扫地,说是"扫秦"(意扫清),激发人们共同除奸。这位敢于"扫秦"、伸张正义的疯僧被后人尊为罗汉,跻身于佛门殿堂受人供奉。

3. 达摩

为菩提达摩的略称,"摩"也写作"磨",意译为"道法"。达摩本名菩萨多罗,是南天竺香至国国王的第三子,在父王去世后,从印度禅宗第二十七祖般若多罗出家。60余年后前往中国,泛舟渡海,历三年到达中国南海。他于梁武帝普通元年(公元520年)或大通元年(公元527年)来到广州,受到广州刺史的欢迎,后被梁武帝迎请到建康(南京),与武帝见面后,好佛的武帝并未领悟他带来的佛教新派——印度禅宗,二人不欢而散。达摩随即离建康渡江北上。相传达摩到江边时,江水茫茫无舟可渡,只有一老妇坐在岸边,身边有一捆芦苇。达摩要了一根芦苇放入江中,双脚踏上,眼观鼻,鼻观心,心观丹田,凭借一阵东南风悠悠北去。今天少林寺中还有一块元代碑刻《达摩一苇渡江图》,就反映了这段传奇故事。达摩到河南嵩山少林寺后,找到一天然石洞,面壁修行。相传因其面壁时间长久,面影身形摄人石中,衣褶仿佛全有,称为"面壁石"或"影石"。当然,这只不过是一块有纹理的石头罢了,但它所反映的锲而不舍、金石可镂的刻苦精神一直受到广泛的推崇。九年后,少林寺僧众全成了达摩的门徒,达摩成了少林寺第二代方丈大和尚(第一代方丈是印度高僧跋陀)。人们把达摩提倡的坐禅壁观、顿悟成佛的方法称为禅学。达摩被尊为禅宗鼻祖,少林寺也因此成为禅宗的祖庭(本宗创始人或主要继承人修行居住之地)。达摩在坐禅过程中为活动身体手脚,发明了所谓的"罗汉拳",后来在此基础上发展成一套享有盛名的少林拳。现在河南郑州定期举行的"国际少林武术文化节"就是以"少林功夫,以武会友"为基础的,该节已成为有较大影响的经济文化节,有力促进了当地旅游业的发展。

4. 寒山、拾得

这二位是中国佛教史上神秘而奇特的人物,是隐士、诗人、疯汉,也是高僧。寒山,又叫寒山子、贫子,是唐代诗僧。在唐贞观年间隐居天台山寒岩,故自号"寒山子"。《高僧传》记载:"寒山子,也谓为贫子,风狂士也。"他常常去国清寺,与国清寺的拾得和尚非常要好,成为好友。拾得与寒山齐名,二人被相提并称。他从小是孤儿,相传是国清寺名僧丰干禅师在赤诚道中拾回来的,取名拾得。此二人常吟诗唱偈,有《寒山子诗集》传世。其诗朴素自然,通俗易懂,针砭时弊,深为清代大学者纪昀、近代胡适等人所推崇,在国外也有一定影响。江苏苏州的寒山寺供奉有寒山、拾得塑像。两尊塑像袒胸露乳,蓬头赤足,笑容满面,一人手持莲花(寒山),另一位手捧净瓶,表示和谐友好,吉祥欢喜。造型古朴,形象逼真,惹人喜爱。后世称寒山、拾得为"和合二仙"。清初雍正十一年(公元1733年)封天台寒山大士为和圣,拾得大士为合圣,于是二人又被称作"和合二圣",在民间年画中常常出现,象征和谐吉祥,流传甚广,深受人们的喜爱。

第三节　佛教文化艺术

佛教艺术可分为五大类:佛教建筑艺术(寺庙、石窟、塔、经幢);佛教雕塑艺术(雕刻、塑像);佛教绘画艺术;佛教音乐艺术;佛教经籍、佛教文学等。

一、佛教建筑艺术

(一)寺庙艺术

佛教寺庙是佛教徒供奉佛像的场所,是僧众居住、修行和举行各种法事活动的地方,也是信徒进香朝拜、参加宗教活动的中心。寺庙是佛教文化的实际载体和依托,其兴衰发展状况是佛教兴衰的缩影,在佛教文化发展中起着重要作用。正因为如此,从旅游观光角度而言,寺庙是人们了解佛教文化、欣赏佛教艺术最为重要的场所。寺庙因其有别于"人界"的"神界"环境和氛围,对许多旅游者具有独特而强烈的吸引力。今天的佛教寺庙已不仅是佛事活动的中心,也是重要的历史文化设施和重要的风景名胜,成为人们游览参观的重要对象。

1.寺庙的由来

"寺庙"成为佛教的专用术语是佛教传入中国以后的事情。相传东汉明帝刘庄在永平年间的某天晚上梦中遇见一位身高一丈六尺的金人,背顶放着光,从空中飞行而来。第二天汉明帝向各位大臣询问梦的凶吉,一位名叫傅毅的大臣奏对说,那金人乃是西方的神,名字叫作"佛"。汉明帝遂在永平七年(公元64年)派遣使臣西去寻找这位金人。西行求佛的使臣在西域的大月氏国(今阿富汗一带)遇到了两位印度高僧摄摩腾和竺法兰,便邀他们同赴洛阳,一行人用白马驮着佛经和佛像于永平十年(公元67年)回到洛阳。汉明帝大喜,礼待摄、竺,让这两位印度高僧住在汉政府接待诸王和外族来客的官署——鸿胪寺内。第二年,汉明帝下令在洛阳城雍门西面,依照摄、竺两僧所述的天竺佛寺样式为这两位僧人建造了中国的第一座寺院,取名"白马寺",他们在那里翻译出了中国第一部佛教经籍《四十二章经》。关于这座中国第一寺庙为何以"白马"命名的原因,说法很多。在古印度,佛塔基座的浮雕刻像里,白马的形象是屡屡出现,因为白马是出家的象征,有人说"白马寺"这个名字与此有关;也有说汉明帝派人西行求佛取来的经,是用白马驮的,故起名"白马寺";还有说是古代印度有一国王想毁佛院,但夜里得一梦,看见有一匹白马绕着佛院中的招提寺塔悲鸣,便信为神灵,下令停止毁寺,并把招提寺改称白马寺,于是汉明帝所建的第一座寺院也称为白马寺。这些说法究竟哪一种更可靠,已成为无法索解的悬案。对于这座中国第一古刹为何以"寺"为名而不名之为"伽蓝""兰若",人们的说法倒比较一致:因为两位印度僧人来中国最先入住的是鸿胪寺,以后就借"寺"作为中国佛院的通称。这种说法还应再分析一下。"寺"在当时既是一种政府机构的名称,又是官署的名称,鸿胪寺也就是大鸿胪(相当于现在的外交部部长)的办公之所,同时也就是大鸿胪所管理的政府部门,其职责大致就是各邻国诸侯及使节的送往迎来之所。汉明帝在为印度僧人建筑专门的居所时,恐怕起初所想的仅是建一座用来专门招待佛教僧人留居的馆舍,所以自然而然地沿用鸿胪寺中的"寺"字为名,仍把它当作是官署建筑中的一种。后来遍布各地的寺庙的名称,都沿用了这样的借称,这就是中国佛寺名称的由来。随着佛教的传播,中华大地建造起了许许多多的佛寺。后来寺有了一些别名如刹、香刹、精舍、窟、庵、院、林(丛林)、庙等,其中寺庙的名称是民间最常见的。丛林,本指禅宗寺院,又称"禅林",后世其他一些宗派,有的也仿照禅林制度称寺院为"丛林"。丛林意指众多僧人居住一处,犹如树木之丛集为林。也是借喻草木生长有序,用来象征僧众有完整的法度和严格的规矩。"庵"原是隐遁者所居住的茅屋,不知从何时起与佛教有了缘分,出家人聚集的小寺庙被称作"庵寺",后来庵寺多指尼姑修行之处,俗称"尼姑庵"。应该提及的是,作为中国佛教第一古刹的白马寺在近两千年的历史中屡遭破坏,又屡被修建。据史载,白马寺前后四次被毁五次重修。今天所见到的寺院格局,是明嘉靖年间的一次大规模修建才奠定基础的,今存天王殿、大佛殿、毗卢阁以及大佛殿、毗卢阁中的佛像,据说都是明代珍贵的遗物。该寺现为全国重点文物保护单位和全国重点寺庙。

2.中国佛寺常见的佛寺殿堂

三门殿 寺院的大门一般皆三门并立,故称三门殿。又因寺院大多居山林之处,所以也称三门殿为山门殿。有寺院虽然只有一扇门,也按习惯称"三门"或"山门"。寺院的外门三门并立是有寓意的。三门是为了象征"三解脱门",即空门、无相门、无作门。三解脱门被佛教称作入涅槃之门。入佛寺门就是入三门,入三门就是入三解脱门,入三解脱门就是入涅槃门,从中可见创建寺院者的良苦用心。殿内门的两旁塑两大金刚力士像,即手持金刚杵警卫佛的夜叉神,又名"执金刚"。传说佛陀常有500随从侍卫,首领是"密迹金刚",担任三解脱门的守护神,一个金刚不符合中国人喜欢对称的审美观念,后来变成了两个金刚。后来人们受小说《封神演义》的影响,称这二位金刚为"哼哈二将"。当然,佛典中是没有这样的名称的。

天王殿 为寺门内第一重殿。因殿正中一般供奉弥勒佛像,又称弥勒殿。殿中有的供奉弥勒的真身即作为释迦牟尼弟子的未来佛,有的供奉弥勒的化身,即中国的布袋和尚。弥勒像后面供奉的是寺院守护神韦驮像。韦驮手持宝杵面向北,与大雄宝殿的释迦牟尼像正对。天王殿的东西两侧供奉四大天王像。天王殿所以作为第一重殿,有显正祛邪之意,四大天王视察众生的善恶和保护佛、法、僧三宝,韦驮手持宝杵,意为镇压魔军,护持佛法。

钟楼 位于天王殿左前侧。钟楼下供奉着地藏菩萨,也有的在地藏菩萨两旁侍立一比丘、一长老像的。因为钟楼供奉地藏菩萨,所以也有称之为地藏殿的。我国寺院之钟,一般有大钟、殿钟和僧堂钟三种。大钟就是悬挂在钟楼内的钟,"晓击则破长夜警睡眠,暮击则觉昏衢疏冥昧"。寺院打钟一般叩击108声,原因有二:一是1年有12个月,24节气,又有72候;二是因为可消除人间108种烦恼。佛教上称为"百八钟",后来此种遗风被我国东渡日本弘法的鉴真和尚带到了日本,又成为日本民间流传的习俗,故有"闻钟声,烦恼清,智慧长,菩提生"之说。每年除夕夜总是有日本游客在江苏寒山寺听除夕钟声,"到寺庙听钟声迎新年"已成为一个有广泛吸引力的旅游活动项目。

鼓楼 位于天王殿右前侧。上挂大鼓,击之声音宏敦。佛寺有"晨钟暮鼓"之说,即早撞钟、暮击鼓以报时。鼓楼中有的供奉关帝(关羽),有的供奉观音菩萨。鼓楼和钟楼建筑造型相同,呈对称状。

大雄宝殿 又称正殿、大殿,是寺内的主体建筑,高大雄伟,气势非凡。大雄,是对佛祖释迦牟尼的尊称。意谓大勇大智,能镇伏邪魔。大殿前有大香鼎,左右两侧有石幢。殿内正中供奉释迦牟尼佛像,有供奉一尊、三尊、五尊三种形式,供奉一尊释迦佛像的,形状主要有结跏趺坐(左手横置足上,右手直伸下垂或左手横置足上,右手向上屈指作环形)和立像两种姿势。两侧立有迦叶和阿难像。供奉三尊佛像的是三世佛或三身佛。宋朝建造的佛寺大殿中常供奉五尊佛像,称五方佛,正中法身佛名毗卢遮那佛;左侧第一位是南方宝生佛,表示福德,第二位是东方阿閦佛,表示觉性;右侧第一位是西方阿弥陀佛,表示智慧,第二位是北方不空成就佛,表示事业。大雄宝殿供奉的佛像前往往挂有长明灯、幢、幡、金幢等,正中那尊佛像头顶处为半圆形藻井。大殿的两侧多供奉十八罗汉像。大殿正中佛像的背后,往往塑有背南面北的菩萨像,有的是海岛观音,两侧是善财童子和龙女;有的是文殊、普贤、观音三大士像,文殊骑狮子,普贤骑六牙白象,观音骑犼。我国现存的规模最大的大雄宝殿有两座:一是山西大同华严寺的大殿,二是辽宁义县奉国寺的大殿。

法堂 一般位于大雄宝殿后面。是宣讲佛法和传戒集会的场所,又称讲堂,其建筑规模仅次于大雄宝殿。堂内也供奉一些佛像,但堂中设法座,也称"狮子座",供名僧大德宣讲佛法。座前有讲台、香案,两侧列置听法席。

伽蓝殿 伽蓝殿一般位于大殿东边,属配殿,殿正中供奉的是波斯匿王,左边供奉祇多太子,右边供奉给孤独长者,此三者在佛教初传时期功德很大。

祖师殿 祖师殿位于大殿西侧,以禅宗寺院最为常见。殿正中是禅宗初祖达摩禅师,左边是六祖慧能禅师,右边是唐时建立丛林制度的百丈怀海禅师。其他宗派的寺院在祖师殿内除供以上三像外,再加祀本宗祖师像。

三圣殿 三圣殿中供奉"西方三圣",殿正中供奉阿弥陀佛,其胸前佩戴着"卍";其左胁侍是观音菩萨,左手拿杨柳枝,右手持净瓶;右胁侍是大势至菩萨,手持莲茎。殿中三圣皆在莲花座上,殿中所挂幢幡皆有莲花图案,甚至地上皆刻有莲花图案。这表明西方三圣是净土宗,即莲宗。这里有必要介绍一下"卍"符号在佛教里的含义以及莲花与佛教的关系。

卍在佛教中不仅是佛陀的"三十二相"之一,称为"吉祥海云相",而且是佛教建筑或器物上常用的装饰图案。从一定意义上说,卍字已经成了佛教的一种象征。卍字是梵文音译"室利靺蹉洛刹曩"。北魏有人译此语为"万"字,而鸠摩罗什和玄奘都译为"德"字,取万德庄严之意。武则天于公元693年规定卍字读"万"音。卍应是古代的一种符咒、护符或宗教标志,通常被认为是太阳或火的象征,表示吉祥万德。据说,在古代印度、波斯、希腊等国家都有出现,甚至在我国出土的文物中也发现了卍字形的图案,并且分布地区较广。据此有人认为,中国卍字符号的出现不仅早于佛教的传入年代,而且早于佛教在印度的起源年代,卍字是我国先民自己创造的一种代表某种崇拜对象的符号,并非伴随佛教而来,也不是武则天所造。① 这个卍字很容易使人想起近代德国纳粹党的党徽,其实二者之间除形似外没有任何关系。由于纳粹党即国家社会党名称中,"国家"和"社会党"的德文字头均为"S",两S交错而成卍形。希特勒认为卍字象征"争取雅利安人胜利的斗争的使命",因而于1920年用作纳粹党党徽。这与佛教中卍的意旨没有丝毫关系。

在佛寺中许多佛像下都有莲花座,莲花座是指以莲花为坐席者,佛、菩萨或坐或站于莲花上,故又称"莲座""华座""莲台"等。这是一个有意思的现象。莲花与佛教有着很深远的关系。传说佛陀降生前,显现出8种瑞祥之相,其中之一是池沼内突然开放出大如车盖的莲花。因此,在早期的佛教艺术中经常以莲花作为佛陀的象征。后来在犍陀罗艺术中,莲花依然是主要的题材,在石柱、塔、石窟等处大都有莲花的形象。在我国佛教雕刻、绘画中,莲花的表现也极普遍,敦煌、云冈石窟都

---

① 楼培敏,徐觉哉.佛海拾趣[M].上海:上海社会科学院出版社,1990:136-137.

以莲花作为最基本的装饰图案。在龙门、四川大足等地也都有莲花形状或图案。佛教传说、佛教艺术之所以崇尚莲,首先在于佛教学说尚莲。莲花出于污泥而不染,洁身自处,傲然独立,正是佛教离尘脱俗、清净无染思想的生动体现。这种洁净观念浸透到佛经和宗派学说中。《妙法莲华经》即用莲花比喻经典的洁白微妙。我国东晋时,慧远在庐山东林寺创"白莲社"。宋代后各地继续有莲社组织,使莲宗(净土宗)成为中国一大佛教宗派。日本有日莲宗,越南也有莲宗派。也有人认为,佛教尚莲与传教初期对印度民俗爱莲心理的迎合有关系。印度气候炎热,莲花令人感到清净凉爽,人们大都喜欢莲花,佛教为吸引信徒,在佛经中经常以莲花作为引喻。这样,莲花在佛教中成为一种重要的象征。

药师殿 有的佛寺设有药师殿,俗名药王殿,所供奉的是"药师三尊",即"东方三圣"。正中为药师佛,即消灾延寿的药师光佛。其左胁侍为日光遍照菩萨,右胁侍为月光遍照菩萨。殿两边设有"药师十二神将"。

观音殿 观音殿又名大悲殿,主要供奉救苦救难的观音菩萨像。像的造型最为丰富,多彩多姿。有一首两臂、结跏趺坐的圣观音像,一足盘膝一足下垂的自在观音像,千手千眼观音像和四十八臂观音像等,造型别致,生动有趣。

罗汉堂 在今成都市新都区宝光寺、北京碧云寺、武汉归元寺、苏州西园戒幢律寺、昆明筇竹寺等处,都设置有五百罗汉堂,前四座寺庙的罗汉堂并称为中国四大罗汉堂,闻名天下,而其中以成都宝光寺罗汉堂历史最悠久,规模最大。罗汉堂内的罗汉的造型千姿百态、生动有趣,总是能吸引众多游人参观、朝拜。

戒坛殿 有的佛寺在中轴线东侧的僧众生活区,设一戒坛殿,为佛教徒传戒受戒之场所。里面供奉多尊佛像。戒是戒律;受戒,就是佛教徒通过一定仪式接受佛教戒律。传戒就是寺院召集志愿出家为僧尼的人,举行传戒仪式,使之成为正式僧尼。戒坛即是佛教徒传戒受戒之处。大的寺庙中大都有戒台(坛),最著名的是"中国三大戒坛",即北京戒台寺的戒坛、福建泉州开元寺的戒坛和浙江杭州台庆寺的戒坛。其中北京戒台寺的戒坛居三大戒坛之首,被誉为"天下第一坛"。说及戒坛与传戒,应简要介绍一下佛教徒的一些称谓。佛教徒一般有"四众弟子"的称谓,这是个统称。佛教把佛教徒分为四众,出家男女二众,在家男女二众。已出家男众又名"比丘",在中国俗称和尚。与比丘相对应的女出家者是比丘尼,在中国俗称尼姑。比丘,指出家受过具足戒(250戒)的男僧人,比丘尼指受过具足戒的女性。受过具足戒是成为正式僧人的条件因此算是具足,故称具足戒。在家男女二众,俗称"居士"。在家男众称"优婆塞",意思是"清信士""近事男",谓亲近奉事三宝(佛、法、僧)的人。在家女众称"优婆夷",意译"清信女""近事女"。另外常见到的还有沙弥、沙弥尼的称谓。沙弥,是指依照戒律出家,已受十戒,还没有受具足戒的男性修行者,一般在七岁以上、二十岁以下,俗称小和尚。沙弥尼指依照戒律出家,已受十戒,还没有受具足戒的女性修行者。这些不同的称谓各指特定的对象,不能混为一谈。在传戒过程中曾有一种"烧痂"即烧香疤、烫香洞的习俗,即在出家落发的佛教徒头上点燃几个塔形残香头,让其燃烧至熄灭,以表示"愿以肉身作香、燃点敬佛"的无比诚心。在和尚头上所见的"疤点",就是烧香留下的印迹。由于各人发心不同,而有一、二、三、六、九、十二个痂点的差别,越多表示越虔诚。这种做法据说源于元代,流传甚广。

藏经楼 藏经楼又称藏经阁,是佛寺中珍藏佛像经籍之所,一般安置在中轴线的最后一进,有两层。下层为千佛阁,楼上主要储藏经书。一般在藏经楼中藏有三藏十二部。所谓"三藏",是对佛教经典的总称,分作三类:一为经藏,是佛所说的理论;二为律藏,是佛所说的戒律;三为论藏,是菩萨和众多弟子对佛所说的经义的阐述或发挥。所谓"十二部",是根据经文的体裁和性质而分的十二类,即契经类、重颂类、讽诵类、因缘类、本事类、本生类、未曾有类、譬喻类、论议类、自说类、方广类、授记类。"三藏"又称《大藏经》。宋太祖时组织力量刻印全藏,为我国第一部汉文大藏经,现只存其残本。随着旅游业的发展,许多寺庙把藏经楼的下层开辟为文物陈列室,供游人参观。

斋堂 素食叫斋,只吃素食,叫"吃斋"。斋堂就是供应素食的食堂,是寺僧吃饭的场所。

除了上述的殿堂外,寺院一般还有方丈室、如意寮(医疗场所)、放生池、佛学苑、念佛堂、三大士殿、玉佛殿等建筑,各个寺庙的情况不尽相同。作为佛教文化艺术主要内容的佛教寺庙,其实早在古代就已成为民众游览的重要场所,古代寺庙旅游的内容主要有降香拜神,观光寺貌;参观寺庙收藏文物;聚餐饮酒,借寺设宴;观戏购物(庙会);观灯赏月(元宵观灯,中秋赏月);品茶闲话;纳凉避暑等。①

(二)石窟艺术

石窟是佛教建筑最古的形式之一,源于古代印度。这类开凿于山石、岩壁间的洞窟,原来是佛祖释迦牟尼佛及其弟子们坐禅或苦修的石室,在印度称为"石窟寺"或"僧伽蓝"。随着佛教的发展和传播,石窟逐渐由单一性洞窟"僧伽蓝"的功能发展成为集建筑、雕塑与壁画于一身的佛教石窟艺术综合体,成为人类文化宝库中极其珍贵的组成部分。中国是世界上佛教石窟艺术最为繁荣和发达的国家,石窟开凿时间之长、分布之广、数量之众、规模之大,其他国家甚至包括佛教及佛教艺术的故乡印度在内都不能比拟。中国佛教石窟艺术所取得的巨大成就为世人瞩目。近年来著名的石窟都成为众多游人参观、朝拜的对象,成为推动旅游业发展的重要的旅游资源。

---

① 段玉明.中国寺庙文化[M].上海:上海人民出版社,1994:692-693.

克孜尔千佛洞 在我国丝绸之路西端、天山南麓的拜城县克孜尔镇东南7公里处，有一条木札提河，河谷对面是明屋达格山峰。悬崖上一个个石窟层层相叠、鳞次栉比、气势恢宏，这就是著名的克孜尔千佛洞。该石窟群共有236个洞窟，其中70余个洞窟至今仍保存着完好的佛教壁画，壁画面积约1万平方米，是新疆最大的一处佛教文化遗址，先后建于公元3世纪至13世纪，也是我国现存最早的石窟。在洞窟造型上，克孜尔石窟的洞窟都分为前后室，前室一般较宽大明亮，其后壁为联结后室与左右甬道之中心塔柱的正面，上面开龛雕有佛像。后室一般较狭小，且光线较暗，凹壁置涅槃台。这种带有中心塔柱的石窟为龟兹一带石窟的首创，其来源可追溯至印度佛教支提窟的建造样式。印度支提窟的一般样式是在洞窟之中置一佛塔，象征佛陀，用以佛教徒绕行做礼拜。克孜尔石窟开凿时，正是印度犍陀罗艺术上升时期，佛像崇拜遍及中亚、西域。克孜尔石窟所在的天山南麓地质松软，在窟室前后左右甬道正中设计中心塔柱，既可支撑洞顶保持坚固，又可以在石柱正面雕龛造像。这样一来，就把印度支提窟中对佛塔的礼拜改变为对中心塔柱佛像的礼拜。由于龟兹地区初期笃信小乘佛教，极重个人修行，所以克孜尔石窟还雕琢有不少小型的个人修行窟，专供僧尼静修。这成为其一大特点。壁画艺术是克孜尔石窟最引人注目之处，现存壁画总面积约1万平方米，是我国也是世界上仅次于敦煌壁画的艺术宝库，堪称"中国第二敦煌"。壁画内容不仅包括飞天、伎乐天、佛塔、菩萨、罗汉、天龙八部、佛本生故事、佛传故事、经变图画，还包括大量的民间习俗画——古时的生产和生活场景、西域山水、供养人、飞禽走兽等。壁画中最绝的是佛本生故事画（讲述前生累世修行的故事画）。反映佛教经典的本生故事画，是克孜尔千佛洞的精华，它不仅艺术水平高，别具一帜，而且数量也最多，比敦煌、龙门、云冈三处石窟的总和还要多出一倍。这里壁画的另一个突出特征是，它不是画在涂白的泥壁上，而是在泥壁上直接作画。既采用了有覆盖力的矿物颜料，也使用了透明的颜料。着色方法不仅有平涂和烘染，而且有水分在底壁上的晕散。这种具有独特风格的"湿画法"被史学界认为是古龟兹国人的一种独创，是绚丽的石窟壁画园地里最鲜艳的一朵奇葩。①

库木吐拉石窟 在龟兹石窟群中，库木吐拉（维吾尔语，意为"沙漠中的烽火台"）石窟与克孜尔石窟并称西域两大石窟。库木吐拉石窟位于库车西南30公里处渭干河东岸山麓断崖上，现存石窟99座，距离克孜尔石窟不远。其开凿时间大约在盛唐年间，石窟多为纵券顶、中心塔柱式石窟，此外还有一些穹隆顶的中心塔柱式石窟及部分毗诃罗窟（个人修行窟）。库木吐拉石窟的雕塑作品已荡然无存，现仅存壁画，壁画风格表现为较强的中原风格。唐王朝曾设安西都护府，在安西

---

① 岁月.又一个敦煌——克孜尔千佛洞[J].风景名胜，1999，(8)：5-6.

(今库车)驻守"汉兵三万",中原汉文化在这里产生了深远的影响,所以库木吐拉石窟中壁画表现出中原风格,是汉文化的必然反映。

森木赛姆石窟 森木赛姆(维吾尔语,意为"溪水流出的地方")石窟位于库车东北方的群山之中,与库木吐拉石窟呈东西相对之状。石窟区由山峦丘陵围绕,是荒无人烟的沙漠地带。森木赛姆石窟都开凿在周围山坡的坡面上,现存石窟52座,山后是佛寺遗址和高低错落的废墟。这52座石窟几乎都是礼佛性的中心塔柱式窟形,其构造特点与克孜尔石窟完全相同。

伯孜克里克石窟 伯孜克里克(维吾尔语,意为"装饰美丽的地方")石窟坐落于古高昌城北不远处的火焰山木头沟河谷的西崖上,唐代名为"宁戎窟寺",是古丝绸之路北道又一佛事活动中心。在今新疆吐鲁番城东北约50公里处,开凿于南北朝末期,结束于元代,为我国古代高昌地区保存最好、内容最丰富的一处石窟。现有编号57个窟,采取开凿石崖与土坯砌建并用的建筑形式,以横顶直洞为主,也有中柱式洞、方形洞和圆顶方形洞,洞内壁画大部分已残毁,所存部分内容以大立佛为主,颜色鲜艳如新。壁画中也绘有回鹘和蒙古供养人(出钱建寺开窟、敬事佛宝的人)的形象。在壁画中的佛像、僧侣和供养人像旁,大多有汉文、回鹘文双行并写的榜书,体现出当时汉民族与回鹘族之间的友好关系。

吐峪沟石窟 在今新疆鄯善县城西南约40公里,是高昌古国最早、最大的石窟群。现存洞窟近百个,但大部分已坍毁。该处石窟多为毗诃罗窟和讲经堂,墙壁涂成白色,没有壁画,有的窟中建有低矮土炕,是僧侣生活所用。有一中心塔式窟在结构、形态上与克孜尔石窟同类窟形相近。佛像、菩萨像、千佛像的面相浑圆,体态丰腴,用色庄重雅淡,窟顶图案以莲花为主,与敦煌莫高窟近似。

胜金口石窟 在今新疆吐鲁番城东北约40公里处。建造于唐至元年间,据2012年清理发掘,共发掘了13座洞窟、26间居址。现在洞窟中,窟顶绘有卷云纹配成的莲花、枯木寒鸦图和葡萄满枝、垂柳成荫图和千佛像等,大多有回鹘文题记。在此曾发现有婆罗谜文、梵文、回鹘文、汉文佛经和铸有"开元通宝"的残缺钱币。在此地区附近还有雅尔湖石窟,位于今新疆吐鲁番城西北约10公里的雅尔湖旁,邻近交河故城,现存7窟,保存较完整。窟内间有壁画和题记,其中的突厥文题记已成为研究古代少数民族文字的珍贵资料。伯孜克里克、吐峪沟、胜金口等几处石窟都分布在高昌古城附近,构成高昌石窟体系。

敦煌莫高窟 敦煌莫高窟在今甘肃省敦煌城南25公里处的鸣沙山东麓断崖上,俗称千佛洞。这是目前我国规模最大、内容最丰富的石窟群。现存多代洞窟492个,唐宋木结构建筑5座,壁画面积4.5万平方米,彩塑像2 000多尊。始建于前秦建元二年(公元366年),经北魏、西魏、北周、隋、唐、五代、宋、西夏、元,到14世纪结束,历时千余年之久。因其保存着为数众多的艺术珍品,被誉为"世界上最大的美术史画廊""世界艺术史上伟大的奇迹"。下面从洞窟结构形态、塑像、壁画三个方面介绍其艺术特征。莫高窟洞窟形式多样,各时期都有不同的时代特点,但其基本结构是:在洞窟主室(石室)之前大都有一个完整的前室,由甬道通向后面的主室。同印度的许多石窟和国内的云冈、麦积山、天龙山等地石窟不同,莫高窟的前室多为大开口,没有石柱,即使有个别石柱也不精雕细刻,这可能与其位于沙砾岩上难以做复杂雕琢有直接关系。洞窟前室是外部空间与窟内空间之间的过渡,前室一般设置有窟檐,可造成殿堂的感觉,缓和神与人之间的气氛。莫高窟主室基本分为六大种类,即中心塔柱窟(前部供僧众聚集,后部专为僧徒做佛事之用);毗诃罗式石窟(僧人个人面壁修行所用);覆斗式石窟(窟顶为覆斗形状,无中心塔柱);涅槃窟(石窟内塑造佛祖睡卧之像);大佛窟(为安放或雕塑尺寸巨大的佛像而开凿的窟室);背屏式石窟。前两种建造形式与印度的支提窟、毗诃罗石窟相似,而后四种形式则是隋唐以后所盛行的、中国所特有的石窟造型。塑像是洞窟的主体内容,莫高窟现存2 400余尊塑像。由于这一带石质疏松,不宜石雕,所以洞窟内是彩绘泥塑像,造型精美生动。各个时代的塑像都体现出不同的特点,凝结了中国古代艺术家的血汗与智慧。与彩塑相比,琳琅满目的壁画富有更大的魅力。莫高窟壁画面积现存4.5万平方米,如果把这些壁画排列起来,可以形成1米高、45公里长的画廊,确实令人叹为观止。尽管这些壁画的主题都是反映佛教内容,但是数以千计的工匠艺人都是现实生活中活生生的人,他们在进行创作时不可避免地要以他们的生活为素材去展开想象,所以大量的壁画在显示不同时代的艺术风格和精神的同时,都间接或直接地描绘了从4世纪到14世纪我国历代的社会风貌,从中可以看到古代人民的生产、生活场景。所以佛教壁画在表现宗教主题的同时,也成了一幅浩瀚而又形象的历史画卷。莫高窟壁画内容大致可分为五类。一是经变画,即佛经故事画。它是莫高窟壁画的主要部分。著名的有《西方净土变》《涅槃变》等,画中人物众多,神情丰富,刻画形象生动,布局合理,很有气势。二是本生故事画。它描绘了释迦牟尼佛的生平事迹。如《舍身饲虎图》《九色鹿》《割肉贸鸽》等,以形象的描绘传达了佛教因果报应、众生善行、轮回转世的思想。三是因缘故事画。它是释迦牟尼佛度化众生以及一些佛门弟子、善男信女的故事,此类画形象生动、构图新颖、色彩明丽,比较强调视觉效果。四是史迹故事画,多画于石窟、甬道、斜坡等较偏僻的角落。这是关于佛教历史事件、圣迹、圣僧、高僧的故事传说画。其中也有不少史实,反映了当时的社会生活和历史事件。这些壁画已经成为研究佛教史、中外文化交流史、民族史的珍贵资料。还有一些比喻故事画,是描绘释迦牟尼佛为佛门弟子及善男信女讲解佛经教义所引用的故事,所占数量不多。

敦煌莫高窟,这座世界最大的佛教艺术宝库,为人类保存了具有高度价值的文化艺术遗产,古往今来不知有多少人怀着热切、虔敬的心情去朝拜这座神圣殿堂。

今天,它已成为敦煌市发展旅游业、建设旅游大市的重要资源依凭,对很多游客都具有强烈的吸引力。但我们也听到了这样一个令人尴尬的故事:一位日本游客在莫高窟面对撼人心魄的壁画长拜不起,激动得热泪滚滚;而个别中国游客却嚷嚷:"几个大黑洞、破菩萨,有什么看头。"同是游客,面对这一杰出的人类文化遗存却是完全不同的态度。这说明很多人对敦煌文化的内涵并不真正了解,我们对敦煌文化普及得不够。① 国家很重视敦煌的文物保护和研究工作,成立了敦煌研究院。现在敦煌每年都要召开国际性的学术研究会,敦煌学在世界上的影响越来越大。

炳灵寺石窟 炳灵寺石窟位于甘肃永靖县西约30公里,黄河北岸积石山中。开凿于十六国时期的西秦,历经北魏、北周、隋、唐、西夏、元、明各代,从开创至今已有1 600年的历史。现存183个洞窟、694尊石雕造像、82尊泥塑和900平方米壁画。炳灵寺石窟,唐代称为灵岩寺,宋代以后改称此名。"炳灵"一词系藏语"香巴本朗"的简音"本朗"的音译,意为"弥勒佛居住的圣地",与汉语中的"千佛洞""万佛洞"同义。该石窟内部结构多为平面正方形或平面长方形,窟顶多为穹隆顶,另外还有背屏式龛,龛前置佛像。塑像高者达27米,矮者仅20余厘米,唐代作品约占了三分之二,艺术造诣精湛,造型丰富洒脱,富有朝气和生命力,具有强烈的艺术感染力。整个石窟群长约2公里,上下高低错落有致,濒临黄河,气势庄严非凡。1967年兴建刘家峡水库时,在石窟前修筑了防水大坝,寺与水库相连,乘刘家峡水库的游船可直达窟前。

麦积山石窟 麦积山是甘肃省天水市东南30多公里处的一座孤峰,属于秦岭山脉西端小陇山的余脉,高仅140米,呈圆锥形,如同农家堆起的麦垛,故名麦积山。石窟分布在这座小山丘南侧绝壁悬崖上,现存有194窟、7 000多尊大小佛像和近2 000米长的壁画,成为与敦煌、云冈、龙门齐名的我国佛教石窟艺术的宝库,而且以独特的雕塑艺术和颇具匠心的建筑形式独领风骚。窟中以泥塑为主的造像迥异于其他石窟中的塑像,其北朝洞窟之多及雕塑之精美,堪居全国之首,因而麦积山石窟被中外学者誉为"东方雕塑博物馆"。石窟建造历经后秦、北魏、北周、隋、唐、五代、宋、元、明、清等朝代,迄今已达1 600年的漫长岁月。麦积山的泥塑大致有四类:一是突出墙面的高浮雕;二是完全脱离开墙面的圆雕,能充分表现出人体前后左右每个部分;三是粘贴在墙面上的模制影塑;四是壁塑。这些塑像无不精巧细腻,形神逼真,栩栩如生。尤其是那数以千计真人一样大小的圆塑,更是生动精巧,极富生活气息。这些泥塑上彩而不重彩,于质朴中寓美感。② 麦积山石窟的形制十分奇特,都开凿在距山脚几十米高的垂直石壁上,层层相叠,上下错落,整座山崖看起来如同蜂房。洞窟之外,全靠架设在崖壁外的凌空栈道连接。走在这

---

① 张泽远.让敦煌文化走近大众[N].新华每日电讯,1999-06-11.
② 陈胜庆.中国佛教文化之旅[M].上海:学林出版社,1999:149.

盘旋曲折的栈道上,既感到惊恐,又感奇妙;既为我们祖先这种独具匠心和大胆的设计而感到钦佩,又为栈道修建工程的艰辛与困苦而感慨良多。古人为此赞道:"其青云之半,峭壁之间,镌石成佛,万龛千窟,虽自人力,疑是神工。"该处石窟洞窟造型与构筑也较其他地区石窟复杂多变,特别是西魏与北周时代,麦积山兴建了一批模仿中国传统建筑形式的崖阁式石窟,临绝壁凿出殿堂式崖阁,内有柱子,柱内为高敞的前廊,廊后石窟上凿有几座并列大窟,窟内多置大佛塑像;或者是于石壁上凿出进深较浅的窟,配以木结构建筑。这种洞窟规模宏伟,气势非凡。麦积山石窟在艺术上形成了独特的风格。唐朝开元二十二年(公元734年),天水一带发生强烈地震,麦积山中部洞窟塌毁,使得原来是完整的一座麦积山分裂成东西两崖,东崖有洞窟54个,西崖上有洞窟140个。现在麦积山已新架设与修复了1 300米长的凌空栈道,由40多米长的天桥把东西两崖重新连接起来,方便了游客的游览。

云冈石窟 云冈石窟位于山西省大同市西郊武周山南麓、武周川峡谷北岸,是中国最大的石窟群之一,与敦煌、麦积山、龙门并称四大石窟。石窟依山开凿,东西绵延1公里,分东、中、西三部。始凿于北魏文成帝和平元年(公元460年),主要石窟均完成于太和十八年(公元494年)孝文帝迁都洛阳为止,历时30多年。以后历代所凿都为小型洞窟,大约持续到辽金为止。现存有主要洞窟53个,其中大洞21个,小洞32个,造像共计51 000多尊。与我国敦煌、龙门等著名石窟相比,云冈石窟以气势雄伟而著称。著名的昙曜五窟是云冈第一期石窟,其窟形为平面马蹄形、穹窿顶,大体上都模拟印度椭圆形的草庐形式,五窟都以释迦三世佛为主像,外壁还雕有千佛。主佛形象高大,占据窟中主要空间,其高度在15米上下。这五尊佛像高大雄伟,神情可畏,显示出举世独尊的气概。其中第20号窟大佛高13.7米,是释迦牟尼佛坐像,窟前壁在辽代塌毁,成为露天大佛。佛像面部丰满,两肩宽厚,大耳垂肩,鼻高唇薄,造型匀称,气魄雄伟,艺术成就极高,是云冈石雕艺术的代表作。在雕刻技巧上,许多巨像都继承了利用大面积完整统一、略加雕琢的传统手法,造成浑然一体、雄伟壮观的视觉效应。昙曜五窟之后的石窟形制趋于复杂多样,雕刻的内容也逐渐丰富多彩。在人物形态和服饰上,五窟之后的石雕与昙曜五窟的石雕相比,已明显趋于汉化。如佛像身穿"褒衣博带"式汉装,菩萨头戴花冠,下着长裙。自从北魏迁都洛阳以后,云冈大规模开凿石窟的历史告一段落。自建成至今已有1 500多年的云冈石窟,至今仍保存完好,在山西省旅游业发展中起着非常重要的作用,是目前山西省接待海外游客最多的旅游景点。近年来山西省有关部门很重视对云冈石窟及其周围环境的保护。原来在石窟群附近有一条109国道,每天运煤的车辆排放的烟雾、废气、灰尘对石窟损坏很大,为了保护这座艺术宝库,当地部门改建了这条道路。同时还进行了景区的绿化美化净化工程,旅游环境因此得到很大改善。

龙门石窟 龙门石窟位于河南洛阳南郊的伊水河畔,这里东西两山对峙,形成一道天然的门阙,古称"伊阙"。东侧为香山,西侧为龙门山,龙门石窟便开凿在伊河西岸的龙门山岩上,南北绵延约1公里,现存石窟1 352个,石龛750个,佛像97 300多尊,号称"十万佛像"。另有石刻佛塔39座,碑刻题记3 680块,与敦煌、云冈、麦积山石窟并称中国四大佛教石窟,因而闻名于世。龙门石窟始凿于北魏孝文帝迁都洛阳(公元493年)前后,历经东魏、西魏、北齐、北周以及隋、唐、五代、北宋和金,直至清代,历时长达千余年。北魏时期开凿了古阳洞、宾阳洞中洞、莲花洞、火烧洞、石窟寺等石窟,这一时期是龙门开窟造像的全盛时期。唐代武则天执政时开凿了惠兰洞、万佛洞等。在诸多佛像建造中,龙门石窟奉先寺卢舍那大佛独占鳌头,是中国石窟史上空前绝后的佛像杰作,也是龙门石窟艺术中的代表作。从总体上来看,龙门石窟有显著的特点。其一,龙门石窟形制比较简单,题材趋向简明集中,没有龟兹、敦煌、麦积山、云冈那种复杂的窟内构造,但因洛阳与古今兴亡的政权中心、朝代更迭联系紧密,所以佛教文化的代表——龙门石窟也以一种雍容大度、华贵堂皇的皇家风范出现于世人面前,体现出生机勃勃的时代精神。其二,与早期佛教艺术神秘色彩不同,龙门石窟越来越呈现出世俗化倾向,在云冈石窟中,主像大都威严、冷酷,令人望而生畏。而龙门石窟主像大多已经嘴角上翘,微笑于容,衣饰也由以前的偏袒右肩和通肩式,变成了汉化了的冕服式(褒衣博带式)。最著名的奉先寺卢舍那大佛据说是依史书记载的武则天式的"广颐方额"所雕,卢舍那大佛的梵语意为"光明普照"之意,与武则天称帝后为自己命名的那个"曌"字的含义相符,故武则天执意将卢舍那大佛的造像变成自己的化身。卢舍那大佛身着中国式的圆口衲衣,身材颀长丰约,面庞端庄典雅、丰腴圆润,眉宇自由舒展,睿智的眼睛流露出无限清纯的气韵,以安详的目光扫视下界,嘴角透出超凡绝尘的微笑,仿佛是悟了宇宙的深奥要义。这种安详的表情使人感到一种神秘的召唤,而不是令人望而生畏。其三,龙门石窟荟萃了佛教各宗派的造像,还有大量碑碣石铭。这些碑碣石铭是研究书法艺术史的珍贵实物资料。如龙门二十品、五十品和褚遂良书伊阙佛龛之碑,皆为古代书法艺术的珍品。由于龙门两山石质宜于雕作,所以这里石刻艺术特别丰富,龙门石窟因而也有"佛教石刻艺术博物馆"之誉。

一般认为,龙门石窟表明了由丝绸之路传播而来的石窟艺术在某种意义上的圆满结束。因为龙门石窟的出现完成了印度佛教石窟文化中国化的伟大进程,它构建了中国石窟文化的总体面貌与态势。在龙门石窟周围地区还散布着很多小型石窟,大都是以龙门石窟为中心向外辐射而塑。

(三)佛塔艺术

塔,梵音名Stupa,汉语音译为"窣堵坡""塔婆""浮屠"等,后统一约定为"塔",

其原意是埋葬佛骨的坟冢。据传佛陀去世以后,其尸体被弟子们焚化,在其骨灰中,弟子们意外地发现了许多五彩晶莹且十分坚固的珠子,这些珠子及佛陀的遗骨、遗物被佛门弟子奉为神圣之物,尊之为"舍利"。舍利意指"身骨",乃佛教修行正果的象征。为了珍藏这些神圣的舍利,佛门弟子们建筑了用于埋藏舍利的坟墓——塔。据说最初的佛塔甚少,只在佛陀出生地、成道地、说法地、涅槃地等八个地方分别建塔供奉舍利,以纪念佛陀一生中重要的事件,此即为佛典上所称的"八大灵塔"。后来,随着佛教日渐兴盛,塔也造得越来越多。在佛教向中国传播的过程中,塔这种建筑形式也随之传入,并且由于中国境内佛教有汉地佛教、藏传佛教和云南傣族上座部佛教之分,塔的风格也出现相应的三大类:汉式塔、藏式塔(喇嘛塔)和南式塔(缅寺塔),这使得中国古塔的面貌多姿多彩。我国寺院里的塔以其功能而言一般有三种:一是"真身舍利塔",此类塔以埋藏舍利子而得名;二是"法身舍利塔",法即佛法,也即佛经,将象征佛教精神和佛陀智慧的佛经卷本藏于塔中,意味着佛陀永驻,法轮常转;三是墓塔,它是为修行高深、功德圆满的历代高僧修建的坟墓。河南登封少林寺塔林、山东历城神通寺塔林等都是历代高僧的墓塔。

1.中国古塔的类型

中国古塔种类繁多、丰富多彩,依不同的划分标准,可将古塔分为若干不同的种类。一般而言,人们常按古塔的空间建筑形象或建筑质材来分门别类。根据塔的空间建筑形象的不同,可将其分为楼阁式塔、密檐式塔、亭阁式塔、喇嘛塔、金刚宝座塔、花塔、傣族塔等不同的种类。各个种类都有其独特的造型特征。

楼阁式塔　楼阁式塔是继承中国传统的楼阁建筑发展而来的一种古塔形式。在中国古塔中为数最多,分布最广,历史最悠久,建筑也最为高大,是最为常见的一种类型。楼阁式塔是中国传统的楼阁建筑与古代印度窣堵坡相结合的产物。在唐代以前,楼阁式塔皆为木结构,由于木材易受风雨侵蚀,更容易因雷电、香火等引起火灾,因此,唐代以前的木塔于今已荡然无存。我国现存最古老的一座木结构塔是山西省应县佛宫寺释迦塔,又称"应县木塔",是辽代所建(公元1056年)。唐代以后,楼阁式塔开始向砖石仿木结构转化。现存的唐代以后的砖石仿木结构楼阁式塔为数甚多,著名者有西安大雁塔、玄奘大师塔,河北正定开元寺料敌塔,苏州虎丘云岩寺塔、杭州六和塔等。楼阁式塔有明显的地域特征,北方的楼阁式塔主要分布在河北、河南、山西、陕西、辽宁、甘肃等地,以山西应县木塔、河北正定开元寺料敌塔、河南开封祐国寺塔为代表,很少有平座和栏杆。南方的楼阁式塔主要分布在浙江、江苏、上海、广东等地,杭州六和塔、上海松江方塔是其代表作,多设平座、栏杆,多作飞檐、挑角,给人轻盈飘逸的感觉。

密檐式塔　密檐式塔也是古塔中较为高大的一种,是在楼阁式塔由木结构向砖石结构转化的过程中发展起来的一支古塔系列。其造型特征与楼阁式塔有明显不同。其主要特征是：第一层塔身特别高大，而其上每层之间的距离又特别短，层层塔檐紧密相叠，塔身以上各层之间无门窗、柱子等楼房结构。现存最早的密檐塔实物是建于北魏时期的河南登封嵩岳寺塔。嵩岳寺塔位于中岳嵩山南麓的嵩岳寺内，素有"中国第一塔"之美称。该塔高十五层，平面呈十二边形，是中国古塔中仅见的平面为十二边形的一例。塔基低矮，造型古拙。建塔材料用的都是烧制良好的优质砖。隋唐时期密檐塔数量还不多，仅有西安小雁塔、嵩山法王寺塔、大理崇圣寺千寻塔等。到辽金时代，密檐塔在北方地区迅速发展起来。代表之作有北京天宁寺塔、通州区燃灯舍利塔、内蒙古宁城白塔、辽宁辽阳白塔等。辽金密檐式塔的特点是：下部一层的塔身特别高大，其上塔檐紧密相连，多层之间距离特短，几乎看不出楼层，这类塔大多不能登临；它的第一层塔身是重点的部分，大多饰以佛龛、佛、菩萨像和门窗、柱子、斗拱以及各种动植物图案花纹等雕塑装饰。这使得辽金密檐塔既有高大挺拔的雄伟气势，又有精工细作、娇媚华丽的高贵气质。

亭阁式塔 亭阁式塔是小巧玲珑的中国传统亭阁与印度窣堵坡相结合的产物。其特征是：塔身为方形、六角形、八角形或圆形的小亭阁。一般是单层塔，结构简单，又便于修造，后来被许多高僧、和尚们所采用，作为墓塔。其造型以小见长，显得精致、玲珑。亭阁式塔在唐代以前比较盛行，唐代以后较少见，宋代以后衰落了。现存的亭阁式塔，著名的有山东历城神通寺四门塔、长清灵岩寺慧崇塔、三藏塔，河南安阳修定寺塔、登封净藏禅师塔，山西五台山佛光寺祖师塔、运城泛舟禅师塔等，其中较典型的是山东历城神通寺四门塔、河南登封净藏禅师塔、山西运城泛舟禅师塔。四门塔坐落在山东历城县柳埠村青龙山麓的原神通寺旧址上，建于隋大业七年（公元611年），通体用大块条石砌筑，无任何装饰，给人以坚固、朴实之感。其四面各开一门，塔室中央立一巨大的方形石柱，石柱各面雕刻着佛像。造型简洁大方，风格粗犷朴实，被认为是亭阁式塔中最杰出的一例。净藏禅师塔位于河南登封市境内的会善寺西侧，其造型为仿木结构八角形亭阁式，工艺精巧，八面玲珑。泛舟禅师塔位于山西运城市报国寺内，是唐代高僧泛舟禅师的墓塔。其造型为圆形亭阁式砖塔，整体看起来，稳重而秀丽，端庄而轻巧。

喇嘛塔 喇嘛塔就是喇嘛教所建造的佛塔。在元代以前很少见到，自元代将喇嘛教定为国教后，发展迅速，其中以西藏、青海、宁夏和内蒙古地区最为流行。其典型特征是塔身为一覆钵形的窣堵坡，俗称为塔肚子，塔的外壁通常刷白。著名的有北京妙应寺白塔、北海公园白塔山白塔、山西五台山塔院寺大塔、扬州瘦西湖莲性寺白塔以及西藏、青海、内蒙古等地的一些形式变化多样的塔。而北京妙应寺白塔是我国现存最早、最大的喇嘛塔。妙应寺白塔位于北京市西城区阜成门内大街路北的妙应寺（又称白塔寺）内，建造于元代，塔体高大，表面洁白，无任何雕饰，风格粗犷，比例匀称，非常著名。

金刚宝座塔 金刚宝座塔在佛教上属于密宗系统,是供奉金刚界五部主佛的塔。金刚界五佛即中央大日如来佛、东方阿閦佛、南方宝生佛、西方阿弥陀佛和北方不空成就佛。五佛的坐骑分别是狮子、大象、马、孔雀和迦楼罗(金翅鸟王)。所以金刚宝座塔总是以五塔的形式出现,分别代表五方佛,并且石制金刚宝座塔的座子和五个小塔上往往都布满了上述五种动物的浮雕。在塔身上常有佛、菩萨、罗汉、天王、佛足迹、菩提树、法轮、花瓶、花草、莲花等图案。从外形上看,金刚宝座塔的主要特征是有一个高大的方台,即"金刚宝座",五塔均立于这个高台之上。现存的金刚宝座塔实物不多,全国不过十多处,大都建于明清时期。其中以北京真觉寺金刚宝座塔、碧云寺金刚宝座塔和内蒙古呼和浩特金刚宝座塔最为著名。其他有山西五台山圆照寺金刚宝座塔、云南昆明妙湛寺金刚宝座塔、甘肃张掖西来寺金刚宝座塔等。

花塔 花塔是中国古塔中出现较晚的一种古塔。它是在具有中国特色的亭阁、楼阁和密檐式塔的基础上借鉴印度、东南亚佛塔的雕刻艺术发展起来的一种古塔形式。其主要特征是在塔身的上半部装饰各种繁复的装饰,看上去好像一把巨大的花束,所以被称为花塔。装饰的内容有巨大的莲瓣,密布的佛龛,各种佛、菩萨、天王、力士、神人,以及狮、象、龙等动物形象和其他花饰。早期的花塔是从增饰亭阁塔的顶部发展而来的。到宋、辽、金时期,装饰程度越来越繁复,真正形成花塔。到元代后逐渐濒于绝迹。流行时间不长,当时建造不多,因而保存下来的也很少。著名的有河北正定广惠寺花塔、北京房山花塔及长辛店花塔、山西五台山佛光寺杲公禅师塔、甘肃敦煌花塔等。

傣族塔 傣族塔是傣族佛教徒所建造的塔。傣族佛教属于南传上座部佛教,所以傣族塔颇受缅甸寺塔建筑风格的影响。位于今云南西双版纳景洪市曼飞龙寨后山的曼飞龙白塔,是一座典型的具有南式塔风格的佛塔。塔平面呈八角形,每个角都建一座小塔屋。塔基上立着一大八小共九座佛塔。中心主塔高16米多,八座子塔围绕着中心母塔,高9米,犹如雨后春笋,所以也称为笋塔。塔身均为实心圆形,呈葫芦状。塔刹(塔的顶端)高高耸起,塔尖上悬挂铜铃,风吹来时会叮当作响。全塔为砖结构,外涂石灰,天气晴朗时洁白耀眼。八座小塔下设有佛龛,龛壁上有许多佛像浮雕,龛侧有各种动物、花草的雕塑。塔的造型既有浓郁的傣族建筑特色,又充满了东南亚一带异国情调,在我国众多佛塔中独具风格。

根据塔的建筑形象可大致分为上述几类;若根据塔的建筑质材划分,可将中国古塔分为木、砖、石、陶、铜、铁、琉璃、金银等若干类型,不同质地的古塔,其建筑工艺、外观都呈现出不同的特征。木塔、石塔、砖塔较为常见,不作详细介绍。在此简要地介绍一下其他几类。陶塔是用陶土烧制而成,工艺流程比较复杂。现存最大的一处陶塔是位于福州市鼓山涌泉寺内的一对千佛陶塔,烧制于北宋元丰五年(公元 1082 年），距今已有 900 多年的历史。琉璃塔在建筑工艺上与砖石结构塔差不多，只是其外表全以琉璃砖砌成。琉璃砖上通常雕塑有佛像、菩萨像、天王力士像、伎乐像及各类动物、植物图案。现存最早最高的琉璃塔是河南开封祐国寺塔，建于北宋皇祐元年（公元 1049 年），距今已有 900 余年的历史。铜塔、铁塔和金银塔同是以金属铸造的塔，建造工艺大体相同，现存最著名的铜塔是位于四川峨眉山伏虎寺内的紫铜塔。其造型为八角十四层楼阁式塔，系明代所铸。现存最早的铁塔是广州光孝寺内的东西铁塔，铸造于五代十国时期。不过两塔都已受到不少毁坏，已不甚完整。至今保存最完整的铁塔当数湖北当阳玉泉寺塔，铸造于北宋嘉祐六年（公元 1061 年）。塔高近 18 米，总重量达 40 吨。体形纤细、挺拔，于秀美之中显其刚劲。金银塔一般是在室内供奉的塔，现存最大最重的金塔是供于拉萨布达拉宫灵塔殿的达赖喇嘛肉身塔，其内装有达赖喇嘛的遗体。因用金银珠宝制作而成，显得高贵华丽。现存最小的金塔是陕西扶风法门寺地宫所出的唐代方形亭阁式小金塔，此塔高仅 9 厘米，但塔的各个部分都精工细作，清晰可辨，看起来精美无比。

在中国古塔景观中，塔林是一道引人瞩目的风景。塔林是各寺院历代高僧的墓地。几乎所有的汉地佛教寺院都有自己的塔林，安置着各寺院历代高僧的遗体。墓塔上大都有题额（生前所任僧职和法号）、塔铭或塔志碑（表彰墓主功德，记载僧龄），在塔林中可了解到许多高僧的生平。我国现存最大的塔林是河南登封少林寺塔林，其他著名的有：山东长清区灵岩寺塔林、山东历城神通寺塔林、北京昌平银山塔林、宁夏青铜峡的一百〇八塔等，塔林以其蔚为壮观的气势在寺庙旅游中起着重要作用。

2. 中国古塔的结构特征

尽管古塔的种类很多，千姿百态，但它们在结构上有共同之处。它们大都有几个相同的构造部分——地宫、地基、塔身和塔刹，尤其是后三者，可以说是中国古塔不可缺少的基本的构成部分。

地宫 塔的地宫，也称为"龙宫"或"龙窟"，是埋葬佛骨、佛经或舍利的地方，它是中国古塔特有的构成部分。塔在印度虽为埋葬舍利的坟墓，但印度的塔并不是把佛舍利埋在地下，而是藏于塔内。在古塔中国化的过程中，其构造与中国传统的深葬制度结合，才产生了塔下地宫这种形式。可能是因为它与中国帝王陵墓的地宫相似，所以也称为地宫。地宫一般用砖石砌筑，深达数米，由于光线幽暗，总是给人一种神秘感。塔的地宫内安放的东西中，最主要的是一个石函。石函内一般有层层的函匣相套，最里面的一层即为安放舍利之处。在地宫之内，还往往陪葬有各种器物，如经卷、衣物、陶瓷、金银珠宝等。我国经考古发掘出的古塔地宫已不下十余处，在河北、河南、陕西、浙江、江苏和云南等地都有分布。在所有发掘出的地宫中尤以陕西扶风法门寺塔地宫最引人注目。法门寺被誉为"关中寺塔始祖",曾因供有佛骨而盛极一时,唐代帝王曾多次从这里迎取佛骨去长安宫中供瞻。1981年8月24日,寺内修建于明代的砖塔因连日暴雨,西半塔壁坍崩,另一半仍安然无恙。塔中佛像、佛经等散落出来,有关部门进行了清理。为了重建砖塔,1987年考古人员对塔基遗址进行了大规模的清理发掘,由此揭开了一个罕见的、规模宏大的唐代地宫之谜。发掘结果表明,整个地宫有阶梯通道、平台、甬道、前室、中室和后室六部分,面积为31.48平方米,总长21.25米。地宫各室均有石门相隔。它是世界上所发现的时代最远、规模最大、等级最高的佛塔地宫。地宫内找到四枚佛骨舍利,其中一枚为"灵骨"(文献中所说的释迦牟尼佛的"真身"指骨),另三枚为影骨(仿灵骨制成,二者形状相同,也是稀世珍宝)。据有关专家鉴定,这些佛骨是世界上迄今仅存的佛指舍利。地宫内还有金银器121件、铁质器16件、石质器玻璃器等数件,还有珠宝玉器、丝织品若干。法门寺地宫被称为中外考古史上的一大发现。

塔基 塔基是整座塔的下部基础,覆压在地宫之上。早期的塔基一般都比较低矮简单,仅起基础的作用。唐代后,为了使塔显得高耸雄伟,开始在塔下修建高大的台基,并且不少的塔把塔基明显地分为基台和基座两部分,这样可加强塔基部分的气势和装饰性。后来人们在基座上雕饰很多图案,显得很华丽,以辽金时期密檐式塔的基座最具有代表性。

塔身 塔身是塔的主体部分,从外部建筑形式看,塔身有楼阁、亭阁、密檐、高台等多种,从塔身的内部构造来看,主要有实心和中空两种。实心塔身要么是用砖石满铺满砌的,要么是用土夯填实的。还有一种实心塔以木中心柱贯穿于砖石、夯土之中,旨在增强塔的整体联结。这种构造是比较简单的。空心塔由于内部中空,有时还要能让人攀登,结构就要复杂得多,其主要构造方式有木楼层塔身、砖壁木楼层塔身、木中心柱塔身、砖木混砌塔身和砖石中心柱塔身五种主要形式。现存最早的木楼层实物是建于辽代的应县木塔,该塔的塔身为看似五层实有九层的木楼层结构。砖壁木楼层塔身的外壁为砖砌,而其内部的楼层则是木结构的。其内部好像一个空筒,所以也被称为空筒式塔身。唐宋以前的砖塔大都是这种空筒式结构,如登封嵩岳寺塔,西安大雁塔、小雁塔,云南大理千寻塔等。木中心柱塔身的特征是用一根巨大的木柱自塔顶贯穿全塔直入地下作为塔身骨干。这种结构塔身的实物现已不存在,仅存一座半木构的河北正定天宁寺塔,其上半部是木结构,下半部是砖石结构,木中心柱只存于上半部木构塔身内。砖木混砌塔身是用砖和木材混合砌筑而成,如杭州六和塔、上海龙华塔等都是。砖石中心柱塔身的特征是塔身和楼梯、楼板、塔檐等全部用砖石砌成,塔的中心自底至顶是一个十分巨大的砖石柱子。著名的有河北正定开元寺料敌塔、四川大足宝顶山塔、北京玉泉山玉峰塔等。

塔刹 塔刹是塔的顶端,也是古塔最崇高的一部分。塔刹可看作是塔与其他高层楼阁相区别的特殊标志。刹的梵音名"刹多罗",其意为土田、国土,在佛教意义上就是佛国,所以塔刹是佛国佛土的象征,是中国佛塔中最为重要的一部分,也是整座塔上艺术处理最为精细的部分。塔刹本身有时就是一座小塔,可明显地分为刹座、刹身、刹顶三个部分,里面用刹杆串联。刹座即塔刹的基座,正覆压于塔顶之上,压住椽子、瓦垄等部分,并包砌住刹杆。刹身由套串在刹杆上的多重圆环组成,称作"相轮"。一座塔往往以相轮的数目和大小来表示塔的等级和它的高低大小。刹顶,也称刹尖,位于宝盖之上,是全塔的顶尖,一般由仰月、宝珠所组成,也有用火焰、宝珠的。刹杆是通贯全刹的中轴,是塔刹的骨干,其建造一般是用木杆或铁杆插入塔顶。

(四)经幢

经幢是刻有佛经、佛号或佛咒等内容的石柱(或者石碑),是一种带有宣传性和纪念性的佛教建筑物。幢原为一种丝帛制成的伞盖状物,顶装摩尼宝珠,悬于长杆,供于佛前。据《佛顶尊胜陀罗尼经》,此经书写幢上,幢影映于人身,则可不为罪垢污染。初唐时,开始用石头模仿丝帛经幢,称为陀罗尼经幢,经过五代到北宋,经幢发展到高峰。经幢一般可分为幢座、幢身、幢顶(天盖)三部分,分别雕刻逐级累建而成。幢身多为八面体,上雕陀罗尼经、咒或佛像等。幢座和幢顶一般雕饰花卉、云纹等图案以及菩萨、佛像。华丽精致,具有较高的艺术价值。著名的有河北赵县陀罗尼经幢、浙江海宁盐宫镇的三座石经幢、上海松江陀罗尼经幢、广州光孝寺内大悲幢等。广州光孝寺的大悲幢建于唐宝历二年(公元826年),高2米多,状如蘑菇,上有盖,中为柱,青石料,呈八角形,幢基座四周刻有威武的力士浮雕,形态生动。柱身八面刻有梵文和汉文楷书的大悲咒,是广东现存最古老的纪年经幢,有重要的文物和考古价值。河北赵县的陀罗尼经幢高18米,七级,平面为八角形,建于北宋景祐五年(公元1038年)。台基周围雕刻有伎乐、神佛、菩萨、蟠龙、莲花等。一层、二层、三层刻有陀罗尼经,其余各层刻满佛教人物、经变故事、花卉、狮子等图案。该经幢挺拔秀美,庄严清雅,是我国现存的最大最高的经幢。沈阳市的"十大面"也是一有名的经幢,它是一尊造型奇特、雕刻精美的深青色大石碑,碑身为八面柱体,再加上下两面共有十面,所以人们称其为"十大面"。该幢建于辽代,距今已有近千年的历史。它原由天盖、幢身和幢座三部分组成。现在天盖顶部早已被毁。天盖原为八角亭檐式,上饰瓦垄纹,下为檐枋。幢身八面,上刻唐代著名高僧不空译的《佛顶尊胜陀罗尼经》。幢座八面,分别雕刻有栩栩如生的力士、鸟兽浮雕。这些佛教经幢以其宗教、历史、艺术价值吸引着游人的目光。

二、佛教雕塑艺术

佛教雕塑主要是指寺院和石窟中雕刻、塑造的佛像，以及各种金、石、玉、木、陶等雕刻成的器皿等艺术品，是佛教艺术的重要组成部分，甚至可以说是佛教艺术的集中体现。而在佛教各类雕塑品中，佛教造像（雕像或塑像）又占了最主要的部分，也是最有艺术表现力、最吸引人的注意力和观赏兴趣的景观。下面简要介绍一些我国现存的、比较典型的佛像珍品。

最大的石刻佛像 位于四川省乐山市凌云山临江的悬崖绝壁上，有一尊巨型石刻弥勒坐佛，其头顶与崖齐，脚踏大江，体态庄严，气魄雄伟。这就是当今世界上最大的石佛——乐山大佛，又称凌云大佛。大佛通高71米，头高14.7米，头宽10米，头顶上有螺形发髻1 021个，正中最大一个有圆桌般大。大佛肩宽24米，眼长3.3米，耳长7米，耳朵洞内可并立两个人。脚背宽8.5米，可以围坐100多人，光一个脚趾甲就长1.6米，上面也可站数人。这尊大佛比号称世界最高的石佛像——阿富汗巴米扬的一尊大立佛还要高18米，是当今世界最高大的一尊石佛，故有"山是一尊佛，佛是一座山"之称。大佛是在临江山崖上开凿而成，头部与山顶齐平，佛足直插江边。该佛不仅体型巨大，而且身材各部分比例恰当，雕工精良。为避免山泉冲蚀，大佛身上还凿有排水系统，其独具匠心令人称奇。在大佛底部抬头仰视，只见弥勒巨佛正襟危坐，双目微闭，神情安详，双手抚膝，凝视三江。此巨佛开凿于唐朝开元元年（公元713年），历时90个春秋，直至贞元十九年（公元803年）才竣工。凌云山下是岷江、大渡河、青衣江三江汇合之处，水流湍急，过往船只常遭覆舟祸患，三江的洪水又经常泛滥成灾。当时一个法号叫海通的和尚决心在此凿一大佛，以镇三江，他为此募捐到一笔巨款。据说在工程开始后，郡吏向他勒索敲诈，但海通宁可挖去自己的双目，也不肯动用一分筹款。海通和尚去世后，由四川节度使韦皋继续主持营造工作，终于在唐贞元十九年凿成。自唐朝起，凌云山因建大佛而成为佛教圣地，以至有"上朝峨眉，下朝凌云"之说。原来在大佛的右侧有一九曲栈道，游人可从山顶沿此栈道下山，近年来，有关部门在大佛的左侧又凿成一条凌云栈道，便于游人下山后再上山游览。1996年，乐山大佛与峨眉山一起作为"世界自然、文化双重遗产"列入《世界遗产名录》。

最早的石刻佛像 我国最早的石刻佛像是江苏省连云港市西郊的孔望山摩崖石刻佛像。此处石刻佛像的发现是在1980年。据专家考证，这批石刻佛像刻造于东汉时期，比敦煌石刻要早200年。1981年《人民日报》（海外版）曾向海内外报道了这一古迹的发现，这是继长沙马王堆、西安秦始皇兵马俑之后，中国第三次向世界发布重大考古信息。摩崖造像位于该山的西南部，依山势自然雕成，分布在东西长约17米、高约8米的山崖上。共有雕像115尊，最大的高1.5米，最小的高仅10

厘米,造型生动,栩栩如生。佛教题材是这批摩崖造像的主要内容。1988年1月,孔望山摩崖石刻造像被国务院列为"全国重点文物保护单位"。孔望山石刻佛像的发现对于研究中国佛教艺术的起源与发展有着十分重要的意义。

最大的木雕弥勒像 位于北京城内东北角的雍和宫是由清代王府改建而成的一座独具风格的喇嘛庙。雍和宫的万福阁里供奉着一尊檀木大佛,这尊佛像全高26米,地上佛高18米,地下还埋有8米,直径3米。这是由一棵完整的白檀香木雕制的,是我国最大的一尊独木雕佛。据载,乾隆十五年(公元1750年),西藏发生反叛七世达赖的战乱,乾隆发兵帮助平定了叛乱,把西藏的军政大权交给达赖。达赖为表示对乾隆皇帝的感激之情,将一株原产印度的巨大的白檀木由西藏经四川运到北京,送给乾隆皇帝。该佛像就是用这棵白檀木雕成。建造万福阁时,先矗立原木,雕成大佛之后才建造万福阁大殿。所以北京传有一句"先有佛像、后有宫殿"的俗语,后来又误传成"先有大佛像、后有雍和宫"之说。这尊大佛是弥勒佛,浓眉方脸,袒露胸膛和肚皮,裤子肥大,头上戴着镶嵌珠石的五佛冠,全身贴满金叶,手臂上搭着一条黄铜制成的哈达,颈悬1米多长的朝珠,垂在胸前直到腹下。腰挂串珠的花篮,显得庄严华贵。这尊檀木大佛被誉为"雍和宫三绝"之一。万福阁是专为保护此像而盖的楼阁,宏丽雄伟,是宫内最后一座大殿。它共分三层,四周有围廊,游人可以在各层围廊中从各个不同角度观赏大佛。

最高的青铜坐佛 在海拔482.2米高的香港特别行政区大屿山木鱼峰上,耸立着一座堪称世界之最的青铜坐佛——释迦牟尼佛坐像,巍峨壮观,令人肃然起敬。佛高26.4米,莲花底座高7.55米,通高33.95米,总重250吨,占地面积2 239平方米。由于大佛的基座是仿照北京天坛的环丘而设计建造,所以有"香港天坛大佛"之称。该大佛的造型设计由宝莲禅寺法师完成,铸造由隶属于中国航天工业部的南京晨光铸造厂承担,全部费用达6 000多万港元,这笔庞大的费用由香港特别行政区和内地名刹古寺及众多的善男信女所捐。在此之前,世界最大的铜佛在我国西藏日喀则城西的扎什伦布寺,佛高22.4米,莲花基座高3.8米,通高26.2米。但与我国香港天坛大佛相比,在高度和艺术造型方面都显逊色。天坛大佛坐像端庄,庄严安详,双目垂视,面部慈祥可亲。整座大佛外表面积1 400平方米,采用钢骨架贴青铜薄叶技术,分160块组合而成。莲花座由20片铜制花瓣组成。坛内有螺旋的阶梯和自然回旋通风设备。坛的底座是功德堂,第二层是展览厅,第三层是纪念堂。从木鱼山脚拾级而上,要登260级石阶才能到达天坛大佛的底座。为保证大佛能安坐千古,负责承制的南京晨光铸造厂运用尖端技术,对砌成大佛各部位的构件进行了多方面的科学实验,确保大佛可以经受12级以上台风的袭击,以及暴晒、雷击、海风侵蚀、热胀冷缩等影响而无损。这座大佛的建成可以说是东方佛教造像艺术与现代科技完美结合的结晶。自1993年12月29日正式开光以来,吸引了世界各地的佛门弟子前来参拜,慕名前来观赏的中外游客也络绎不绝。需要指出的是,这座大佛只能称为最高的青铜坐佛像,无锡灵山大佛(净高88米)、日本牛久大佛(像高100米),都是世界上较高的露天青铜大佛(立像)。2008年开光的中原大佛(河南鲁山佛泉寺)身高108米,总高208米,是目前世界上最高的佛教造像(立像)。

最大的铸铜卧佛 北京海淀区寿安山南麓之卧佛寺内,有一尊我国最大的铸铜卧佛,为释迦牟尼佛涅槃像。铜卧佛长达5米多,侧身做睡卧状,右手曲肱托着头部,左手自然地平放于腿上。佛像浇铸精细工巧,光滑剔透,佛首的螺状髻纹发式,以及衣纹流畅的袈裟百衲,都显得清晰明快,生动自然,细腻传神。卧佛的后面和左右两侧,环立着向前微倾斜的12尊泥塑佛像,他们神态严肃、恭敬,似乎正在倾听佛陀涅槃前所做的最后的嘱咐。

最大的石刻卧佛 我国四川省潼南县马龙山有一尊长达36米的石刻卧佛,它是我国目前所知的最大的卧佛。据查,这尊大卧佛开凿以后,佛身很多地方积满了山顶冲刷下来的泥沙,长满了荒草小树,清理完毕后方显出真相。卧佛造像庄严,体态修长,面部圆润丰满,双目微闭,服饰衣纹自然流畅,轮廓线条清晰柔和,显示了高超的雕刻技艺。

最大的玉佛 上海静安寺大雄宝殿内供奉一尊大玉佛像,这尊坐佛像高3.6米,宽2.7米,是我国迄今为止发现的最大的玉佛。这尊玉佛是新加坡刘光宇居士于1988年发愿捐赠给我国的。在此之前,我国最大的玉佛在福州西禅寺的玉佛楼里,这里供奉着一尊用上乘整块翡翠精工雕琢的坐佛,高2.95米,重约8吨。还有一尊同样是用上乘整块翡翠精工雕琢的卧佛,长4米,重约10吨。这两尊玉佛也是新加坡佛教界人士赠献的。但与静安寺大玉佛相比,在高度上逊色不少。

上述佛像仅是我国佛教雕像、塑像中比较典型的几个,大量的雕塑艺术品分布于全国各地的寺庙和石窟之中。要想深入了解佛教雕塑艺术,就需要游人对各种各样的佛教雕塑品认真观赏仔细琢磨。随着社会的发展,新的佛教雕塑珍品会涌现出来,如近年来无锡太湖旅游度假区建造的灵山大佛、浙江普陀山建造的观音菩萨像、安徽九华山建造的地藏菩萨像等都产生了不小的影响,对丰富当地景观内容、增强旅游吸引力具有重要意义。

 特别提示

中国"大佛"纪录被不断刷新,形成了一股"大佛"建设热。无锡灵山大佛、三亚南海观音大佛、普陀山观音大佛、庐山东林大佛,都是佛教旅游成功发展的典范。

三、佛教绘画艺术

佛教绘画大致可分为壁画和帛画两大类。

1. 壁画

佛教壁画是佛教绘画的主要部分,它是指在石窟的石壁或寺庙的墙壁上作的画,故名壁画,是人们在游览佛教名胜时经常会遇到的一种佛教艺术品。壁画的内容一般有下列几种:一是佛本生故事。以佛本生故事作为表现题材的壁画也可称为本生故事画。所谓本生故事就是讲述释迦牟尼佛前生累世修行的故事。按照佛教的因缘说,有因必有果,佛在诞生前经过无数世代修菩萨行的转生,才能成佛。这些本生故事大多生动有趣,情节曲折。在我国,本生故事画多存在于龟兹地区石窟和敦煌莫高窟北朝石窟中。克孜尔石窟中所存佛本生故事壁画尤多。二是佛传故事。佛传故事又叫佛本行故事,是讲述释迦牟尼佛生平事迹的故事。这种壁画是释迦牟尼佛一生中各阶段形象的综合,一般讲他诞生以后,从王太子的生活,到放弃太子身份而出家修道,成为佛后的教化事迹,直至涅槃前后的生平事迹。比较著名的佛传壁画有敦煌莫高窟北周时期的佛传壁画、新疆克孜尔石窟北朝后期佛传壁画等。这些佛传故事壁画多采用多幅连续的连环画式构图。这种长卷式的横幅构图具有浓郁的中国风格。三是因缘故事。用佛教故事的形式宣传因果报应的道理,这种故事就叫因缘故事。因缘故事多用壁画表现,其重点是渲染佛教信徒对佛供养、对众生布施而得到的种种善报,以及佛度化众生时的各种神通。这种壁画主要见于龟兹石窟和敦煌莫高窟。从这些壁画中人们可充分领略到古代艺术家的丰富想象力和高超的创造才能。四是经变画。经变画是佛经变相的简称。所谓变相,是变佛经为图相。用绘画的形式将佛经内容表现出来就是经变画。这种壁画大多以一系列故事作譬喻,用生动活泼且富有感染力的画面帮助人们理解佛经道理。唐朝长安的一些著名寺庙如慈恩寺、荐福寺、大兴善寺等多将佛经故事绘于殿壁。一些著名的绘画高手多有宗教壁画作品问世,如画圣吴道子一生就主要从事佛教艺术的创作,是一位最善绘地狱变相的大画家。可惜这些作品现在均已不存在,人们只能从石窟壁画了解一些大致情况。五是佛教感通故事。为宗教传播的需要,佛教徒总是会编造出许多附会"灵异""圣迹"的传说和故事。这些传说和故事总是充满了对佛的神通、奇迹的溢美之词,神话色彩极浓。通过宣扬信仰奇迹,启示人们去相信佛的神通,相信灵感,从而达到把宗教神圣观念带进人间社会的目的。莫高窟壁画中描绘了不少佛教感通故事图,还绘有一些高僧得道后的灵异神通故事。六是佛教史迹故事画。在大量的佛教感通故事壁画中,一般都标明具体的人物、时间、地点等,有些人物是真实的历史人物,所以有些内容在撩开其宗教面纱之后,存在一定的合理性因素,成为今天人们研究中西交通史、佛教发展史等问题的重要的形象化史料。这类壁画一般被称为佛教史迹故事画，如敦煌莫高窟壁画中的《耕作收获图》《张骞出使西域图》《五台山图》等。《五台山图》面积60平方米，描绘了五台山数百里之内山川大势、城郭乡镇、桥梁建筑以及各种人物，是莫高窟最大的一幅壁画。它是我国现存最完备的佛教地志和图经，是描绘10世纪历史的宝贵资料。七是尊像图。其是以描绘佛、菩萨、罗汉诸像为主的壁画，还有一种是供奉人图，也称供养人图。供奉人即为出钱修凿的人，也就是出钱建寺开窟、敬事"佛宝"的人。一般有皇帝皇后、贵族官僚、高僧、一般僧侣、下层民众等几类人。有许多供奉人画像旁都有姓名、年月的记载。从这些不同时代、不同身份的男女老少所留下的形象上，可以最直观地了解到中国历代服饰的演变情况。尤其是那些浩浩荡荡、成群结队的帝后礼佛场面，生动地再现了当年天子、皇后的威仪，很是壮观。

石窟、寺院里的壁画大多具有高超的艺术手法，绘制精巧，形象生动，是千百年来无数艺人长年累月精心创造的结晶，在中国乃至世界艺术宝库中都占有非常重要的地位。这些珍贵的壁画作品在今天已成为重要的佛教旅游资源。

2.帛画

帛画是画在布上和丝织品上的画，起初多为墓中的殉葬品。佛教绘画兴起后，帛画即大量描绘佛教题材形象，如佛、菩萨、天王、力士像以及说法画、经变画等。现在能见到的汉地佛教帛画已不多。这里着重介绍一下藏传佛教地区的佛教帛画——唐卡。狭义的唐卡，是流行在西藏的画在布上和丝织品上的宗教卷轴画，通常挂在寺院内，也可以卷起来带于身边，可称为卷轴(绘画)唐卡。广义的唐卡，实际上还有刺绣唐卡、提花唐卡、贴花唐卡(又称剪堆，即堆绣)和宝石唐卡几种。唐卡的制作过程一般是先把画布用石灰水浸泡，用以软化布质，然后把布铺于光滑木板上，用石块反复磨压，最后刷上水胶液。处理过的画布，表面平滑柔软且不露布孔，便于绘制精细的形象。唐卡表现的题材比较广泛，有画传(佛传、祖师传等)、肖像画、偶像画、史画、民俗画、建筑画、宗教活动画、动植物画等。被誉为"黄教六大寺"之一的青海省塔尔寺内有一种别开生面的寺院文化艺术——堆绣，从广义上讲属于唐卡的一种，即贴花唐卡。堆绣是塔尔寺"三绝"艺术之一(其他"两绝"是酥油花和壁画)，它是用各色棉布、绸、缎剪成各种图案，精心堆贴成一个完整的画面，然后用彩线绣制而成。其工序有图案设计、剪裁、堆贴、绣制、个别图案部分上色等。以堆贴为主，绣制为辅。从形式上看，堆绣分平剪堆绣和立体堆绣两种。平剪堆绣是将剪裁成的各色布料图案堆贴在设计好的白布上，再用彩线绣边即成。如果在平剪的图像内垫上棉花或羊毛使图形凸起，然后粘绣在对称的布幔上，再将堆绣好的不同形状的图像用绣缎连成一个巨幅画卷，构成一组完整的画面，就成了立体堆绣。立体堆绣的形象富有立体感和真实感。从题材上看，堆绣的题材主要选择佛像、佛经和罗汉故事,也有神话传说中的"蟠桃会"和"八仙传说"画面。它比较注重人物形态、神态的塑造,讲究各色绸缎的选用配置,技艺精湛,巧夺天工,体现出很高的工艺美术价值和审美价值。堆绣是装潢殿堂的高级工艺品,可使佛殿绚丽多彩,富丽堂皇,也给人们一种身临佛境的神秘感。现在堆绣不仅在寺院内各殿堂、经堂内悬挂,而且在寺院附近的许多商店里皆有出售,已经成为寺院的商品和礼品。它不仅受到信徒的赞赏和崇敬,而且作为绝好的旅游纪念品也为广大游客所称道和喜爱。[1]

佛教绘画中有一类用于举行水陆法会的画,称为水陆画或水陆图。水陆法会亦称水陆道场、水陆大会,是一项重要的佛事活动。举行这种活动时,在殿堂上所悬挂的种种宗教画统称为水陆图。佛画中还有一类是木版佛画,寺院或佛教徒利用民间的刻版印刷术作为弘扬教义的工具,捺印一些小块佛像,或刻印大张佛像、佛经。这种木版刻印成的佛画就是木版佛画。这两类佛画所占数量不多,不作详细介绍。

四、佛教音乐艺术

佛教音乐作为一种宗教音乐主要是用来渲染和加强宗教仪式的气氛和效果。佛教的"唱赞""偈颂"通过庄严、肃穆而节奏缓慢的旋律能起到澄清杂念、净洁心灵的作用。佛教在发展过程中利用音乐这种艺术形式为其服务实际上出于几个方面的需要:一是礼佛歌赞之需;二是为宣扬法理之需;三是为开导民众心灵之需。最早的佛教音乐是梵呗。所谓梵呗,即用印度的声律制成曲调来歌唱的汉文偈颂,可以用乐器来伴奏,它带有浓郁的异域风情。后来出现一些佛曲,即佛教徒在举行宗教仪式时歌咏的曲调。从佛教歌曲内涵看,有的选自佛经经句,有的用佛教念诵词填写,还有一些是用现代曲谱编写的佛教歌曲。从佛教音乐的特征来看,佛教音乐经过一千多年的发展,逐渐地熔历史悠久的宫廷音乐、宗教音乐、民间音乐为一炉,形成了自己以"悠、和、淡、静"为特征的独特风格,即以悠远柔和的形式来表现恬淡寂静的主题。就乐调曲牌、乐器形制、音乐风格论,我国佛教音乐中较具特色的有北京智化寺的京音乐、潮汕庙堂音乐、福建南音、西安城隍庙鼓乐、开封大相国寺音乐、五台山青黄庙音乐等。佛教音乐以其深邃的宗教意识、强大的艺术感染力和独特的音乐风格,成为中国文化和宗教艺术中的一块瑰宝,时至今日它仍具有独特的魅力。1998年11月9日到10日,在中国艺术研究院宗教艺术中心、中国佛教文化研究所、北京佛教协会的协作下,具有高雅音乐圣地之称的北京音乐厅主办了一场别开生面的佛教音乐会——"净化之夜"法音梵呗中国佛教音乐会,由两支在

---

[1] 杨贵明.宗喀巴诞生地塔尔寺文化[M].西宁:青海人民出版社,1999:201-203.

国内外久负盛名的乐团——北京佛乐团和甘肃拉卜楞寺佛乐团演奏。北京佛乐团主要演奏了渊源古远、代代相承的北京"智化寺音乐"和过去在华北地区流行的"北方佛曲"。拉卜楞寺佛乐团演奏了一些具有独特风格的藏传佛教乐曲。佛乐演出十分成功,其平和安详、淡远宁静的音调和清幽典雅的风格给观众留下了极为深刻的印象,也得到首都音乐界人士的很高评价。①

五、佛教经籍、佛教文学

(一) 佛教经籍

佛经自东汉传入我国,逐步发展成为版本众多、内容丰富的宝藏。现今很多佛教寺院保存有丰富的佛教典籍,寺院里的藏经楼或藏经阁就是保存佛经及佛教文物的专门建筑。

佛教典籍一般指大藏经。所谓大藏经就是汇集佛教一切经典成为一部全书的总称。古时亦称"一切经",又略称为"藏经"。其内容主要由经、律、论三部分组成。这三部分分别称为经藏、律藏和论藏。经藏记载着佛陀释迦牟尼的言教;律藏即戒律,是佛陀为其信徒制定的行为守则和道德规范;论藏则是佛门弟子论述、发挥经教义理的著作。我国第一部木刻本大藏经是宋代雕刻的《宋开宝刊蜀本大藏经》,简称《开宝藏》或《蜀本藏》。从艺术角度考虑,这里主要介绍一下贝叶经和石刻经。

1. 奇妙的贝叶经

贝叶是贝多罗树的叶片,贝多罗树是南印度、缅甸和斯里兰卡常见的一种阔叶棕榈树,其叶长肥硕厚实,集生于顶。贝叶经,是指刻写在贝多罗树叶上的佛教经文。在斯里兰卡、印度、缅甸等国家有一种以树叶为书的"贝叶书",它不仅记载了古代医学、星相学和语言学,还用来书写佛教的经文。因为这些国家潮湿多雨,只有这样的经书才能长久地保存而不致腐损。所以直到今天,这些国家的很多寺庙和图书馆大都藏有古老的贝叶经及其他贝叶书籍。随着佛教的传播,大量贝叶经被僧人从印度、斯里兰卡带到中亚以及我国的西藏、新疆和东南亚各国,这对佛教和佛教文化的传播和发展起到了很重要的作用。佛教在两汉之际传入我国中原地区时,当时的佛经就是从这些写在贝叶上的佛经原典翻译过来的。现在我国的一些寺庙仍保存有贝叶经,但数量已很少。作为书写用的贝多罗树叶必须有8年以上树龄。用贝多罗叶写经要经过一定的处理程序:在写经前贝多罗叶必须经过特殊的水沤制作:先把裁好的叶片横向卷起,放在锅里用水蒸煮,然后捞出晾干,这样可使叶片变得质地柔韧,不易折断;接着要把叶片在光滑的木棒上拉磨,使叶片变

---

① 孙海燕.记"净化之夜"法音梵呗中国佛教音乐会[J].法音,1999(1):35-36.

得洁白而光润。这样处理之后,就可根据所需贝叶经的大小,用直尺和利刃在叶片上裁切;再将裁切好的许多同等大小的贝叶集中在一起,用烧热的铁棍在贝叶的中间烫一个或两个孔洞,以便用绳穿订;在烫好孔洞的贝叶上,就可以用铁笔刻写经文了。刻写经文所用铁笔较重,笔尖异常锋利,便于刻入。一张普通的贝叶,可刻1 500个到2 000个字母。刻写完毕之后,要用墨水涂抹叶面,这样一方面可使墨水的黑色渗入字中,使字变得醒目易读,另一方面因墨水中含有的肉桂油浸透贝叶,可达到防潮防腐和防虫蛀的效果。经过这样涂抹、晾干之后的贝叶,即可装订成册:先磨光书边,再用两片优质木板制成封面和封底,在封面和封底中部也要打好孔洞,然后用一根结实的细绳把刻好的贝叶一片片串好,在两片薄木板上打好结,这样便订成了一部贝叶经。[①] 在盛唐时代,有不少贝叶经流入我国寺院。贝叶经后来几乎成了佛经的代名词。

2. 石刻经

石刻经是指佛教徒为了使佛经流传久远、佛法永存,而在石头上刻写的佛经。我国早期石刻经的代表作有山东泰山经石峪现存的《金刚经》、山西太原风峪的《华严经》、河北响堂山的《维摩诘经》等。大规模的石刻佛经则始于隋大业年间静琬禅师在北京房山云居寺的刻经活动。刻经事业在静琬禅师四代弟子及众多高僧的主持下,历经隋、唐、辽、金、元、明各代,代代相传,绵续千载,共刻佛经1 122部3 572卷于1.4278万块石碑之上,世称房山云居寺石刻佛教大藏经,简称房山石经。房山石经是我国现存规模最大的石刻佛教大藏经。像这样大规模地刻造佛经,历时如此之长久,不仅在中国文化史上,而且在世界文化史上都可称得上一件罕见的壮举,堪与闻名寰宇的敦煌石窟相媲美,因而房山石经被中国佛教协会赵朴初会长誉为"北京的敦煌"。房山石经的镌刻原因,源于中国佛教史上的两次"法难":北魏太武帝、北周武帝先后两次灭佛,摧毁佛寺、诛除僧徒、焚毁经卷。灭佛活动给佛教徒留下了深重的创伤,于是他们开始寻找一种不易被毁灭的载体传承佛学经典,刻经于石便成为其自然的选择。中国佛教协会于1956年至1958年组织人员对房山石经进行了大规模发掘整理,结果表明,房山石经包容了佛经的经典要著,所刻佛经多为历代善本孤本,如著名的久已逸失不存的唐代钦定《开元大藏经》和辽代《契丹大藏经》,都是当今绝世不传孤本。尤为可贵的是,房山石经中还保存了60余种各种大藏经没有收入的经典,如唐代密宗佛典《释教最上乘秘密藏陀罗尼集》,为唐代密宗留下的珍贵文献。房山石经成为研究佛教历史和典籍的极其重要的实物资料。绝大部分的石经镂刻技术精湛,书法秀丽严谨,不仅是宝贵文物,而且也是我国书法和雕刻艺术的宝库之一,为研究历代书法、雕刻、文字提供了珍贵

[①] 楼培敏,徐觉哉.佛海拾趣[M].上海:上海社会科学院出版社,1990:38-39.

的实物根据。此外,石经经文后附刻有约六千则的施刻人题记,是研究中国古代历史、政治、经济、文化乃至民情风俗极重要的史料,有很高的学术文化价值。中国佛教协会在对房山石经进行全面调查时,拓印了全部的经版,已经先行刊印了辽金刻经。中国佛教协会与华夏出版社共同合作,刊印了隋唐刻经,并对房山石经作了统一规划,连同辽金刻经,重新装帧,配套发行,一次性全部推出,全套《房山石经》共34册(其中目录、索引一册),已于1999年9月出版。① 由于大气污染等原因,石经出现严重风化,为延长石经寿命,佛教界人士在政府有关部门的大力支持下,于1999年9月9日在房山云居寺举行了盛大隆重显密融通"房山云居寺辽金石经回藏法会",于当日9时9分9秒将辽金石经版回藏于云居寺新修的石经地宫。新修地宫系密闭、充氮、恒温、恒湿的现代科技设施,它既能提高石经保护质量,又可供人参观。② 随着人们对房山石经的了解逐步深入,房山石经的历史文化价值必将得到充分的展示与肯定。

(二) 佛教文学

作为佛教艺术一个组成部分的佛教文学主要包括变文和宝卷两类。③ 变文是唐代寺院中盛行的一种"俗讲"。俗讲是佛教用说唱体的俗讲话本来讲述佛经故事、宣传教义。讲唱变文时,往往与展示图画相配合,这样利于信徒民众接受和理解。现在佛教变文作品保存甚少,已很难见到。宋代以后佛教讲经采取了宝卷这种形式,宝卷的内容都是佛教故事,宣扬因果报应之理,可以诵唱。变文和宝卷都是佛教为了向下层民众传播而逐步发展出来的一种文学形式。

第四节 佛教名山古刹

一、佛教名山

(一) 五台山

五台山位于山西省五台县东北隅,从北岳恒山蜿蜒而来,由五座高峰环抱而成。整个山系方圆250公里。五台山五座山峰虽然高耸,但其峰顶的地形却很平坦、宽阔,东、西、南、北、中犹如土垒之台,所以称作"五台"。五台山相传为文殊菩萨显灵说法的道场,与普陀山、峨眉山、九华山合称为中国四大佛教名山。五台山的"五台"中,东台称作望海峰,海拔2 795米;南台称作锦绣峰,海拔2 773米;西台称挂月峰,海拔2 773米;北台称作叶斗峰,海拔3 058米,高度居五台之首;中台称

---

① 姚长寿.房山石经[J].法音,1999(7):41.
② 吴立明.房山云居寺辽金石经回藏缘起碑(碑文原稿)[J].法音,1999(9):17-18.
③ 范能船.中国佛教旅游[M].上海:上海书店出版社,1991:151-152.

作翠岩峰，海拔2 894米。东台望海峰可看云海日出，南台锦绣峰乃花的海洋，西台挂月峰可赏明月娇色，北台叶斗峰可览群山层叠，中台翠岩峰可见巨石如星，更有天造奇观——"热融湖""冰胀丘""石海石川""龙翻石""写字崖""佛母洞"等。五台山以中台翠岩峰为核心，气势磅礴。山之腹地有一重镇，即台怀镇，是五台山佛教中心区。镇中宝塔如林，寺庙鳞次栉比，附近有一大白塔，巍然屹立，历来被誉为五台山的标志。漫长的发展历史成就了五台山古老而独特的地貌，佛教徒又将自然现象与佛教文化相融合，形成文化灿烂、古建成群、文物荟萃、珍品云集的局面，向世人展现了一种独特而富有生命力的综合型文化景观。

五台山成为佛教圣地的历史比较悠久。早在汉明帝刘庄时，印度僧人摄摩腾、竺法兰即在此建造了大孚灵鹫寺，此寺与洛阳白马寺皆为我国早期的寺院。该寺后来曾先后改名为花园寺、大华严寺、显通寺。现在，显通寺依然耸峙在五台山。从两位印度高僧在五台山建造寺院那时起，五台山就开始成为我国的一个佛教中心。一般认为，五台山被当作文殊菩萨的道场是在唐朝。唐王李渊起兵太原而得天下，视太原府境内的五台山为"龙兴之地"，因而大修寺院。传说唐太宗登基前曾遇文殊菩萨相助，所以他当上皇帝后，在五台山诏修文殊殿，从此五台山便成为专门供奉文殊菩萨的道场。唐宋以后，常有日本、印度尼西亚、尼泊尔等国的僧侣来五台山朝奉。相传明成祖永乐年间，西藏黄教祖师宗喀巴的大弟子蒋全曲尔计到五台山弘扬黄教佛法，这是黄教传入五台山之始。清康熙年间在台怀等地修建行宫，并将山内罗睺寺等数十个青庙僧人改为黄衣僧（喇嘛），五台山的汉喇嘛就由此产生。由于五台山接近蒙、满少数民族地区，而这些地区流行喇嘛教，所以五台山的喇嘛教也有相当发展。这样一来，五台山的寺庙就形成了黄衣喇嘛的黄庙和青衣和尚的青庙并存的格局，这在我国四大佛教名山中是独一无二的。由于五台山地处华北，海拔在2 000米至3 000米，因此气候凉爽，有"清凉佛国"之称。当地一些民间传说认为，五台山曾经十分炎热干旱，文殊菩萨见百姓苦难，便向东海龙王借来了"清凉石"，使五台山成为"清凉佛国"。至今，在台怀镇西南18公里处的清凉谷中的清凉寺内还放有一块清凉石，此石又称曼殊床，相传文殊菩萨常在此石上讲经说法。

五台山佛教寺庙众多，最多时达300多座，现保存比较完整、有宗教活动场所证书的寺庙68座，僧尼3 000人，是中国现存最大、最集中的寺庙群。最著名的是台怀镇周围的"五大禅处"（显通寺、菩萨顶、殊像寺、罗睺寺、塔院寺）和台外五台县附近的南禅寺、佛光寺等。这些寺庙建筑设计壮观古朴，殿宇雕刻精巧优美，是我国佛教古建筑艺术的宝库。

五台山"五大禅处"中，显通寺、塔院寺、殊像寺为青庙，是青衣僧所在；罗睺寺、菩萨顶为黄庙，是黄衣僧所在。

显通寺 这是五台山第一禅寺,在五台山寺庙中历史最悠久,规模最庞大,俗称"祖寺"。凡是朝山进香礼佛的信徒,必先拜谒显通寺,然后再前往其他寺庙。显通寺始建于东汉永平年间,时称大孚灵鹫寺。后来历经扩建、改名,至明太祖重建赐额"大显通寺",该寺现占地120亩,中轴线上有七座大殿,后部有一座筑于明万历年间的铜殿,此殿是一座纯粹的金属建筑物,人称"显通铜殿"。殿内四壁有铜铸小佛万尊,正中台上是一尊铜铸文殊坐狮像,造型优美,铸工精细。殿前原有五座铜塔,谓迎合五台之意,现仅存东西两座,都建造于明代万历年间。显通寺门前钟楼上有一口重约5吨的大铜钟,撞之声传全山。寺内的无量殿是一座砖砌仿木无梁结构建筑,殿内供有铜铸无量寿佛二尊和华严经字塔。华严经字塔塔身有一部蝇头小楷《华严经》,共有59.3万字,据说是由苏州居士徐德兴花费12年光阴书写而成的。寺内大雄宝殿占地600多平方米,为五台山之最大殿宇。寺后最高的藏经殿现辟为文物展览室,陈列有铜铸唐武后像、五佛、各寺庙的印信、菩提叶绘五色罗汉像,以及明版藏经和各种供器等,都是极为珍贵的文物。[①]

菩萨顶 又名"文殊寺""真容院",创建于北魏,相传是文殊菩萨的居住处。该寺占地约45亩,有殿堂僧房四百余间,参照皇宫样式营造。寺居灵鹫峰顶,寺门前有108级石阶,佛教中认为,人间有108种烦恼,登上这108级石阶,便解脱了俗世烦恼,进入了"灵峰胜境"。据称文殊菩萨就住此山顶,曾经在云端中显露法相,被塑匠依样刻成文殊供像,安置于山上真容院。明永乐年间,藏传佛教传至五台山,大喇嘛居此寺,因此该寺成为五台山黄庙之首。又因清康熙帝五次朝台、乾隆六次游山,均在此留宿,所以该寺修饰极尽豪华富丽,金碧辉煌,为五台诸寺之冠。

殊像寺 创建于唐代,因供奉巨大文殊像而得名。主殿文殊阁为五台山最大的殿宇,殿内佛坛高大,供有文殊菩萨骑狮像,为五台山第一大像。文殊像高约9米,威严庄重,神采飞扬。该像塑于明弘治年间。文殊像背面塑有"横三世佛",中尊为释迦牟尼佛,左侧为药师佛,右侧为阿弥陀佛。此外,两侧还有精湛的五百罗汉游江等悬塑,为明代作品,甚为珍贵。

罗睺寺 该寺也是一座黄庙,罗睺即罗睺罗,是释迦牟尼佛的儿子,也是他十大弟子之一,后来成为十八罗汉之一。该寺创建于唐代,今寺前有一对石狮,据传为唐代遗物。寺内现存天王殿、文殊殿、大佛殿、藏经阁、配殿、禅院近五百间。后殿中央有一木制圆形佛坛,坛上设置八瓣莲花一朵,莲花瓣内端坐四尊佛像,莲花瓣是活动的,喇嘛在暗中操纵绳索,便可使花瓣时开时合,佛像时隐时现,这便是人们所称的"开花现佛"。寺内有一座藏式砖塔,似乎在暗示这是一座喇嘛庙。

塔院寺 原是显通寺的塔院,明朝重修舍利塔时独立为寺。寺内最引人注目

---

① 罗哲文,范纬.中国名刹古塔[M].上海:上海文化出版社,1997:149.

的建筑是一座通高75米的大白塔,传说有释迦牟尼佛舍利藏于塔内,所以又称佛舍利塔。这座大白塔的形状与北京北海白塔相似,但比白塔高20米,塔身如藻瓶,顶部铜制的大宝瓶金光闪耀,上下悬挂200多枚铜铃,有风吹来,铃声不绝。这座大白塔历来被作为五台山的标志,被誉为"清凉第一胜境"。

相传,文殊菩萨是在农历六月十四日诞辰,所以从隋唐时起,五台山台怀镇就有"六月大会"盛典。在六月庙会期间,各方僧尼、香客蜂拥而至,甚至连日本、斯里兰卡、印度等国的僧人也曾远道而来朝台。传说,释迦牟尼佛之子罗睺罗在文殊生日时为其祝寿,以"跳鬼"相娱,所以每逢六月十四日,喇嘛教要举行特有的"斩鬼""跳鬼"宗教仪式,喇嘛们头戴鬼神面具,身穿特殊服装,手舞足蹈,随锣鼓节拍满院蹦跳。各个寺庙烛火通明,香烟缭绕。这种传统一直流传至今天,现在的六月庙会成为五台山宗教文化中吸引香客游人的一个很重要的活动。每年的5—8月正是游五台山的最佳季节。

(二)峨眉山

峨眉山屹立在四川盆地西南部,位于四川省峨眉山市西南7公里处,东距乐山市37公里,是著名的风景胜地,也是我国四大佛教名山之一。因山势逶迤"如蠔首峨眉,细而长,美而艳"得名。其主峰金顶海拔3 060米,最高峰万佛顶海拔3 099米。就高度而论,峨眉山当为四大佛山之首。唐代大诗人李白有诗赞曰:"蜀国多仙山,峨眉邈难匹。"自古以来,峨眉山就以"峨眉天下秀"而著称于世。峨眉山的自然景观雄秀神奇,生态环境保护完好,特别是地处世界生物区系的结合和过渡区,拥有丰富的动植物资源,珍稀濒危物种繁多。景区面积154平方公里,奇异的风景加上灿烂的佛教文化,使得峨眉山在1982年被国务院批准列入第一批国家级风景名胜区名单。1996年,峨眉山与乐山大佛共同被列入《世界自然与文化遗产名录》,是自然和文化双重遗产地。2007年,峨眉山景区经国家旅游局正式批准为国家5A级旅游景区。

峨眉山为普贤菩萨道场。相传佛教于公元1世纪中叶经南丝绸之路由印度传入峨眉山。近2 000年的佛教发展历程,给峨眉山留下了丰富的佛教文化遗产,造就了许多高僧大德,使峨眉山逐渐成为中国乃至世界有影响的佛教圣地。峨眉山高出五岳,秀甲天下,山势雄伟,景色秀丽,气象万千。它以优美的自然风光、悠久的佛教文化、丰富的动植物资源、独特的地质地貌而著称于世,被人们称为"仙山佛国""植物王国""动物乐园""地质博物馆"等,素有"峨眉天下秀"之美誉,"一山有四季,十里不同天"之妙喻。从2003年起,峨眉山开始了打造"中国第一山"的伟大工程,今天的峨眉山被联合国专家称为"世界遗产中保护得最好的地方之一",还被联合国评为"国际游客最喜爱的中国旅游景区"和"全球优秀生态旅游景区",同时还被众多媒体评选为"中国顾客十大满意风景名胜区"和"中国最美十大名山"。

登峨眉山,从山麓报国寺起,至清音阁后有左右两条登山路线:往左过黑龙江栈道、洪椿坪、仙峰寺到金顶,全程60多公里;往右经龙门洞、白龙洞、万年寺、华严顶再上金顶,全程40多公里。现从报国寺有公路可直上海拔2 400米处的雷洞坪,然后可乘缆车直上金顶。

报国寺 报国寺在峨眉山麓,是峨眉山最大的一座寺庙,又是登山的大门,是游峨眉山的起点。该寺始建于明万历年间,"报国寺"匾额为康熙帝亲书。报国寺中有三件珍宝:一是七佛殿内的巨型瓷佛;二是高7米的14层紫铜"华严塔"(现已迁至伏虎寺);三是高2.3米、重25吨的大铜钟。

伏虎寺 由报国寺左行1公里,过虎溪三桥即为伏虎寺。由于寺内殿宇隐于丛林之中,故有"密林隐伏虎"之称。该寺初建于唐,据说是因有虎患而建寺镇之。寺周古木参天,环境清幽而秀丽。伏虎寺虽深藏于密林之中,但屋顶上却从不留积残枝败叶,堪称一绝,康熙题赠"离垢园"匾额一方,至今尚存。寺内一座紫铜华严塔,共14层,上刻全部《华严经》2.1万字,并有4 762尊小佛像,铸于明正德三年(公元1508年),是一件极其珍贵的佛教文物。

清音阁 由神水阁前行不远就到中峰寺。出中峰寺下三望坡,过龙升岗即到清音阁。这里距报国寺约15公里,处于诸峰环抱之中,阁后有两股溪水——一名黑龙江,一名白龙江,二水汇于清音阁下,汇合处有一大石,状如牛心,名"牛心石"。二水上分别建有石桥一座,水穿桥而出,撞击牛心石后,浪花飞溅,从深峡中传出阵阵涛声,名曰"双桥清音",是峨眉山一大胜景。上、下山的游客常在此小憩。

黑龙江栈道 在清音阁上方约1公里的峡谷里,有迂回曲折的黑龙江栈道,栈道开凿在壁立的峭壁上。俯视峡底可见喧腾飞溅的溪水,仰望则是凌空峭壁,天光一线,此即为盛传千载的"龙江栈道一线天"。有人认为看了清音阁和一线天才是看到了峨眉山水光山色的精华。

洪椿坪 又称"千佛禅院",因寺前有洪椿古树,故名。洪椿坪群山环抱,林木苍翠葱茏,空气清新,是山中最佳的避暑胜地。炎夏清晨,林中常有细雨霏霏,此谓"洪椿晓雨"。王维有诗云"山行本无雨,空翠湿人衣",描写的就是这一景色。此处现存殿宇三重,寺内大殿气势恢宏,廊庑精巧雅致,佛像完好无损。寺内还藏有明代铜铸佛像、汉藏文土司碑及清末刻制的七方千佛莲灯等文物。

仙峰寺 建于明万历年间,现存殿堂为清乾隆年间重建。附近有一巨大的仙峰石,上刻"南无普贤菩萨"六个大字,每字1米见方。寺后有一古洞,传说洞中有九位得道成仙的老人,轩辕黄帝曾到此向他们问道,故名"九老洞""九老仙府"。

洗象池 创建于明代,清康熙三十八年(公元1699年)扩建。寺前有一个六角形的小池,传说普贤骑象过此,必在这池里洗象,然后才登金顶,所以称为"洗象池"。入洗象池山门,依次有弥勒殿、大雄宝殿和观音殿,另有客堂、斋堂等建筑。弥勒殿内供奉着弥勒坐像,像高2米,两耳垂肩,开怀大笑。弥勒殿后是一尊韦驮站像,高1.5米,威武庄严。大雄宝殿正中供奉着金身骑白象的普贤像,通高6米。殿后是西方三圣塑像(阿弥陀佛、观世音菩萨、大势至菩萨),高约3米,塑造精美。大殿两旁是十八罗汉像,造型各异,线条流畅。为方便游人香客,洗象池还新修了客房,可接纳上千人住宿。

金顶 金顶是峨眉山寺庙和景点最集中的地方,为峨眉山精华所在。金顶最高处,建有铜殿一座,称作"金顶铜殿",为明万历三十年(公元1602年)所造。殿高8米,宽4.8米,深4.3米,屋顶檐瓦镏金,在阳光映照之下,金光闪闪,金顶之名即由此而来。铜殿内置普贤骑象铜像,高5米多,两旁陈列24尊铜佛。1972年,金顶华藏寺在一场大火中毁于一旦,不久仓促重修。现在的金顶华藏寺为20世纪80年代末重建之物,新建的华藏寺建筑面积为1690多平方米,整个建筑由高、中、低三重连接组建,分金殿(普贤殿)、大雄宝殿、弥勒殿、祖堂、方丈室、禅堂和寮房等。其最高层普贤殿,也称"金殿""金顶",是峨眉山最高的殿堂。殿内供奉普贤骑象铜像,普贤端坐在莲花台上,手执如意,莲台置象背上,白象脚踏四朵莲花。整个造像通体铜铸,通高4.5米。登金顶,是所有游人香客游览峨眉、朝拜普贤的最大愿望。在这里,人们不仅可以烧香敬佛,还可以领略到金顶四大奇观:日出、云海、佛光和圣灯。其中以佛光最为神奇,但也最难见到,一般出现在晴朗无风、太阳斜射的午后。当金顶睹光台上云海涌起之时,天幕上会出现一圈七彩的光环,观看者的人影正好落在光环之中,影随人动,人人看到的都是自己的身影,非常奇妙。这种太阳光线折射的现象被许多信徒认为是普贤菩萨显灵,若能见到必兴奋不已,虔诚备至。过去也有的佛教徒看到光环,认为自己修行已满,便纵身投入深渊进入极乐世界。所以睹光台又叫"舍身崖"。四大奇观中的圣灯是指在漆黑的夜晚,可以看到金顶之下的悬崖中荧荧灯火万盏,凌空飞舞,忽明忽暗,自古就有"万盏明灯朝普贤"的说法。实际上这些灯火是山林中的磷火。奇异的佛光和圣灯给佛教名山峨眉山更增添了一层神秘的色彩。

2006年6月18日,华藏寺恢复落成暨十方普贤圣像开光大典,在峨眉山金顶隆重举行。圣像重660吨,是海拔最高、体量最大的汉传佛教普贤圣像。圣像融佛教"智、行、悲、愿"为一体,蕴含普贤菩萨的十大行愿;48米的高度,述说着阿弥陀佛四十八愿。峨眉山金顶增添新亮点后,雄伟的建筑和壮观的自然风光,进一步凸显了峨眉山作为风景名山、佛教名山的风采。

万年寺 万年寺是峨眉山历史最悠久、规模最宏伟的寺院。始建于东晋,相传由僧人慧持创建,称"普贤寺"。唐朝时重建,更名"白水寺"。宋朝时扩建,改称"白水普贤寺"。目前的万年寺是新中国成立后重修扩建的。该寺总建筑面积

3 000多平方米,拥有山门、钟鼓楼、弥勒殿、般若堂、毗卢殿、无梁砖殿、巍峨宝殿、大雄宝殿、斋堂等殿堂屋宇。其中无梁砖殿和普贤骑象铜像是万年寺最具特色的建筑和塑像。砖殿是一座穹隆圆顶的方形建筑。以砖砌墙,除大门以木而制外,并无梁、柱、栋,故称"无梁殿",也称"砖殿"。殿内正中有一座铜铸普贤菩萨骑象像。全像通高7.35米,其中白象3.3米,象背上莲台加普贤菩萨高4.05米,总重62吨。此铜像为北宋太平兴国五年(公元980年)宋太宗命张仁赞在成都分部铸造,然后运到峨眉山焊接而成,距今已千年有余。万年寺行愿楼上珍藏着贝叶经、佛乐和御印三件文物,佛教界尊为"峨眉山佛门三宝"。贝叶经是梵文贝叶经,已有2 000多年的历史。佛乐是指迦叶佛乐。御印是明朝万历皇帝赐的铜印。万年寺内有一"白水池",池中有弹琴蛙,鸣声如琴,为峨眉山特有。

除了丰富的佛教文化景观外,峨眉山的"猴趣"和"雪景"也很吸引人。峨眉猴,别名藏猴、大青猴,因生活在佛教名山,雅号"猴居士"。峨眉山的猴群是出名的,全山共有二三百只,分布于海拔1 200~2 080米,纵横40平方公里的地区,由于长期受到保护,形成了与人亲近的习性。近年来峨眉山专门开辟了自然生态戏猴区,猴区内的猴子向游人索食嬉戏成风,只要讨到食物,就会做精彩的表演,来个"金钩倒挂""飞身上树""海底捞月""单臂回环",很讨人喜欢,这已经成为猴区中一道"活景观"。峨眉山的冬天很美丽,此山的雪景与别处的雪景不同,其最大特点是"银色世界雪皑皑,青山绿水依旧在"。近年建成的高山滑雪场吸引了大批冬季游客。滑雪场位于雷洞坪停车场公路右侧,占地30亩,是我国南方规模最大、设备最好、功能最完善的滑雪场,能满足不同技术水平滑雪者的需求。滑雪场同时还为儿童开辟了新型娱乐项目和冰雕、雪雕活动。每年11月下旬至次年3月上旬为有效滑雪期。近年来峨眉山成功举办了几届冰雪节,吸引了很多香客、游人。

此外,峨眉山的武术也值得一提。峨眉派与少林、武当共为中土武术的三大宗,在西南一带很有势力,可说是独占鳌头,在国际上也有很大影响。峨眉派总的特点在于亦刚亦柔,如玉树临风,是诸家武术中姿态优美的一种。自2007年8月28日第一届中国·四川国际峨眉武术节举办以来,现已成为一项内容丰富、影响广泛的体育旅游盛会,吸引众多游客。

(三) 普陀山

普陀山是浙江东部舟山群岛中的一个小岛,面积12.5平方公里;其东南侧有孤岛名洛迦山,面积0.45平方公里,两岛合称"普陀洛迦",此称谓来自佛教经书中梵语的音译,意思为"美丽的小白花"。1987年,政府将朱家尖岛的一部划入,使普陀山风景区的面积扩大到41.95平方公里。相传普陀山是观音菩萨显灵说法的道场,它因此成为中国四大佛教名山之一。又因它是一海岛,所以有"海天佛国"、"南海圣境"之称。源远流长的宗教文化和神奇、神秘的山海景观使普陀山风景区成为首批国家级重点风景名胜区,也成为驰誉中外的世界佛教圣地和国际旅游胜地。

普陀山与佛教结缘有很久的历史。相传唐代时就有天竺(今印度)的僧人来此,在岛上的潮音洞内隐居并燃十指虔诚求菩萨,忽见观音现身说法。五代后梁贞明二年(公元916年),日本和尚慧锷从五台山请观音像从普陀山下乘舟回国,经莲花洋时,水面风浪大起,阻挡去路,于是只好返回在潮音洞下登岸,忽然悟觉是观音不肯东渡,于是只好在渔民住宅中供奉这尊观音像,并命名为"不肯去观音院"。从此普陀山上有了专供观音的寺院。宋太祖赵匡胤曾派太监前来进香。宋神宗元丰三年(公元1080年)有使臣王舜封出使朝鲜,遇风浪后在普陀山潮音洞叩祷,结果平安渡海,归来将此事朝奉宋神宗,神宗下令赐额"宝陀观音寺",指定为专供观音之地。于是,普陀山即与五台、峨眉、九华齐名为中国佛教四大名山之一。以后各代均在岛上修筑寺院庵堂,先后形成普济、法雨、慧济三大寺和一二百座寺庵茅棚。1979年普陀山重新对外开放以来,当地管理部门陆续修复、开发了很多旅游景点。

普济禅寺 亦称"前寺",是全山供奉观音菩萨的主刹。它坐落在梅岑山东,灵鹫峰下。五步一楼,十步一阁,建筑面积达15 288平方米。圆通宝殿,全寺之主殿,初建于宋嘉定七年(公元1214年),明万历年间、清康熙年间两次重建,1987年重修。大殿琉璃黄瓦,重檐歇山顶,疏朗博大,宏伟巍峨,保持了典型的明清建筑风格。全山重大佛事活动均在普济寺举行,有百人共入不觉宽,千人齐登不觉挤的"活大殿"之称。殿内供奉着8.8米高的毗卢观音像。两侧分列观音三十二应身像,展现了观音在"十方世界"随影逐形、寻声救苦、有感即应、无愿不从之奇迹和法力。千里之外的善男信女航海南来普陀山,正是要朝谒、礼拜这尊正宗圣观音。

法雨禅寺 又称"后寺",位于白华顶左,光熙峰下。始建于明万历八年(公元1580年),后历经扩建、修建遂形成现在的规模,建筑面积1.3845万平方米。法雨寺建筑依山就势,叠起七层台基,殿宇逐级升高,结构宏伟庄严,气势不凡。九龙殿是寺的主殿,大殿重檐黄瓦,宏伟深广。殿顶九龙盘拱,巧夺天工。殿内供6.6米高毗卢观音像,后壁为大型海岛观音及善财五十三参群像。法雨寺前是参天古木,寺后是幽深山谷,环境幽静,很吸引人。

慧济禅寺 亦称"佛顶山寺",位于佛顶山上,是全山最高的寺院,始建于明代,清乾隆五十八年(公元1793年)扩庵成寺,建筑面积6 188平方米。全寺四面环山,隐于绿树丛中。主殿顶盖彩色琉璃瓦,在阳光照射下形成"佛光普照"奇景。该寺主殿内供释迦牟尼佛像。到佛顶山朝香拜佛是香客游人必至的去处。

除三大寺外,普陀山所有开放的庵院都各具特色,它们有的沿山而筑,有的依山而居,有的拥洞而构,有的傍岸而建,周围配之廊槛、牌坊、碑亭、楼阁、小桥、洞池、黄墙、照壁、经幢等，浑如琉璃世界。由于观音信仰在我国流传最为广泛，所以普陀山上寺院庵堂的香火都很鼎盛，一年四季朝香礼佛的人络绎不绝。

在中国四大佛教名山中，普陀山是唯一一座以山海兼胜而著称的胜地。民国时期学者蒋维乔在《普陀山》摄影画册中说："山与水二者不易并美。以山而兼湖之胜，则推之西湖，以山而兼海之胜，当推之定海普陀。"普陀山之所以能成为名山胜地，除佛教文化的影响外，其自身独具特色的山海自然风光也起着重要作用。所谓"普陀十景"之说是对普陀山自然风光的典型概括。这"十景"分别是梅湾春晓、莲池夜月、华顶云涛、光照雪霁、朝阳涌日、莲洋午渡、磐陀夕照、茶山夙雾、千步金沙、两洞潮声。普陀山丰富的自然景观中最有特色的便是奇洞、坚石、金沙、古木。

普陀山长年受海潮冲刷，海涛拍击，形成了特有的地质结构，丘陵、沙滩、岩壁、洞壑、奇岩、礁石等无所不有，加之气候适宜，植物资源也非常丰富。山上有奇洞数十处，最具魅力的是潮音洞和梵音洞。潮音洞在岛东南，不肯去观音院下。洞浸海中，洞石险怪百出，海涛澎湃，激入洞口。海浪拥入洞中时，飞沫飘高数十丈而下，景象令观看者耳震目眩，加之传有观音菩萨在此现身，此景更加诱人。梵音洞在青垒山东尽处，洞口峭壁危峻，石色青黝，高70余米，海潮入洞之声如龙吟虎啸，令闻听者动容。洞前天桥建有瞻圣阁，佛教徒顶礼膜拜，可求见观音现身，这又增添了不少神秘的色彩。

普陀山的巨岩久经风雨海浪侵蚀，呈千姿百态之状，大石险峻，小石玲珑，很是有趣。在梅福庵有一巨人的"磐陀石"，石陡起30尺，上大下小叠置在底岩上，险若欲坠，却稳固如磐，石上布满石刻题字，有"金刚宝石""天下第一石""大士说法处"等，传说是金刚力士奉命从远处搬来，以示佛法无边。西天门一带有一心字石，上镌"心"字，长5米，宽7米，为普陀山单字石刻之最。其中心一点便可容七八人，整字可站百人。据说是观音传诵"说心法"后留下的。因"心"字哲理佛理皆通，所以心字石备受进香游客喜爱，游步到此，无不贴"心"留影。除此之外，著名的怪石还有二龟听法石、听潮石、望海石、震旦第一石、观音跳石、五十三参石、刀劈石等。

千步沙在普陀山东海滩，长1 700余米，宽约100米，是普陀山最大最美丽的海滩。沙质细腻柔软，色如金毯，人行其上，足不沾沙。若遇海风激荡，海水飞溅，状如雪崩，气势壮观，为我国著名的海滨浴场之一，是海水浴、日光浴的绝妙佳境。

近年来，普陀山管理部门在保护环境的前提下，积极开发旅游新景点，新建修整完善了南海观音大佛、正法明如来铜殿、法华洞和千步沙海滨公园、白华园等一批旅游新项目。特别值得一提的是，普陀山建造了南海观音立像（高33米）和浙江省最高的一座佛塔——"普门万佛宝塔"（总高72.26米）。它们都已经成为普陀山旅游胜景之一。在景观建设的基础上，普陀山还积极挖掘文化内涵，不断增强佛教文化影响力，成功举办了首届世界佛教论坛，精心打造了"南海观音文化节"著名节庆品牌。经过综合开发的普陀山正以其丰富深厚的佛教文化景观和山海兼胜的自然景观吸引着越来越多的海内外香客、游人。

(四) 九华山

九华山位于安徽省青阳县东南,距县城约40公里。北临长江,南接黄山,为首批国家重点风景名胜区。风景区面积120平方公里,保护范围174平方公里。相传是地藏菩萨显灵道场,是我国四大佛教名山之一。由于其山峰耸峙纤细,山顶如朵朵莲花盛开于云海之上,所以九华山又博得了"莲花佛国"的称号。现在的九华山是以灿烂的佛教文化和奇丽的自然景观为特色的国家5A级旅游区、全国文明风景旅游区示范点,被誉为国际性佛教道场。

九华山古时称九子山,有九十九峰,其中以天台、莲花、天柱、十五等九峰最为雄伟,主峰十五峰海拔1 342米。诗仙李白曾三游九华山,留下《江上望九华》绝句:"昔在九江上,遥望九华峰。天河挂绿水,秀出九芙蓉。"古时的"花"与"华"字相通,"九华"之名更含溢美之意。从此,九子山就改称九华山了。

九华山与佛教结缘较早。相传,东晋隆安五年(公元401年)有天竺僧人杯渡禅师来山创建茅庵,此为九华山佛教之始。到唐代以后,九华山佛教兴盛,山上普建佛寺,发展成为佛教名山之一。唐天宝年间,新罗(今朝鲜)王的王族金乔觉来到九华山隐居修身,苦行禅修75年,99岁圆寂。他葬身于神光岭的月身宝殿,俗称肉身塔。三年后开缸时颜貌如生,因为他的容貌酷似地藏瑞相,并且他生前笃信地藏,所以佛门弟子纷纷认为他是地藏菩萨转世,尊为"金地藏"。于是,九华山也就成为地藏菩萨的道场。自金乔觉传为地藏菩萨转世以后,九华山名声大振,各代帝王纷纷谕赐,拨款修寺,历代文人雅士登山访胜,留下许多赞誉之词,最终使九华山获得"东南第一山"的称号。九华山人文、自然景观交相辉映,有国家级重点保护寺庙化城寺、祇园寺、甘露寺、百岁宫等大小寺院94座,有僧尼近千人,存真身(肉身)5尊,历代保存佛像1万余尊,藏历代经籍、法器等文物2 000余件。此外,更拥有天然睡佛、天台晓日、花台奇景、大鹏听经、闵园竹海、观音出海等令人叹为观止的自然景观数十处。地藏菩萨、高山悬寺、神秘地宫、肉身之谜以及99米地藏露天大佛等,无不体现出九华山佛教文化的厚重。在中国佛教四大名山中,九华山独领风骚,以"香火甲天下""东南第一山"的双重桂冠而闻名于海内外。

祇园寺 祇园寺坐落在东崖西麓,为九华山"四大丛林"(祇园寺、东崖寺、百岁宫、甘露寺)之首。寺院由灵宫殿、弥勒殿、大雄宝殿、客堂、斋殿、库院、方丈寮、光明讲堂等9座单体建筑组成,占地近6 000平方米,其规模为全山众寺之冠。弥勒殿和大雄宝殿是宫廷式建筑,显得金碧辉煌。其余皆皖南民居式建筑。全寺殿宇层层叠叠,回旋曲折,结构精巧,气势宏伟。

化城寺 化城寺是九华山的开山祖寺和总丛林。相传东晋隆安五年(公元

401年)天竺僧杯渡于此筑室为庵。后金乔觉圆寂后,化城寺被辟为地藏王道场。以后历代都有修建。1981年寺院重修后面积达3 500平方米。1982年,九华山管理处在化城寺设立了九华山历史文物馆,将全山绝大多数文物集中于此,馆内共有文物达1 800多件。九华全区的珍贵佛器、法器、书画文物,梵文贝叶经、明版大藏经和血经,释迦牟尼铜像、历代帝王所赐御书均藏于此,化城寺成为一座佛教文化艺术的宝库。该寺有殿宇四进,寮房72间。寺前有一块由石铺成的广场,它是举行庙会和大型佛事活动的场所。

肉身殿 肉身殿居神光岭头,是安葬金地藏肉身的地方,亦称"地藏塔",是一座宏伟的塔形庙宇。金乔觉圆寂三年后,开缸发现其尸不腐,颜貌如生,众信徒都认为他是地藏菩萨转世,于是建一石塔,将肉身供于石塔中,尊称金乔觉为金地藏。后来又建一座大殿,将肉身镀金置于殿中视作地藏菩萨供奉,故称"肉身殿"。

百岁宫 百岁宫坐落于东峰之上,又名"万年禅寺",为九华山"四大丛林"之一。它是一座典型的皖南民居式寺庙,五层高楼融山门、大殿、肉身殿、库院、斋堂、僧舍、客堂等为一整体,设有单体建筑,远看很像一座古代城堡。整座寺院依悬崖峭壁而建,气势非凡。据载,明万历年间的僧人无瑕禅师自五台山至此结茅为庵,吃野菜、饮泉水,曾用指血和金粉抄写《华严经》81卷,寿至110岁圆寂,后人尊称其为"百岁公",并建此寺纪念他。明崇祯皇帝封他为"应身菩萨"。其遗体已成木乃伊,安置在百岁宫中的肉身殿内。与百岁宫相映生辉的是新建的五百罗汉堂。它的兴建为九华山增添了一处独特的景观。景区区内自然景观和人文景观相互辉映,不仅能俯瞰莲花佛国的神韵,还可以尽观天台、花台两大景区如画的风景。

甘露寺 甘露寺是九华山"四大丛林"之一,相传在清康熙年间建寺之时,忽然满山的松竹纷纷滴下甘露,故把所建之寺称为"甘露寺"。该寺四周茂林修竹,遮天蔽日,环境十分优雅。现存大雄宝殿、配殿、寮房、钟鼓、碑刻等文物古迹,全寺建筑面积3 500平方米。现为九华山佛学院所在地。

九华街 九华街是九华山山间盆地中的一个小市镇,是九华山上佛寺集中之处,附近有近二十座寺庵和七座佛塔。这些佛寺外观上与皖南民宅风格一致,浑然一体。这是九华山佛教建筑的一大特色。九华街上热闹非凡,街市十分繁荣。寺院、民宅、商店、旅馆交错为邻,沿街成排的小摊出售各式佛珠、佛像、香烛等物。九华街北有十里好汉坡,南有千仞芙蓉峰,西有密林藏秀的神光岭,东有山顶高耸的东崖。这里集中了诸多著名的佛寺和名胜古迹,成为上山的香客、游人云集之所。

天台寺 天台寺坐落于天台峰顶,海拔1 306米,为九华山最高的寺庙,也称"地藏寺""地藏禅寺"。天台峰以雄、奇、特、神为主要特征,置身天台,北可见长江如游龙横卧江淮大地,南可观神奇黄山奇峰秀水,自古就有"不到天台,等于没来"之说。该寺始建于宋,建筑宏伟,气势非凡,寺中有近万尊雕塑佛像的万佛楼(大殿)很吸引人。

除上述介绍的寺院外,九华山上的慧居寺、上禅堂、旃檀林等也很出名。九华山在中国四大佛教名山中的奇特之处在于此处连续发现多尊僧人肉身。除明万历年间的无瑕和尚肉身外,20世纪80年代以来又发现了3尊僧人肉身:1989年发现了大兴和尚肉身;1995年3月9日发现了慈明和尚肉身;1999年1月20日,则发现了一尊比丘尼肉身——释仁义师太肉身,这是九华山首次发现比丘尼肉身。① 据专家介绍,九华山位于东经117°8′、北纬30°5′,系亚热带湿润季风气候,空气湿度大,降水多,年平均雾天多达168天。在这样的环境中,10年内连续发现了3尊僧人肉身实为罕见的奇观。这种现象在中国其他任何一个佛教名山都没有出现过。僧人肉身的发现,使佛教名山九华山更富有神秘色彩。1999年9月,九华山举行了地藏菩萨铜像开光法会,从此九华山上多了一座地藏菩萨的塑像,供信徒香客礼拜。

(五) 鸡足山

鸡足山是我国佛教名山之一,其悠久的历史和广泛的影响仅次于五台、峨眉、普陀、九华,所以有人将它与四大佛教名山并列为"五大佛教名山",佛教界人士称其为第五佛教名山。鸡足山位于云南大理东北的宾川县境内,在宾川县城西北约40公里处,山势雄伟,左靠金沙江,右邻洱海,与苍山遥遥相望,因"山前列三峰,后拖一岭,宛如鸡足"而得名,在我国和东南亚佛教徒中享有盛名。

佛教传说,释迦牟尼佛的大弟子迦叶曾来鸡足山入定(佛教徒坐禅时,心不弥散,进入安静不动的禅定状态),开华首门为华化道场,从此佛教进入鸡足山。当然,这只是传说。实际上,据文献记载,鸡足山的佛教始于唐代,明清时达到鼎盛。著名的迦叶殿、金灿寺、石钟寺等就是唐宋时期所建之物。元明时期又建成华严寺、寂光寺、悉檀寺等,并在山的主峰金顶上建成金顶寺,还从昆明迁来"金殿"安置在金顶寺内。到清代时,鸡足山发展成为我国西南地区最大的佛教名山。在我国内地、西藏、东南亚各国的佛教徒中影响很大。

鸡足山山上奇峰突兀,百涧争流,松柏苍翠茂密,寺庙星罗棋布。寺庙大多隐于幽谷丛林之中,实为佛教胜境。在现存的寺院中,最著名的是金顶寺和祝圣寺。金顶,即天柱峰,是鸡足山的主峰,海拔3 200多米。金顶寺就建在山巅最高处,它是鸡足山上最高的寺庙,也是全山最著名的胜地。该寺始建于明代,寺内原有光明塔一座,"民国"十八年(公元1929年)重修时,改名为楞严塔。塔高42米,共13层,为一方形空心砖塔。它高耸于金顶之上,显得巍峨壮观。登塔四望,可东观日出,西望祥云,南眺苍山洱海,北望玉龙雪山。此即为所谓的"四大奇观"。据载,

---

① 蔡敏,章寅虎.九华山首次发现比丘尼肉身[J].法音,1999(2):42.

徐霞客游鸡足山时曾在此写下四首诗《日观》《云观》《海观》和《雪观》,并写道:"天下日、海、云、雪,得其一就以为绝,而鸡足山则一顶已萃天下四观。"鸡足山因而又获得"四观山"之称。金顶寺内存有西藏送来的铜佛,还有钨铜铸成的2米多高的大香炉等宗教文物。寺下的华首门,是天然石门。寺对面有铜铸太子阁,略小于金顶寺。祝圣寺是鸡足山最大的寺庙,创建于明代,清代时重建。整座寺院巍峨宏伟,寺内有鸡足山历史图书文物多种,还有形态各异的五百罗汉像。除金顶寺和祝圣寺外,供奉8米多长卧佛的睡佛寺也很著名。

鸡足山上古木参天,植被茂密,奇花异草种类繁多,环境清寂幽静,是人们寻幽访胜的好去处。随着鸡足山上景点建设的步伐加快,其佛教名山的魅力必定会吸引越来越多的香客、游人。

(六)千山

千山是东北三大名山之一,原名"千华山""千朵莲花山",泛称"峰峦九百九十九",故称"千山"。地处辽宁省鞍山市东南20公里处,占地40多平方公里,山前有两座5米高的山门,上有中国佛教协会会长赵朴初先生所题的"千山"两字。千山自古以来被誉为辽东名胜之首,是东北著名的佛教圣地。千山风景区现为全国重点风景名胜区。

佛教在千山的传播,约在隋唐之际,当时已开始建造佛寺,后经金、元、明、清各代,千山发展成为辽东佛教集中地;清代道教一度兴起。山上的寺庵宫观建筑散布在层峦叠翠之中,人文景观与自然景观融为一体,交相辉映,素有"无峰不奇,无石不峭,无寺不古"之誉。清初,镇国公爱新觉罗·高塞曾写诗描述千山景色:"梵宇起中天,香岩响碧泉。虚堂清晓露,幽壑静鸣蝉。恣引螺峰翠,松含像巅烟。寺以峰为屏,山借寺为显。"它准确地道出了千山的景观特色。

千山上的佛教建筑以五大禅林为代表。千山五大禅林是龙泉寺、大安寺、香岩寺、中会寺和祖越寺。

龙泉寺是千山最大的寺院,位于景点集中、游人众多的北部风景区,它是千山五大禅林之首。坐落于幽壑丛林之中,半依峭壁,半筑短墙,峰峦环抱。寺内现有大雄宝殿、天王殿、韦驮殿、龙王殿、金刚殿、禅堂、藏经阁等主要建筑。大安寺位于风景区南部,初建于唐。寺院地势较高,四周奇峰环抱,寺内有释迦、韦驮两殿,现保存有明嘉靖年间所铸的千斤铁钟一口。香岩寺与大安寺同在千山南部,两寺之间是千山第一高峰仙人台。香岩寺内天王殿和大雄宝殿之间有一株树龄有三四百年的"蟠龙松"。中会寺在大安寺之北,该寺始建于唐代,明代万历年间重修。寺院依山临涧,北背倚犀牛望月峰,风景秀丽。寺内建筑有正殿、前殿、禅堂、水亭、后阁等,内存明万历年间重修寺院的碑刻两块。祖越寺位于千山北部风景区内,紧傍道教建筑无量观。现存大殿三间,前有钟鼓楼,后有明代摩崖石刻"独镇群岳"四字。寺周围有筑于峭壁之上的玉皇阁、罗汉洞等景观。

被誉为"千山一绝"的夹扁石,非常有趣。此处是一长4米、高3米、宽不足0.5米的石间缝隙。游人不管高、矮、胖、瘦,要通过此空隙都只能侧身而过,若挺胸直前,则寸步难行,故名"夹扁石"。过了夹扁石继续北上,就到了"天上天",此处也是由巨石崩裂而成的石间缝隙,窄得仅容一人通过。这些由自然造化所形成的奇特景点给游人带来了不少乐趣。

(七) 嵩山

嵩山坐落在河南省登封市境内,山势峻极,自古号称中岳,为我国五岳名山之一。因它是我国佛教禅宗的祖庭所在地,所以嵩山又是我国佛教名山之一。它由太室、少室二山组成,主峰即太室山最高峰峻极峰海拔1 494米,山势巍峨,形象宏伟。嵩山名胜古迹星罗棋布,以太室山黄盖峰下的道观中岳庙、少室山五乳峰前的佛寺少林寺、登封城北的嵩阳书院和告成镇的元代观星台,以及嵩岳寺塔、塔林、嵩山三阙、石淙河摩崖题记、周公测景台、永泰寺、初祖庵、二祖庵等最为著名。

嵩山有着悠久的佛教历史和众多的佛教寺塔,在我国佛教史上和中外文化交流史上都占有重要地位。

少林寺 少林寺坐落在少室山下,四面群峰环抱,丛林茂密,环境幽深。所谓"少林者,少室之林也",即为少林寺寺名的来历。它是嵩山现存比较完整的佛教寺院。少林寺始建于北魏太和二十年(公元496年),起初并无多大影响。公元527年,印度僧人菩提达摩到此落迹,面壁九年,传授禅宗,成为中国禅宗"初祖",少林寺成为中国佛教禅宗的祖庭,这才使少林寺在我国佛教史上具有重要地位。少林寺院落规模较大,现有建筑有山门、方丈室、达摩亭、白衣殿、地藏殿、千佛殿、天王殿、大雄宝殿。山门内有一条古柏银杏参天、碑碣林立的甬道,碑碣中有苏东坡、赵孟頫、米芾、董其昌等名家题刻。达摩亭,相传是二祖慧可在此立候达摩,雪深及膝,故又叫"立雪亭"。千佛殿和白衣殿内的壁画是少林寺镇山之瑰宝,也是国内佛寺壁画的精品。千佛殿内的大型彩色壁画《五百罗汉朝毗卢》,即五百罗汉朝拜殿内供奉的毗卢佛。画面分三层,自上而下分别以山林、风云、水浪为背景,总面积约300平方米,设计大胆,结构严谨,色彩鲜艳,形象各异。殿内壁画共有33组人物,每一组人物都充满了佛教的神秘色彩,同时也体现了僧人浓厚的生活气息。千佛殿东厢为白衣殿,殿内东、南、北三壁有彩色壁画75平方米,内容为寺僧练拳习武和利用武功参与战争的场面。在千佛殿中,用青砖铺成的地面上有48个凹陷的脚坑,传说是寺僧长期演练武功留下的遗迹。少林武术源于达摩为解除坐禅困倦而发明的"心意拳",后来发展成为闻名天下的少林拳,自古即有"天下武功出少林"之说,少林武术广泛流传四方,在国内外影响很大。20世纪90年代开始举办的"郑州国际少林武术节"正是以少林武术为纽带广交四方朋友,它已成为一个融武术、旅游、文化交流于一体的综合型节会,有力地促进了当地旅游业的发展。

少林寺西约半公里处的松柏林中有著名的塔林,它是历代高僧墓塔群,现存自唐至清砖石墓塔200多座,是我国最大的塔林景观。达摩洞位于少林寺西北的五乳峰上,相传达摩在此面壁坐禅九年,洞中有一块硕大的达摩影壁石,石头上隐约可见达摩的形象,惟妙惟肖。初祖庵建于达摩洞附近的山腰上,殿堂面积虽不大,但四周碑碣众多。二祖庵在钵盂峰顶,是少林寺最高的一组建筑,庵南有一块6米见方的巨石,传说是二祖慧可为求师而断臂之后的养伤处,称为"养臂台"。永泰寺位于太室山西麓,建于北魏,原名"明练寺",唐时为纪念魏孝明帝之妹永泰公主入寺为尼,改名为"永泰寺"。寺内现存清代殿宇30多间。嵩岳寺塔位于太室山南麓的嵩岳寺内,建于北魏孝明帝正光元年(公元520年),是我国现存最早的密檐式砖塔,素有"中国第一塔"之称。塔高十五层,平面呈十二边形,造型优美,历经1 400余年风吹雨打依然巍然耸立,是我国古建筑珍品。

嵩山地处中华民族摇篮的黄河中游,近年来随着其附近景区的开发与建设,嵩山正以其悠久的佛教历史和众多的名胜古迹吸引着越来越多的游人。特别值得一提的是,近年嵩山邀请演艺界名流共同开发制作了大型山水实景演出"禅宗少林音乐大典",已成为嵩山景区最引人关注的旅游文化盛宴。

(八)庐山

庐山耸立于江西省九江市南鄱阳湖畔,是中国风景名山和休养避暑胜地。相传周时有匡氏七兄弟结庐于此,故又名"匡庐"。自古有"匡庐奇秀甲天下"之誉。早在东晋、南北朝至唐宋时代,佛道两家在庐山争雄,最终佛教盛极一时,渐成中国佛教中心之一,先后形成了三大名寺(东林、西林、大林)和五大丛林(海会、秀峰、万杉、栖贤、归宗)。众多寺院中以东林寺名声最大、影响最深,列为庐山名寺之首。

东林寺位于庐山西北麓,是佛教净土宗的发祥地,为我国佛教八大道场之一,创建于东晋太元九年(公元384年),创始人是我国历史上著名的僧人慧远,至今已历1 600余年。走近东林寺时迎面可见山门墙壁上"净土"两个字,进入山门则可看到一片莲池。相传,东晋元兴元年(公元402年),慧远与南朝名士刘遗民、画家宗炳等120多人结成"白莲社",在阿弥陀佛前发誓愿死后往生西方极乐净土,从莲花中降生,故净土宗又称为"莲宗"。现在东林寺内的念佛堂就是当年百余位高僧名士举行立誓盟会的地方。当时的诗人谢灵运十分仰慕慧远,出资在寺内开凿了莲池,并植上白莲,以表崇佛之情。现在见到的莲花池已经修复过,占地1 050平方米,池中有莲花座,供滴水观音雕像,池内白莲亭立,荷花盛开时吸引大批游人。大雄宝殿占地800平方米,内塑5米高的三世佛,殿两侧是十八罗汉像。护法殿内供着弥勒坐像,侧面立着韦驮像。除了山门和各殿堂外,还有聪明泉、卓锡泉等园林景观。东林寺在古往今来的千年岁月里吸引了许多达官显贵、文人墨客,这里也留下了许多珍贵的碑铭题刻。慧远所创始的净土宗传到了日本,至今日本东林教仍以庐山东林寺慧远为始祖。

西林寺早已毁弃,现仅有西林寺塔。该塔又名唐代千佛塔,白色七层六面,均有佛龛。海会寺位于庐山南麓,背靠五老峰,面对鄱阳湖,气势雄伟。始建于明,重修于清。寺内珍藏有不少文物,如元代书法家赵子昂写绘的《妙法莲花经》、普超和尚以血书写的81卷《华严经》等。秀峰寺位于庐山南麓,南唐中主李璟15岁时筑台读书于此。山门旁有观音大士画像碑,寺后有唐中主读书台,台上有米芾手书碑刻,台下也有不少碑刻,皆为书法珍品。

庐山风景区是国家级风景名胜区。1996年,庐山被世界遗产委员会列入《世界遗产名录》。

(九) 衡山

衡山位于湖南省的东南部,北距长沙146公里,南离衡阳51公里,是我国五岳名山之一。因中国化的佛教——禅宗其五家七宗均可渊源于南岳,所以南岳衡山又是佛教名山。南岳素以"五岳独秀"的旖旎风光饮誉天下,以"文明奥区"的深厚文化称道华夏,以"佛道共存"的宗教特色闻名中外,更以"中华寿岳"的独特魅力著称于世。现为全国首批国家重点风景名胜区、中国自然与文化遗产地、全国首批5A级旅游区。

衡山宗教文化历史悠久,源远流长。自古以来高僧名道代不乏人,因而衡山成了著名的佛教圣地和道教名山。千百年来佛道同居一山、共融一庙的特色为中国宗教文化之一绝。南北朝以前,道教在衡山占优势地位,现存最著名的宫观是晋代封为"南岳夫人"的女道士魏华存成仙的黄庭观。中唐以后,佛教渐占优势,在山上建造了不少寺庙。

南岳庙 又称南岳大庙,坐落在南岳古镇北端,为江南最完整的宫殿式古建筑群。大庙以历史悠久、规模宏大、建筑精美而有"江南第一庙"之称誉。它占地9.85万平方米,一条南北中轴线上排列着棂星门、奎星阁、正川门、御碑亭、嘉应门、御书楼、正殿、寝宫、北后门。左右为连接的回廊与厢房,整个建筑规模宏大,气势非凡。庙内正殿最令人注目,这座奉祀炎帝神农氏的大殿高29.11米,其建筑与山东曲阜的孔庙齐名。殿内有72根高20余米的石柱,象征南岳72峰。殿内塑像、浮雕都有很高的艺术价值。

祝圣寺 位于南岳庙东南侧,是南岳五大丛林之一。相传建于唐代,现寺为清代重修。主要建筑有关圣殿、大佛殿、药师殿、说法堂、方丈室、罗汉堂、山门等。整个建筑具有浓郁的湖南民宅风格。

福严寺 位于半山腰,邻近磨镜台,是天台宗二祖慧思和尚在公元567年创建的,被誉为南岳佛教圣地。这里是南岳佛教高僧的摇篮,造就了南禅两系五宗:南岳怀让一系形成沩仰宗和临济宗;青原一系形成了曹洞宗、云门宗、法眼宗,佛教史上称为"一花五叶"。现寺为清代重建,尚有大雄宝殿、岳神殿、藏经阁等。福严寺也是南岳五大丛林之一。

南台寺 位于福严寺东南小山坳中,系南岳佛教五大丛林之一,号称为八祖道场。公元793年,禅宗八祖希迁(石头和尚)居此并辟为道场。希迁的弟子们创立了临济和曹洞二宗,在南宋时传到日本。日本佛教曹洞宗一直视南台寺为祖庭,曾多次来此"礼祖"。现有建筑有山门、关圣殿、大佛殿、说法堂等。

方广寺 位于莲花峰下,寺处山间小盆地,环境幽深。因此"方广寺之深"与"祝融峰之高""藏经阁之秀""水帘洞之奇"并称为"南岳四绝"。上封寺位于祝融峰下,现仅存后殿,寺后山顶有望日台,是观日出绝佳处。其他佛教遗迹还有磨镜台、藏经殿、铁佛寺、广济寺、高台寺等。

衡山既是一座佛教名山,也是一座文化名山。历代都有文人学士登临游览,或修业讲学,或赋诗著述,至今还保留有不少古代所建的书院。这些都成为衡山发展旅游业的宝贵的文化财富。除文化景观外,南岳的"四时佳景"春观花、夏看云、秋望日、冬赏雪以及茂林修竹、飞瀑流泉、奇峰异石、古树名木等都极具特色和魅力,令游人流连忘返。

(十)栖霞山

栖霞山位于古城南京的东北,距市区20多公里,以栖霞古寺和石窟造像千佛岩闻名海内外,成为中国佛教名山之一。现辟为栖霞公园。

栖霞古寺为江南著名古刹,始建于南齐永明七年(公元489年)。后来梁僧朗法师从辽东来此大弘三论教义,被称为江南三论宗初祖。寺院占地面积40余亩,共有大雄宝殿、毗卢殿、藏经楼三进院落,依山势层层上升,格局严整美观。四周树木花草葱郁,景色幽静秀丽。寺内主要建筑有山门、弥勒佛殿、毗卢宝殿、法堂、念佛堂、藏经楼、过海大师纪念堂、舍利石塔,寺后有千佛岩等名胜。大雄宝殿内供奉着高达10米的释迦牟尼佛像,其后的毗卢宝殿正中供奉高约5米的金身毗卢遮那佛像,佛后是海岛观音塑像。藏经楼内有汉文《大藏经》7 000余卷,另有各种经书1万多册。其左侧为过海大师纪念堂,堂内供奉着鉴真和尚脱纱像,陈列着鉴真和尚第六次东渡图以及鉴真和尚纪念集等文物,这些都是日本佛教界赠送的。寺外右侧是舍利塔,始建于隋文帝仁寿元年(公元601年),七级八面,高约15米,用白石砌成。塔身刻满精美的浮雕,艺术水平高超。整个舍利塔造型精美,是隋唐时期江南石雕艺术的代表作,该塔是南京现存四座舍利塔中最负盛名的一座。

栖霞寺建成以后,受到北方大凿石窟风气的影响,在栖霞山上也刻窟造像。在舍利塔后边的山岩中,有一组南朝时期开凿的石窟,共有佛龛349个,大小造像515

尊,号称"千佛岩"。它是我国南朝唯一的一处大型石窟群像。其中最大的佛像是无量寿佛,高达10米,左右是观音、大势至菩萨,组成"西方三圣"。在最后一石窟中有一石匠雕像,据说是佛像的开凿者把自己的形象也凿入了佛龛。

栖霞山上有许多优美的植物景观,最壮观的是枫树林,每到深秋时节,成片的红叶似火似霞,蔚为壮观,被誉为金陵十景之一。为让游客观赏更多红叶美景,领略栖霞山更多的神韵,景区近期正在着力打造红叶谷、始皇临江处、乾隆御花园、桃花湖等景区点,近年还接连举办栖霞红枫艺术节等活动,吸引了众多游客。

(十一)天台山

天台山位于浙江省东南部,以其山水神秀、人文荟萃而闻名中外。它是中国佛教天台宗的发祥地,也是日本佛教天台宗的祖庭,因而成为中国佛教名山之一。天台山至今仍盛名不衰,一年四季都有成千上万的佛教信徒和旅游者前来朝拜或游览,日本天台宗佛教信徒也不远万里前来朝拜祖庭。

作为佛教名山,天台山上最著名的佛教景观就是国清寺。国清寺坐落在天台山南麓,为中国天台宗祖庭,也是日本佛教天台宗祖庭。南朝陈太建七年(公元575年),名僧智顗(智者大师)率徒入天台山,开创了第一个汉化的佛教宗派——天台宗。智顗生前发愿要在天台山建佛刹,但未能如愿而圆寂。其弟子灌顶在杨广的支持下建成天台山寺,杨广称帝后赐额"国清寺"。寺建成后,屡经损毁,1973年当地政府对建筑进行全面整修后,恢复了佛事活动,并对外开放。现共有殿宇僧房600多间,总面积约7.3万平万米,是国内规模宏大、保存较好的隋代古刹之一。整座寺院由数十个大小不同、风格各异的院落和建筑群组成,包括四殿(弥勒殿、雨花殿、大雄宝殿、观音殿)、四堂(安养堂、妙法堂、客堂、斋堂)、五楼(钟楼、鼓楼、迎塔楼、方丈楼、藏经楼)和三亭(梅亭、碑亭、清心亭)等。此外,还有丰干桥、寒拾亭、七佛塔、一行墓、隋塔、文物陈列室、五佛堂等建筑。后人把国清寺和山东泰山长清的灵岩寺、南京栖霞寺、湖北的玉泉寺合称为"天下四绝"。

从国清寺北上还有智者塔院、高明寺、方广寺等佛教圣地。智者塔院又名真觉寺,寺内有7米高的智顗祖师肉身塔。华顶山为天台主峰,山上有华顶寺、右军墨池、太白读书堂等名胜。除这些景观外,天台山的武术(南拳)与天台山的云雾茶都很有名气。

天台山素有"南国天台山水奇"之誉。自然景观也十分优美。秀丽的山水风光与悠久的宗教文化使天台山极具魅力。

(十二)香港大屿山[①]

香港特别行政区九龙半岛西部的大屿山,是香港特别行政区著名的佛教圣地,

[①] 陈胜庆.中国佛教文化之旅[M].上海:学林出版社,1999:197—200.

它以古老的宝莲禅寺和新近建成的青铜大佛著称于世。

宝莲禅寺原是几间木屋茅棚,始建于90多年前。当时有三位禅师即大悦禅师、顿修禅师和悦明禅师初来此地,见环境清幽,便筑木屋,搭茅棚,草创禅门。此为宝莲禅寺之始。1930年,第二代住持筏可法师将几间木屋茅棚扩展为红墙绿瓦、庄严宏伟的十方丛林。进寺门便是弥勒殿,供奉弥勒佛和四大天王,后面是护法神韦驮。大雄宝殿内有玉佛一尊,还有释迦牟尼佛像和迦叶、阿难二尊者金像。大殿右面是地藏殿,殿内有地藏菩萨铜像一尊及2 000余斤重的铜铸巨钟一口。大雄宝殿左侧有十余间平房,供游客留宿之用。一旁还有屿山佛学院和五观斋堂。此寺的斋菜很有名气,吸引不少慕名而来的游客。

宝莲禅寺前有座木鱼峰,山峰上屹立着一座堪称世界之最的青铜坐佛——释迦牟尼佛坐像。这尊大佛高26.4米,底部莲花座高7.55米,通高33.95米,总重250吨,占地面积2 200多平方米,巍峨跌坐于海拔482米的木鱼峰上,非常壮观。大佛的基座是依照北京天坛的圜丘设计的,所以这尊佛像也有"香港天坛大佛"之称。

大屿山上除上述景观外,还有竹园精舍、慧修院、法华宝殿、灵隐寺、法林禅院等佛教名胜,对各地佛门弟子很有吸引力。大屿山的自然风光很优美,其海天风光与佛教名胜相结合,吸引着众多的佛教徒和旅游者前去朝拜或游览。

(十三) 台湾佛光山

佛光山坐落在台湾省高雄县的大树乡,是台湾省最著名的佛教圣地,由国际知名的佛教大师星云开拓经营。佛光山既有台湾省佛教最高学府,也有世界上最大的佛殿和令人惊叹的接引大佛。

若论实际高度,接引大佛其实并不算高,它只有12米,比山西大同云冈石窟大佛(17米)、河南洛阳龙门奉先寺大佛(17米)都矮一截,当然更不可与高达70余米的四川乐山大佛相比。但接引大佛区别于其他大佛之处在于上述大佛像都是依山雕琢,虽然很大,但因背靠山崖,参照物太大,佛像自然减少几分气势。而接引大佛不仅不背靠大山,还独自矗立在一个山冈顶上,佛借山势,便有一种高耸入云的感觉。并且接引大佛全身是灿烂金色,在太阳照射下,反射出万道金光,仰目望去,令人惊叹连声。这尊大佛成为佛光山最醒目的标志。大佛微微俯身向着人间,慈祥的面目和接纳引领的手势,令人感到他正引导众生前往极乐世界。大佛底部称大佛城,墙壁上刻有上千尊大大小小的佛像。大佛前的广场上,还有四百多尊金光灿烂、比一成人略高的小佛像,整齐地环侍四周。大佛的东侧是佛寺群。

佛光山上主要的佛寺建筑有四处:大雄宝殿、大悲殿、大智殿和大愿殿。大雄宝殿内供奉二丈余高的释迦、阿弥陀、药师三世佛像;大悲殿中供奉观音法像,大悲殿对面是佛光山丛林大学的院舍;大智殿是佛教研究院的男众学部,为教学重地。山上还有一座白色的建筑物——佛光山佛教文物陈列馆,馆内展示有不少极为珍贵的佛教文物和法器。

佛光山景色秀丽,"东山日出""西岭晚霞"都是迷人的风光。它不仅是佛门弟子的净地,也是台湾省南部一大游览胜地。

 特别提示

台湾佛光山与中国内地佛教名山有着很大不同,它不是历史古迹,而是由国际知名佛教大师星云开拓经营。

佛光山以建立"世界佛教教育园区"为目标,从学术研究、海内外禅修、弘法,到针对安顿人心所设计的各项教育、文化与关怀工作,都以积极入世的态度,扮演以身作则的角色,建立社会善良风气。星云大师创建佛光山的宗旨是"以文化弘扬佛法,以教育培养人才,以慈善福利社会,以共修净化人心"。因此,佛光山无论从内容到形式,都具有浓厚的中华民族传统文化的特色与内涵。

二、佛教名刹

北京法源寺 该寺位于北京宣武门外教子胡同南端,是北京城内现存历史最悠久的古刹,同时也是中国佛学院、中国佛教图书文物馆所在地。法源寺始建于唐朝,初名"悯忠寺",清朝雍正十二年(公元 1734 年)改称"法源寺"。寺院占地面积 6 700 平方米,主要建筑有山门、天王殿、大雄宝殿、悯忠台、无量殿、大悲坛、藏经阁、大遍觉堂、钟鼓楼和东西廊庑等,共七进六院,布局严谨,是北京城内保存下来历史最为悠久的古寺庙建筑群。寺内现存最古的建筑是悯忠台。大雄宝殿供奉着"华严三圣",即毗卢遮那佛、文殊和普贤菩萨像,为明代作品。悯忠台是一念佛台,保存有法源寺的历代石刻、经幢等。大悲坛是一座佛教文物宫殿,陈列有历代佛像、石刻及艺术珍品。藏经阁内珍藏着明、清时期所刻藏经。法源寺内名贵树木花草很多,如唐松、宋柏、银杏、海棠、古槐、菊花、丁香等,把整座寺庙点缀得幽雅、清净。1956 年,中国佛学院在此成立;1980 年,中国佛教图书文物馆在此建立。现在的法源寺不仅是佛教活动场所,也是培养青年僧人和研究佛教文化的重要场所。

北京广济寺 该寺位于北京市阜成门内的西四。相传创建于宋朝末年,初名"西刘村寺",元朝末年毁于战火。后因在此掘出佛像、石龟等物,僧人普慧等募集资金在废址上重建寺庙,于明成化二年(公元 1466 年)建成,明宪宗下诏命名为"弘慈广济寺",以后历经修缮和扩建。1953 年,中国佛教协会在北京成立,会址设在广济寺。1972年和1976年,广济寺进行了两次维修。现在的广济寺占地35亩,坐北朝南,在中轴线上依次分布着山门殿、弥勒殿、大雄宝殿、圆通殿和多宝殿。东西两侧除钟楼和鼓楼外,还有整齐的配殿。寺庙西北有一座建于清代的戒坛殿和戒坛,今保存完好,这是广济寺保存的最古老的建筑物。整个寺院布局严谨,整齐对称,庄严寂静。广济寺内供奉着不少明清时期的佛像,寺内多宝殿、图书室等处珍藏有大量的佛教文献和历史文物。今日的广济寺已成为全国佛教活动的中心。

北京潭柘寺 该寺位于西山潭柘山中,距北京城约40公里。由于寺后有龙潭,寺内有柘树,人们通常称它为"潭柘寺",始建于晋代,距今已有1600多年。北京有俗语"先有潭柘,后有幽州",说明它是北京地区历史最悠久的寺庙。原名"嘉福寺",唐代改称"龙泉寺",金代又名"万寿寺",清代再改名"岫云寺",但人们一般称其为"潭柘寺"。潭柘寺建在潭柘山的半山腰上,自然环境清幽雅静。寺内殿宇依山而建,雄伟壮观。全寺主要建筑分为中东西三路。中路沿中轴线自牌楼、山门、天王殿、大雄宝殿,直到最后的毗卢阁。东路是行宫院,院内有万岁宫、太后宫、流杯亭,还有方丈院,后有舍利塔。西路有楞严坛、戒台、观音殿等。现存建筑多为明清遗物。寺院附近有塔院和龙潭。潭柘寺内有四棵著名的古娑罗树,其中两棵屹立在下塔院的塔林丛中,两棵种在寺内毗卢阁南边。因相传佛祖释迦牟尼是在娑罗树下圆寂的,为了纪念佛祖,寺院里以种有娑罗树为荣,并视其为圣树。这四棵树相传是明代从西域移来的,十分珍贵。每年5月其花盛开时,满树洁白,分外绚丽,为寺院增色不少。

北京卧佛寺 该寺位于北京西郊寿安山的南麓,是著名的西山古刹,也是北京的著名游览胜地。原名"兜率寺",创建于唐代贞观年间(公元627—649年),元代曾大规模扩建,改名"昭孝寺",明清各代均有修建,清雍正十二年(公元1734年)重修后,又改名为"十方普觉寺"。因寺内有释迦牟尼大卧佛,一般人都称它为"卧佛寺"。主要建筑有山门、天王殿、三世佛殿、卧佛殿、藏经楼和配殿,以及东西跨院等。卧佛殿为寺内精华所在。殿面阔三间。殿内铜佛作睡卧状,头西面南,造型古朴,铸于元英宗至治元年(公元1321年)。卧佛身长达5米多,重约54吨,是北京现存最古、最大、最精致的铜佛像。在卧佛的后面和两侧,环立着十二尊泥塑彩绘佛像,称为"十二圆觉"。相传这是释迦牟尼佛临终前向十二弟子嘱咐后事的情景。卧佛殿后为藏经楼。西院为行宫,东院有大禅堂、清凉馆等。整座寺院风光秀丽,既是佛事活动场所,也是京郊游览好去处。

北京雍和宫 雍和宫位于北京市东城区北新桥的北面,是北京现存最大、最完整的著名喇嘛寺庙,也是中国内地最大的藏传佛教寺庙。建于清康熙三十三年(公元1694年),为清世宗雍正即位前的府邸,当时名叫"雍亲王府"。雍正三年(公元1725年)改名为"雍和宫",乾隆九年(公元1744年)雍和宫正式改为喇嘛庙。雍和宫规模宏丽,金碧辉煌,其建筑主要是由三座结构精致的琉璃牌坊和处在一条从南至北的中轴线上的天王殿、雍和宫(正殿)、永佑殿、法轮殿、万福阁五进大殿,以及各大殿的东西配殿所组成。其中法轮殿内正中供奉释迦牟尼佛铜像,铜像身后供奉的是高达6米多的黄教祖师宗喀巴的铜像。像后有用紫檀木雕成的高5米、长3米的五百罗汉山,被誉为"雍和宫三绝"之一。万佛阁是宫内最后一座大殿,也是全宫最高大的建筑。阁内正中有一尊高18米、直径3米的弥勒佛立像,相传这尊木雕像是用西藏七世达赖进贡的整根白檀香木雕刻而成的,也是"雍和宫三绝"之一。由于雍和宫是由王府改建成的喇嘛庙,所以在建筑格局及风格上,它既有王府的形制,又有寺庙色彩,这使它具有与一般寺庙不同的行宫气势,是北京著名的一处宗教游览胜地。

承德外八庙 承德外八庙位于河北省承德市北郊避暑山庄东、北山麓,是我国最大的佛寺集中地之一,是清廷在承德北郊修建的皇家园林。环绕避暑山庄东部和北部的山坡台地上,曾先后建成11座风格迥异的佛寺,其中有8座属清廷直辖。由于这些寺庙在京师之外,人们习惯称它为外八庙。现存寺庙7座,它们是溥仁寺、普乐寺、安远庙、普宁寺、须弥福寿庙、普陀宗乘庙和殊像寺,以普宁寺最为完整、壮观。

溥仁寺始建于清康熙五十二年(公元1713年),是外八庙中建造最早的一座寺庙,为蒙古各部王公贵族到承德庆贺康熙皇帝60岁寿辰而建。前殿面阔七间,殿内供奉三世佛和二侍者,后殿内供奉着九尊无量寿佛。寺内建筑布局和式样均为汉族风格。

普乐寺是乾隆皇帝为接受扎萨克、布鲁特等西域部落首领前来山庄朝觐而建,建于公元1766年。寺的前殿供奉无量寿佛、释迦牟尼佛和燃灯佛,两侧有八大菩萨像。左右配殿供奉着金刚佛。寺的后部是坛城,坛城上建有旭光阁,它是普乐寺的主体建筑。阁内的圆形藻井雕刻极其精美。

安远庙建于清乾隆二十九年(公元1764年),因系依照新疆伊犁河北著名的固尔扎庙的形制建造,所以又有"伊犁庙"之称。庙中主体建筑是普度殿,它是一座高大的三层建筑,第一层供奉有大型木雕地藏王像,四壁绘有以佛祖一生演化故事为内容的壁画,第二层原放有乾隆皇帝打猎用的弓箭和衣物等。该寺是乾隆帝为"怀柔"和满足从新疆伊犁迁居热河的少数民族的信仰,从政治上的需要考虑而建造的。

普宁寺建于乾隆二十年(公元1755年),当时清军平定了准噶尔部达瓦齐汗的叛乱,乾隆皇帝修建普宁寺,取"普天安宁"之意。该寺建筑规模宏大,保存也比较完整。寺的前半部为汉式风格,有山门、碑亭、钟鼓楼、天王殿、大雄宝殿等;后半部分为藏式风格,在9米多高的台基上建造主殿大乘之阁,阁内供木雕千手千眼观音像,高22米,重约100吨,是国内现存最大的木雕佛像。所以,普宁寺又有大佛寺之称。大乘阁的四周有黑、白、红、绿四色塔门,两侧有日光殿和月光殿以及一些表现佛教宇宙观的建筑。普宁寺整个建筑融合了汉藏风格,具有很高的艺术价值。

须弥福寿庙建于乾隆四十五年(公元1780年),是外八庙中建造最晚的一座。班禅额尔德尼六世从西藏来承德为乾隆帝庆祝七十寿辰,因他住在日喀则扎什伦布寺,乾隆遂下令仿照扎什伦布寺的形式建造了此庙,作为班禅来承德时居住和讲经之处。其前部由山门、五孔桥、碑亭、石狮、白台等汉式建筑构成。中部主殿为妙高庄严殿,坐落在藏式平顶大红台之上,为班禅讲经说法之处。后部山坡上殿堂是班禅及弟子们的住所。此庙的建筑特点是:外观上是藏式为主,但内部布局和结构不少是采取汉式,整座寺庙是一座汉藏建筑艺术结合的佛寺。

普陀宗乘庙是外八庙中规模最大的寺庙,建于乾隆三十二年(公元1767年),是乾隆帝为庆贺自己60寿辰、其母80寿辰,用于接待各族王公而修建的。因其形制是仿西藏拉萨布达拉宫,所以人们又称它为"小布达拉宫"。其布局是藏汉结合,以藏为主。前部有山门、碑亭、五塔门和琉璃牌坊,呈中轴对称,为汉族风格;中部有大小白台僧房和佛殿散落分布;后部是布列于大红台上的藏式建筑。大红台高25米,是全庙主体建筑。台的平顶上建有殿阁楼亭,中央是万法归一殿,殿顶用镏金铜瓦覆盖,远远望去,雄伟壮观。

殊像寺坐落在普陀宗乘庙之西,建于公元1774年,系仿五台山殊像寺而建。正殿会乘殿筑于35级高台之上,内供文殊、普贤、观音三菩萨。殿后山坡上布置有假山曲径,园林风格突出。

承德外八庙以其多民族建筑艺术风格和静穆幽深的园林环境成为一处名胜。1994年,被列入《世界遗产名录》,成为我国一处"世界文化遗产"。

河北正定隆兴寺 该寺位于河北省正定县城内,占地约6万平方米,是中国现存最大、保存较为完好的佛教寺院建筑群,始建于隋代开皇六年(公元586年),宋太祖开宝四年(公元971年)大事扩建,后经元、明、清几代重修,因寺内有一尊铜铸的观音大佛像,又称"大佛寺"。其主要建筑沿南北轴线纵深分布,有天王殿、大觉六师殿遗址、摩尼殿、戒坛、转轮藏阁、慈氏阁、大悲阁、弥陀殿、毗卢殿等十余座,中轴线两侧其他建筑有大小不等的六进院落。建筑物高低错落,主次分明。天王殿内正中供奉着金代木雕弥勒佛,两侧有彩塑四大天王像。摩尼殿是寺内现存最古老的建筑,殿内佛坛上供奉有五尊金装彩塑佛像。大悲阁为寺中主体建筑,高33米,面阔五间,外形宏伟壮观。阁内供奉着一尊高达20余米的铜铸千手千眼观音像,这尊像与沧州狮子、景州塔、赵州大石桥并称为"河北四宝",早已闻名于世。寺内还保存有不少隋、宋、金、元、明、清历代碑石以及其他一些历史文物。

天津蓟县独乐寺 该寺位于天津市蓟县城内,为唐代初年创建,辽代统和二年

(公元984年)重建,至今已有1 000多年的历史。因寺内有大佛,它又被称为"大佛寺"。据说,安禄山叛唐,就是在此处誓师,他喜独乐,故以"独乐"二字名寺。现在寺中殿堂楼阁,除山门和观音阁为辽代建筑外,其余均为明清两代所重修。寺院由东西中三部分组成,东为僧舍,西为行宫,中为主体建筑山门和观音阁,山门与殿堂之间有回廊相连接。山门屋顶为五脊四坡形,它是我国现存最早的庑殿顶山门。观音阁高23米,是中国最古老的木结构楼阁建筑。阁内正中供奉一尊高达16.27米的观音菩萨像,是辽代泥塑艺术珍品,也是国内现存最大的泥塑佛像。观音阁内下层四壁满绘大型彩色壁画,极具艺术价值。独乐寺自创建以来一直是宗教活动中心。1961年,独乐寺被国务院定为全国重点文物保护单位。如今,独乐寺已和白塔寺、鲁班庙、鼓楼一起成为蓟县古城内的著名旅游景点。

天津大悲院 该寺位于天津市河北区天纬路,是天津市保存完好、规模最大的佛教寺院,1983年被列为全国重点佛教寺院之一。旧庙为清康熙八年(公元1669年)重建,殿内珍藏有魏晋南北朝至明清各代铜、铁、木、石造像数百尊,有较高的艺术价值和文物价值。新庙由现代名僧倓虚法师于1940年兴建,主要建筑有天王殿、大雄宝殿、大悲殿、配殿、耳房和回廊等。院内佛像庄严,清幽静穆。1996年5月25日,大悲院举办了大型吉祥道场,僧众及善信近万人云集诵经念佛,共祈吉祥如意、世界和平。大悲院是天津市佛教协会所在地,为天津佛教主要的宗教活动场所。

山西大同华严寺 该寺位于山西省大同市,是国内现存规模较大、保存也较完整的辽金寺院建筑。它包括上寺和下寺两组毗邻的建筑群,上下寺各开山门。上寺的大雄宝殿、前殿和山门依次设置在中轴线上,左右配置祖师堂、禅堂、云水堂等。其中大雄宝殿为金代所筑,坐落在3米多高的台基上,面阔9间,宽达54米,与辽宁义县奉国寺大殿并称为中国现存最大的两座木结构建筑的佛殿。殿内正面佛坛上有全身如来佛像五尊,称"五方佛",正中三尊是明代木雕,其余两尊为泥塑。两侧侍立二十诸天姿态、神情各异,造型别具一格。殿内四壁及天花板上都绘满壁画,大多为清末绘制,色彩鲜艳,保存完好。下寺的主要建筑是薄伽教藏殿,是储存佛教经典的地方,建于辽重熙七年(公元1038年),是国内仅存的辽代建筑原型。殿内佛坛上布列31尊塑像,为现存辽阁中的精品。殿内四周排列着楼阁式的藏经柜38间,做工精细,技艺高超。作为辽金时代的佛教建筑作品,华严寺在我国佛教史、文化史和建筑史上都占有重要地位。

山西交城县玄中寺 该寺坐落于山西省交城县西北约10公里的石壁山中,故又名"石壁寺",是中国佛教净土宗的中心,也是闻名中外的佛教圣地,由名僧昙鸾大师创建于北魏孝文帝元宏延兴二年(公元472年)至承明元年(公元476年),距今1 500多年,以后各代均有修建。自北魏至唐,名僧昙鸾、道绰、善导等曾先后任本寺住持,致力于完成净土宗的系统,并发展壮大,使玄中寺成为中国佛教净土宗的中心。后来该派教义传至日本,日本净土宗和净土真宗因而尊奉昙鸾、道绰、善导为净土三祖,视玄中寺为祖庭,玄中寺因而闻名中外。现寺内建筑除天王殿及寺外的单孔牌楼为明代原物外,其余均建于清代以后。主要建筑有善法殿、万佛殿、千佛阁、东西禅堂、祖师堂、秋容塔等。千佛阁内供有木雕、铁铸、泥塑佛像共70多尊,有很高的艺术价值。寺内还保存有近年出土的北魏和北齐年间的造像、石造像残碑,有元代忽必烈所书的蒙文白话碑等文物,均为珍品。

山西浑源县悬空寺 该寺位于山西省浑源县城南恒山峡谷半山腰间,始建于北魏后期,现存建筑为明代遗物,是中国一处巧妙利用力学原理建造的非常出色的古代寺庙建筑群。寺庙是在30多米高的峭壁上靠着岩石修建的,建筑多以栈道为基,前面用几十根粗木干作支柱,后面陡崖上凿穴插入方木作横梁,互相连接成整体,承载全寺四十间殿堂楼阁。当地流传的民谣称:"悬空寺,半天高,三根马尾空中吊",形象地说明了悬空寺的惊险神奇。悬空寺的殿堂楼阁自南至北、由低到高分为三组:第一组为道教的三宫殿,内供浓眉黑颜的泥塑像;第二组为佛教的三圣殿,内供端坐在莲台上的佛像;第三组为三教殿,殿内正中供奉释迦牟尼佛像,右边是孔子像,左边是老子像。殿与殿之间多以栈道相连接。游人游览时,忽高忽低,忽明忽暗,妙趣横生。悬空寺历经千余年风雨而始终保存完好,实在令人惊叹中国古代工匠们的非凡智慧。

陕西扶风县法门寺 该寺位于陕西省扶风县北的法门镇,创建于北魏时期公元499年前后。唐朝是法门寺的全盛时期,它以皇家寺院的显赫地位,以七次开塔迎请佛骨的盛大活动而在历史上有重大影响。以后各代均有不同程度的修建。1979年以来,政府重修了大佛殿、铜佛殿、西方三圣殿和钟鼓楼,使千年古刹焕然一新。1987年4月,法门寺地宫被发掘,出土了四枚佛指骨舍利及一批唐朝稀世珍宝,在海内外产生了重大影响。1988年11月,法门寺修葺一新后向世界开放。重修的真身宝塔高47米,塔内新设有旋转梯可登高远眺,地宫按原样修复,里边安放真身舍利。寺庙西侧新建了法门寺博物馆,馆内珍藏着法门寺地宫出土的唐代珍贵文物。现在的法门寺不仅是佛教圣地,而且是继秦始皇兵马俑之后陕西的又一重大人文景观和旅游胜地。

陕西西安慈恩寺 该寺位于陕西省西安市,创建于唐贞观二十二年(公元648年),是唐高宗为纪念其亡母文德皇后,报答慈母的养育恩德而建造的,故名"慈恩寺"。唐代西行求法的玄奘法师回长安后任慈恩寺上座(意为全寺之长),主持翻译佛经,宣讲唯识宗等佛教教义,使慈恩寺成为唯识宗(又称法相宗)的祖庭。因玄奘及弟子窥基常住慈恩寺,所以他们开创的唯识宗又称慈恩宗。现存主要建筑有:大雁塔、二殿、大殿、钟楼、鼓楼、山门等。其中大雁塔最为著名。它是由玄奘为保存从印度带回的佛经而向朝廷建议修建的。大雁塔在唐代就享有盛名,不仅一般人春秋游览要登临雁塔,而且考中进士的文人还要登临雁塔题名留念,即所谓"雁塔题名"。此后历代文人墨客登高赋诗,留下许多脍炙人口的传世之作。因而慈恩寺至今仍为宗教游览胜地。

陕西长安区兴教寺 该寺位于陕西省长安区樊川的少陵原畔,距西安市约20公里,因此处是唐代高僧玄奘法师与弟子窥基、圆测的安葬地而闻名中外。寺内主要建筑有山门、大雄宝殿、藏经楼、慈恩殿等,最具历史价值的建筑是玄奘法师及其两个弟子的灵塔。玄奘灵塔高23米,矗立在兴教寺西院,建于唐总章二年(公元669年),是我国现存最古的一座仿木结构楼阁式砖塔。该塔两侧是玄奘弟子窥基和圆测的灵塔,高约7米,分别有"基师塔"和"测师塔"的匾额。兴教寺整座寺院由正院、东院和西院三部分组成,正院由正门、钟鼓楼、大殿、法堂和禅堂组成,形成整个寺院的中轴线;西院又称"慈恩塔院",三位法师的灵塔建于此;东院主要建筑是藏经楼,楼上珍藏着明清刻印的佛经和近代影印的经典达万卷之多,还珍藏着梵文、巴利文《贝叶经》等。

河南洛阳白马寺 该寺位于河南省洛阳市东12公里处,是佛教传入中国后的第一座寺院,被誉为我国寺庙的"祖庭",东方佛教的发源地,即"东土释源",素有"中国第一古刹"之称。它始建于东汉永平十一年(公元68年)。相传,汉明帝夜里梦见金人绕殿飞行,于是派蔡愔等使臣赴天竺求法,使臣们在大月氏遇到天竺高僧摄摩腾和竺法兰,两高僧在使臣陪同下用白马驮着佛经、佛像来到洛阳,汉明帝敕令修造了此寺,为纪念白马驮经的功劳,命名为"白马寺"。以后历代均有修饰和扩建。现存寺院建筑面积约3.4万平方米,主要建筑分布在中轴线上,依次是山门、天王殿、大佛殿、大雄宝殿、接引殿、毗卢阁等,两侧有云水堂、祖堂、客堂等。近年来,白马寺增添了不少新景观。1999年开始启动扩建工程,规划建起佛学院、国际佛殿荟萃苑,重建白马戒坛,恢复"中国佛教第一寺"的光环,完成白马寺自新中国成立以来第一次大规模的扩容。2005年4月,中印签订协议,白马寺修建了一座印度风格佛殿。目前,白马寺正朝着建设成为国际佛教研究中心、佛事活动中心、旅游中心和一流名寺的目标迈进。

山东长清县灵岩寺 该寺坐落在泰山西北麓、山东省长清县东南方山下的灵岩峪中,是中国一座著名的古刹。它与湖北当阳玉泉寺、江苏南京栖霞寺、浙江天台国清寺齐名,合称为中国四大丛林。灵岩寺始建于东晋永和十年(公元354年),兴于北魏,盛于唐宋。主要建筑有:山门、钟鼓楼、千佛殿、大雄宝殿、御书阁、辟支塔和塔林等。千佛殿是全寺主体建筑,殿内有多尊佛像,其中以四十尊宋代大型罗汉和高僧祖师的彩色塑像最为著名,清代学者梁启超赞叹其为"海内第一名塑"。辟支塔是一高54米的砖塔,登塔远眺,可饱览灵岩风光。塔林在寺的西侧,有自唐至清灵岩寺历代住持僧的墓塔160多座,可与河南登封少林寺的塔林相媲美。寺内还存有很多古代名人书法、诗文、刻石、碑石等文物。

湖北武汉归元寺 该寺位于武汉市汉阳区翠微路西端,由白光和尚创建于清顺治十五年(公元1658年),以后历经战乱,屡毁屡建。现存建筑系清同治三年(公元1864年)、光绪二十一年(公元1895年)和民国初年陆续所建。它是武汉市四大丛林之一,现在还是湖北省佛教协会和武汉市佛教协会的所在地。寺院由北院、中院和南院庭院组成各具特色的,分别拥有藏经阁、大雄宝殿和罗汉堂三组主体建筑群。中院内有钟鼓楼、斋堂、念佛堂等建筑,还有翠微泉、翠微亭等景观,主体建筑是大雄宝殿,气势宏伟。北院主体建筑是藏经楼,是武汉市唯一一座砖木结构的古建筑物,珍藏着许多佛教文物,有《藏经》《贝叶真经》,还有佛像、法物、石雕、木刻、书画碑帖等。南院主体建筑是罗汉堂,堂内五百罗汉像非常出名。

湖北当阳市玉泉寺 该寺坐落在湖北省当阳市西约15公里的玉泉山东麓。东汉建安年间,普净和尚在这里结茅为庵。隋开皇年间,佛教天台宗创始人智𫖮和尚在此正式创建了玉泉寺,系中国四大丛林之一。以后各代都有所修建。寺前山门外有一座棱金铁塔,被誉为"古代建筑中的明珠"。塔高17.9米,共13层,重53.3吨,是中国现存最高、最重、最大的铁塔,非常有名。寺内建筑有天王殿、大雄宝殿、毗卢殿、东堂、西堂、藏经楼等,其中大雄宝殿是其主体建筑,占地1 253平方米,规模宏大,雄伟壮观,是湖北省现存最大、最古老的木结构建筑。

湖北武汉宝通寺 该寺坐落在湖北省武汉市东湖风景区的珞洪景区洪山南麓,是当今湖北地区最古老的佛教刹寺之一。原名"崇宁万寿禅寺",南宋端平年间由随州大洪山迁至此,明成化二十一年(公元1485年)改名为"宝通禅寺"。现存建筑都是清代所建。该寺占地1.08万平方米,主要建筑有天王殿、禅堂、方丈室、大雄宝殿等,依山就势,隐现于丛林之中。我国佛教研究重地之一的武昌佛学院就建在这个清净的道场里。佛学院建在寺内五佛殿的后面,已有近80年历史,培养出不少佛门大师。佛学院旁是闻名于世的洪山宝塔,登塔远眺可尽观东湖湖光山色。现宝通寺、武昌佛学院及洪山宝塔已成为东湖风景区内别具一格的游览胜景。

四川新都区宝光寺 该寺位于成都市北郊18公里的新都区,相传始建于东汉时期,是我国历史最早的寺庙之一。清代时大规模重修,当时以格局完整、建筑雄伟、塑像精美闻名天下,被称为"蜀中首刹",与成都文殊院、镇江金山寺、扬州高旻寺并称为长江流域的"四大丛林"。该寺占地面积9万多平方米,建筑面积2万多平方米,中轴线上有福字照壁、山门殿、天王殿、舍利塔、七佛殿、大雄宝殿、藏经楼,两侧有钟鼓楼、二牌坊、左右廊庑、东西方丈等相对称,另有16座四合院相连接,布局严谨雅致。宝光寺最有特色的建筑和雕塑是罗汉堂,它与北京碧云寺、武汉归元寺、苏州西园戒幢律寺的罗汉堂,并称为"四大罗汉堂"。其中以宝光寺罗汉堂历史最久,规模最大。这里每天都有成千上万的游客前来参观、朝拜。宝光寺内珍藏有许多文物,包括被称为"寺中三宝"的舍利子、优昙花、贝叶经,还有500多件宋、明、清历代名人书画,都具有较高的历史价值和艺术价值。

四川成都市文殊院 该寺院坐落在成都市西北角,是成都市内保存最为完整的佛教寺庙,现在是四川省佛教协会所在地。相传始建于隋代,明朝末年毁于兵燹,清康熙年间重新修建。现共有房屋200余间,寺内中轴线上依次分布着天王殿、观音殿、大雄宝殿、说法堂、藏经楼五重殿宇,两庑配以钟鼓楼、禅堂、观堂、客堂、斋堂、戒堂、念佛堂等,形成闭锁式的四合结构。寺内殿堂之间主次分明,错落有致,院中有园,园中有院,环境极其清幽。文殊院内存有佛像、佛经、书画等众多宝贵文物,现在的文殊院以其优美的园林、庄严的殿堂、众多的文物吸引了大批中外游客,成为成都市一处著名的游览胜地。

重庆梁平县双桂堂 双桂堂位于川东梁平县城西10余公里处的金带乡双桂村,是名闻中外的蜀中宝刹,曾被佛家奉为"西南丛林之首"。此寺由清代大佛学家、书法家、诗人破山海明大和尚创立于清初顺治十年(公元1653年),至今已有300多年的历史,因破山法师在寺内植双株桂树而得名"双桂堂"。双桂堂占地约7万平方米,殿堂、梵舍共有300余间。在笔直的中轴线上,进深七重,依次排列着关圣殿、弥勒殿、大雄宝殿、文殊殿、大悲殿、舍利殿等,两侧还分别建有十座配殿、禅堂、走廊及过门等建筑物。大雄宝殿是整座寺院中的主要殿堂,为三层宫殿式建筑,底楼有石雕狮、象,中层高悬名人题刻,三楼有龙凤浮雕,屋脊正中是雕花宝顶。该殿供奉着佛陀释迦牟尼贴金坐像一尊,东西两壁龛18尊镏金罗汉,它们使大殿显得庄严肃穆。双桂堂内保存有佛像、佛经、名人字画等文物200多件。

江苏苏州寒山寺 该寺位于苏州阊门西七里的枫桥镇,因唐朝诗人张继的一首《枫桥夜泊》诗而名扬中外。该寺创建于南朝梁天监年间(公元502—519年),距今已有1 400多年的历史,初名为"妙利普明塔院"。相传,唐贞观年间(公元627—649年),名僧寒山、拾得从天台山来此住持,塔院改名为"寒山寺"。以后历代,寒山寺屡经兴废。新中国成立后曾两次对其进行全面修缮。现在的寒山寺黄墙绿树,庄严幽深,古香古色,完全是一派江南园林风格。现存主要建筑和古迹有大雄宝殿、庑殿、藏经楼、寒山拾得塑像、碑廊、钟楼、枫江楼等。寒山寺在日本几乎家喻户晓,张继的《枫桥夜泊》一诗被选入日本小学课本。寒山寺的钟声名扬中外,每年除夕之夜,寒山寺都要举行"听钟声、迎新春"的活动,每次都有成百上千的日本游客专程前来参加。2007年9月,寒山寺仿唐大钟落成。这口仿唐代风格的大钟由俗称"响铜"的高锡青铜材质铸造而成,重108吨,高8.5

米,钟底裙边直径 5.188 米,是目前国内寺庙中最重的大钟。它使得寒山寺的钟声更具魅力。

江苏扬州大明寺 该寺位于扬州市西北郊的蜀岗山上,因创建于南朝宋大明年间(公元 457—464 年),故名"大明寺"。隋代曾在寺内建一栖灵塔,寺名改为"栖灵寺"。唐代名僧鉴真东渡日本前曾为该寺住持,在此讲授佛法。新中国成立后有关部门对这一古刹进行了多次整修。1980 年,为迎接鉴真大师像回国巡回展,复改名为"大明寺"。其主体建筑有天王殿和大雄宝殿。大明寺最有特色的建筑是为纪念鉴真法师圆寂 1 200 周年,于 1973 年建成的鉴真纪念堂。它仿日本奈良唐招提寺的模式,由建筑学家梁思成先生设计,共包括碑亭、长廊和纪念堂三部分,总面积达 700 平方米。碑亭内立大理石碑一块,正面为郭沫若所书"唐鉴真大和尚纪念碑",背面为赵朴初撰写的碑文。堂正中供奉着鉴真法师坐像,这尊像是仿日本奈良唐招提寺鉴真像,用楠木雕刻而成。西壁有四幅绢本画表现鉴真东渡的事迹。1980 年 4 月至 5 月,日本佛教界护送鉴真大师像来华,首先在大明寺殿展出,后到北京法源寺、中国历史博物馆巡展。大明寺在中日文化交流中发挥了重要的作用。

江苏苏州西园戒幢律寺 该寺位于苏州阊门外,创建于元至元年间(公元 1264—1294 年),本名"归源寺"。清咸丰十年(公元 1860 年),毁于战乱。光绪初年(公元 1875 年),由广慧和尚筹资修建,并改名为"西园戒幢律寺"。现存建筑都是清末民初所建。该寺与寒山寺、灵岩寺并称苏州三大寺。现寺内主要建筑有天王殿、大雄宝殿、观音殿、罗汉殿、藏经殿、禅堂和西花园放生池等。其中最有特色的建筑是罗汉堂,罗汉堂建于清朝,至今有 300 多年历史。建筑广阔,有三进 48 间,沿四壁排列五百罗汉像,罗汉像雕塑工艺高超,是近代木雕精品。罗汉堂第一进中间有一高达 4 米的千手千眼观音像,该像由四块香樟木雕刻而成。第二进正中是"四大名山"塑像,塑有五台山文殊菩萨、峨眉山普贤菩萨、九华山地藏菩萨、普陀山观音菩萨。第三进正中供奉释迦牟尼佛、药师佛、阿弥陀佛三尊大佛。西园寺的罗汉堂驰名中外,为中国四大罗汉堂之一。西园寺现为苏州市佛教协会所在地。

江苏南京鸡鸣寺 该寺又称"古鸡鸣寺",位于南京市鼓楼岗东的鸡笼山东麓山阜上,是南京最古老的梵刹之一。该寺寺址所在,三国时属吴后苑,晋时为廷尉署,南朝梁普通八年(公元 527 年)梁武帝在此置"同泰寺"。据载,当时寺中有 6 座大殿,10 余座小殿和佛堂,规模宏大,盛极一时,被誉为南朝四百八十寺之首。梁武帝曾四次舍身于此,大大提高了同泰寺的地位和影响。梁大同三年(公元 537 年),同泰寺因雷击起火,大部分建筑被烧毁。明洪武二十年(公元 1387 年)重建,题额为"鸡鸣寺"。清代又多次修饰扩建。20 世纪 80 年代初期,当地政府对鸡鸣寺进行了修复。现存建筑有山门、观音殿、大雄宝殿、豁蒙楼、景阳楼、韦驮殿、弥勒殿、念佛堂、药师佛塔、藏经楼、法堂、毗卢宝殿等。鸡鸣寺因集山、水、林、寺于一身,环境十分幽雅,成为一处游览胜地。

上海静安寺　该寺位于上海市静安区南京西路,是上海著名的佛教寺院。它原名"沪渎重元寺",创建于三国时代东吴赤乌十年(公元247年),至今已有1 700多年的历史。唐代改名为"永泰禅寺",宋真宗大中祥符元年(公元1008年)开始称"静安寺"。以后各代屡经兴废,到1984年时寺内殿堂已破烂不堪,大雄宝殿已不存。1984年以来寺院逐步被修复一新。主要建筑有天王殿、大雄宝殿和三圣殿三座大殿,另外还有功德堂、方丈室、佛教文物展览馆、香积斋、厢房等建筑。大雄宝殿是寺内主殿,这里供奉着中国最大的一座玉佛像——释迦牟尼坐像。这尊玉佛是新加坡刘光宇居士于1988年发愿捐赠给我国的。玉佛像高3.6米,宽2.7米,具有较高的宗教价值和艺术价值。大雄宝殿两侧供奉着十八罗汉贴金塑像。静安寺内藏有不少佛经、佛像、名人字画等文物。另外,寺内的素斋闻名海内外。

上海龙华寺　该寺位于上海市徐汇区龙华镇,为江南地区著名古刹之一,是上海地区历史最悠久和规模最大的佛教寺院。相传它由名僧康僧会始建于三国东吴赤乌年间(公元238—250年)。至唐垂拱三年(公元687年),寺内正式建立起殿堂,形成一定规模。宋元时期,寺院规模有所扩大,但元末的兵战使龙华寺殿堂被毁坏。明代龙华寺得到全面修复,成为上海第一名刹,到清代龙华寺进入全盛时期。新中国成立后,政府对龙华寺进行了多次修复。现在,龙华寺的建筑格局是沿中轴线排列,有六进殿堂,即弥勒殿、天王殿、大雄宝殿、三圣殿、方丈室和藏经楼。中轴两侧有钟鼓楼、两厢和偏殿。整个寺院庄严幽深。

上海玉佛寺　该寺位于上海市普陀区安远路,因寺内供奉玉佛而得名。是上海近代名刹。清光绪八年(公元1882年),浙江普陀山慧根和尚到印度朝礼佛迹,经过缅甸时请得大小玉佛像五尊。慧根回国途经上海时,因运送困难,把两尊大玉佛留在了上海,并在江湾建寺供奉,只把3尊小玉佛运送到普陀山。后来供奉玉佛的玉佛寺毁于兵火。1918年起,佛教禅宗支派临济宗僧人可成法师在今址建新寺,至1928年建成。玉佛寺现占地11.6亩,建筑面积8 856平方米。其建筑仿宋代寺院风格,中轴线上排列着天王殿、大雄宝殿和玉佛楼三重殿堂,东西两侧配建有观音堂、铜佛殿、卧佛堂、怀恩堂、禅堂、斋堂等,并开设了文物室、法物流通处和素斋餐厅。整个寺院建筑布局规整。两尊玉佛像分别供奉于玉佛楼和卧佛堂中。玉佛楼内供奉的玉佛——释迦牟尼坐像为镇寺之宝,它高1.95米,由整块玉石雕琢而成。造型精美,栩栩如生。卧佛堂内的玉佛是一尊卧佛像,它由一整块汉白玉精雕而成,长96厘米,表现释迦牟尼佛涅槃时的形态。这两尊玉佛都是稀有珍宝。玉佛寺内设有旨在培养年轻僧人的上海佛学院。

浙江杭州灵隐寺 该寺建于杭州市灵隐山上。相传,晋成帝咸和三年(公元328年),印度高僧慧理来灵鹫峰结庐而居,名山为"飞来峰",建寺为"灵隐寺"。梁武帝时,灵隐寺初具规模,至唐朝灵隐寺盛况空前。以后历代屡经兴废,新中国成立后灵隐寺又经多次修复。现在寺内主要建筑有天王殿、大雄宝殿、东西回廊和西厢房、联灯阁、大慧阁等,寺院附近有飞来峰、咫尺西天、合涧桥、春淙亭、冷泉亭、翠微亭等景观。大雄宝殿是全寺的主殿,高33.6米,占地面积1 200平方米,气势雄伟。殿内主像释迦牟尼佛像高19.6米,连座高达24.8米。这尊佛像是用24块巨大香樟木雕刻而成,由中央美术学院专家和民间艺人以唐代禅宗著名雕塑为蓝本于1953年制作的。现在的灵隐寺不仅是人们朝拜的佛教圣地,也是人们旅游观光的游览胜境。

浙江宁波天童寺 该寺位于浙江省宁波市东20公里的鄞州区太白山麓,是中外驰名的游览胜地。它创建于晋朝,距今已有近1 700年的历史。清朝时,天童寺与镇江金山寺、扬州高旻寺、常州天宁寺并称为"禅宗四大丛林"。今天童寺占地面积7万多平方米,建筑面积近4万平方米,有殿、堂、楼、阁、轩、居、寮30余所共约千间。其现存规模基本保持着明代格局。中轴线上依次分布着天王殿、佛殿、法堂、藏经楼、罗汉堂等主体殿堂,东侧有新客堂、伽蓝殿、云水堂等,西边相对称地分布着客堂、祖师殿、应观堂等僧房殿堂。除此之外还建有钟楼、东西禅堂、戒堂、御书楼、库房等10余处建筑。整座寺院古朴庄严,规模宏大,是汉地佛教寺院中规模较大的一座。天童寺建于群山环抱之中,所处环境非常幽美。由于日本佛教曹洞宗尊天童寺为祖庭,所以近年来天童寺与日本佛教界的交往较密切,日本曹洞宗信徒每年都组团来天童寺朝拜祖庭。

浙江新昌县大佛寺 该寺位于浙江省新昌县城西南1.5公里的南明山中,是浙东名刹。它深藏于奇峰幽谷之中,以南朝齐梁年间所凿石弥勒大佛而著称。石雕弥勒大佛是大佛寺里最负盛名的文物,它开凿于约南北朝时南齐永明四年至梁天监十五年(约公元486—516年),前后营造30余年。佛像座高近2米,佛像身高近14米,两膝相距10.6米。此佛像是我国江南第一大佛。佛像婉雅俊逸,额部宽广,鼻梁高隆,表情智睿超脱,衣纹流畅飘逸,造像艺术高超。大佛寺的开山和尚是东晋名僧昙光,他于东晋永和初年(公元345—346年)漫游江东时,发现石城山(南明山)群峰连崎,幽谷奇深,适合释家栖止,于是就崖结庐,渐成寺舍,名"隐岳",迄今已有1 600多年。南齐永明年间(公元483—493年),僧护来到隐岳寺,发愿要在峭壁上凿造弥勒石像,他圆寂时仅粗粗凿出佛头部形象。其弟子僧淑继承师业,但没多大进展。梁天监十二年(公元513年),梁武帝遣僧祐到隐岳寺主持凿刻工程,历时四年,僧祐率领众工匠造成极精美的石弥勒坐像,其后各代在石佛洞窟前修建殿阁,1925年后寺庙改称"大佛寺",沿用至今。大佛寺的主要殿堂有天王殿、西方殿、大雄宝殿、大佛殿、地藏殿、藏经楼等,还有千佛岩、智者大师纪念塔等建筑,此外还有很多风景名胜。大佛寺以其著名的巨佛、周围的佛教圣迹和幽美的景色吸引着众多的香客游人。近年还开发出新景点——般若谷。般若谷风光幽雅、粗细皆具,自然景观与石窟艺术融为一体,深得游客青睐,被誉为"江南敦煌""江南一绝"。

福建泉州开元寺 蜚声海内外的泉州开元寺位于泉州市区的西街,是泉州所有寺庙中规模最大、名气最响、影响最广的一座佛寺。它创建于唐朝垂拱二年(公元686年),初名"莲花寺",后改称"兴教寺""龙兴寺",唐开元二十六年(公元738年),改称"开元寺",一直沿用至今。目前寺的范围南北长260米,东西宽300米,占地面积7.8万平方米。寺内殿阁基本上属明代建筑风格。中轴线上的建筑依次为紫云屏、天王殿、拜亭、大雄宝殿、甘露戒坛、藏经阁等。东侧有檀越祠、准提禅林(俗称"小开元"),西侧有功德堂、弘一法师纪念馆、水陆寺等。东西广场分别耸立着镇国、仁寿双塔。所有殿堂亭塔组成了一个布局完整、宏伟壮丽的寺庙建筑群。大雄宝殿是寺内主要建筑,又称紫云大殿。殿内佛坛上供奉丈八金身五方佛,这种情况在其他寺院很少见。五尊佛祖像正中一尊是释迦牟尼佛,两侧分别是南方宝生佛、西方阿弥陀佛、东方阿閦佛、北方不空成就佛。在寺大殿东西两侧相距约200米处各有一塔,东塔名镇国塔,西塔名仁寿塔,二者合称紫云双塔,是开元寺的一组重要文物。这两座建于宋代的精美石塔均为五层八角仿木结构楼阁建筑,东塔通高48.27米,西塔高44米。两塔塔身上下还有精美的石雕。开元寺与东西塔已成为历史文化名城泉州的象征之一。泉州是著名侨乡,每年有大量的海外侨胞、日本、东南亚各国及港澳台佛教信徒专程来开元寺朝拜,开元寺成为联系港澳台同胞、海外侨胞的重要纽带。

贵州贵阳弘福寺 该寺位于贵阳市西北角的黔灵山上,始建于清康熙十二年(公元1673年),竣工于康熙二十二年(公元1683年),至今已有300多年的历史。其开山祖师是赤松禅师。清乾隆以后,弘福寺经过多次维修和重建,被誉为"黔中寺庙之冠",并与贵阳东山的栖霞寺并称"东西二胜"。近年来有关部门又对弘福寺进行了多次修建,大雄宝殿、观音殿、天王殿、法堂及藏经楼等殿宇都装修一新,气势壮观。弘福寺周围古树参天,环境清幽。幽雅的环境与金碧辉煌的寺院相结合,使弘福寺成为贵阳一个著名的旅游风景区。

云南昆明圆通寺 该寺位于昆明市内的螺峰山上,螺峰山又称圆通山,是昆明市著名的游览胜地。圆通寺是昆明市最早的佛寺,至今已有1 200多年的历史。它创建于唐南诏朝代(8世纪中叶),初名"补陀罗寺"。元、明、清各代都有扩建或重修。今圆通寺位于昆明市东北隅,前临圆通街,后接圆通山,它由圆通胜境坊、八角亭、圆通宝殿、铜佛殿、水榭曲廊等建筑组成。寺内主殿是圆通宝殿,建筑气势雄伟,富丽堂皇。殿中供奉释迦牟尼佛、阿弥陀佛和药师佛,这三尊像均为元代塑像,十分珍贵。铜佛殿内安放着1982年泰国佛教界赠送的释迦牟尼铜佛像。圆通寺现为云南省佛教协会所在地。

云南昆明筇竹寺 该寺位于昆明西北约10公里的玉案山上。它创建于唐贞观年间(公元627—649年),以后屡毁屡建,现存建筑都是清代营建的。筇竹寺现有三重院落,依山势而建,依次是山门、大雄宝殿和华严阁。五百罗汉塑像分布在大雄宝殿两壁及大殿两侧的梵音阁和天来阁中,是筇竹寺内最引人注目的景观。他们是由四川杰出民间雕塑家黎广修率徒5人于清光绪九年(公元1883年)开始,历时6年制作完成的。艺术家直接取材于现实生活,其所塑罗汉大多接近人体比例,看起来真切动人,形象逼真。各个塑像状貌相异,神情富于变化,整个雕塑群显得生动、活泼,是我国近代雕塑中罕见的艺术珍品。

西藏拉萨布达拉宫 布达拉宫位于拉萨市的红山上。始建于公元7世纪中叶。相传布达拉宫是松赞干布为迎娶文成公主而筑的一座城堡,共有1000间房,但后来毁于雷火。"布达拉"是梵语音译,又译作"普陀罗"或"普陀",原指观世音菩萨所居之岛,所以布达拉宫又被称为第二普陀山。现在的布达拉宫的主体建筑都是17世纪中叶五世达赖受清廷册封后建成的。现布达拉宫占地10万平方米,宫体主楼13层,高117米,东西长360米,南北宽500多米,共有房舍近万间,内有宫殿、佛堂、习经室、寝宫、灵塔、庭院等,都依山势垒砌,群楼重叠,巍峨壮观。布达拉宫整个建筑群分为四个部分:白宫、红宫;原西藏地方政府的办事机构、印经院和为达赖服务的作坊、马厩;宫墙、宫堡、宫门;宫后面的龙王潭、龙王宫及大象房。红宫是布达拉宫的中心建筑,由八座达赖喇嘛灵塔殿和多类佛堂组成。白宫建筑有达赖的宫殿、殿堂、扎康(住所)、僧官学校等。布达拉宫整座建筑鲜明体现了汉藏融合的艺术风格。除了殿堂巍峨、灵塔精美外,宫内大小殿堂的壁画也丰富多彩,技艺精湛。布达拉宫内还珍藏有大量宝贵文物。布达拉宫既是一座著名的喇嘛教寺庙,又是一座艺术宝库,它以自己独特而神奇的魅力吸引着越来越多的游人。1994年布达拉宫被列入《世界文化遗产名录》。

甘肃夏河县拉卜楞寺 该寺位于甘肃省夏河县城的西北部,是我国藏传佛教格鲁派六大寺院之一。它始建于清康熙四十九年(公元1710年),由一世寺主嘉木样主持修建。近300年来,寺院经历代修葺,已形成了如今的规模:内设经堂6座,大小佛殿48座,其中最高建筑高达7层,占地几十公顷,集经堂、6大学院(闻思、续部下、续部上、医学、时轮、喜金刚)、108个属寺和8个教区于一身的大型寺院,成为西藏以外藏传佛教格鲁派的又一中心和西北地区最高佛教学府。寺内6座经堂、48座大小佛殿纵横交错,初入者如行迷宫。各大小殿堂都摆满了各种各样的佛像。寺内所有经堂、佛殿的四壁以及回廊、佛柱上都绘有壁画,漫步其内,就像进入了一个壁画世界。寺院依山而建,靠河而筑,高低对比鲜明,寺内主要建筑使用红、黄、深棕色彩,再配以镏金饰件的金顶,显得辉煌壮丽。闻思学院是该寺内最大的学院,占地4 500平方米,成为全寺的建筑中枢。拉卜楞寺不仅是宗教信仰的中心,也是一所集壁画、雕塑、建筑、刺绣以及独特的唐卡画、佛殿音乐和"南木特"藏戏等于一身的庞大艺术博物院。

青海湟中县塔尔寺 该寺位于青海省湟中县鲁沙尔镇西南,离省会西宁市25公里。它是藏传佛教格鲁派(又称黄教)六大寺院之一,也是黄教创始人宗喀巴大师的诞生地,被誉为青海省第一大人文景观。它是为纪念黄教始祖宗喀巴而建的,始建于公元1560年,到公元1577年竣工,共用了17年的时间。清代又有所增修与扩建,最终形成了气势雄伟、富丽堂皇、藏汉艺术结合的建筑群。全寺占地面积约39万平方米,其主要建筑有大金瓦寺、小金瓦寺、小花寺、大经堂、大厨房、九间殿、如意宝塔、大拉浪、太平塔、菩提塔和过门塔等。大金瓦寺也称大金瓦殿,位于全寺的中心,是塔尔寺的主殿,高19米,周长84米,建筑面积450多平方米,是塔尔寺最辉煌的建筑。殿内有一座纪念宗喀巴的大银塔,塔中部有一龛,龛内供宗喀巴金像。天花板和墙壁上绘有生动活泼的佛教故事画。小金瓦寺也称小金瓦殿,是塔尔寺的护法神殿。小花寺是一座宫殿式建筑,殿内供奉四大金刚、释迦牟尼佛等塑像。大经堂是寺内最高的权力机构,也是最大的集会场所。九间殿是供奉五方如来佛的地方。塔尔寺内还珍藏有天文、藏医、藏药、佛经和大量宝贵的文物。而酥油花、壁画和堆绣被誉为塔尔寺的"三绝",具有很高的艺术价值。酥油花是用白酥油调以各色矿物颜料揉成粉团,塑造出各种佛像、人物、花木、山川等,造型生动,工艺精巧;壁画绘制于各殿宇的墙壁、布幔上,多以宗教故事和神话传说为题材;堆绣是用各种色彩的绸缎剪成佛像、花卉、鸟兽等,再在其中填以棉花或羊毛等物,然后绣在布幔上,因其中间凸起,有明显的立体感,很有特色。每年六月的观经会上,有称为"晒佛"的活动,将十多丈长的大佛图像高悬在山坡上,参观者可达数万人,是一大盛会。

香港青山寺 该寺位于香港特别行政区九龙半岛西南部的青山山腰,是我国香港历史最悠久、历史文献中记载最多的古老禅院。建于东晋末年,初名"普渡寺",后名"杯渡寺""杯渡庵""青云观",至1911年前后,该寺住持显奇及居士张纯白主持重建,并改名"青山禅院"。主要建筑有大雄宝殿、护法殿、青云观、诸天宝殿、海月亭、方丈室、居士林、地藏菩萨殿、牌坊、山门等。进入寺门,上为佛堂,右为地藏菩萨殿,左为韦驮殿;上行进入大雄宝殿,内供佛像三尊。殿左为诸天宝殿,右为青云观,内供观音菩萨。青山禅院以其丰富的佛教古迹和清幽环境成为我国香港一处引人入胜的佛教圣地和游览胜地。

澳门普济禅院 普济禅院坐落在澳门特别行政区美副将大马路,是我国澳门三大古刹之一,建于明朝末年,距今有370多年的历史。它规模宏大、历史悠久、占地广阔、建筑雄伟。其前身是寓居我国澳门的闽籍人士为信仰所需而在澳门城外望厦村之东兴建的观音堂。普济禅院的第一重建筑是庄严宏伟的大雄宝殿,殿内供奉三尊丈八金身佛像;第二重为长寿殿;第三重为观音殿。大殿的西侧依次是天后殿、地藏殿和语清堂、龙华堂、祖师堂等。大殿的东侧依次为关帝殿、客堂和檀越堂,再向东还有报恩堂、斋堂、方丈室、藏经阁等。后面是幽静的花园,花园内广植榕树和花草,环境清幽。堪称寺庙与东方园林合而为一的典范,当之无愧地成为澳门八景之一。而寺院另一个特殊之处在于,当年中美第一个不平等条约——《望厦条约》就是在这里后花园中的花岗石桌上签订的。石桌后方所立的一亭一碑记述了这一沉痛的历史。普济禅院内收藏有许多名家书画和高僧文化艺术作品,这些艺术珍品使普济禅院增添了许多艺术氛围。

台湾龙山寺 该寺坐落于台湾省台北市万华区广州街上,是台北市最大的寺院之一。它始建于清乾隆三年(公元1738年),被视为福建泉州龙山寺的分支,后经多次重修和扩建。其主要建筑由正殿和后殿组成。正殿中供奉观音菩萨,侧祀文殊、普贤菩萨,左右两厢为四海龙王、十八罗汉、山神、土地神、达摩祖师、梁武帝等;后殿主要奉祀妈祖,配祀城隍爷、关帝、孔圣、华佗等。该寺最初是一座纯粹的佛寺,但当地根据民间信仰,渐把道教神像也置于寺内,使之成为台湾佛道混合通俗寺院的典型。每年农历二月十九观音诞生日,三月二十三妈祖诞生日盛大祭典,香客游人川流不息。七月十五中元节时,寺内举办规模盛大的花灯比赛,很吸引人。

本章小结

本章首先简要介绍了佛教创立及发展的历程,使我们了解佛教的渊源及发展流变;其次分析了佛教的教义教理,介绍了佛教里面的各类神灵,使我们把握佛教文化最深刻的那部分知识;再次比较全面地总结了各种佛教文化艺术——建筑艺术、雕塑艺术、绘画艺术、音乐艺术、文学艺术等;最后生动地介绍了主要的佛教名山古刹。整章内容使我们对佛教文化各个方面获得一个总体上的把握。

案例分享

姑苏城外寒山寺,夜半钟声到客船

寒山寺除夕撞钟活动始于1979年,日本人有除夕夜去寺庙听钟声消除烦恼、祈求来年平安的习俗,利用因唐代诗人张继《枫桥夜泊》一诗在日本广为流传而家喻户晓的寒山寺,开发除夕听钟声活动,一方面迎合日本游客的需要,另一方面可以增加淡季客源。

1979年年末,第一届寒山寺除夕听钟声活动拉开帷幕,参加除夕撞钟从此成为寒山寺经久不衰的主题活动。

思考:苏州寒山寺撞钟为什么能够成功?

[案例分析]

根据中国佛教经典和习俗,每逢岁末,身着袈裟的众僧在寺庙里举行盛大的岁末佛事,撞钟108下,其含义有三:一是一年之中有12个月,24个节气,72个候,加起来是108,表示一年的总结;二是怀念佛门108位长老;三是佛教认为人生祸福相依,沉浮无常,一生中有108个烦恼。佛经有"闻钟声,烦恼清,智慧长,菩提生"之说。

始于1979年的苏州寒山寺除夕撞钟活动已经持续进行了30余年。它的成功给我们的最大启示是什么呢?第一,是提高了寒山寺的传统知名度;第二,针对特定的目标市场,提供了满足旅游者需要的产品及服务。

思考与练习

1. 佛教在其故乡印度是如何产生、发展的?如何传入我国的?
2. 结合佛教的基本教义谈谈民间所说的"因缘""业力轮回""报应"等话语的本初含义。
3. 请以本地的一座寺庙为例,讲解其主要建筑景观、庙内各类神灵以及重要佛教艺术作品。
4. 为什么说"天下名山僧占多"?试举例加以说明。
5. 我国旅游业发展初期曾广泛流传一种"白天看庙,晚上睡觉"的说法,请结合本章内容分析这句话所说明的问题。
6. 结合个人旅游经验,谈谈如何进一步增强佛教文化旅游景区(点)的旅游吸引力。

第三章 道 教

引 言

道教是我国土生土长的宗教,有着大量为我们所熟知的文化旅游资源。但熟知的东西常常不是人们所真知的,即所谓的"百姓日用而不知"。如我国目前的道教文化旅游资源大致可以分为哪几种类型,道教文化旅游有何特点,它的社会和经济功能如何,如何合理地开发利用这部分资源,等等。这些正是本章将要向你介绍的重要内容——我国的道教和道教文化旅游资源。

学习目标

了解我国本土宗教道教的发展过程及其基本教义思想,能够分析众多以道教神仙传说为背景的文化旅游资源的价值与特征,尤其是道教名山旅游资源的概况,争取能掌握道教宫观的建筑布局、装饰手法和艺术审美等景观特点,提高道教文化旅游景观的审美素养与讲解能力。

道教是中国地地道道的本土宗教。它植根于中国这块深厚的文化土壤,既是中国传统文化直接孕育的产物,同中国传统文化的许多领域有着密切的联系,也是我国整个思想文化体系的一个有机组成部分。正因为如此,道教文化具有鲜明的中国本土特色,与其他宗教文化相比,有很大的差异,更多地表现出中华民族传统信仰的特质。

道教文化是旅游文化的重要组成部分,对中国旅游文化的发展起了重要的促进与保护作用。道教以成仙得道、返璞归真为宗旨,认为高山是神仙所居,于是上山采药、炼丹、修身养性，以求羽化成仙。《释名·释长幼》①曰："老而不死曰仙。仙，迁也，迁入山也。"白云缭绕、幽深僻静，自然是成仙修道的理想环境。因此，许多旅游风景点都得益于道教文化的传播而名扬天下，如古代道教有修道成仙之说或传为神仙居住之地的十大洞天、三十六小洞天、七十二福地②等胜景都在风光雄奇秀丽的名山之中，至今仍是人们所向往的旅游景点。在中国的众多名山中，都留下了道教文化的沉积，如武当山、青城山等，直到今天还是道教名山。同时无数旷达风雅的文人墨客在游览这些胜景时总是激情澎湃，豪情大发，或挥墨作画，或吟诗题词，留下了无数脍炙人口的绝妙诗词，许多佳句借山水以传情，山水也因此闻名遐迩，吸引了众多游人，正应了"文以景传，景以文扬"。除此以外，道教的建筑艺术、装饰造像艺术、音乐书画艺术等也无一不是绝好的旅游资源，具有巨大的开发潜力和景观价值：道教园林脱胎于对于古代神话中蓬莱、瀛洲、方丈三座神山的模仿，在构景上主张寄情山水，崇尚自然，在构景手法上强调因势利导，尽量避免人工斧凿；在布局上则讲究蜿蜒连绵，幽深曲折。这些都对我国的园林艺术发展产生了重大的影响，具有很高的艺术价值。道教建筑超凡脱俗，布局巧妙，一般都利用自然地貌的跌宕起伏或藏或露，将道教的经典思想通过建筑潜移默化地体现出来，表现了道教艺术独特的审美情趣和艺术追求，其布局的精妙玄奥、建筑物的雄伟秀丽、装饰的精美细腻，令游人赞叹不已。

第一节　道教的由来及其发展

道教是我国特有的宗教，素有"国教"之称。现在普遍认为道教正式产生于距今一千八百多年前的东汉末年，以张道陵创立"五斗米教"作为道教正式创教的标志。但客观地说，道教不同于其他宗教，它并不是由某一个人单独创立的，而是多

---

① 作者是东汉名士刘熙，字成国，北海人，生卒不详。《隋书·经籍志》载《释名》八章，注"刘熙撰"。《释名》成书时间约在公元194年至203年。此书"以同声相谐，从音求义，参校方俗，考合古今，晰名物之殊，辨典礼之异，洵足羽翼《尔雅》《说文》，为诂训要典"。[（清）王先谦.释名疏证补.上海古籍出版社，1984.]

② 唐宋道教隆盛，道教名山越来越多。除了神山、天界等理想中的仙境以外，逐渐衍化出"洞天福地"之说。所谓"洞天福地"指的是道教传说中神仙居住的洞府或修道成仙的佳境。这种说法最早见于唐代著名道士杜光庭《洞天福地岳渎名山记》，他把五岳五镇、四海四渎、三岛十洲、二十四治、三十六精庐、十大洞天、三十六小洞天和七十二福地，统统归入洞天福地之列，但是仅十大洞天列次序。北宋道司马承桢作《洞天福地天地宫府图并序》，第一次明确地为所有洞天福地——排列次序，每处洞天都有一位仙人或真人掌管。后又有无名氏撰《名山洞天福地记》。此三书所列洞天福地数目相同。具体地点大致相同，仅有几处不一样，洞天名号也大同小异。其中比较著名的有王屋山王母洞（十大洞天之第一洞天）、青城山天师洞（十大洞天之第五洞天）、泰山（三十六小洞天之第二洞天）、庐山（三十六小洞天之第八洞天）、茅山（七十二福地之第一福地）等。但是"洞天福地"并没有将所有的道教名山都包括进去，如三清山、崂山等，所以说洞天福地仅是道教名山的重要组成部分，而不是全部。

种华夏文化整合相融、逐步积累的结果。我们可以说在释迦牟尼以前没有佛教史，也可以认为在穆罕默德以前没有伊斯兰教史，但我们却不能说在张道陵以前没有道教史的存在。其实在张道陵创立五斗米教以前，道教的核心信仰体系——"道"崇拜和"神仙"崇拜早已在我国的原始宗教中产生，因此我们有理由相信，道教发展的历史源头很长，至少在两千年以上。

一、道教思想的主要来源

道教从本质上说，是一种以"道"为最高信仰，以古代巫术和鬼神崇拜为基础，吸收黄老道、阴阳五行家和儒家谶纬学说，同时带有浓厚的万物有灵论和泛神论色彩的宗教，它的来源大体有以下几个方面。

（一）古代的原始宗教思想和巫术

同世界其他地方一样，中国古代社会对于自然和祖先十分崇拜，因此以此为基础的原始宗教盛行一时。人们将日月星辰、江河山岳、祖先灵魂等视为神灵，向他们祭祀和祈祷，并逐渐形成了一个天神、地祇、人鬼的神灵系统。道教承袭了这种鬼神思想，并将这个神灵系统中的许多神灵作为道教神仙谱系的组成部分。以道教主神、"四御"之一的玉皇大帝为例，"玉皇大帝"其实源于古代的"天帝"信仰。在中国古代的原始信仰中，有"帝"和"上帝"的称号，一般指能支配、主宰日、月、风、雨等自然现象和人间祸福、生死、寿夭、凶吉等社会现象的最高神。西周以后，又称为"皇天""昊天""天帝"等。当时的周天子就宣称自己是天帝的儿子，代天行使神权，统治万民百姓，因此称作"天子"。以后每逢天子登基，都要举行盛大仪式祭祀皇天上帝，祈求国泰民安，社稷长久。道教产生以后，就将这位天上的帝王纳入其庞大的神系，并正式称为"昊天金阙至尊玉皇大帝"。因此，"玉皇大帝"的名称虽然出现在道教创立以后，但其神性和神格其实早在殷商甲骨文的卜辞中就已明确了，起源于古代的原始宗教思想。另外，古人相信卜筮可以决疑惑、断凶吉，巫师可以交通鬼神，传达天神和祖先的旨意。而且由于缺乏科学的认识，古人普遍都有对死亡和疾病的恐惧，以及对长生和幸福的渴望，认为疾病和灾祸是鬼神对人的惩罚，而依仗巫祝和巫术就可以为人们祈福禳灾、驱鬼避邪，乃至解梦预言、未卜先知，因此造成相当多的民众信奉巫术。这种原始巫术，后来也为道教吸收和继承。

（二）早期的神仙思想和方术

神仙思想由来已久。《庄子》《楚辞》里早有类似思想出现。东周平王以后，文化思想领域出现了百家争鸣的局面，形成了自春秋战国至秦汉初期达三四百年之久的学术自由风气。此间的著名学派除老庄的道家，孔孟的儒家，孙子、吴起为代表的兵家，申不害、韩非为代表的法家外，在北方燕、韩等国还出现了一批自立门户的神仙方士。他们不同于其他学派，而专注于天文、地理、医药、养生等自然科学研究,认为人可以用各种修炼方法,修到长生不老而变成神仙,最后达到与天地同休、日月同寿的境界。这种观念便是后世道教神仙核心思想的渊源。这些方士所热衷的神仙方术原本不成体系,但以后由于利用阴阳五行学说来解释其法术,最后形成了所谓的神仙家,即方仙道。由于受古代轻视自然科学技术观念的影响,神仙家受到鄙视,但在燕、齐等国的朝廷非常盛行方仙道,如齐威王、齐宣王、燕昭王,都受这种学说影响,派人入海寻找蓬莱、方丈、瀛洲三座神山。公元前219年和公元前210年,秦始皇两次遣方士徐福率童男童女数千人入海求仙人、仙药。这些都是有史可证的早期"神仙"事实。随着方士在上层统治者中的影响不断扩大,秦汉时期的贵族阶层(如西汉淮南王)身边都聚集一个庞大的方士集团,这给方士们传道、授徒、结社、著书提供了有利的条件。方士队伍不断扩大,形成了以服食、行气等神仙方术作为谋生手段的职业集团。以后神仙家的信仰和思想皆为道教所承袭,所谓的神仙方术衍化为道教的修炼方法,而方士则成为道士的前身。

(三) 黄老思想

黄老学说起源于战国时期的道家,同尊黄帝和老子为道家创始人,又汲取了阴阳、儒、墨、名、法、纵横诸家的部分内容,包含了许多神秘主义的东西,因而已不再完全是先秦的道家,而被称为黄老术的新道家。黄老思想宣扬的道家代表人物老子、庄子的清净养生、无为治世思想,实际上是一种以"道"为基础的政治和哲学流派。主要体现为文武并用、刑德兼行的治国方略;以法为符、皆断于法的政策原则;无执无处、无为而治的政治方针和以民为本的保民爱民思想。在"黄老"思想的指导下,汉初的统治者制定和执行了一系列符合于当时国情民心的具体政策,逐年拨乱反正,发展生产。到惠帝、吕后时,出现了"天下晏然""衣食滋殖"的大好形势。通过"文景之治",经济繁荣已超过战国,出现了我国封建社会初期的盛世局面。"黄老"治国的功效,无疑是显著的,受到统治者的高度重视。因此,当时社会中治黄老之学者为数众多。在这些学者中,有很多本身就是神仙方士。他们将黄老之学同神仙方术相结合,进一步将黄帝老子神秘化;又由着重尊崇黄帝转而推崇被神化后的老子,逐步形成崇奉老子为神明的"黄老道"。以后黄老道又与方仙道合流,成为早期道教的前身。其实"道教"一词,最早见于《老子想尔注》。在此以前,见之于史书的,只有"黄老道"这个名词。《后汉书·皇甫嵩传》:"初,钜鹿张角自称'大贤良师',奉事黄老道。"可见在道教形成的前期应是黄老道,而道教创始人正是在吸收黄老思想的基础上,才会明确提出奉老子为教主,以老子的《道德经》为主要经典,将老子提出的"道"作为基本信仰,这些无疑为道教的产生奠定了理论基础。

 **特别提示**

道教神仙体系中的道德天尊,即太上老君,历史上确有其人,他是以春秋时期道家创始人老子为原型塑造出来的天尊神。

《史记》卷63《老庄申韩列传》记载了老子的生平:"老子,楚苦县(今河南鹿邑)厉乡曲仁里人也,姓李,名耳,字伯阳,周守藏室之史也。"

明代《神仙传》卷1《老子传》是从神仙的角度,介绍他的生平:"老子者,名重阳,字伯阳,楚国苦县曲仁里人。其母感大流星而有娠,虽受气天然,见于李家,尤以李为姓。或云老子先天地生;或云天之精魄,盖神灵之属;或云母怀之七十二年乃生,生时剖母左腋而出,生而白首,故谓老子;或云其母无夫,老子是母家之姓;或云老子之母适至李树下而生老子,生而能言,指李树曰:以此为我姓"。

(四)谶纬神学

所谓"谶"指的是一种宗教性的预言,即所谓"诡为隐语,预决吉凶"。又名"符谶""符命",有的有图有字,名"图谶"。秦末陈胜、吴广起义时就曾利用谶语。"纬"是相对于儒家的经典而言的,即用图谶的观点结合阴阳五行、天干地支、八卦等阴阳家学说来解释儒家的经典,推测祸福吉凶。这种风气从西汉董仲舒开始愈演愈烈,并逐步形成谶纬之学,将儒家经典宗教化,孔子被彻底神化。从西汉末年至东汉初,由于光武帝等上层人士大力提倡,谶纬神学盛行一时。儒生与方士逐渐合流,整个社会充满了浓厚的宗教神秘气氛。这无疑对道教的孕育和出现起了推波助澜的作用。以后的事实证明,道教在融合了谶纬神学以后,采用儒家神化孔子的方法,如出一辙地将老子捧上了神坛。

二、道教的创立

道教创始人张陵(公元34—156年),沛国丰(今江苏丰县)人,又名张道陵,字辅汉,相传是张良的第八世孙,博通五经,精于儒学。曾任东汉巴郡江州(今重庆)令,晚年感叹治学无用,弃官隐居于今四川鹤鸣山,改修长生之道。隐居期间,终日闭门不出,著道书24篇,并自称"大清玄元",得黄帝九鼎丹法。相传,永和六年(公元141年),太上老君亲传张陵《新出正一盟威之道》,并命他为天师。从此张陵及其徒众就根据此道书,用符水、咒语等为百姓治病。由于治病效果显著,当地百姓将其奉若神明,拜其为师者不计其数。随着张陵等人在当地影响的不断扩大,张陵就仿汉代的行政制度,建立了一个组织严密的宗教集团,由于规定入教或治病的民众必须交纳"信米"五斗,带有教众之间互帮互助的性质,所以被称作"五斗米道"。五斗米道共分24个教区,又称24"治",各设"祭酒"领导治内教民。张陵自任中央教区"阳平治"的首领,统管全教。传说,在每年三会日(正月七日上会,七月七日中会,十月五日下会),天神地祇会在"治"相会。因此教徒在这三天必须到达治所,进行聚会。五斗米道奉老子为教主,以老子的《道德经》为其主要经典。张陵还亲撰《老子想尔注》来解说《道德经》,使这部哲学著作宗教化,"道教"作为专用名词开始正式出现。

五斗米道成立以后,影响不断扩大,很快遍及四川以及陕西一带。张陵死后,其子张衡和其孙张鲁继续传道。其中特别值得一提的是张鲁。他乘东汉末年天下大乱之际割据汉中,建立了中国历史上第一个政教合一的地方政权,并统治这一地区长达30年,成为当时一股举足轻重的政治力量。张鲁教导民众"诚信不欺诈","有病自首其过";在其所辖地区内遍设"义舍",舍中置"义米""义肉",为过往行人免费提供食宿;有欺瞒小过者,须修补道路百步以将功补过;对犯法者,宽恕三次,尔后再犯,方处以刑罚。这些措施使汉中地区成为当时乱世中的一方"乐土",大批民众纷纷来此避难。张鲁及其领导的五斗米道受到了当地汉族以及少数民族人民的一致拥戴,使得中央政府"力不能征"。汉献帝建安二十年(公元215年),张鲁政权归降曹操。靠镇压另一早期道教派别——太平道黄巾起义起家的曹操深知,广大民众可以利用道教来进行起义的宣传和组织活动,力量不可小觑,因此吸取东汉王朝的教训,对道教采取了镇压与利用、限制和改造相结合的政策。他一方面采用调虎离山之计,将张鲁及其子女、部属大量北迁,对五斗米道的根据地汉中进行瓦解;另一方面对张鲁及其五个儿子和手下将领都封官拜将,允许五斗米道合法传播,利用其影响来笼络民心。于是,五斗米道在我国的北方广泛地传播开来,影响也越来越大。后来道教徒尊称"三张"中的张鲁为系师,张衡为嗣师,张陵为天师,故后人又将五斗米道称为"天师道"。张鲁在迁至邺城后第二年死去。西晋永嘉年间,张鲁第四子张盛遵从父命,任天师道第四代教主,他带着父亲、祖父传下的剑、印、经箓等,迁居至江西的龙虎山。自宋、元以后,历代统治者均封张氏子孙为天师,其声望堪与山东曲阜孔氏世家相媲美。

早期道教中另有一个重要门派,即由信奉黄老道的张角于东汉灵帝(公元167—189年)时所创的太平道。当时宦官当权,朝政腐败。太平道奉于吉的《太平清领书》即《太平经》为主要经典,以"中黄太一"为其至尊主神。由于社会黑暗,太平道信奉的教义中有很多平均主义色彩浓厚的口号。张角自称"大贤良师",也采用符水、咒法、跪拜首过等手段借治病传道。十余年间教徒达数十万之多,遍及青、徐、幽、冀、荆、扬、兖、豫八州。张角将教区分为三十六方,大方万余人,小方六七千人,每方设有"渠帅"负责指挥作战,这样太平道逐渐转变为军事组织,并于中平元年(公元184年)发动黄巾起义,提出"苍天已死,黄天当立,岁在甲子,天下大吉"

的口号,欲取东汉王朝而代之。张角自称"天公将军",其弟张宝称"地公将军"、张梁称"人公将军",起义者皆头戴黄巾作为标志,一时"八郡同时俱发","天下响应,京师震动"。太平道的起义在各地转战达十多个月。起义最后遭到了东汉王朝的残酷镇压,张梁、张宝战死,张角本人被剖棺戮尸。起义失败后,太平道被朝廷下令禁止流传,逐渐衰微,最后销声匿迹,传授不明。

这两个早期道教的主要派别,教义比较简朴,基本上以《太平清领书》为主旨,传教方式也比较简单,无论是太平道还是五斗米道都是利用传医布药的方式来发展信徒,还难以从信仰上征服人们的思想,所以主要是在下层劳动群众之间流行,但其传播速度却非常惊人,太平道的徒众在十几年间就发展到三十多万人,声势远非当时刚刚传入中国的佛教可比。但道教在创教初期就历经坎坷,以太平道为主的黄巾起义和以五斗米道为主的孙恩、卢循起义相继失败,使得道教在北方和南方都受到了致命的打击。佛教势力乘机填补其留下的空缺,不断发展壮大,其在中国的影响力从此开始一直领先于道教。

三、道教的贵族化时期

张鲁死后,五斗米道失去统一的领导,内部开始分化。一部分仍在民间保持着通俗形式的道教,并不断发动反抗统治阶级的起义;另一部分则向上层发展,逐渐开始站在统治者的立场,参与统治阶级内部的政治活动。与此同时,由于魏晋时期盛行玄学,许多热衷于玄学的士人大开始将眼光转向道教,促进道教完成从民间到庙堂的转变。在这一转变过程中,葛洪、寇谦之、陆静修、陶弘景等起了关键性的作用。

东晋葛洪(公元281—341年),字稚川,号抱朴子,出身于破落贵族家庭,在道教史上贡献颇丰。他系统地总结了战国以来神仙方术的理论,对符、图、隐形变化等道术深有研究,著《抱朴子》一书,为道教构造了种种修炼成仙的方法,并建立了一套成仙的理论体系,开道教丹鼎派先河,大大丰富了道教的思想内容。他的这种神仙可修而且能修成的思想吸引了大批上层士大夫加入道教。他还提出以神仙养生为内、儒术应世为外的主张,将道教的神仙方术同儒家的纲常伦理结合起来,宣扬道教徒在修炼时必须以儒家的"忠孝仁恕信义和顺"为本,否则,虽勤于修炼,也不能成仙。这些思想为上层化的官方道教奠定了理论基础。葛洪的另一项贡献是致力于道教神仙谱系的记述,撰写了《神仙传》十卷,记载了广成子、老子至郭璞等神仙传说,描写细腻,人物栩栩如生,是一部很有代表性的道教文学作品。

北魏太平真君年间(公元440—450年),嵩山道士寇谦之在信奉道教的魏太武帝和宰相崔浩的共同支持下,自称奉太上老君的旨意,对早期道教的思想内容和组织形式作了一系列的改革:他提出"除去三张(张陵、张衡、张鲁)伪法",基本消除了统治者对道教宣传、发动农民起义的担忧;改变早期道教"蓄养弟子"①的方法,确立只给神职道教徒"授箓"②的制度,彻底排除了大量发展道教徒以及普通教徒和神职教徒合为一个整体的可能性;控制道教组织的经济来源,避免形成有经济实力的道教实体;打破早期道教统一的领导结构,彻底放弃"方"和"治"的组织形式,建立师徒传授的传道方式,摈弃了形成统一组织的可能性;改变道教教义思想中的某些核心思想,增加了诸如忠孝仁义的儒家思想,并制定了一系列的戒律和斋仪等。经过寇谦之改造的道教,成为同当时宗法社会相适应的上层道教,发挥了与早期道教不同的巩固统治秩序的功能,受到了统治阶层的大力扶持。魏太武帝封寇谦之为国师,将道教定为国教而大力镇压佛教。北魏的皇帝即位时都必须亲自参加道士举行的授箓仪式,接受所谓天神封赠的箓命。道教在当时的北方盛极一时,后世将寇谦之改革的道教称为"北天师道"。

继北朝寇谦之之后,南朝也相继出现了两位著名的道士——陆静修和陶弘景,他们也对五斗米道加以改革。陆静修(公元407—477年),字元德,吴兴东迁人(今浙江吴兴)。他的活动主要在江南一带。陆静修广搜道经,加以整理鉴别,编制了道教经籍目录——《三洞经书目录》,防止伪经继续影响后世道教,也为后世道教经书编目确立了指导思想。陆静修又依据封建的宗法思想和制度,并吸收佛教的修持制度,整理和编撰了道教的斋醮仪式,进一步规范了道教的组织体系。陆静修通过以上种种改革措施,大大充实和提高了道教的基本形式和内容,复兴了南方的道教,历史上将其改革后的道教称为"南天师道"。

南朝齐梁的著名道士陶弘景在陆静修改革的基础上继续吸收儒、释两家思想来充实道教的内容。陶弘景出身仕宦家庭,但仕途失意,于是脱朝服挂于神武门,辞官隐居于江苏句容的茅山。陶弘景虽然隐居山中,但其对于当时南朝的政治生活仍有一定的影响力,号称"山中宰相"。据说梁武帝萧衍定国号为梁,就是听从了陶弘景的意见。当然,陶弘景的主要精力还是放在修道上,他在道教修仙理论、医学、炼丹等方面很有造诣,编纂了《真灵位业图》,为道教的神仙制定了等级、品位,构想出一个等级森严而又宏大周密的道教神仙谱系,对以后道教的发展影响很

---

① 是早期道教为发展教团组织所采用的一种方式。这一时期大部分道教教团都是由布道者独立经营的,大都以家庭成员和招收的弟子组成,因此带有明显的士族家族特点。弟子的地位相当于士族社会中的"门生",可供师长驱使劳动。与此同时在传教方式上采用师徒密授的制度,仙方秘诀绝不轻易示人。传授前师长要对弟子严加考验,弟子接受道经仙方不但要履行道教仪式,还要交纳财礼作为信物。教团首领通过这种"蓄养弟子"的方式,不但达到了发展教团组织的目的,同时解决了组织的经费问题。

② 所谓"箓"指的是记录天曹佐史之名,又有诸符错杂其间的秘文。"授箓"仪式是天师道弟子入道必须进行的仪式。入道的弟子在法坛中皈依三宝和九戒,并虔诚起誓奉持清规戒律,然后由道坛法师授予符箓、法器、神职等。所授之"箓"由入道弟子随身佩戴,其后视入道年限和道行深浅更换不同等级的箓。历史上不少皇帝曾"受箓",既表示其崇信道教,又表示其帝位神授。

大。同寇谦之等人不同,陶弘景的道教思想更多渗入了佛教的思想,主张三教合流,试图通过融会贯通佛道两家的思想,调和两家之间日趋尖锐的矛盾。这同当时佛教完成本土化过程以后对道教的地位产生巨大冲击是不无关系的。

经过这些道教知识分子的努力,早期的民间道教在南北朝时期被成功地改造成贵族化的官方道教。道教的理论日趋精细,礼仪日趋完备,信仰也逐渐被上层统治者所接受。经过这一时期的改革,上层化的官方道教从形式到内容都得以健全和充实,成为维护封建统治的御用工具,以后长时间受到封建统治者的尊奉和扶植。道教贵族化过程的完成为唐宋时期道教的鼎盛打下了坚实的基础。

四、道教的鼎盛期

隋唐到明朝中叶是道教的鼎盛时期。唐皇姓李,自称是老子后裔,唐玄宗正式册封老子为道教教主"太上老君",积极奉行崇道政策。秦始皇、汉武帝、梁武帝等求道成仙是为了长生不死,而唐初崇奉道教的动机纯粹是出于政治目的,用太上老君来光耀帝王门楣。由于皇室大力尊奉,道教在唐朝取得了类似"国教"的地位,盛极一时。唐高祖于武德八年(公元625年),规定三教次序:道先,儒次,佛最后。唐高宗于乾封元年(公元666年),尊老子为太上玄元皇帝,下令参加贡举考试的生员必须兼通《道德经》。唐玄宗更是有名的道士皇帝,开唐代帝王接受道教法箓,拥有道士身份之先河。他封庄子、文子、列子、庚桑子四人为真人,四人所著之书为真经。玄宗还亲为《道德经》作注,又广搜道经,正式汇辑成3 744卷《道藏》,诏令正式流传。他还下令将男女道士视为皇族宗室,在他的带动下,大批皇族子弟加入道教。玄宗的胞妹金仙、玉真公主和女儿万安公主,皆是道士。贵妃杨玉环也皈依了道教,道号"太真"。唐朝另一位著名的道士皇帝唐武宗刚即位就将二月十五日老子诞辰定为国定假日隆重庆祝。会昌五年(公元845年),唐武宗实行兴道废佛的政策,一方面大力提高道教地位,另一方面对佛教进行打击和限制。这次事件同历史上魏太武帝、梁武帝的"灭佛"事件合称为"三武灭佛"。

北宋统治者仿效唐代皇室认老子为祖先的做法。宋真宗异想天开地杜撰出一位道教尊神赵玄朗作为赵氏的始祖,以此抬高赵氏皇族的地位。加之北宋外夷不断入侵,国力日衰,捧出神仙赵玄朗作为道教的圣祖,还可以利用道教麻痹广大民众,借此掩饰北方战事和外交的不利,转移民众对腐朽统治的不满,可谓一石二鸟。由于道教对于巩固宋王朝的统治大有好处,它得到了宋朝统治阶层不遗余力的扶植,得以继续着隋唐时期的盛况。宋真宗让女儿入道,并加封老子为太上老君混元上德皇帝,又命王钦若、张君房等领修《道藏》,增为4 565卷。在此以后,宋朝的统治江河日下,至徽宗时更是山河破败,难以为继。于是宋徽宗更加沉迷于道术,自称教主道君皇帝,亲自为多种道教经书作注;下诏改佛陀为大觉金仙,僧尼为德士,令其着道服，入道学。徽宗迷信道士巫师假托鬼神的法术，想靠天神的保佑来阻止敌国的入侵，终致身陷囹圄，国破家亡。不过，宋徽宗对于道教的发展还是有很大贡献的。在他的主持下校补了《道藏》，增至5 481卷，并雕版印刷。《道藏》的编辑完成，在道教发展历史上是一个非常重要的事件。

在这一时期，道教发生很大变化，涌现出大批新教派。早在东晋中期和末年，天师道内部相继分化出以存神服气为主要修行方法的上清派（陆静修、陶弘景、司马承祯均是该派的宗师）、特别重视符箓科教的灵宝派等派别；从北朝至隋唐在北方则有以陕西楼观台为基地形成的楼观派；宋代以后又有主张"性命双修，先命后性"的张伯端所创立的专注内丹修炼的紫阳派，重视和弘扬雷法的神霄派、清微派，以及强调"欲修仙道，先修人道"，特别重视忠孝的净明道等分支教派的出现。但这些教派教义思想基本相同，只是道法和道术的侧重点不一，或师承系统有别。真正自立门户的宗派，应当是从南宋与金、元南北对峙时开始，先后出现的正一道、全真道，以及金初刘德仁创立的真大道教和萧抱珍创立的太一道这四大教派。其中后面的两大派别宋元时期一度在北方流传，但历时都不长：真大道教元初曾兴盛一时，得到元宪宗的赐名，但至元末逐渐衰落；太一道则在元代中期与正一道合流。剩下的全真和正一从此便成为道教的两大派别，并流传至今。

传统的天师道为了同新的全真道相抗衡，遂与上清、灵宝、净明等符箓派逐渐合流，演变成正一道。元成宗大德八年（公元1304年）授龙虎山张陵后裔第三十八代天师张与材为"正一教主，主领三山（龙虎、阁皂、茅山）符箓"。天师道从此正式改名为正一道，龙虎山的正一天师即张天师成为正一道的各派之首和当然领袖。由于龙虎、阁皂、茅山三山均位于江南并统归龙虎山天师府领导，实际上这就标志着江南道派的统一，并与北方全真道形成了南北对峙的局面。正一道以《正一经》为主要经典，它与全真道相反，注重符箓斋醮、降神驱鬼、祈福禳灾之术，崇拜神仙，不重修行。该派的道士可以不住宫观而散居于民间，可以在斋仪以外的时间食荤，还可以结婚成家，这就保证了张天师在张氏家族中不断传嗣下去。

全真和正一两派在明代继续流传。明代统治者对道教也十分重视。明太祖朱元璋就曾为参与其开国的道家"颠仙"周颠在庐山建白鹿升仙亭，并亲撰《周颠仙人传》刻于亭中的御碑上，以宣扬明太祖本人的开国神迹。自谓登基有道教真武大帝保佑的明成祖朱棣，称帝后对相传已活了两百多年的神仙道人张三丰十分仰慕，不但屡下诏书访求，而且多次派遣使臣寻觅。后来又在湖北武当山为张三丰大兴土木，修建了史称二观、八宫、十二亭台、三十六庵堂、三十九桥、七十二岩庙的大型道教建筑群。从此，武当山成为道教圣地，而信奉真武大帝的武当道人也自称"武当派"，与"全真""正一"等道派分庭抗礼，不分上下。除此以外，明太祖、明成祖还先后将大批民间神祇，如关公、财神、晏公、金阙、玉阙帝君等纳入国家祀典，归入道教神系,掀起了道教史上一次造神运动的高潮。在此期间,正一派由于受到皇家的支持,其发展达到了顶峰。明太祖将"天师"称号改为"真人",并提升"真人"的官爵为二品。从明太祖洪武元年起,正一派四十二代至五十一代教主等十人都曾得到明朝政府的册封成为正一嗣教真人。时至嘉靖年间,明世宗由于十分崇信正一道的神仙不老之术,热衷于斋醮炼丹,自号"玄都镜万寿帝君",并任用邵元节、陶仲文等正一道士担任朝廷要职,造成朝政混乱,遭到了海瑞等官员的强烈反对。明代对于道教经书的整理也十分重视。明英宗正统十年(公元1445年)和神宗万历三十五年(公元1607年)所编纂的《正统道藏》和《万历续道藏》,所收道经已在原有基础上增至512函,共计5 485卷。

五、道教的民间化时代

明代中叶以后,特别是到了清代,由于统治者采取重视喇嘛教(藏传佛教)而抑制道教发展的宗教政策,官方道教逐渐失去了皇室的支持而日渐衰落。乾隆皇帝将正一真人的官阶由二品降为五品,并禁止其差遣法员赴各省开度。同时限制天师职权,只准其统驭本山(龙虎山)道众,取消了天师作为三山之首的领袖地位。道光年间,又取消了正一真人的称号,皇家宫廷停止了传统的天师朝觐礼仪,正式终止了朝廷同正一道的关系。尽管清朝皇室对全真派还算比较优待,乾隆皇帝曾于乾隆三十年(公元1765年),敕修北京白云观,晚年还行幸白云观题诗书碑等,而且全真龙门派也曾经在王常月的整顿下有过一次小小的中兴,史称"龙门中兴",但这已不能从总体上挽回官方道教的颓势。在上层化的官方道教日趋衰微之际,民间通俗形式的道教却越发活跃。随着大量民间神、地方神进入道教神仙谱系,道教很自然地开始了民间化的历程。它再一次走下庙堂,并作为一种信仰在民间获得了异乎寻常的成功:妇女求子拜东岳娘娘,读书人想金榜题名就拜文昌帝君,商人想招财进宝则拜赵公元帅,官员赴任要祭祀当地的城隍……这一时期的道教已经逐渐向民俗和民族习惯转化,并沉淀在中国人的潜意识中,开始对中国文化产生无形而深远的影响。

六、道教转型时期

清代以后,道教遭受革命运动和内忧外患的冲击而更趋衰弱。1911年,满清帝制被推翻,成立"中华民国",江西都督府取消了龙虎山张天师的封建特权,"天师"之号成了一种世俗惯称的沿袭。1919年五四运动时期,青年学生掀起的科学和民主思潮,强烈冲击着封建宗法思想,使道教教义、教理中的封建伦理基础发生了动摇。1928年,国民党颁布神祠存废条例,民间的道教俗神祭祀受到限制,部分道教观庵被改为学校、机关、军营。遭此打击,道教教团进一步萎缩。由于当时大多数人包括部分上层人士将正宗的道教活动误会为占卜、推命、看相、驱邪等迷信活动,道教在急剧的社会变革中被看作是低级的封建迷信组织而受到知识阶层的遗弃。1949年第六十三代龙虎山天师张恩溥移居台湾,在台北市觉修宫成立天师府,从此张天师正一教成为台湾道教的领导核心,而正一道的天师传承在大陆中断。

1949年中华人民共和国成立,中国内地的道教发展进入了一个新时代。国家积极贯彻宗教信仰自由的政策,对道教的发展予以大力的帮助和扶持,采取措施保护了一大批道教名山和著名宫观。道教界的广大爱国人士也积极响应国家的宗教政策,对道教进行了相应的改革,为其今后的健康发展注入了新的活力:广大道士改变了过去依靠收取地租、举行宗教活动为谋生手段的状况,转而从事农业、林业、旅游业、医药业等行业的生产活动实行"自养",成为自食其力的劳动者。

在"文化大革命"中,道教同其他宗教一样遭受了一场浩劫。各地的道观遭到了严重的破坏,道教文化被认为是宣扬封建迷信而遭到了错误的批判,道教徒也被划入"牛鬼蛇神"等专政对象范围,受到了残酷迫害。宫观道院被封闭占用,许多珍贵的历史文物遗失、损坏,大量古建筑、碑碣遭到破坏,道士被勒令还俗。

1976年以后,因道教信仰而蒙冤受屈的大量冤、假、错案得到平反,大批受到错误批判的道教人士恢复了名誉,道教宫观逐步恢复原貌,正常的道教活动也得到恢复。到20世纪80年代中后期,由于重新认识到道教对中国文化的影响和作用,学术界在全国内掀起了研究道教文化的热潮。各地在执行国家宗教政策的同时,也开始结合旅游事业发展和对外开放的需要,积极修葺和恢复著名的道教宫观,开展各种道教文化旅游活动,使道教重新步入了健康发展的轨道。

第二节　道教的基本教义

一、"道"崇拜

道教将"道"作为教义的核心。"道"的概念出自被道教尊为《道德经》的《老子》。老子的《道德经》将"道"视为"虚无",是超时空的永恒存在,是天地万物的根源,有"道生一,一生二,二生三,三生万物"之说。但如前所述,道教在产生之初,就尊老子为教主,因此这个"道"的含义已经不是老子书中的原意了,已经宗教化、神化了。关于"道",历来研究者注述极多,有的称"道"是物质的,有的称"道"是规律的,还有的称"道"是精神的,众说纷纭。其实根据《道德经》的原文"道可道,非常道;名可名,非常名""有物混成,先天地生。寂兮寥兮,独立而不改,周行而不殆,可以为天下母。吾不知其名,强字之曰'道',强为之名曰'大'",我们不难发现,"道"就是"道",既是物质的,又是精神的;既是规律,又是情感。只有从整体上认识和理解"道",才是真正的"道"。对于道教而言,"道"包含了物质世界和精神世界的全部内容:它既是天地万物的本原和宇宙发展的原动力,又是沟通万物的宇宙本体和社会人生的最高真理,因此成为道教的最高崇拜对象。而道教对于"道"的诠释也主要用于解释宇宙是如何产生的,如何解释物质的本原等核心问题。所以,"道"崇拜其实集中地反映了道教的宇宙观和社会观。

道教认为,"道"是宇宙的本原、宇宙的主宰,是产生和支配天地万物的造物主,是至高无上、具有神秘力量的人格化的神,是最值得崇拜的。这是道教最基本的教义,是道教徒不可动摇的信念。

二、"神仙"崇拜

根据道教的说法,道气化为三清尊神:元始天尊住玉清境,灵宝天尊住上清境,道德天尊住太清境。"三清"是道教崇拜的最高神灵,其中元始天尊地位最高,但影响最大的却是道德天尊,即太上老君,他是由老子神化而来的。道教的神仙信仰并不是西方的一神教,而是尊奉主神的多神教。在道教看来,只要是修炼成道、神通广大、变化无方、长生不死的人都可以成为道教徒心目中的"神仙"。因此在三清尊神以下,还有玉皇大帝、护法神将、瑶池女仙、城隍、土地、灶君、财神、八仙、黄帝等诸多神仙,共同构建了一个超然于人间之上的虚无缥缈而瑰丽多彩的神仙世界。对于这个神仙世界的景仰构成了道教信仰的基础。因为道教认为,不崇拜这个神仙世界的浩渺,也就是不承认创始主——"道"的浩大与力量无穷;不相信世上存在天神、天帝、天庭,道教的祈禳醮仪符箓等就毫无意义;不相信神仙、仙境的存在,也就没有道教徒追求得道成仙、长生不老的愿望。所以说,"神仙"崇拜是道教最基本的信仰内容,是不容置疑的根本教义。

三、重生恶死的生命观和人生观

强调以生为乐,重生恶死,甚至追求长生不死,是道教与其他宗教的根本不同之处。其他宗教都主张"出世",所关注的是"人死后如何"的命题,而道教所要讨论的是"人如何不死"的命题,即主张"入世"。其他宗教强调精神生活和现实生活的对立,把世俗生活冷漠地看作虚幻的和暂时的生活,而把超现实的彼岸世界(有的称"天国""天堂""乐园",有的称"极乐世界""西方净土"等)的生活看作永恒的生活,不对世俗的现实生活做出任何实际的解决,而鼓励人们幻想"未来世界"的生活,把一切希望寄托于彼岸世界。在这种信仰指导下,宗教把人们永远沉浸在一个超现实的世界中,要人们自愿忍受现实世界带来的种种苦难和折磨,以求死后其灵魂享受"未来世界"的福音,以死后回到上帝或神的身边为终极目标。而道教则看重个体生命的价值,认为生活在世界上是一件乐事,而死亡才是痛苦的。因而它的生命观念不仅不否定现世利益,反而对现世人们的生活欲望予以最大限度的肯定,鼓励人们以现世生命为基础,抓紧时间修道,争取早日成仙享受永久的幸福和快乐。道教这种"生道合一,长生不死"的基本教义同其他宗教以"死"为解脱、为脱离苦海的观念可谓大相径庭。

道教一方面坚信虚无缥缈、奇妙纷繁的神仙世界存在,同时又相信人的寿命不完全由"天"决定,提出了"我命在我不在天"的口号,认为人可以通过自行修炼养生,修道成仙,达到"长生不死""肉体飞升"以登清虚三境,把理想寄托于现实世界,从而使人生观深深打上"重生乐生"的烙印。道教这种"入世"的人生观念启发、诱导人们去探索人生、人体、命运、社会、宇宙的奥秘,充分显示了中国人重人生、乐人世的积极人生态度,显示了中国人既重实际又富于幻想的传统精神。

正因为道教乐生、重生,所以众多修道之士积极寻求能使人长寿的方法,发展出一整套健身长寿的养生术。其中既有吐纳、导引、服食、金丹、养气、炼气等的养形方术,又有"存想""存神""主静""坐忘"等的养神方法,从而和中国古代科学,特别是医药学、养生学、人体科学的发展结下了不解之缘。

 特别提示

道教养生与养生方法是中华民族的宝贵财富。道教养生受到追捧,绝非偶然,道教注重养生、研究养生已有几千年的悠久历史,已经形成了有中国道教特色的行之有效的养生体系。

拓展知识

道教的养生观与养生方法,以东晋葛洪提出的观点为代表。他所撰的《抱朴子·养生论》集中体现了他的养生观与养生方法,反映了道教养生的特点。

(1)强调爱惜"气"。他说"气难清而易浊,若能审机权,可以制嗜欲,保全性命","天地万物无不顺气以生"。关于养气、节欲,他提出薄名利、禁声色、廉货财、损滋味、除佞念、去沮嫉等清除"六害"的主张,曰:"夫且善养生者,先除六害,然后可以延驻于百年。"

(2)重视生活起居。他在《极言》中说:"是以善摄生者,卧起有四时之早晚,兴居有至和之常制,调剂筋骨有偃仰之方……"又说:"不饥勿强食,不渴勿强饮"。"冬朝勿空心,夏夜勿饱食"。"体欲常劳,食欲常少。劳勿过极,少勿至极"。"行不疾步,耳不极听,目不久视,坐不至久,卧不及疲"。这些都是日常生活的养生方法。

(3)提出了许多导引、行气的新方法。葛洪提出的方法与华佗《五禽戏》不同,不强调固定的姿势动作,而强调动作与呼吸配合。他说:"夫导引,疗未患之疾,通不和之气。"他称行气为吐纳之道,或吐吞之法,曰:"善行气者内以养生,外以却恶。"他还具体地介绍了胎息行气法、龟咽行气法、内视行气法等。

(4)提出绝谷服食法。服食是服药与食气的总称,葛洪把药分为大药与小药两类。大药是指成仙得道的"神丹";小药是指祛病延年的草木之药。他在《抱朴子·金丹》中具体介绍炼"金丹"的方法①。当他知道交趾(今越南北部)出金丹时,便要求调任交趾县令。他一直隐居罗浮山炼丹,直至去世。

四、天道承负、善恶报应观念

天道承负、善恶报应的教义早在道教创教初期就载入了《太平经》。《太平经》称"力行善反得恶者,是承负先人之过,流灾前后,积来害此人也。其行恶反得善者,是先人深有积蓄。大功,来流及此人也"。大致意思是说,前人行善,今人得福;今人行恶,后辈遭殃。前人有过失,后人则无事受过,这就叫承负。关于承负的时间,一说以十世为一循环,即某人的过失,由其十一世孙受惩。另一说根据个人身份不同,帝王为三万岁,官员为三千岁,普通百姓为三百岁一循环。怎样才能截断承负而免除厄运呢?道教认为一是要行善积德为后世子孙造福,二是要虔诚地信道修行,免除自身的承负之厄。道教的这种"承负说"作为道教的伦理观,把宗教道德和儒家"三纲五常"结合起来,是中国封建宗法制度在宗教上的反映,显示了中国人重血缘、重家族、重德行的伦理道德观。

除宣扬天道承负以外,道教还十分信奉因果报应。道教经典普遍强调所谓的吉凶祸福是个人行为善恶的必然报应。道教将主宰善恶报应的超自然的异己力量改换为道教的司功过神(意即专门将道教徒所行之事分别"善恶"逐一登记,借以考查功过的神灵),认为他们在天上仔细观察着人们的一举一动。到了一定的时候,上天便会根据个人的善恶,予以赏罚。对行善者赐福、增寿;对作恶者则降福、减寿,还要把他的灵魂打入黄泉、地狱。我们注意到世界上的其他不少宗教也宣扬上帝、亡灵、天堂、地狱等的因果报应论:基督教提出"原罪说",认为人是被上帝处罚到地球上来的,生下来就有罪,人生活在世间就是为了"赎罪"。人们只有甘心承受磨难,洗刷自己的罪孽,祈求上帝的恩赐,死后灵魂才能升入"天国",否则就被打入地狱。佛教在因果报应问题上,用"业报"解释人生命运,主张世人之苦本质上在于造业受报,并用十二缘起(无明、行、识、名色、六处、触、受、爱、取、有、生、老死等)说明人生之苦的形成。佛教还用生死轮回(人受业报支配在天、人、阿修罗即魔鬼、畜生、饿鬼、地狱等六道轮回)与十二缘起结合进一步解释因果报应。人

---

① 《抱朴子》内篇卷4《金丹》载:"夫金丹之为物,烧之愈久,变化愈妙。黄金入火,百炼不消,埋之,毕天不朽。服此二物,炼人身体,故能令人不老不死。"

如果做了好事,来世就会变成天、人;如果做了坏事,来世就有可能变成畜生、饿鬼。因此,人只有广积善缘,才能最终跳出苦海,摆脱生死轮回,进入涅槃寂静境界。但道教的因果报应论与这些因果报应论又有不同:世界其他宗教的因果报应论主要是为了求得自身的解脱,以免受来世之苦,道教的因果报应论不仅劝说人们求得自身的解脱,而且结合"承负说"提醒人们为了子孙后代积功累德。

第三节　道教的神仙谱系

"神仙"之说,在道教产生之前就已经广泛流传。《庄子·逍遥游》中说:"藐姑射之山,有神人居焉,肌肤若冰雪,绰约若处子,不食五谷,吸风饮露,乘云气,御飞龙,而游乎四海之外。"而在燕齐滨海一带则传说有蓬莱、方丈、瀛洲三座神山。这件事在司马迁的《史记·封禅书》中有详细的记载:"诸仙人及不死之药在焉。"秦汉之际,经方士的大力宣扬,神仙传说在宫廷和民间的影响越来越大。不少皇帝都曾专门派人到海上寻找神仙和仙药,以求跻身神仙之列。

东汉末年,道教刚产生之时,崇奉的神仙不多且极不统一,比较杂乱。魏晋以后,随着《列仙传》《神仙传》《洞仙传》等书的先后问世,道教神仙的范围不断扩大,陶弘景撰写的《真灵位业图》第一次系统地编排了道教上清派的神仙体系,道教神仙谱系逐渐趋向正规化。

道教对于"神仙"的解释在宗教文化中非常有特点。道教认为,"神"和"仙"虽然同属一种宗教信仰,但是二者的内涵却有所不同。所谓"神"指的是于天地未分之时就存在的真圣,比如三清尊神、玉皇大帝、南极仙翁、南辰北斗诸星辰的星君。这些"神"是先天就存在的,不是世间的凡夫俗子通过修道可以修成的。而"仙"却是后天的,凡是在开天辟地以后,通过长期修炼最终达到长生不老的人,就是仙人。总之,"神"是常人不可期盼的,只能对其顶礼膜拜,虔心信奉;而"仙"却是可以通过人为的修炼而成的。因此,千百年来激励众多道教信徒历尽艰险而百折不挠的最终目标就是修道成仙,长生不老。也就是说,人不必消除现实世界的存在,只要通过特定的修炼手段,就可以延长现实的生命。这不仅反映了道教的宗教信仰,同时折射出中国普通民众希望延年益寿和长生不老的美好愿望。这就决定了道教的神仙观念在我国社会具有广泛的影响力,对我国的各种文化形式都曾产生过非常大的作用。这一点在我国的旅游文化资源中体现得尤为明显,正所谓"山不在高,有仙则名"。道教无数离奇瑰丽的神仙传说,由于历代文人墨客的渲染铺张,为我国各地的名胜增添了奇幻色彩和迷人魅力。

因此本节根据当今学术界中关于道教神仙谱系的一般划分方法,选择尊神、神仙和俗神这三大系统中的部分神祇结合旅游景点作介绍。

一、尊神

(一)三清

道教的许多著名道观,如北京的白云观、苏州玄妙观和青城山常道观等,都有宏伟肃穆的"三清殿"。其中常供奉着三座神态庄严的神像,这就是道教的最高尊神"三清"的神像。"三清"是道教最高尊神的合称,即玉清元始天尊、上清灵宝天尊、太清道德天尊。这三位尊神其实是道教哲学"三一"的象征。《道德经》有所谓"道生一,一生二,二生三,三生万物"的说法。道教认为,"大道"化生出混沌元气,由元气生阴、阳二气,阴阳相和,由此产生天地万物。后来道教从这一创世理论中又衍生出道教的三十六天的天界说。其中包括欲界、色界、无色界这"三界二十八天",还有三界之外的八天(四梵天、三清境和最高的大罗天)。其中最高的是大罗天,实际是"道"的象征。由大罗天生出玄、元、始三气,化为三清天:始气化为清微天玉清境,元气化为禹馀天上清境,玄气化为大赤天太清境。同时,道教又衍生出三位居于三清境的"三清"尊神,元始天尊居于清微天玉清境,灵宝天尊居于禹馀天上清境,道德天尊居于大赤天太清境。因此"三清"尊神在道教神系中处于"神中之神"的至尊地位,是道教崇拜的最高神灵。

1.元始天尊

元始天尊是"三清"中的最高神,又称为"玉清元始天尊"。他在道教神系中排在首位,元代道士赵道一在《历代神仙通鉴》中将其称为"主持天界之祖"。他的地位虽然很高,但正式出现却比道德天尊(太上老君)迟。在道教最初创立之时并无"元始天尊"这位尊神的名号,直到陶弘景的《真灵位业图》才正式出现"元始天尊"之名。后来,道教在流传中将元始天尊同开天辟地的盘古混为一谈,认为盘古是元始天尊的前身,治世功成以后,蜕去躯壳,灵魂化为元始天尊。这其实是为了进一步提高元始天尊的神品而杜撰出的说法而已。

关于元始天尊名称的由来,一般认为,"元"是"本"的意思,"始"是"初"的意思,也就是说元始天尊禀自然之气,在宇宙万物形成之前就已经存在,是世界的本源。根据众多道经的描述,元始天尊的本体是长存不灭的,即使天地万物都毁灭了,他仍丝毫不受影响。每当新的天地形成以后,元始天尊就下凡人间,在世间传道度人。当然他所度的也并非等闲之辈,都是有很高神品、神阶的神仙,包括太上老君、天真皇人、五方天帝等。元始天尊所住的仙宫叫"玄都天京",宫内据说黄金铺地,台阶都是由大理石砌成的。在宫中珠玉、珍宝遍地;树上有七宝、麒麟、狮子往来嬉戏;中央和两侧的仙殿中还住有仙王、仙公、仙卿、仙伯、仙大夫等,其富丽堂皇和气派非凡俨然同人间的帝王宫殿毫无二致。

元始天尊一般都被供奉在三清殿的中央,头上有宝盖向龛顶发出灵光,手执混元珠,或左手虚拈,右手虚捧,象征着"天地未形,万物未生"的"无极"状态。

2.道德天尊

道教神仙谱系中,虽然元始天尊的地位最高,但在民间影响最大的却是太清道德天尊,即太上老君。他最早并不是神仙,而是人,即中国古代著名的思想家老子。

老子姓李名耳,又名李聃,春秋末期楚国苦县人,曾做过周朝的守藏史,相当于国家图书馆和博物馆的馆长,具有博古通今的文化素养。他继承发展了《易经》《尚书》等古代典籍的思想,吸收各地文化传统,同时在对自然社会进行观察思考的基础上,建立了以"道"为核心,包括宇宙论、本体论、认识论、辩证法在内的哲学思想体系,并涉及政治、军事、伦理、美学、文学、养生等多方面。后因周王室衰败,于是挂官而去,西出函谷关时留给关令尹喜《道德五千言》,而后不知所终。他留下的这部著作被后人奉为《老子道德经》,系统地反映了老子的哲学思想,成为"黄老之学"的丹经。① 由于《老子》第一次提出了"道"的概念,将"道"作为世界万物的最高范畴,因此自先秦以来人们都将老子视为先秦道家学说的创始人。西汉末年以后,老子逐渐被神化。到东汉张陵创立五斗米道,正式奉老子为教主,以《老子》作为主要经典,宣称"道"就是"一","一散形为气,聚形为太上老君",从此老子被神化为道教的始祖太上老君,长期受到人们的尊奉。

太上老君虽然在道教的神仙排位中次于元始天尊和灵宝天尊,而且在民间信仰中不及玉皇大帝那样有权势,但在中国的宗教和民俗文化中无疑仍占有非常重要的地位,历代都是官方和民间祭祀的重要对象,在各地建有大量庙宇和宫观。在众多宫观中,老君像常常是一副皓首白发、慈颜微笑的神情,手摇太极扇,象征着世界已经初步形成的"太初"状态。因为太上老君的正式尊号为"太清道德天尊",所以一般主祀他的宫观称作太清宫、老君殿或老君庙。其中比较著名的有成都的青羊宫、河南鹿邑的太清宫、沈阳的太清宫和陕西周至县的楼观台。成都的青羊宫传说是太上老君和尹喜相会之处。当年老子为关令尹喜作《道德经》以后,临别时说:"子行道千日后,于成都青羊肆寻吾。"三年后,尹喜如约前来,果然在大官李氏家见到一童儿模样的老君。老君显现法相,汇集众仙册封尹喜为文始先生,证位为无上真人。以后,青羊宫便成为神仙聚会、老君传道的地方。青羊宫建于唐末,明末毁于战火。清康熙年间重建,以后多次进行过大规模的修葺。1982年,被国务院定为全国道教重点宫观之一。河南的太清宫位于鹿邑县城东 5 公里的太清村隐山上。此地原属楚国苦县,被认为是老子的故乡。因此鹿邑太清宫是太上老君的祖庭之一。太清宫创建于东汉延熹八年(公元 165 年),唐代时占地八百亩,气势宏大。现存建筑大多是清初重建的。大殿侧供有一根 1 米多高、小碗口粗的铁柱,传

---

① "丹经"是道教用语,原指丹书墨箓,即以墨书写符文的朱漆之简,后泛指道教炼丹之书和其他道教经书。

说是老子的"赶山鞭"。殿东有一口"九龙井",传说是老子出生时九龙取水沐浴处。沈阳的太清宫创建于清康熙二年(公元1663年),大殿中央供奉老子,左右供孔子和释迦牟尼,两旁分别立有灵官和韦驮的神像,体现了全真派最初主张的"三教合一"的主张,是我国比较罕见的"三教同殿"的宗教建筑。陕西楼观台是太上老君的另一处祖庭。道教传说当年老子骑青牛西行,途经函谷关。关令尹喜在此结草为楼,登楼观气,忽见紫气东来,吉星西行,他预感到有圣贤过关,于是前往恭迎老子至楼观,执弟子礼,于是老子传授给他《道德五千言》。因此楼观台被后世尊为道教的发祥地。楼观台现存的道教遗迹有老子墓、说经台、系牛柏、吾老洞等。

3. 灵宝天尊

灵宝天尊是三清中排位第二的尊神,一般又被称为"太上道君"或"上清灵宝天尊"。灵宝天尊尽管地位很高,但由于来历不是很清楚,影响较元始天尊和太上老君要小得多,享受的香火也比较少。一般在道教官观的三清殿中,灵宝天尊常常居于元始天尊的左侧,手持太极图或是玉如意,象征着世界从无形向有形过渡的"混元"状态。

(二)四御

就如同人间的帝王有宰相辅佐一样,天界的三清尊神也有天神辅佐。这就是在道教尊神中地位仅次于"三清"的四位天帝——"四御",又称为"四辅"。

1. 玉皇大帝

提起玉皇大帝的名字,相信在中国绝对可以算是家喻户晓。凡是读过小说《西游记》的人一定对其中那个老是端坐于天庭之上,动辄对天界、冥府的神灵发号施令的玉皇大帝印象十分深刻。其实在道经中,这位尊神的名称很长,叫"昊天金阙无上至尊自然妙有弥罗至真玉皇上帝"。道教几乎将所有表示尊贵的词汇都用来形容玉皇大帝,可见其地位的显赫。玉皇大帝住在太微玉清宫,又称通明天宫。他总管天地人三界,主持天道,总御万灵,造化万物,是"四御"中的最高神。关于玉皇大帝的来历,道教还有一个光严妙乐国王子修道成仙的故事。传说古代有个光严妙乐国,国王叫净德,王后叫宝月光。国王长久无嗣,于是下诏全国道众为其向神仙祈求。不久,王后宝月光梦见灵宝天尊(一说是太上老君)送了一个婴儿给她,觉而有娠,后来就生下一个儿子。这位王子自小体恤民情,常常开仓救济穷人。即位后,放弃王位,到山中修道,后终于修成正果,成为玉皇大帝。这个故事明显带有模仿释迦牟尼修佛事迹的痕迹,显然是为了进一步抬高玉皇大帝的地位而杜撰出来的。

虽然,在道教的神仙谱系中玉皇大帝的地位不及三清尊神,但实际上在民间玉皇大帝的名声和威望远远在"三清"之上。民间有所谓"天上玉帝,地上皇帝"的说法。既然玉皇在天界拥有至高无上的权力,统治着天神、地祇、人鬼三界,那么在民间信仰中,他就等同于最高天神,是天上的皇帝。因此几百年来,"玉皇信仰"在我国各个地区普遍流行,各地都建有为数不少的玉皇观和玉皇庙。其中最著名的是北京白云观的玉皇殿和东岳泰山的玉皇观。白云观的玉皇殿始建于清康熙元年(公元1662年),面宽五间,是歇山式建筑。殿内神龛供奉着康熙时期的玉皇大帝像。玉帝身着九章法服,头戴十二行珠冠冕旒。神龛挂有百寿幡,原为庆祝慈禧太后六十大寿之用,后来敕赐给了白云观。两壁挂有南斗六星、北斗七星、三十六帅、二十八星宿等八幅绢丝工笔彩画。大殿两边还有铸造于明万历年间的六尊铜像,分别是玉帝阶前的左辅、右弼二侍臣和四大天师,铸造精美,形态逼真。泰山的玉皇观建在泰山的最高峰天柱峰上。由于峰上有玉皇观,天柱峰又被俗称为玉皇顶。在玉皇观院内有一块极顶石,又叫巅石,是泰山的最高处,上刻有"极顶"及海拔高度"1545米"等字样。玉皇观创建于明代以前,古称太清宫,建筑古朴,上覆铁瓦,正殿中供奉玉皇大帝。由于地处东岳最高处,玉皇观有不少历代帝王封禅的遗迹。如玉皇观的西南侧竖有一块高大的"古登封台"的石碑,据考证这就是古代帝王封禅告祭的封祀台遗址。

除修建祭祀供奉玉帝的建筑以外,道教还将每年农历正月初九的玉皇诞辰作为重要道教节日来庆祝。传说玉皇每年从农历腊月二十九至其诞辰日期间会下凡到各地考察巡视,并接受世间民众的祝愿恭贺,因此道观届时会举行盛大的道场,进行祈祷,诵《玉皇经》,上《玉皇表》,以祝愿国泰民安、风调雨顺、香火绵延。同时,众多香客也将进山门道观,敬香还愿,以求岁岁平安,丰衣足食。玉皇在享受到人间香火供奉以后,要在诞辰吉日下午返回天宫,道人、香客自然又要举行盛大的送驾仪式。由于各大道观纪念玉皇诞辰的场面十分壮观,许多游客慕名前来一睹盛况,这已经成为我国宗教文化旅游中的一种独特景观。

玉皇大帝对我国的民俗也有很大的影响。在我国的宝岛台湾至今还保留着一种有趣的风俗。当地人认为玉皇不仅能左右人的命运,而且还掌握着一切生物的成长和发育。因此有男孩的家庭,尤其是有16岁以下男孩的家庭,家里有多少这样年龄的男孩,就要供奉多少"灯座",一定时间后烧掉。据说这是为了回报玉皇大帝赐给这个家庭男孩的恩惠,并向其祈求孩子健康成长。

2. 紫微北极大帝

这位天神从名称上就可以看出同古代的星辰崇拜有关。北极是北极星的简称。古人眺望星空,发现在北方有一颗不动的北极星,并知道其他的星都以它为中心井然有序地运行。根据天人感应说,这颗不动的北极星就被认为相当于地上的天子,而其他群星就相当于群臣。因此道教对其十分尊崇,并将其神化为"中天紫微北极太皇大帝"。之所以称为"紫微大帝",主要是因为北极星处于古代天文星图上"紫微垣"的位置。由于紫微垣又叫作紫微宫,后世也将皇帝居住的地方叫作紫禁城。

紫微大帝在"四御"中排名第二。据说是元始天尊的化身,仅受玉皇大帝的支配,掌管天经地纬,统率三界鬼神和山川诸神,能呼风唤雨,役使雷电鬼神。现在四川大足等地还可见到许多紫微大帝的神像。

3. 勾陈南极大帝

勾陈大帝是"四御"中的第三位神。"勾陈"是"紫微垣"中星座的名称,靠近北极星,共由六颗星组成。道教将勾陈六星神化为"勾陈南极大帝"以后,宣称他协助玉皇大帝执掌南北二极和天、地、人三才,统御群星,并主持人间兵戈之事。因此,屡受外虏入侵而又屡战屡败的宋朝朝廷对勾陈南极大帝就极为崇奉。据史书记载,宋朝皇帝在每次大战之前都要到神庙祭祀勾陈大帝以祈求胜利。现存的许多宋代刻造的道教神像中就有不少勾陈大帝的形象。

4. 后土

同其他宗教相比,道教有一个比较显著的特点:不重男轻女。世界上的不少宗教如犹太教、基督教和伊斯兰教中都没有女性神,男性的上帝或真主才是唯一的神。而道教则恰恰相反,不但女性神很多,而且地位也很高,如西王母、九天玄女、碧霞元君等。后土皇地祇也是这样一位女神。她的全称是"承天效法厚德光大后土皇地祇",是四御之一。根据道教的说法,后土娘娘执掌生育、万物之美与大地山河之秀。宋真宗的皇后曾经在嵩山建殿供奉后土神像,并享受同玉皇大帝一样的礼仪规格。目前一些道观仍专门设有后土殿,民间也修建了不少后土娘娘祠。每逢农历三月十八日后土诞辰,大批善男信女会到庙里祭祀礼拜。

(三)真武大帝

真武大帝,又称玄天上帝,也是道教神系中赫赫有名的天界尊神。真武起源于古代星辰信仰——二十八星宿中的北方七宿玄武神。《楚辞·远游》说:"玄武,北方七宿,谓龟、蛇也。"古人认为,玄武七宿在天上自然形成龟、蛇形状,所以将龟蛇视为玄武神的象征。直到北宋时期,玄武神的形象还是龟蛇。北宋真宗为避圣祖赵玄朗讳,将玄武改成真武。到了南宋,人格化的真武神形象才逐渐开始出现。根据道经描述,真武帝君原是净乐国太子,长大成人后立誓除净天下妖魔。15岁时到太和山修炼,得到真人传授无极上道,修炼42年功德圆满,后奉玉帝之命坐镇北方,统摄真武之位。太和山因此更名武当山,取"非玄武不足以当此山"之意。真武大帝声名最显赫、民间信仰最普遍的时期莫过于明代。明朝初期,朱元璋之子燕王朱棣发动"靖难之变",意欲夺取王位。据说在整个政变过程中,真武帝多次显灵助朱棣一臂之力。因此朱棣在登上王位后封真武大帝为"北镇天真武玄天大帝",并大张旗鼓地在武当山修建宫观,建成八宫二观、三十六庵堂、七十二岩庙、三十九桥、十二亭的庞大道教建筑群,使武当山成为著名的道教圣地和风景名胜区。

由于帝王大力提倡,一时间真武庙遍及全国各地,真武信仰在明朝达到了顶峰。

武当山是真武大帝的祖庭,是我国著名的风景旅游区和道教名山。其所供奉的真武主神像,身着龙袍,脚踏云履,手捧宝剑,神态威严,具有帝王气概。相传是明朝时仿照明成祖朱棣的形象铸造的。其他比较有名的真武庙还有昆明鸣凤山太和宫、广东佛山祖庙、四川宜宾真武山等。一般庙中供奉的真武神像,披发赤足,端坐于殿堂之上。旁边还常塑有龟蛇二将或是金童玉女。前者是真武的护卫,后者则是帮助真武记录三界中的功过善恶。

(四) 西王母

西王母是玉皇大帝的夫人,地位相当于人间的皇后,在道教神系中身份位居道教女仙之首。西王母信仰在我国起源很早,其最初形象是一种半人半兽的神物。《山海经》形容她"其状如人,豹尾、虎齿而善啸"。以后,西王母形象逐渐发生改变,据说西周穆王远赴昆仑山见到的西王母已是一副容貌艳丽、雍容华贵的女仙模样。《穆天子传》说周穆王在同西王母相会时竟然"乐而忘归"。此外还传说西王母掌管不死之药,曾给了后羿一些,但被后羿的妻子嫦娥偷食,升天成仙,至今仍孤身生活在月宫中。又传说汉武帝渴望长生不老,西王母曾赐给他4个仙桃,并授长生之道。道教成立以后吸收了这些神话传说中的精华部分,将西王母正式纳入了神仙谱系,尊为女仙之宗。凡是三界十方登仙得道的女仙都归其管辖。而且她还和东王公一起负责群仙的考核升降。凡是升入天界的仙人,只有先见西王母,再见东王公才能进入三清境,拜见元始天尊。后来,西王母又逐渐演化成玉帝的王后,并最终形成了我们现在所熟悉的王母娘娘形象。

值得一提的是,西王母作为我国最早的旅游女神,在我国的旅游史上也占有一席之地。大量神话传说吸引了古代众多旅游者不远万里地寻访西王母的踪迹,希望成为她款待的贵宾。而方士寻找西王母、求不死药的朝圣活动更成为早期宗教旅游的雏形。这些神仙传说作为古代人们不懈追求的精神动力,大大推动了古代旅游活动的开展,确立了西王母在我国早期旅游活动中独一无二的地位。伴随着这些早期旅游活动也出现了大量有关西王母的旅游景观,如山西阳城王屋山的王母洞、福建长乐的王母礁、北京房山的王母祠。这些遗迹都为研究我国的旅游史留下了宝贵的资料。

 特别提示

西王母就是我们现在熟知的王母娘娘,在道教神仙体系中是玉皇大帝的夫人,其身份位居道教女仙之首。值得一提的是,西王母还是我国最早的旅游女神,在中国旅游史上也占有一席之地。

> **拓展知识**

西王母旅游女神的形象在中国古代确立很早。《庄子·大宗师》就将她列为精通游道的旅游大家:"夫道,有情有信……西王母得之坐乎少广",记述了西王母在西方名山少广山的旅游活动。

西王母的这些传闻,无疑会吸引众多旅游者。一睹西王母容颜,有幸作为西王母款待的贵宾,已成为上古时代旅游者的不懈追求。战国以后,西王母逐渐成为体现道家访仙探幽思想的旅游女神,出现了许多有关西王母的遗迹。山西阳城王屋山的王母洞、河北房山的王母祠、西藏冈底斯山的西王母瑶池,这些恐怕都是古代旅游者对自己寻西王母不得的一种心理安慰吧。

西王母作为旅游女神,与其居住的昆仑山的地理特点是分不开的。《山海经·海内西经》:"昆仑之虚,方八百里,高万仞……百神之所在",高山下有离宫别窟,有瑶池甘泉,而瑶池甘泉、离宫别窟,从来都是古代旅游者向往登临的旅游胜地。

(五) 五岳大帝

受五行学说的影响,中国很早就有"三山五岳"的说法。其中的五岳指东岳泰山、西岳华山、中岳嵩山、北岳恒山、南岳衡山。人们相信五岳之中都有山神存在,对五岳山神十分崇奉。道教将五岳山神纳入神系后,从唐宋以后统称为五岳大帝。五行学说认为,东方属木,其颜色为青色;西方属金,为白色;北方属水,为黑色;南方属火,为赤色;中央属土,为黄色,因此道观中供奉的五岳大帝的服饰和神物都必须和五行的颜色相配合,如东岳大帝着青袍,中岳大帝乘黄龙等。有关五岳大帝的旅游景观将在下面"道教名山"一节中具体介绍。

二、神仙

(一) 八仙

在中国民间最广为传诵的道教神仙恐怕非八仙莫属了。中国历史上有不少"八仙",如李白、贺知章等人的"酒中八仙",董仲舒、张道陵等的"蜀中八仙",但这些同道教所传的八仙并无关系。道教的八仙指的是李铁拐、汉钟离、张果老、吕洞宾、何仙姑、蓝采和、韩湘子、曹国舅等八位神仙。八仙之中,有的是传说中的神仙,而有的确实是历史人物,如吕洞宾、张果老。历史上关于八仙的组合和来历有所不同,现在的这八位神仙实际上是经过宋、元等朝的逐渐演变而定型的。

由于八仙具有老、幼、男、女、富、贫、贵、贱等不同特征,因此现实生活中几乎任何人都可以从中得到做人、成仙的启示。无怪乎八仙对中国民间信仰和文化生活有如此之大的渗透力和影响力!自明清以来,民间流传有众多关于八仙的故事,其中尤以"八仙过海""八仙庆寿"最为有名。在我国的不少地区,至今还保留着喜庆日子在大门屋檐下挂八仙图的风俗。而道教宫观中也多绘有或塑有八仙的神像。西安有一座"八仙宫",主殿叫八仙殿,专门供奉吕洞宾等八仙。在山门外的大牌楼前原立有"长安酒肆"石碑,题"吕纯阳先生遇汉钟离先生成道处"。传说吕洞宾在成仙以前一直郁郁不得志。一日在长安酒肆偶遇汉钟离,经他点拨,黄粱一梦后幡然醒悟,从此跟随汉钟离修道,并最终成仙。这个"黄粱一梦"的故事据说就发生在这里。至今在八仙宫的吕祖殿还有一副点评此事的对联,联文是:"溯上界茫茫浩劫神仙不老全凭一点度人心,看下方扰扰红尘富贵几时祗抵五更黄粱梦。"游人至此,怎能不触景生情?

(二) 三茅真君

三茅真君指的是汉代修道成仙的茅盈、茅固、茅衷三兄弟,他们是道教茅山派崇奉的祖师。据道经记载,长兄茅盈自幼喜好清虚,18岁便弃家入恒山修道,拜西城王君为师。以后参访了各地名山洞府,至龟山拜见了西王母,西王母授茅盈玉佩金铛之道、太极玄真之经。茅盈49岁时回家探望父母,父亲怒其远游不归,用拐杖责打他,未料拐杖打在他身上竟折成数段,这才知道儿子学道已成。当时茅盈的两个弟弟茅固和茅衷官拜武威和河西太守,听说兄长学道成仙便辞官跟随茅盈到江苏句曲山修道。他们三人常常不辞辛劳为民采药治病,不取分文,最终都成为神仙。太上老君拜茅盈为司命真君,茅固为定箓真君,茅衷为保生真君,俗称大茅君、中茅君、小茅君,合称三茅真君。从此句曲山改称三茅山,简称茅山。

茅山是道教上清派的发源地,位于江苏西南的句容、金坛两县之间。茅山上有大茅峰、二茅峰、三茅峰,递次降低,由南到北逶迤8公里,传说是茅氏三兄弟乘鹤来此,分居三峰而得名。茅山历来是历代高道修炼之地,是道教第一福地、第八大洞天、第三十二小洞天所在地。茅山道观将三茅真君作为主神奉祀,在大殿中甚至取代了"三清"的地位,这在道教宫观中是十分少见的。大殿后有一"飞升台",据说是大茅君茅盈跨鹤飞升的地方。

第四节 道教名山

如今,道教名山作为我国传统文化中的瑰宝,已经成为我国旅游资源中不可或缺的组成部分。它连同保存下来的建筑、雕刻、绘画、碑刻,以及音乐、服饰、礼仪、养生术等众多道教文化,共同构成了我国特有的道教旅游景观和资源,吸引着四方游客纷至沓来。而对名山文化的解读和鉴赏,实际上正是游人了解和感受中华传统文化的一条捷径。

特别提示

"天下名山僧占多",佛教几乎囊括了中国名胜的一切山头。但人们有所不知,天下名山原来都是道教名山,只是后来在佛教的咄咄逼人的攻势下成为佛教的道场。

拓展知识

道教有"三十六洞天,七十二福地"。许多佛教名山至今依然佛、道并存。我国许多佛教名山,都是先有道教,后有佛教,后来道教衰落,佛教得以兴盛发展。

一、主要道教名山

1. 青城山

青城山位于四川灌县西南15公里,背靠岷山,面临川西平原。方圆二十里内,有三十六峰、七十二洞、一百〇八处胜景。由于此山诸峰环绕,形如城郭;茂林修竹,终年常绿,故名"青城山"。"幽"是青城山的主要特点,故有"青城天下幽"之称。唐代诗人杜甫有诗赞曰:"自古青城客,不唾青城池,为爱丈人山,丹梯近幽意。"青城山是著名的道教发源地,道教十大洞天中的第五洞天"宝仙九室之天"和第五十福地大面山均在青城山。

自从张陵在青城山传道以来,青城山上道教宫观逐渐兴起。相传黄帝访道青城山,拜仙人宁封子为师学道,宁封子为五岳丈人,统管五岳鬼神。轩皇台就是传说中当年黄帝与宁封真人论道处遗址。山中宫观在三国两晋时逐渐兴起,隋唐以后,名观迭起。如今青城山尚存的道教宫观主要有长生宫、建福宫、天师洞(常道观)、朝阳洞、祖师殿、上清宫、圆明宫、玉清宫等,其中天师洞和祖师殿列为全国道教重点宫观。

长生宫 长生宫在青城入山处,是青城山道教主要宫观之一。原系蜀晋时隐士范长生的住所和得道处。他是继张陵在青城山发展道教的重要人物,是蜀晋时期青城天师道的首领,被尊称为"天地太师"。传说范长生活了130多岁,"后隐林谷,不知所终"。此观系蜀汉后主刘禅为范长生所建的,坐落在丈人峰下,上连岩腹,下抵青溪。宫四周有数百株高数十丈的樟楠覆顶如盖。

建福宫 始建于唐开元十二年(公元724年),原叫丈人观,到宋孝宗时才改为此名。传说轩辕黄帝同蚩尤作战,蚩尤作五里迷雾,黄帝请青城山的宁封子助战,在此筑坛拜师,宁封子在战斗中大显神通。他脚穿飞龙靴,冲云破雾,驰骋冲杀,助黄帝打败了蚩尤,战功显赫。黄帝封他为五岳丈人,统管天下五岳名山,后人建观纪念。现宫内建筑系光绪年间重建,为两院三殿。正殿供奉着宁封子、杜光庭两尊彩泥塑像。杜光庭(号东瀛子)是唐末五代文学家和著名道士,原为儒生,屡试不中,入浙江天台山修道,晚年隐居青城山。前蜀王建赐号广成先生,封为蔡国公。他著有《虬髯客传》《玉函经》《洞天福地记》《青城山记》等二十多部著作,内容涉及动物学、植物学、化学、地质学、水文学等知识,对日后的道教研究和旅游开发均有很高的参考价值。后殿殿堂上供奉着三个彩像:中间是太上老君,即老子;左面是东华帝君,即东王公,亦称东王父。据说西王母分管女仙,东王公分管男仙,道家也称他为青灵始老君;右面是王重阳,道教全真派的创立者。后殿殿柱上的一副394字的长对联,据说是全国第三长联,为通江李善济撰书。全联描绘青城洞天胜景,历数神仙逸事,内容极为丰富,堪称一部山志佳作。建福宫西有牌坊式山门,入山门前行数百步有雨亭。亭后是鬼城山遗址,传说是战国时学者鬼谷子隐居之地。鬼谷子长于纵横捭阖之术,有弟子百余,以孙膑、庞涓和苏秦、张仪最有名。

常道观 常道观(天师洞)创建于隋大业年间(公元605—617年),名延庆观,唐改称常道观,宋代又改名为昭庆观,或称黄帝祠。因为观后有天师洞窟,一般人又将其称为"天师洞",是道教第五洞天所在地。此观在唐开元年间曾一度被山下飞赴寺僧人侵占,后唐玄宗特地诏令"勿令相侵",将观退还道人。现存殿宇建于清代,是青城山道教协会驻地。正殿三清大殿,为重檐歇山顶楼式建筑。两旁有"一生二,二生三,三生万物"和"地法天,天法道,道法自然"的铭刻,出自老子的《道德经》。殿中供奉着三清教主,即玉清原始天尊、上清灵宝天尊、太清太上老君。玉清元始天尊手拿混元珠,象征"天地未形,万物未生"的"洪元"状态,为三清之首;上清灵宝天尊怀抱太极图,象征混元;太清道德天尊手持扇子,象征太初,无世不在,无世不存。后殿是黄帝祠,殿前有冯玉祥将军撰书的《轩辕碑》。殿侧是三皇殿,供奉伏羲、神农、轩辕三皇石像。观后峭壁上有一处岩穴,名叫"宝仙九室洞",即道教第五洞天。传说是张道陵到青城山结茅传道的地方,故又名天师洞。今洞中供有唐代石雕张道陵像,故常道观又被俗称为"天师洞"。观内其他景点还有试剑石、掷笔槽等。观内诗词楹联比比皆是。全山200多副楹联,常道观约占其半,形成一个独特的书法展览馆,其中著名的有石刻岳飞书写诸葛亮《出师表》、唐玄宗诏书《唐开元神武皇帝书碑》等。常道观三清大殿是青城山道教主要活动场所,每逢朔望日的早晚,大殿灯火辉煌,香烟缭绕,鼓、磬、笙、箫齐鸣,全山道众向三清尊神顶礼膜拜,演奏庄严、典雅、动听的道教音乐,闻之使人飘然神往。

祖师殿 祖师殿坐落在轩辕峰,始建于晋代,原名洞石观,北宋时一度改名清都观,也称储福观、真武宫。现有殿宇系清代所建,为小巧的四合院式样。殿内有八仙壁画和其他诗文石刻,有一碑字体如龙飞蛇舞,人称"龙蛇体碑"。殿中供奉泰山东岳大帝、真武帝君和铁拐李、吕纯阳、张三丰等道教祖师神像。祖师殿背依玄皇台，面对白云溪，环境极为幽静，历代都有人到此读书。据说唐睿宗女儿玉真公主、金仙公主和杜光庭等著名道士都曾在此隐居修道。两位公主炼丹、烧香用过的飞龙鼎，现存灌县离堆公园伏龙观内。该鼎重约千斤，腹周六龙盘旋，姿态各异。祖师殿南为天仓峰，据说是神天宝库"天仓"所在地。背后金鞭岩传为财神赵公明藏鞭处，是青城山的镇山之宝。

青城山上不但宫观遍布，宛如琼宫玉宇，而且自然景观出众，物产丰富。青城山出产著名的"青城四绝"，即洞天乳酒、青城贡茶、白果炖鸡、道家泡菜，均是地道的道家餐食，具有显著的食疗功效。

2. 武当山

武当山，又名太和山，位于湖北省均县以南，发源于秦岭，为大巴山北脉。武当山地处华中，绵亘起伏，古称"方圆八百里"。山景以雄为主，兼有险、奇、幽、秀等特色，有七十二峰、三十六岩、二十四涧、十一洞、三潭、九泉、十石、九井、十池、九台等风景胜迹。宋人米芾称为"第一山"。明代著名旅行家、地理学家徐霞客盛赞它"气吞泰华银河近，势压岷峨玉垒高"。主峰天柱峰海拔1 612米，犹如一把宝剑，直插云天，有"一柱擎天"之美誉。主峰四周姿态各异的群峰俯身颔首，朝向金顶，形成"万山来朝"的奇观。武当著名的自然景观分"动八景"和"静八景"。动八景是：金猴跳涧、海马吐雾、黑虎巡山、飞蚁来朝、乌鸦接食、梅鹿衔花、雀不漫顶、猕猴献桃；静八景是：天柱晓晴、陆海奔潮、平地惊雷、雷火炼殿、祖师映光、空中悬松、金殿倒影、月敲山门。景致各有佳处，妙趣横生，耐人寻味。

武当山是我国道教著名的福地，传说是仙人隐显之地。战国时的尹喜真人、晋代谢允、唐代吕洞宾、宋代陈抟、明代张三丰、清代王常月等，均曾修炼传道于此；正一道的大茅派、恩赐派、三茅派均在武当山传承衣钵。从此武当山遂成为我国道教名山，并以武当拳发祥地而闻名天下。

武当山秀丽的自然风景天下驰名，宏伟壮丽的道教建筑举世罕见。远在东晋时期，就已有道人在武当山结庐为庵。唐太宗李世民登基后，自称是老子后裔，兴道抑佛，道教庙宇日渐兴盛。贞观年间（公元627—649年），均州太守姚简建五龙祠，揭开了营建武当道场的序幕。宋朝帝王推崇武当真武之神，致使武当山建筑规模更大。到了明代，武当山的建设达到了鼎盛时期。明成祖朱棣自谓得真武大帝荫佑，使他得到帝位，于是封真武为"北镇天真武玄天大帝"，开始在武当山大建宫观。明成祖命工部侍郎郭之进、隆平侯张信、驸马都尉沐昕等，役使军民工匠30余万人，在此大兴土木，长达7年之久，建成了拥有八宫（净乐宫、思客宫、遇真宫、玉虚宫、紫霄宫、南岩宫、五龙宫、太和宫）、二观（复真观、元和观）、三十六庵堂、七十二岩庙的庞大道教建筑群。嘉靖三十一年（公元1552年），又以两年时间予以维修扩建,建筑面积共达160余万平方米,建成殿宇2万多间、70余公里石砌蹬道、39座桥梁、12座亭台。如此浩大的工程规模,在中国宗教名山开发中可以说是仅有的一次,使得武当山"真武道场"的声势达到了顶峰。武当道教古建筑总体的构思和布局体现了神仙思想,单元建筑又包含了阴阳五行思想,建筑选址体现了风水思想,建筑小品中又融入了民俗文化底蕴;从"南修武当,北修故宫"来看,武当山道教古建筑又是皇家建筑文化的反映;从建筑艺术和技巧来看,武当道教古建筑不仅积淀了各朝的建筑风格,而且有些技艺堪称独步,"九曲黄河墙,一柱十二梁"即是其一。总之,武当山道教古建筑的价值之高在世界上都是罕见的。1994年,武当山古建筑群被列入《世界遗产名录》。在其中比较有名的建筑有以下一些:

遇真宫 讲到遇真宫,必然说到张三丰,明洪武年间(公元1368—1398年),张三丰曾在此结庵修炼,名曰"会仙馆"。民间传为"真仙"。明太祖朱元璋、明成祖朱棣多次派人寻访,意欲召见,他却远游全国名山大川,避不露面,正如他的《辞朝命》所述"烧丹炼药归山去,哪有闲人奉圣人"。朱棣无奈,于永乐十年(公元1412年)在此兴建真仙殿、山门、廊庑、东西方丈斋堂等大小殿堂屋宇296间,并赐宫名"遇真",以表示对张三丰这位"真仙"的纪念。这些建筑物虽历经近600年之久,但至今主要部分基本保存完好。主要有琉璃八字山门、东西配殿、左右廊庑、斋堂和真仙殿等。真仙殿为宫之主殿,内供明制张三丰镏金铜像,端坐在一张雕花石椅上,身着布衲草履,头戴斗笠,造型生动,风姿飘逸,富有生活气息。此殿为庑殿顶式,面阔与进深均为三间,梁、柱、斗拱中不少构件,还存留有元代营造的手法,单檐飞展,彩栋朱墙,巍立于崇台之上,益显庄严。遇仙宫院落宽敞,幽雅静穆。宫左有望仙台,右有黑虎洞,山环水绕,似天然城郭。因此,旧日有"黄土城"之称。

磨针井 这是一座纤巧玲珑、布局紧凑的小型道院。其名取自真武大帝刻苦修炼,最后得道的故事。相传昔日有净乐国太子入山学道,因心志不坚,欲出山还俗。至此,见一老妇人,在井边砺磨铁杵,太子觉得奇怪,问老妇人:"磨杵有什么用?"老妇人回答说:"打算把铁杵磨成针",并说,"铁杵磨成针,功到自然成。"太子顿时大悟,复入山苦修,历时42年得道成仙。这就是道教供奉的真武大帝。磨针井也因此而得名。据说,这位磨杵的老妇人就是道家玉虚圣祖紫玄君的化身。这所小型道院的主体建筑系八开间的殿堂,殿内供真武大帝青年时的坐像。殿前立碗口粗的铁杵一对,乌黑发亮,象征老妇人当年所磨之杵。

紫霄宫 该宫位于天柱峰东北展旗峰下,是武当山保存最完整、规模最大的宫观,也是武当山道教协会所在地,始建于明永乐十一年(公元1413年),至二十一年(公元1423年)落成。紫霄宫分中、东、西三路,紫霄宫中路建筑为四进,依次为龙虎殿、十方堂、紫霄大殿、父母殿。紫霄殿正中神龛内供奉着身着龙袍,脚踏云履,手捧宝剑的真武坐像。另有明代御制铜镏金真武坐像四尊,一为武身,另三尊为老、中、青坐像。龛下左列四大神君：金童、天罡、岳天君、温天君；右列四大神君：玉女、太乙、赵天君、关天君，都为铜铸镏金。殿的左右供奉不同大小的二十八尊真武神像。龙虎殿内青龙、白虎泥塑像侍立两旁，各高丈余，怒目圆睁，龇牙咧嘴，身着甲胄，手持戈戟，形象威武，象征守门神，使人望而生畏。紫霄殿后为父母殿，殿内正中的神龛上供奉真武神的父母。紫霄宫现为全国重点文物保护单位和全国道教重点宫观。

南岩宫 南岩是武当三十六岩中风景最美的一岩。南岩宫位于紫霄宫西约2.5公里处，山岭奇峭，林木苍翠，上接碧霄，下临绝涧。唐宋以后曾有道士居住，元明两代均在此建过道观，现仅存元建石殿，明建南天门、碑亭、两仪殿等建筑，及元君殿、南熏亭等遗址。景致引人入胜，古有"路人南岩景更幽"之誉。在危岩峭壁之中，镶嵌着建于元延祐元年（公元1314年）的真庆宫（又称南岩石殿）。整座建筑为石砌仿木结构，全部构件均用石材雕琢、拼砌而成。站立在殿前廊道，只见绝涧千丈，深不可测。石殿崖前，有浮雕云龙石梁，长2.9米，宽约30厘米。石梁悬空伸出栏外，前端雕有扬首双龙，顶端置一小香炉，下临陡峭绝壁，这就是著名的"龙头香"。往日不少朝山香客，为了表示虔诚，必膝行其上，敬烧"龙头香"，偶一失足，便坠入深涧丧生。这种烧"龙头香"的陋习直到康熙十二年（公元1673年）才被正式禁止。

太和宫 全称"大岳太和宫"。"大岳"取义为大于五岳；"太和"就是"道"。太和宫建于明永乐十四年（公元1416年）。该宫共有建筑520间。太和宫正殿一间，内供奉真武神，下列六部天君。殿门横额书"大岳太和宫"。宫前为朝圣殿，殿的两侧为钟鼓楼。正殿对面有"小莲峰"，上建有转运殿，殿内置放一座小巧玲珑的铜殿，是我国现存最早的一座铜殿，极为珍贵。原来放在天柱峰顶，明永乐年间因其规模小移置于此。

金殿 金殿耸立在仅20多平方米的天柱峰峰顶上，故又称金顶。此殿是用21吨精钢和30公斤黄金铸造的。在北京铸成部件，以大型马车和船只运至武当山巅，再拼焊而成，流光溢彩，金碧辉煌，虽历经500余年风雪雷电的侵袭，至今仍光彩夺目，宏丽如初。这座建于明永乐十四年（公元1416年）的大殿，是我国现有最大的古铜建筑物。大殿面阔进深均为三间，高5.54米，宽4.4米，深3.15米，重檐叠脊，翼角飞举。殿内宝座、香案和陈设器物，也都是铜质金饰。宝座上重达10吨的真武帝君坐像，着袍衬铠，披发跣足，衣纹飘动，风姿魁伟，侧侍金童玉女，拘谨恭顺，娴雅俊逸，水火二将，列立两厢，勇猛威严，表情各不相同。全部建筑堪称我国铜铸艺术珍品。金殿周围被一圈高大城墙围绕，长达500米，称紫禁城。城垣由每块重达千斤的长方形花岗岩依山势砌成，四面有城门和门楼，但东西北三门都面临绝壁，仅南天门为上下路口。城垣建于明永乐二十一年（公元1423年），历500年风雨而无损,至今仍雄伟壮观。金殿现为全国重点文物保护单位。

武当山道教文化内容丰富,除了道教建筑以外,还包括道教武术、道教音乐、道教法事、道教药膳等。2004年起武当山风景区新添了逍遥谷探幽、武当武术表演、道家斋饭品尝、养生茶道欣赏等旅游项目。特别值得一提的是蜚声海内外的武当拳。武当拳为著名道士张三丰所创建,以御敌为主,非困不发,纯用内功,所以属于以柔克刚、以静制动的内家功。武当拳尤其注重内涵与修身养性,只要持之以恒,确实可以收到防病保健、延年益寿之功效,是我国珍贵的文化遗产,在国际上也享有广泛声誉,素有"南崇武当,北尊少林"之说。近年来武当山不但成功举办了数届武当武术文化节,而且在海内外也进行了几次成功的武术表演,既弘扬了中华传统武术文化,提高了武当武术的知名度,又增加了武当山对海外游客的吸引力。

3. 龙虎山

龙虎山是道教正一天师的祖庭,位于江西省鹰潭市南20公里处。道教称之为第三十二福地,相传龙虎山旧名锦山,自张天师携弟子在此炼九天神丹,丹成而龙虎现,故名龙虎山,龙虎山山状亦似龙虎。

龙虎山名胜古迹众多,山水秀丽。沿龙虎山山前上清溪上溯或顺水而下,沿岸奇峰碧水,二十四胜迹,九十九峰,风光旖旎。特别是从龙虎山至仙水岩一段,青山碧水,怪山奇峰,惟妙惟肖,充满了神话色彩。山崖绝壁间留有不少古人的摩崖石刻,如"仙岩环翠""玉璧凌空""鹤归留影""仙踪缥缈""神仙可接""半天仙迹"等。散布在悬崖峭壁上的还有上百座距今2500年前春秋战国时的岩墓悬棺,巧妙地被安置在距地面或水面20~50米处。受道教文化的影响,历代文人雅士纷纷前来寻胜探幽,访道参玄。如唐代的皮日休、吴筠,宋代的王安石、陆九渊、文天祥,元代的赵孟頫,明代的宋濂等,他们均在此留下了许多的诗文和题刻。

根据道书记载,汉代道教教祖张道陵创教于四川鹤鸣山,到了晋代,其第四代孙张盛自汉中移居江西龙虎山。到唐代张道陵的第十五代孙张高被封为"祖天师",此后"天师"成为张氏世袭封号。张氏至今已掌管正一道1800多年,有"南国第一家"之称。南唐保大年间(公元943—957年),在此始建天师庙。宋徽宗崇宁年间(公元1102—1106年),敕修并改名为"演法观"。明嘉靖年间(公元1522—1566年),对龙虎山进行大规模修建,并改名为"正一观"。建有三重大殿和钟鼓楼、丹房等房舍。主要供奉张道陵天师及王长、赵升二真人。清代也多次重修龙虎山庙宇。历代曾先后建有十大道场、八十一座道观、三十六座道院,龙虎山也因此成为张天师和正一道的祖庭,在道教史上有很大的影响。目前现存的有两处主要建筑即天师府和上清宫,分别为历代天师起居和演教之所。

上清宫 亦称大上清宫,位于贵溪丰清镇东1公里,距龙虎山8公里,传为群龙集结的宝地,周围有天门山、台山、乌剑山、狮子山、冲天峰、应天山、西华山、乌龟山和圣井山九座山，恰似长龙朝上清宫游集。此地原为张陵天师草堂，第四代天师张盛在此置传箓坛，于三元日升坛传箓。唐会昌年间（公元841—846年），始建"真仙观"，宋大中祥符五年（公元1012年）敕修，改名为"上清观"，"上清"之名遂在龙虎山流传至今。宋徽宗笃信道教，于政和三年（公元1113年）升上清观为"上清正一宫"。南宋皇帝赵昀敕第三十五代天师张可大提举三山（龙虎山、茅山、阁皂山）符箓，对上清正一宫又进行了修建。明朝特别重视正一道，洪武五年（公元1372年），敕第四十二代天师张正常永掌天下道教事，对上清宫进行了大规模的扩建。清康熙二十六年（公元1687年），又敕为"大上清宫"，并御书匾额；雍正九年（公元1731年），在修建龙虎山正一观的同时，并对上清宫进行了最后一次大规模的修建。上清宫是历代天师传教授箓的主要宗教活动场所，也曾是道教活动规模最大的宫观，素有"神仙仙都""百神受职之所"等美誉。整个宫观形似皇宫，相传只比皇宫低1.8尺，是道教的行业神鲁班的杰作。但因屡毁于天灾兵祸，现仅存门楼、午门、钟楼、下马亭、东隐院、盘龙街等遗址。在今上清宫遗迹中有一口圆井，据说就是《水浒传》第一章中提到的那口大名鼎鼎的镇妖井。当年宋仁宗派洪太尉到龙虎山上清宫，宣请张天师赴京城祈禳瘟疫。可是洪太尉却莽撞地让人把覆盖在镇妖井口的青石板揭开，只见一道黑气从井底冲出，在天中化作百道金光，四散而去。原来井里镇锁着的是三十六员天罡星、七十二员地煞星。于是演绎出一段梁山泊一百〇八条好汉的故事。

天师府 天师府位于贵溪市上清镇中街，全称"嗣汉天师府"，又称"大真人府"，是历代天师的起居之所。始建于唐玄宗天宝七年（公元748年），宋崇宁四年（公元1105年）改建于上清镇关门口，赐额"真人府"。元延祐六年（公元1319年）迁至长庆坊。明洪武元年（公元1368年），朱元璋赐白金十五镒，由第四十二代天师张正常在今址重新修建。现存天师府的殿堂楼阁多为清乾隆至同治年间根据旧制重建和修葺。天师府现占地面积3.2万平方米，建筑面积达1.2万平方米，是王府式的建筑群。整座府第主要由头门、二门、三省堂、万法宗坛、玄坛殿、灵宫殿、花园、百花塘等建筑构成。整个府第建筑以三省堂为中心，分中、东、西三路，呈八卦形，这是道教独有的建筑风格。现为国家重点文物保护单位和重点道教宫观。

天师府府门（头门）临溪耸立，门楣上悬挂着一块镶金直匾额，上书"嗣汉天师府"5个大字。府门前，一对形似麒麟而名为"年"的石兽蹲伏在东西的石座上。府门为新修双层五开间建筑。门柱有一抱柱槛联，为明代书法家董其昌所书，联文为"麒麟殿上神仙客，龙虎山中宰相家"，以显示天师府在道教历史上的地位。二门距头门120步，建于清同治四年（公元1865年），现已修复一新，门楣上悬挂"敕灵旨"直匾。二门12根大木柱间设门六扇三道，门上画有秦琼、尉迟恭、杨林、罗成、程咬金、单雄信六尊像三对门神。画像色彩鲜艳，工笔精细，并饰有小镜片等物，显得威风凛凛。这些道教的门神也是民间门联中经常出现的。进入二门有一大院,院内甬道中有一古井,名"灵泉井",或称"丹井""法水井"。据传系南宋道士白玉蟾奉天师法旨所建,为天师做祈晴祷雨法会时,专供提取净坛所用"法水"的井泉。沿灵泉井向前为1992年新建的玉皇殿,占地600多平方米,为重檐歇山式建筑,是府内最高最大的一殿。殿内正中供奉8米高的玉皇大帝坐像。玉皇殿原址为大堂,是天师实施道政的地方,堂内摆设颇似公堂。在大院内还有两件重要文物,一为赵孟頫手书的《敕赐玄教大宗师张公碑》,玄教即道教,主要记述龙虎山道士张留孙的事迹。碑体高大,龙额龟首,字体流畅,苍劲有力。既是研究道教历史发展的珍贵资料,又是书法艺术的珍品。另一件文物为重9 999斤的"上清宫大铜钟"。钟高一丈,中围长一丈八尺,钟唇厚三寸九分。钟体布满铭文,至今清晰可见。穿过大院,西部为"万法宗坛"建筑群,东部即三省堂,是历代天师的住宅,为典型的江南院落式建筑。它是天师府的主体建筑,面积约2 000平方米,分前、中、后三厅和东西廊房及花墙厢房,建筑华丽。前厅为客厅,中央有直径三尺五寸的翠绿色太极磐石一块,时逾数百年,而色泽犹艳,名为"迎送石",历代天师迎送客人,到此止步。殿内正中供奉第一代天师张道陵神像。中厅又称狐仙堂,相传是张天师祀奉"狐仙"的地方。后厅则是天师的食宿生活区。后厅背后是灵芝园,乃天师散步、品茶、纳凉之处。被称为"万神集聚"的"万法宗坛"建筑群是张天师在私宅内祀神之处,面积约1 200平方米。正殿名"三清殿",殿内供奉"三清""四御""三官大帝"等神像。东西两配殿,东为灵官殿,殿内供奉道教护法神王灵官;西为玄坛殿,殿内供奉财神赵公明。院落内有三棵罗汉松,其中一棵已有800年树龄,堪称稀世奇珍。

4.三清山

三清山位于江西上饶地区玉山县和德兴市之间。该山因有玉京、玉华、玉虚三大主峰并列,犹如道教玉清、上清、太清三位最高尊神列坐其巅,因而取名为三清山。玉京峰是其最高峰,海拔1 817米。山上很早以前便有羽人丹士的活动;道教兴起以后,道士在山上修炼的活动更加频繁。传说晋代著名的道教理论家、医药家葛洪曾在三清山上炼丹修道,现山上遗留不少关于他活动的古迹,如"炼丹炉""丹井""结须石"等。明朝时德兴邑人王祐保护了葛洪的炼丹遗迹,并创建三清宫、龙虎殿等数十处道教建筑,从山脚到山巅,铺设了长10公里的石级磴道,至今基本完好。

三清山现存的道教建筑,主要分布在风门至"三清福地"的登山古道沿线。从风门上山,途经陡若天梯的众妙千步门、冲虚百步门、南天门等,可看到天门石坊和华表,华表上刻联曰:"高凌云汉江南第一仙峰,清绝尘嚣天下无双福地。"入内即是"三清福地"。这是一个海拔1 526米的山间小盆地,四面山岭环抱,中间较平。

整个福地以三清宫为主体,建于盆地南侧龟背山下的龟背石上。坐南朝北,背负玉京峰,面朝紫烟石,西有飞升台。正殿前立小巧的石坊,上刻"三清宫"三个大字,正殿大门上书"三清福地",大门两边刻有"殿开白昼风来扫,门到黄昏云自封"的对联。殿内正中神龛供奉石刻三清像,后殿为观音堂。整座建筑除屋顶以外,均为花岗石砌成,殿前的香炉等也是用石头雕出来的。宫前还有清华、涵星、净衣三大水池,面积达10余亩,长年有水,水平如镜。背后是成片郁郁葱葱的黄山松,清幽雅静,"福地"之名当之无愧。在这块福地附近,还有葛洪炼丹井、龙虎殿、风雷塔、纠察府、九天应元府、演教殿、方士羽化坛、倒挂石棺的詹碧云藏竹之所等建筑和一些道教的石雕石刻,反映了葛洪来三清山的活动情况。三清山的古建筑大多用花岗岩石块干砌,造型古朴,线条简洁,因山就势,因岩而起,完全根据岩石的天然形态,略施斧凿,使其和岩石融为一体,似从石中跃出。这些简朴的人文景观与岩质粗重、坚硬浑厚的花岗岩景观相协调,体现了道教追求清淡、自然的情趣。

  历史上的道教名山三清山,由于地处偏僻、交通闭塞,近代曾被冷落多年。如今已被列为国家重点风景名胜区之一,并大力开发交通旅游设施,成了华东地区新兴的旅游热点之一。今天的三清山又开发了一些新的景区,如阳光海岸、三清宫等,以及信江源头冰玉洞、千年道教文化精粹玉灵观、古树名木环绕的西华台等新游线。特别是国内第三大观景索道——金沙索道2008年3月的建成通行,以及宾馆、农家乐等休闲配套设施的完善,使素有"江南第一仙峰"之称的三清山更具旅游魅力。

二、其他道教名山

1. 茅山

  茅山在江苏省西南部的句容、金坛市之间。其山形如"已"字,故名句曲山,又名冈山、地肺山。主峰大茅峰,海拔372.5米,二茅峰、三茅峰递次降低。山势由南向北逶迤8公里,东西宽约4公里,总面积约32平方公里。茅山虽不高,但很有名山特色,多奇峰、异洞、名泉、美池,有九峰、二十六洞、十九泉、二十八池之胜景,是道教第一福地、第八大洞天、第三十二小洞天所在地。相传,西汉景帝年间渭城茅氏兄弟来此修道成仙而得名。茅山道院始建于西汉,素以"宫观甲天下"著称,是东南道教中心。

  奇异的自然生态环境,丰富的物产和悠久的历史,使茅山自古就成为方士、神仙家所附会的"神仙世界",成为古代道家人士所热衷的旅游、养生、炼丹的场所。其中比较著名的有茅氏三兄弟(茅盈、茅衷、茅固)、葛玄、葛洪、陶弘景等人,尤其是号称"山中宰相"的陶弘景,不但精于儒释道三家理论,而且在自然科学方面也涉足甚广。他在茅山炼丹的过程中发明了"灌钢"炼钢法,即在炉中杂置生熟铁、生铁熔后注入熟铁中,然后反复加热锤打,炼成质量较纯的钢铁。这一发明,对我国古代钢铁冶炼技术的发展起了很大的作用。

茅山道观始建于南朝,宋代是其发展的鼎盛期,除"三宫五观"(崇禧宫、九霄宫、元符宫和仁佑观、德佑观、白云观、玉晨观、乾元观)傲居茅山各处外,其他庵院更是遍布前山后岭。宋元时期,计有宫、观、庵院257房,殿宇房屋多达5 000间左右,道众最多时有数千人。其中,三宫传正一派道教,五观传全真派道教,但三宫五观都供奉"三茅真君"。抗日战争时期,茅山成为苏南抗日革命根据地。"乾元观"的"宰相堂"和"松风阁"为新四军第一支队司令部和政治部所在地。1938年9月,日军对茅山根据地进行扫荡,除九霄宫、元符宫保存下部分建筑外,"三宫五观"的宫观楼宇几乎全部被日军焚毁,三十多名爱国道士被残杀。新中国成立后,茅山各宫观合并为茅山道院。1982年定为全国道教重点宫观。千百年来,茅山虽历经沧桑,却盛名不衰,目前已形成了以顶宫、印宫、老子神像、仙人洞、新四军陈列馆、苏南抗战胜利纪念碑、高科技农业观光园等景点为主体的旅游群。

茅山道士历来有研究医学的传统。他们所研制、发现的中草药在《本草纲目》中有记载的就多达380多种。其中以苍术最为出名,为历朝的贡品,其药效是燥湿健脾,是主治湿阻脾胃、胸腹胀满、腹泻、湿痹、足膝痿软等症的良药。由于皇室的需求量大,茅山的方士、道士们不得不进行人工培植。茅山还出产菖蒲、黄精、何首乌、党参、沙参、桔梗等有名药材,因此茅山有条件根据自身情况,因地制宜地开发一些以道教药膳为主题的专项文化旅游项目。

2. 泰山

中国名山,五岳为尊;五岳名山,泰山为首。泰山主峰在山东泰安县城北,其极顶玉皇顶,又称天柱峰,海拔1 545米,仅次于五岳中的华山和恒山,居五岳之第三位,有"五岳之长""五岳独尊"的称誉。由于地处封禅理论的发源地——战国齐鲁之地,又在交通便利的东部沿海,泰山受到历代帝王的敬重,据传夏、商、周三代已有七十二位君主来泰山祭祀;古代帝王常常出于政治上的目的,在登基之初或太平之岁,来泰山举行封禅大典,祭告天地。另外,按照五行的说法,东方属木,代表春季,象征着万物更生、阴阳交替。所以秦皇、汉武以后,历代帝王都把泰山奉为凌驾于其他高山之上的群山之祖,每次封禅告祭,不是建庙塑神,就是题字刻石,使泰山既有天地造化之自然神秀,又有巧夺天工的艺术瑰玮。长期的开发建设造就了泰山如今雄、大、博、显的名山特色,堪称东方文化的露天博物馆。1987年联合国教科文组织将泰山列入《世界自然与文化遗产名录》,泰山从此走向世界,成为全人类的共同财富。

由于风景秀丽,泰山很久以前就被认为是神仙居住的仙境,是神仙家和方士重要的活动场所。但道教正式创立以后,在泰山的发展却落后于佛教。东晋穆帝永和七年（公元351年），高僧郎公在泰山东北的昆瑞山首创郎公寺，佛教正式在泰山开始发展。道教最初与佛教并存于泰山，但后期发展速度明显超过佛教。这是因为道教非常注意融合当地民间信仰（如碧霞元君信仰），所以特别容易为当地民众所接受。历代统治者出于政治目的的考虑，对道教也大加扶植。各代均在泰山大肆修葺道教宫观，而佛教则备受冷落。清代以后，佛教在泰山的发展逐渐走向衰落，有的寺院甚至连僧侣们起码的生活都无法保障。因此，泰山上虽然也有佛寺，但始终是道教占优势。清代以后，更是形成了以东岳大帝和碧霞元君为首的道教宫观一统天下的局面。所以泰山上流传至今的著名建筑大多是道教的宫观祠宇，如扇子崖元始天尊庙；太阳庙（祀太阳神）；太阴庙（祀月亮神）；岱庙、岱岳观（祀东岳大帝）；青帝宫（祀伏羲）；壶天阁碧霞君殿、灵应宫、红门宫、碧霞祠（祀碧霞元君）；玉皇阁、玉皇观（祀玉皇大帝）；王母池、万仙楼（祀西王母）；关帝庙（祀关羽），等等。在以上这些宫观中，最负名望的要数祭祀东岳大帝的岱庙和祭祀碧霞元君的碧霞元君祠。

岱庙 "秦既作畤""汉亦起宫"的岱庙是历代帝王举行封禅大典和祭祀东岳大帝的地方，唐以前已有一定规模。经唐、宋增修扩建，形成了总面积达96 439平方米的古宫殿式建筑群，约占原泰安城的1/4。庙内有数重大小宫殿，庙周建筑了一道长约1.5公里的围墙。其总体布局以南北为中轴，分中、东、西三路，两侧配有殿庑、廊亭。设有八门，南向正门为正阳门，东西有两个掖门。东门是青阳门（也称东华门），西门是素景门（也称西华门），北门是鲁瞻门（也称后宰门），以及前部的仁安门、配天门。

主殿天贶殿与北京故宫的大和殿、曲阜孔庙的大成殿，同为我国著名的宫殿式建筑。天贶殿在三大宫殿中是建筑最早的，根据《宋史》所载，大中祥符元年正月和六月，先后在承天门南鸱尾上及泰山醴泉北发现"天书"，因此，宋真宗于十月东巡，封禅泰山，第二年敕建此殿，殿名"天贶"，意即上天赐予的意思。该殿长达48.7米，宽19.79米，高22.3米，矗立在高达2.6米的石砌雕栏平台上，总面积800平方米。面阔九间，进深四间，重檐歇山顶，上覆黄色琉璃瓦，显得高大雄伟，气宇不凡。大殿正中供奉东岳大帝彩塑像。东岳大帝是道教五岳大帝之首，掌管人间贵贱、生死，为百鬼之主帅，所以往往是一副权势显赫、不怒自威的形象。大殿北、东、西三面墙壁上有巨幅壁画，名为《泰山神启跸回銮图》，描绘了东岳大帝出巡的盛况，高3.3米，长62米。东部壁画为表现大帝从宫中出巡的"启跸图"，西部是表现大帝回宫的"回銮图"。壁画相传为宋代的作品。其场面之大、内容之广，在我国古代壁画中实属少见：启跸图中的人物共299个，回銮图中的人物共331个。画中人物的身份、姿态各异，形象十分生动。甚至众多的马匹、骆驼、狮子、白象等也都形态不一。画中间插山岭、树木、河流、亭台楼阁，布局严谨，笔法流畅，令人叹为观止。天觇殿左侧有一铜亭,与北京、昆明和湖北武当山的铜亭合称我国四大铜亭,造型端庄浑重,工艺精巧。与铜亭相对的是一座明代铁塔,造型质朴,与铜亭相映成趣。

岱庙至今保存有历代碑刻170余方。其中以距今已有2 200年历史的秦二世"泰山刻石"最为珍贵。公元前209年,秦二世胡亥东封泰山时,令丞相李斯用小篆刻写,内容是赞颂秦始皇的功德。原有222个字,但是现仅存"臣斯去疾昧死臣请臣矣"10个残字。这块"泰山刻石"是中华民族的稀世珍宝,2 000多年来一直受到各界的重视。宋代欧阳修、黄建均为它写过"跋"。

碧霞元君祠　除了岱庙,泰山上最重要、保存最完整的道教建筑就是碧霞元君祠,现为全国道教重点宫观之一。创建于宋真宗大中祥符二年(公元1009年),清乾隆三十五年(公元1770年)始用此名。整个建筑总面积2 900多平方米。

碧霞元君祠的主体建筑是碧霞元君殿,大殿为五楹,高14.25米,长24.75米,宽13.8米,重檐八角,飞檐画栋,气度不凡。殿顶由360垅铜瓦组成,象征着旧历一年360天,也即所谓"象周天之数"。大殿正中为碧霞元君的鎏金大铜像,凤冠霞帔,面目端庄,神态安详。殿内还悬挂有雍正、乾隆皇帝分别御书的"福绥海宇""赞化东皇"的巨型匾额。为了防止大风暴雨雷电的破坏,碧霞祠的左右配殿和山门的盖瓦都是铁铸的,而正殿则为铜顶,其盖瓦、鸱吻等饰物均为铜铸,仅一个大吻就有一吨多重。在铜瓦上还铸有蛟龙水兽的形象,以震慑火灾。在主殿的左右配殿内还供奉有"眼王娘娘"(专治人眼疾病)和"送生娘娘"(主管生儿育女)。

碧霞元君是道教所尊奉的女神之一,传说是东岳大帝之女。道教称为"天仙玉女碧霞元君"。我国民间称碧霞元君为"泰山娘娘"。相传泰山娘娘能为众生造福,消病攘灾,还能保护妇女儿童,使妇女多子。旧时民间妇女信仰泰山娘娘的人很多,每年春夏两季前来泰山朝拜碧霞元君的信徒成千上万,近者数百里,远者数千里。泰山道教宫观香火鼎盛,或多或少表现了旧时妇女追求自身利益的愿望。

近年来泰山新开发了天外村游园、岱庙泰山石刻园、岱顶仙泉、鲁班洞等新景点。2008年农历正月十四,还在岱庙举办了"首届泰山迎春祈福元宵灯会","华灯展泰山景点之精华,光影绘泰山文化之荣光",美轮美奂的花灯与特色各异的泰山新老景点交相辉映,给游人带来全新的文化艺术体验,也体现了泰山深度挖掘文化资源不断提升旅游吸引力的创新精神。

3.崂山

崂山是我国著名的道教名山,位于黄海之滨,主峰1 133米。它拔海而立,山海相连,山雄峡险,水秀云奇,宫观星罗棋布,素有"海上名山第一""道教全真天下第二丛林""神仙窟宅""灵异之府"等称号。过去最盛时有"九宫八观七十二庵",崂山道士更是闻名遐迩。著名的道教人物丘长春、张三丰等都曾在此修道。景区包括巨峰、登瀛、流清、太清、上清、棋盘石、北九水、华楼等风景游览区。原有道观大多毁坏,保存下来的以太清宫的规模为最大,历史也最悠久。

巨峰 又称崂顶,海拔1 133米,为崂山的主峰,是崂山九大风景游览区中最高、最险峻的一个景区。"巨峰旭照""崂山火球""云南奇观""巨峰佛光"为其四大奇观。巨峰为中国观日出最早佳境之一,观"日出海上",唯崂山独具。

华楼峰 崂山三大奇石之一,古称聚仙台。为一方形山峰,四壁陡峭,巍峨险峻。传说,八仙过海途经崂山,何仙姑于聚仙台梳妆,又名"梳妆楼"。史载,张三丰等名道皆与此峰有不解之缘。

太清宫 亦称下清宫,始建于西汉武帝建元元年(公元前140年),前临太清湾,背依七峰,为崂山道教祖庭,是崂山最大的道观。它位于崂山南麓老君峰下,三面环山,一面临海,四季葱茏。现占地3万平方米,建筑面积约2 500平方米,共有房舍150余间。宫内有三宫殿、三清殿、三皇殿3座殿堂。太清宫曾以"太清水月"之誉列崂山十二景之一。

龙潭瀑 崂山八水河的中游,于百尺悬崖飞流直下,喷珠吐玉,状如龙舞,故名"龙潭瀑"。潭中碧水凝寒,清澈见底。山雨过后,洪涌瀑注,飞腾叫啸,蔚为壮观。

九水十八潭 崂山主要游览区之一,长约3公里,由众多景点组成,统称为九水十八潭,有"九水画廊"之美誉。一水有"至柔潭",二水有"居卑潭""未封潭""未始潭",三水有"无隅潭""无极潭",四水有"自取潭""俱化潭""中虚潭",五水有"有间潭""得鱼潭",六水有"得意潭""无几潭""不滞潭",七水有"餐霞潭""饮露潭",八水有"清心潭",九水有"洗耳潭""潮音瀑"等重要景点。游览区内建有旅游度假村和疗养院。曾以"九水明漪"之誉列崂山十二景之一。

第五节 道教宫观

我们在旅游中能接触到的道教文化最主要、最多的还是以宫观为主的道教建筑。古代道教工匠们集中了最精湛的技艺和大量的人力、物力、财力为神仙们建造了无数宏伟壮观的殿宇,他们用自己的聪明才智为后世创造无数建筑珍品。这些宏伟壮丽的宫观在我国分布极广,无论是在风景秀丽的道教名山,还是在车水马龙的城镇乡村,几乎到处可以看到它们的存在。这些道教宫观建筑是中国古代建筑的重要组成部分,既具有中国古建筑共有的特点,又有它自身的内容与表现形式。宫观本是道教奉祀神仙和教徒进行宗教活动的场所,故它也是道教信仰的一个重要体现。时至今日,道教建筑作为中国民族文化的组成部分,以其独特的建筑布局、建造技术、装饰手法、艺术风格,以及贯串其中的艺术哲学,正逐渐得到广大旅游者的青睐,为现代旅游业的发展注入了一股新的活力。其所表现出的崇尚自然、回归自然的美学观念已经成为一种世界性的旅游审美趋势。

一、北京白云观

白云观坐落在北京市西城区西便门外滨河路,是道教全真派的圣地,号称"全真第一丛林"。几百年来,一直是北方道教的中心。

白云观是唐太宗为奉祀老子所建,创建于唐开元二十六年(公元738年),原名"天长观"。观内的汉白玉石雕老子像据说就是当时的遗物,线条古朴自然,成为白云观的镇观之宝。金泰和三年(公元1203年)遭火焚毁,重建后改名"太极宫"。元初,"全真七子"之一的长春子丘处机率十八弟子,远赴西域雪山,劝谕成吉思汗戒杀,要敬天爱民,深得成吉思汗敬重,尊之为"丘神仙"。返回大都(今北京)后,丘处机入居太极宫。元太祖二十二年(公元1227年),元太祖敕封太极宫为"长春宫"。从此,这里便成为北方道教的中心。丘处机死后,其弟子便在长春宫东侧建"处顺堂"以安葬遗体,后毁于火。明洪武二十七年(公元1394年)重建,改名为"白云观"。

整个白云观建筑根据八卦方位布局,以子午线为中轴,主要建筑分东、中、西三路和后花园。中路是全观的主要建筑,以民族建筑为基本格局,依次为牌坊、山门、灵官殿、玉皇殿、七真殿、丘祖殿、四御殿、戒台和云集山房等。左右配殿楼阁有:藏经阁、朝天楼、东西客堂、宗师殿、丰真、儒仙、钟鼓楼等诸厨库寮房。东路现为中国道教协会和中国道教文化研究所所在地,不对外开放,内有南极殿、丰姥阁等五个神殿和罗公塔、斋堂。西路有八仙、吕祖、元君、元辰等五个神殿和祠堂院。古观的装饰图案、花纹十分古朴,具有道教清净素雅的特有风格。游者从中可以直觉体验道教的宗教哲理。后花园内假山错落,清静幽雅。全观占地约6万平方米。

七真殿是观内道士的主要宗教活动场所,也是历代律师受戒传戒的地方,故又名老律堂。殿内供奉全真教祖师王重阳和全真七子的塑像。门前有一非马非驴非骡的铜兽,高约1米,据说它的名字叫"特",是康熙下江南时的坐骑,可以日行万里。老北京相传它能祛病免灾,人头痛只要摸它的头,腹痛摸它的腹,便可痊愈。四御殿为四层建筑,上层名"三清阁",供奉三清神像;下层名"四御殿",供奉四位天帝。它的东面是藏经楼,内有明英宗所赐的正统年间刊刻的《道藏》一部,计5350卷,是极其珍贵的道教文献。丘祖殿是白云观内奉祀丘处机真人的祖堂,殿内有明代所塑的丘处机的泥塑像,下面埋葬着丘处机的遗骨。殿中还有一置于汉白玉石座上的"瘿钵",直径近1米,上大下小,是用一棵完整的大树瘤剖开挖空而成。相传是宋代遗物,乾隆皇帝赐给观内道士用来到皇宫募化食物。

白云观内保存有大量的碑刻,如重修碑记、捐产碑记、亩产碑记、香火碑记等,记载了白云观建筑的发展与观址变迁的历史,是我们研究该观变迁的实物资料。其中最珍贵的有:唐代的老子石雕坐像;元代著名书法家赵孟頫所写的《老子道德经》行书石刻,笔法苍劲,是刻石中的佳品;明正统十三年(1448年)许彬的赐经碑,详细记载了英宗赐给白云观《道藏》的经过。

道教与中国的民间习俗有着千丝万缕的联系。白云观作为全真教的第一丛林,每年春节前后在此举办的庙会吸引了无数的游人和信徒。尤其是正月十九日的"燕九节",观中特别热闹。相传这一天是丘处机的生日,每逢这天信徒们要为他祝寿,后来逐渐形成全民参加的盛会。而"燕九节"的前一天晚上又被称为"会神化",据说丘处机死后每年都会在这个时候变成士绅、游人、乞丐等重返观中,有幸与他相逢的人能逢凶化吉,祛病延年。因此这天晚上前来烧香礼拜碰运气的人络绎不绝。

二、陕西周至楼观台

楼观台是我国最早的道教宫观,位于陕西省周至县城东南20公里的终南山北麓。这里依山傍水,峰峦叠翠,林茂竹修,古木成荫,是关中著名的风景区,素有"天下第一福地"之称。据记载,西周康王时,周大夫函谷关令尹喜就在此结草为楼,观测天象,名叫草观楼。一日忽见"紫气东来",知有真人即将路过此地,后来果然见老子李耳骑青牛西行,经过函谷关。于是尹喜上前执弟子礼,迎老子到草楼,故草观楼又名紫云楼。老子在楼南高岗上筑台,传授经典,著有《道德五千言》授予尹喜,然后继续西行。自此,这里又叫说经台,楼观台的名称也由此而产生。

 特别提示

陕西周至楼观台,虽不以宫观命名,然而却是我国最早的道教宫观。它与老子有关,相传当年老子在楼南高岗上筑台,传授经典,留有《道德五千言》,楼观台也因此被视为中国道教的发祥地。

相传周穆王曾到此游览,营建了楼观宫。秦始皇在宫南增建了庙宇;汉武帝又建老子祠于楼北。东汉张道陵创立道教,推崇老子为教主,并把《道德五千言》奉为主要经典。楼观台也因此被视为道教的发祥地。魏晋南北朝时期,这里高道云集,楼观台成为当时的道教圣地,并逐渐形成了在当时颇有声誉的楼观道派。唐高祖李渊自称是老子后裔,在此兴建了规模较大的宗圣宫,把说经台改名老子祠。唐玄宗李隆基又诏改宗圣宫为宗圣观,特立"宗圣宫"石碑一通。这时,楼观台十分兴旺,有亭、台、殿、阁、塔、洞、池、泉等50余处。以后宋、元、明、清各朝虽多次重建和维修,但基本上仍保持原来的面貌和规模。遗留到今日的主要胜迹有说经台、炼丹炉、吕祖洞、栖真亭、衣钵塔、化女泉、仰天池、老子墓和宗圣宫、会灵观、玉华宫、延生观等遗址,以及老子系牛柏、银杏树、石牛、石狮、碑、碣、石刻等遗物。

说经台是现今楼观台的中心,相传老子当年就是在这里讲授《道德经》。它建在海拔560米的山顶,南依终南群峰,北瞰渭水。说经台的主要建筑有:老君殿、斗姆殿、救苦殿和灵宫殿。主殿老君殿坐落在大院中间,单檐方亭形,雕梁画栋,飞檐斗拱,幽雅清静,雄伟壮观。殿内中间龛内供奉老子塑像一尊,右侧有徐甲立像,左侧有尹喜坐像,个个庄严有神。配殿和厅房,现在陈列着历史文物和名贵书画。殿前有一块钟岚石,因撞击后发声如钟而得名。传说此石是女娲补天所剩之物。殿前还有一池碧水,俗传池水可治风湿病,每逢庙会游人香客多争饮池水。在说经台的四周也有不少道教胜迹。在说经台南门前极目远眺,就会看见南面山峰上有座八卦形的老子炼丹炉,与说经台所在的山峰遥相呼应。在说经台的东南方有一个传说是当年老子打铁淬火的仰天池,亦称天池,池呈椭圆形,面积达50平方米。池水清澈,金鱼成群。仰天池西北约200米处有一栖真亭,亭内置老子石像一尊,传说为老子修身养性之处。在说经台的西边有老子为考验弟子徐甲,插杖成泉的化女泉,泉水清冽,至今仍供周围群众饮用。在化女泉以西约3公里处,有一座老子墓,呈椭圆形。高4米,占地20余平方米。墓前竖有清代毕沅所书"老子墓"碑石。据说是当年老子死后留下的衣冠冢。

楼观台自古负有盛名,历代吸引着许多文人学士,如唐代的王维、李白、岑参、欧阳询、温庭筠、白居易、卢纶、李商隐,宋代的苏轼、苏辙、米芾,元代赵孟頫,明代康海,清代王阮亭等人,皆游历过这里,并赋诗作画,刻石题字,立了许多碑石。楼观台现存碑石70多块,其中最珍贵的是唐欧阳询的隶书《大唐宗圣观记》碑、苏灵芝的行书《唐老君显见碑》刻石和元赵孟頫的隶书《上善池》刻石。这是一批很有价值的珍贵文物,为研究我国书法和楼观台的历史提供了可贵的实物资料。

三、苏州玄妙观

玄妙观是一座历史悠久、规模宏伟的道教建筑,位于江苏省苏州市市中心观前街。相传是春秋战国时吴国宫殿的旧址。该宫观是我国南方古建筑的典型,其建筑模型现正陈列在北京故宫博物院古建筑陈列室内。观内的三清殿还被列为国家重点文物保护单位。

玄妙观始建于西晋咸宁二年(公元276年),距今已有1 700多年历史,初名真庆道院,唐开元二年(公元714年)改名开元观。唐末孙儒作乱,开元观四周建筑皆遭兵燹,仅存正殿、山门。其后屡毁屡修,元初元贞元年(公元1295年)始称玄妙观。明初洪武年间清理道教,一度改名为"正一丛林"。康熙时因避皇帝玄烨之讳,改"玄"为"圆",故今山门匾上仍写"圆妙观"之名。民国后才恢复了玄妙观的旧称。

旧时玄妙观范围很大,清代康熙、道光年间曾有殿宇30余座,是当时全国规模较大的道教建筑群之一。但是,由于屡遭兵祸,现仅有山门、三清殿、雷尊殿、斗姆阁四座建筑保存完好。其他殿堂如东岳大帝殿、关帝殿、三茅殿、火神殿、三官殿、观音殿等,虽还留存,但均已不完整了。

三清殿是玄妙观的正殿,重建于南宋淳熙六年(公元1179年),是一间面阔九间,进深六间的大殿。长45米,宽达25米,建筑面积达1 100多平方米。殿为重檐歇山顶,屋顶坡度平稳,气势雄伟。屋脊两端有一对宋代砖刻大龙头,高3.5米。四角有翘起的飞甍,檐下斗拱庞大疏朗,其上昂斗拱为国内孤例,在我国建筑史上占有重要位置。檐前置"妙一统元"横额,笔力苍劲,气度不凡,据说是金兀术的手笔。殿前有宽广的青石驳砌露台,台三面均有石雕栏杆,栏板与台基上的浮雕,仍保存有五代和南宋遗物。大殿虽屡经修建,但木构梁架、斗拱等处尚有宋代遗作。这是苏南一带最古老的大型殿堂建筑。殿内天花板上有画着鹤鹿、云彩和"暗八仙"的藻井,中间须弥座高1.75米,制作十分精细,上供三尊5丈多高的全身泥塑神像,即三清像。像外装金,金光灿灿,造型庄严凝重,神态俨然,衣裙流转自如,为宋代道教塑像中的佳品。殿内还保存有唐代名画家吴道子绘、南宋宝庆元年(公元1225年)刻"老君像"碑一座,堪称稀世之珍。碑石高1.8米,宽0.91米,图上的老子隆鼻庞眉,须发披拂,衣带飘逸,一副仙风道骨的模样,充分显示了画圣吴道子的高超画技。画像上还有唐玄宗李隆基的御赞和著名书法家颜真卿的题字,集吴画颜书于一碑,珠联璧合,是我国书法艺术的传世瑰宝。

玄妙观地处苏州市中心,清末以后,这里逐渐演变为商场,许多商行摊贩盘踞观内。新中国成立前,观内真人殿为乞丐所占,东岳殿成了旧货摊,正山门则成了全市著名的银圆黑市。具有千年历史的江南名观湮没在市井叫卖声之中,令人痛惜。新中国成立以后,政府下大力气对其进行多次整修,玄妙观的面貌才焕然一新,观内文物重放历史异彩,以崭新面貌迎候广大游客。观前的观前街在经过市政改造以后,也已成为苏州最繁华的商业购物街和旅游标志景观之一。

四、广东罗浮山冲虚观

冲虚观是位于广东罗浮山南麓的著名道教圣地,是全国道教重点宫观之一。

冲虚观是在东晋咸和二年(公元327年)由葛洪创建,初名都虚观,宋哲宗元祐二年(公元1087年)赐"冲虚观"匾额,清光绪二十六年(公元1900年)重建,如今规模基本保持其清代重修后的旧貌。由于香火鼎盛,游客如云,影响颇广。据传,杭州西湖的黄龙洞、上海闸北的黄大仙庙、香港九龙的黄大仙观、马来西亚和新加坡的黄龙庙都是由冲虚观分支出去的。

沿白莲湖畔,经会仙桥(传说苏东坡和何仙姑邂逅于此),穿过古木荫蔽的园林,就到了冲虚观。冲虚观为一套四合院式的木石结构建筑,全观共有五进宝殿,包括山门、正殿和配殿,中路建筑两侧有百余间两层楼的丹房、斋堂、库房等附属建筑,全部建筑面积共 4 400 多平方米。主体建筑是三清殿,殿门高悬朱底金字横匾额一块,上书"三清宝殿"四个大字。殿内供奉道教最高尊神"三清"金身塑像。在三清像旁还配供有张道陵、葛玄、许逊、萨守坚四位真君神像。大殿两旁设精致神龛两座,东面神龛供奉着九天应元雷声普化天尊(雷神),西面神龛供奉太乙救苦天尊。整个殿堂碧瓦朱柱,画廊彩壁,庄严肃穆。正殿的左侧有"钵堂",即斋堂,内有水井一口,传为葛洪当年炼丹取水用的"长生井",此井深 7.8 米,口径 0.45 米,底宽 0.9 米。此井水长年不枯,一年四季保持在 2 米左右,而且清冽甘美,用以烹茶,味甚清香。传说以前善男信女来冲虚观游览或上香,都要用一斗米换一斗水带回家去,以保长生。经现代科学鉴定,该水含有 14 种有益于人体的矿物质和微量元素,是优质的矿泉水。

观内的黄大仙祠供奉葛洪的弟子黄野人。根据道教传说,黄野人随师父在罗浮山炼丹修道,有一天他外出回来,葛洪已冲虚升仙,但是为他留下了丹药。黄野人服下后也羽化成仙,但是肉身常在人间,有缘的人偶尔还可以遇见他。所以民间又将黄野人俗称为黄大仙。现今在广东和香港地区,有许多主祀黄大仙的道观。

在整个冲虚观的最后部建有葛仙祠,内有葛洪和他妻子鲍姑的坐像。葛仙祠后,有葛洪建造的炼丹灶。丹灶旁曾有苏东坡书"葛洪丹灶"四个大字。因屡经兴废,至清乾隆二十年(公元 1755 年),广东督学吴鸿为此补题了"稚川丹灶"四字。灶顶高 3.6 米,四角形底座边长 2.25 米,基座为八角形坛体,由花岗石砌成,在八个方位上,分别雕有八卦符号及瑞鹤、麒麟等灵禽异兽的各式图案。基座之上是一四方体,在四角的石柱上雕刻着栩栩如生的云龙浮雕,石柱之间镶嵌石板,"稚川丹灶"四字即刻在石板上。丹灶之上有一个三足鼎,叫"未济炉",是古代炼丹的主要设备之一。罐体呈葫芦状,中间还有一个可转动的柄,盖子是荷叶形的,看来十分别致。在炼丹灶旁边,有"仙人洗药池",水池为八角形,池旁有一巨石,石上书"洗药池"三个朱红色大字。传说当年葛洪在山中采来草药,就在这个水池中洗制。

五、成都青羊宫

青羊宫位于成都市西南角一环路西二段,是成都市最大的道教宫观。始建年代不详,唐时名"玄中观",唐僖宗中和元年(公元 881 年),爆发黄巢起义,唐僖宗避乱来到成都。中和三年下诏改玄中观为青羊宫,并赐内外库钱 200 万,大修殿堂。从此青羊宫成为唐宋以来该地区最大的宫观。明末,青羊宫毁于兵火,清康熙六年(公元 1667 年)重建,同治、光绪年间又进行过大的增修,共耗白银三万余两。

当时占地约 67 亩多。新中国成立后,又多次修葺。1982 年,青羊宫被国务院定为全国道教重点宫观之一。

青羊宫现存的主要建筑有大山门、灵祖楼、混元殿、八卦厅、三清殿、斗姆殿、皇楼殿、唐王殿(紫金台)及降生台、说法台等。

三清殿 又名无极殿,是青羊宫的主殿,始建于唐朝,重建于清康熙八年(公元 1669 年)。面阔五间,是单檐硬山式建筑。宽 37.4 米,进深 31.3 米,面积 1 100 多平方米。殿前有石板栏杆围起的台阶,向南的台阶石基上有太极图和十二生肖石刻浮雕。台阶的南、西、东三面有石阶可上。整座殿有三十六根大柱,代表三十六天罡;其中有八根木柱,代表八大金刚;二十八根石柱,代表二十八宿。殿前门额上高悬"三清殿"金字匾额,左右还悬有"紫气东来""灵霄香蔼"匾额。殿前左侧置一大钟,据说名"幽冥钟",明代铸造,重约 3 000 公斤。殿内正中供奉贴金泥塑三清尊神坐像。神像前的供桌前沿雕有精美的八仙过海图浮雕。原三清像两边还塑有四御,左右塑有十二金仙,可惜塑像现已不存。殿内左右壁上现绘有十二金仙彩色画像。殿内还有两通画像碑,一为《吕祖碑》,碑上刻有据传是唐吴道子所绘的吕祖像。此像衣纹线条凝重有力,仪容神采飘逸潇洒。另一为《三丰碑》,碑正面刻张三丰像,碑后刻三丰祖师传。以上二碑原在二仙庵内,现移立于此,是非常珍贵的道教遗物。殿中还有一对铜羊分置于两旁。铜羊长 90 厘米,高 60 厘米,色如赤金,闪闪发光。其中左边一只还是独角,这只铜羊造型奇特,制作精巧,形象生动,为十二属相化身,即鼠耳、牛鼻、虎爪、兔背、龙角、蛇尾、马嘴、羊须、猴颈、鸡眼、狗腹、猪臀。相传它是南宋贾似道"半闲堂"家藏的熏香炉,也有人说是明代官宦人家的熏衣器,但它自从被送进青羊宫后,就被供奉为"神物",而被称作"神羊"。右边另一只铜羊是双角的。此羊由成都张柯氏特请云南工匠于清道光九年(公元 1829 年)铸造,以配独角铜羊。民间传说人身上有了病,只要抚摸铜羊相应的地方,如头痛摸头,肚痛摸腹,病痛便即刻消除。后来随着抚摸青羊的人越来越多,铜羊表面被摸得光亮如同黄金,在阳光的照耀下,熠熠闪光,十分有趣。

八卦亭 在三清殿前有一八卦亭,建于清同治十二年至光绪八年(公元 1873—1882 年)。整体建筑共分三层,建于石台基上,石台基下层为正方形,中层为八角形,上层为圆形,寓意"天圆地方、阴阳相生、八卦相合成万化"的道教哲理。亭高 20 米,宽 14.1 米,四周没有墙壁,只有龟纹隔门和云花缕窗,向南正门地下脚为月形石门坎,石基上有太极图、十二属相和八卦的石刻浮雕。东西两侧又各有一门,门皆用双扇扉。整座亭都是木石结构,相互卯榫衔接,不加一栓,不用一楔,而是用枋、檩、楠等凿成穿孔,斜穿直套,纵横交错,丝丝入扣。亭顶为两重八角飞檐,每层飞檐都有精雕的狮、象、虎、豹各种兽吻,镶嵌在雄峙的翘角上。黄绿紫三色琉璃瓦覆盖于屋面上,亭脊由八根琉璃空镂釉瓷花方砖镶砌而成,流线型向下延伸。

亭脊的尾端上各盘绕着一条琉璃金龙。外柱为立在外檐八角角端之上的八根盘龙柱,是八卦亭的艺术精华所在。八条腾云驾雾、栩栩如生的浮雕金龙盘绕柱上,气势磅礴,色彩分明,是我国罕见的石雕艺术精品。关于这八条龙柱还有一个有趣的故事:传说在八卦亭重建完工之际,向北对着三清殿的右首石柱上的盘龙复活,企图离柱升天而去,恰被一位道人夜观星象时发现,便用神力一拳将它钉死在石柱上。从此,这条龙身上便留下了一个拳头的印迹,至今清晰可见。每次修缮时,工匠们都原样保留了这个"拳印",使八卦亭龙柱更增添了传奇色彩。据说以前八卦亭内还供有一尊老君像,但是形象同其他宫观中的不同,是一骑青牛鬓发俱白的童儿塑像,以附会当年老君和尹喜相会的故事。整个八卦亭布局紧凑,精巧大方,整座亭共雕塑有81条龙,象征老君八十一化。

六、台湾北港朝天宫

朝天宫位于台湾省云林县北港镇、北港溪右岸,又名"天后宫""圣庙""妈祖庙"。它与鹿港、台南、彰化市的妈祖庙并称为台湾省的"四大妈祖庙"。北港镇的朝天宫是台湾省较早建立的妈祖庙之一,是全台800多座妈祖庙的"总庙"。

传说,康熙三十三年(公元1694年),福建莆田湄洲岛朝天阁的树壁和尚捧妈祖神像来台,路经北港,因为当地闽籍人崇拜妈祖者甚多,于是在此结茅为祠,供奉这座神像。雍正八年(公元1730年)重建,规模扩大。乾隆、咸丰年间两次扩建。可惜,经光绪年间嘉义地区地震、大火的破坏,全庙皆毁。随后,当地人又发起募捐,集资重建,宣统三年(公元1911年)终于竣工落成。

北港朝天宫占地3 000平方米,建筑群规模之大,位居全台妈祖庙之冠。除正殿外,前为毓麟宫,后为双公庙,左为聚奎阁,右为凌虚殿,宫外侧还有文昌阁、三界公祠等。庙中各殿皆坐北朝南。巍峨高大的正殿是全庙最主要建筑,殿宇宽敞雄伟。屋顶采用硬山式,重叠三层。脊尾高翘凌空,屋脊装饰有飞龙、凤凰、麒麟、宝塔以及各种花草图案,绚丽繁藻。这种装饰繁复的屋顶是我国台湾寺庙的传统建筑风格,而硬山叠起三层,则是该庙建筑的独到之处。大殿内居中供奉"天上圣母"像,两侧配供千里眼、顺风耳之神像。相传二神本是桃花山的妖精,被妈祖制伏,收为部众,后改邪归正,并能助妈祖"眼观四海,耳听重洋"以发现海上遇难者。殿内还供有"镇殿妈""湄洲妈"(实均指天妃,即妈祖),并供有3 000尊妈祖的"分身"。大殿的东、西两厢,分别供有福德正神(土地公)和注生娘娘(送子妈)。

朝天宫的其他各殿分别供奉观音大士、三官大帝等神像。它的后殿颇具特色,殿中主要奉祀妈祖的父母兄姐。一家皆神,团聚一堂,是我国台湾通俗宗教注重"人情味"的典型例子。

台湾省有许多居民笃信妈祖,不仅视其为航海保护神,而且作为年岁丰收和保境安民的象征。作为全台妈祖"总庙"的朝天宫,在每年妈祖诞辰时,自然而然地成为全台祭祀妈祖的中心。从农历正月十五日起,便有香客陆续从台湾省各县市赶来,直至农历三月廿三妈祖诞辰日,祭祀活动达到最高潮。在这期间,拥入北港的善男信女可达四五十万之多。妈祖诞辰的前后几天,民间还有祭神游行的风俗,整个北港香火烟雾弥漫,锣鼓喧天,各地民众抬着大大小小的神佛像,纷纷来向妈祖"拜寿",其盛况可谓壮观。

本章小结

> 本章首先介绍了道教这一中国本土宗教兴起与发展的历史过程,使我们了解其思想来源、发展阶段及发展现状等常识;其次集中剖析了道教中"道""神仙""重生恶死""善恶报应"等基本教义思想;再次分析了民间广为流传的神仙传说与道教旅游文化资源之间的内在关系;最后系统介绍了主要的道教名山以及具有代表性的道教宫观。

案例分享

案例一:黄帝旌旗去不回,片云孤石对崔嵬

浙江有个仙居,顾名思义,那是神仙居住的地方。与仙居相距不远的地方,有个仙都景区。仙都景区在缙云,不在仙居。许多人至今仍弄不明白,仙居和仙都到底是什么关系?

陕西—黄陵—黄帝陵,是祭奠中华民族远古祖先的圣地,早已世界闻名。

浙江—缙云—仙都,为传说中的黄帝铸鼎升天之地,却鲜为人知。

仙都景区一直以"南祠北陵"中"南祠"自诩,在鼎湖峰脚下建造了"黄帝祠",并且每年在清明节民祭黄帝,重阳节公祭黄帝。

遗憾的是,缙云仙都始终没有形成全国性的旅游影响,甚至远不如后来居上的郑州新郑的黄帝故里。

思考:缙云仙都为什么没有形成陕西黄陵、郑州新郑黄帝故里那样的旅游知名度?

[案例分析]

中华民族都是炎黄的子孙,黄帝的传说在南方流传很广,今天的缙云县是南方

黄帝文化流传的中心,缙云县拥有发展旅游得天独厚的资源优势。缙云仙都旅游发展存在的问题主要是思路问题,黄帝这篇文章,到底是做道教文章,还是做中华民族祖先神文章,缙云在发展仙都景区过程中,走道教文章的路,走错了。

案例二:金庸笔下桃花岛

桃花岛地处东海环抱之中,是金庸笔下东邪黄药师的居住地,桃花岛因而有了"金庸笔下桃花岛"的美誉。

位于桃花岛中部的安期峰景区群峰连绵,蜿蜒起伏,以山高、林密、石奇、洞幽著称,素有舟山屋脊之称。

有意思的是,安期峰整个景区不仅佛、道文化混杂,而且,已经建成的主景区竟然又是东海小龙女文化苑。

思考:安期峰景区到底应该以什么为主题?安期峰景区怎样才能做好道教文化这篇特色文章?

[案例分析]

新一轮桃花岛安期峰景区经发展建设规划,明确突出"让爱无处不在"这个主题,为安期峰景区注入"爱情"和"养生"两股新鲜血液,并着力通过情人峰、安期生公园等景区项目建设,将安期峰景区打造成为"东海第一道教名山"。

思考与练习

1.尽管是本土宗教,国人对道教认识大多比较模糊,试设计一段解说词(包括思想来源、发展概况、基本教义等)进行介绍。

2.道教有哪些主要的神仙?神仙观念对民众有什么影响?

3.举例说明我国以神仙传说为背景的旅游资源大致可分为哪些类别。

4.请结合自己的游览经历谈谈道教宫观建筑的旅游价值及开发前景。

5.根据我国道教文化资源的区域分布情况,设计三条不同主题的道教文化旅游路线。

第四章 基督教

引 言

当我们惊叹于哥特式教堂那高耸细长的塔楼、轻盈垂直的线条、绚丽夺目的花窗时,当我们被罗马式教堂那饱满的力度、均匀的节奏和凝重的氛围折服时,我们深深地感叹,基督教作为世界三大宗教之一,不仅对人类的思想产生了重大的影响,更为我们留下了无比珍贵的旅游宗教文化财富。这些财富吸引着我们的视线,也成了我们旅游的对象和内容。

学习目标

全面了解基督教产生、发展的历史过程,尤其是它在中国发展所经历的几个阶段。准确理解基督教的经典和基本教义,熟悉其文化内核。掌握基督教的礼仪和节日习俗,了解我国著名基督教景观的宗教内涵及文化艺术特征。

基督教是古代希腊哲学和希伯来宗教的混合产物,在历史上曾对西方文化产生过广泛而深刻的影响。基督教与伊斯兰教、佛教并列为世界三大宗教,是世界上拥有信徒最多、影响最为广泛的世界性宗教。分布的国家和地区超过150多个,教徒超过16亿,约占全世界人口的1/3。

第一节 基督教概况

一、基督教的产生

 特别提示

基督教与伊斯兰教、佛教并列为世界三大宗教,是世界上拥有信徒最多、影响最为广泛的世界性宗教。殊不知,基督教最初是以犹太教的一个支派的面貌出现的。

基督教在其历史发展过程中,不断经历着分裂和演变,形成了三大主要派系:
(1)公教(Catholic),因为以罗马为中心,所以也称为"罗马公教"。
(2)正教(Orthodox),因为以东方的君士坦丁堡为中心,所以亦称"东正教"。又因为在宗教仪式中通行希腊语,所以也称为"希腊正教"。
(3)新教(Protestantism),亦称"抗议宗"。

这就是说基督教事实上是公教、正教、新教的总称。但是在中国,一般将新教称为"基督教"或"耶稣教";将正教称为"东正教";将公教称为"天主教"。目前,东正教主要分布于保加利亚、罗马尼亚、南斯拉夫、塞浦路斯、波兰、捷克、俄罗斯、美国、日本等国,并被希腊等国家定为国教。中国也有一些东正教教堂,主要集中在东北。天主教几乎各国都有,主要在欧洲、美洲、澳洲、非洲,中国也有。基督新教也传入中国,并被挪威、冰岛等国定为国教。除此以外,基督教还包括一些较小的独立的派别,如"科普特教会""聂斯托里派"(我国称为景教)等。

基督教最早起源于公元1世纪前后的巴勒斯坦地区,最初是以犹太教的一个支派的面貌出现的。当时巴勒斯坦地区的犹太人由于对现实生活的不满,屡次发动起义,均遭到罗马帝国的残酷镇压。虽然犹太人的处境十分悲惨,但他们仍然坚信他们所信仰的复国教主弥赛亚会降临人世,将人们从苦海中拯救出来,这就是在犹太人中形成的"弥赛亚运动"。绝大多数的犹太人都参加了这一活动,既有居住在巴勒斯坦地区的犹太人,也有分散在地中海沿岸的犹太民族。

但是随着犹太民族解放斗争的不断发展,犹太民族内部也不断进行着斗争与分化,渐渐地,犹太人对弥赛亚的信念起了变化。一部分人坚信弥赛亚终将降临,坚持"弥赛亚运动",这部分人是正统的犹太教徒;另一部分人认为拿撒勒人耶稣就是弥赛亚,他已经降临了。受着当时流行于犹太教各个非正统教派间启示文学思潮和仇恨征服者的情绪影响,这些人认为耶稣降临人世是来摧毁这个由魔鬼控制的现实,到了那时,受害的死难者就会复活,魔鬼及其爪牙将会受到审判并受死刑,而所有这一切都由上帝决定,这些人就是早期的基督徒。随着人数的增长,他们形成了基督徒社团,以耶路撒冷为中心,到各地去传播福音,建立社团组织,实行财务公有,过着集体生活,逐渐扩大活动范围并形成了自己的经典《圣经·新约》。

这些早期的基督教徒从民族上来说仍然是犹太人,对于犹太人举行的民族起义,他们都全力以赴地参加。但是随着基督徒社团活动范围的扩大,越来越多的外邦人加入了基督徒社团,外邦人基督徒逐渐在社团中占了多数,这就使得基督徒社团的民族性逐渐减弱,基督徒们对民族战争的热情越来越低。公元 116—117 年,犹太民族起义时,一部分基督徒就袖手旁观了;到了公元 132—135 年,犹太民族爆发了最后一次民族起义,这时,外邦人基督徒自然置身于起义之外,连犹太人基督徒也拒绝参加战斗,并通过《约翰福音》,借耶稣之口明确宣布"我的国不属这世界,我的国若属这世界,我的臣仆必要争战……只是我的国不属这世界"。①

由此可见,这时,基督教已经具备了作为一个独立宗教所应有的条件。

1.自己的崇拜对象——耶稣基督

在《圣经·旧约》中可以发现耶稣并不反对犹太教的基本教义。基督教教徒和犹太教徒的分歧在于,他们认为弥赛亚已经降临人世,他就是耶稣,耶稣成为基督徒所独有的崇拜对象。

2.自己的经典——《圣经·新约》

原始基督徒社团起初袭用犹太教的经典,但是随着外邦人人数的增加,它逐渐无法适应他们的需要。经过发展、筛选,现存《新约全书》的各卷被普遍接受,《新约》成了基督教有别于犹太教的经典。

3.系统的教义和神学理论

基督徒相信上帝派遣其儿子耶稣降临人世,为救赎世人而受难、复活,并形成了"三位一体""原罪"等基督教特有的教义。这些教义在基督教的发展过程中不断成熟,最终形成了一套系统的教义和神学。

4.成熟的宗教组织

基督徒们以社团为单位,每一个社团有一个聚会场所,由一名监督(后来的主教)主持,下设七人执事(长老)专门负责日常事务。各个社团间有着共同的利害关系,这种组织形式为基督教脱离犹太教打下了组织基础。以上条件的成熟使基督教完全从犹太教中分离出来,成为一个独立的新宗教。

二、基督教的发展

随着基督教的发展,罗马帝国对基督教的态度发生了变化。初期由于教徒大多数是贫民和奴隶,他们普遍对罗马统治和社会压迫有着强烈的反抗情绪,加上早期基督教是一个非常"内向"的团体,罗马政府出于自己的利益,对基督教实行镇压与怀柔的两手政策:当基督教对罗马统治构成威胁时,就进行镇压以削弱其实力;在削弱之后又采取宽容与怀柔甚至保护的政策。

但是渐渐地,随着社会中上层人物和知识分子的逐渐参与,基督教日益赢得声望。至 3 世纪末,基督教已传遍罗马帝国,成为一股不容忽视的社会力量。教会领

---

① 《新约·约翰福音》,见 1980 年版《新旧约全集》,第 18 章第 36 节,中国基督教三自爱国运动委员会。

导层的社会成分也随之发生变化,越来越多的上层人物在领导层中担任职务。

从4世纪起,罗马帝国对基督教的政策发生了重大转变,对基督教采取支持、控制、利用的政策来加强自己的统治地位;同时,基督教则借助罗马帝国政府的力量来压倒罗马神庙。罗马帝国西部领袖君士坦丁大帝先后发布了《宽容敕令》《米兰敕令》,分别允许基督教徒宗教信仰自由和无偿发还过去没收的基督徒集会场所与教产。罗马政府还召开会议,强行通过《尼西亚信经》来解决教会内部争端,使罗马政府从信仰、神学、组织等方面把基督教纳为自己的统治工具。

君士坦丁以后的罗马皇帝继续执行其宗教政策。公元380年,罗马帝国皇帝狄奥多西一世下令,除基督教外,禁止各种异端教派活动,并宣布全国人民都要"遵守使徒彼得所交予罗马人的信仰",基督教成为罗马帝国唯一合法的宗教。之后,又宣布关闭一切异教神庙,由此奠定了基督教作为罗马帝国国教的地位。

进入中世纪,基督教传播范围已遍及欧洲,成为欧洲封建社会的支柱。基督教和统治阶级相互融合,教会是封建政权的一个组成部分,且是欧洲最富有的封建大地主,同时还垄断文化教育,使基督教神学思想成为占统治地位的意识形态。

早期基督教会由于地理、文化、语言等原因,分为两派:西部使用拉丁语的教会称为拉丁教会或西方教会;东部使用希腊语的教会称为希腊教会或东方教会。随着基督教的不断发展,东西方教会间的矛盾、分歧越来越突出。这其中的原因有文化传统方面的:东部教会遵循希腊文化传统,但是西部教会是拉丁文化传统,由此形成了神学、教义、礼仪、习俗等方面的差异。比如西部教会认为圣礼为七件(洗礼、圣餐、坚振、告解、终傅、神品、婚配);而东部教会则认为除这七件外,其他宗教行为都具有圣礼性质。又比如西部教会把基督福音看作新律法,由此发展"原罪""救赎"等教义,注重伦理;而东部教会认为信徒在临终前都要当一段时间的修士,以便死后能进天国,因此修道之风盛行,修士权势也比西部大。

但是隐藏在这些表面原因之后的仍是权力的争夺,这才是东西方教会间存在分歧、矛盾的最为直接的原因。东西方领导集团为争夺教会的最高统治不断发生冲突。自君士坦丁大帝4世纪迁都以后,东部教会始终处于罗马皇帝的严密控制之下,教俗两权都集中在皇帝一人之手。西部教会则由于蛮族入侵,西罗马帝国灭亡,罗马主教具有很大的世俗权力。双方领导集团争权夺势的冲突不断发生。针对罗马主教自封为教皇,东部教会认为君士坦丁堡主教在教务上与罗马主教享有同等权力。罗马主教对此不予以承认,认为罗马教会是耶稣门徒中居领袖地位的彼得创立的,所以提出"彼得优越论"。双方教会始终相持不下。

至1054年,罗马主教利奥九世派使节前往君士坦丁堡,与君士坦丁堡大主教赛鲁拉里商讨解决双方教会之间分歧的办法,遭到东方教会拒绝,于是将处罚赛鲁拉里的"教皇通谕"放在索菲亚大教堂的圣坛上以表示和东方教会决裂;赛鲁拉里则将利奥九世及其使节开除出教,由此东西方教会正式决裂,形成了两大教派。

东派为标榜其正统性称为"正教",以君士坦丁堡教会为首,传播于马其顿、希腊至埃及及其以东地区,通行希腊语;西派则强调自己的普世性称为"公教",以罗马教会为首,传播于法国、意大利到北非迦太基一带及其以西地区,通行拉丁语。

1054年决裂后,罗马教皇的权势逐步上升,并等待时机把东正教会吞并。而此时,拜占庭帝国日益衰落,首都君士坦丁堡也受到异族军队的威胁,拜占庭皇帝不得不向罗马教皇求援,这正中罗马教皇的下怀。罗马教皇当即鼓动群众组成军队奔赴东方,并在每个参加者的衣服上缝有一个代表基督教的红十字作为标记,故名十字军,这次行动被称为"十字军东征"。

"十字军"打着"拯救东方的基督教兄弟""保卫基督教"的旗号,宣称要从"异教徒"(穆斯林)手中夺回圣地耶路撒冷。但事实上"十字军东征"却是一次野蛮的掠夺与残杀,天主教会、封建主和大商人都企图乘机扩张实力。从1095年至1291年,前后共发动了8次大规模入侵,历时近两个世纪,给地中海东岸各族人民带来了深重的灾难,死于战祸的人不计其数,造成的损失无法估计,同时也大大加深了东西方民族间的仇恨。

这次十字军东征基本上由教皇领导,他向人们宣称去东方可得到大量战利品,参加者可延期偿还债务,农奴可获得人身自由。他以教会的名义君临十字军之上,从而提高了教皇的世俗地位。但是,教会的神圣性也因为战争所暴露的侵略性而遭到质疑;同时,从另一个角度来说,十字军东征加速了西欧封建制度的解体,刺激了欧洲商业的发展。所以战争结束时,西欧已成为商业繁荣、工业兴起的社会。

自15世纪下半叶开始,欧洲资本主义经济开始发展。作为封建势力代表的教会自然成了矛头所指。从16世纪上半叶起,德国、瑞士、英国、荷兰、斯堪的纳维亚各国相继爆发宗教改革运动,否认教皇权威,强调改革教会礼仪制度。

宗教改革首先在德国爆发。1517年10月31日,维登堡大学神学教授马丁·路德在德国维登堡大教堂门口,贴出了抨击天主教会贩卖赎罪券的《九十五条论纲》,由此点燃了德国宗教运动的导火线。

路德强调"因信称义"。"因信称义"一词来自《圣经·新约》,使徒保罗在《新约·罗马书》中说"……所以我们看定了,人称义是因着信,不在乎遵行律法……"①反对只有遵守犹太律法和传统礼仪才能称义的说法,认为只要依靠上帝的恩宠和人的信仰便能被上帝称为义人。路德借此提出,教徒个人与上帝直接相通,不必由神甫作中介。个人的虔诚信仰决定一个人的灵魂能否得救,而无须实行

---

① 见1980年版《新旧约全集》的《新约·罗马书》第4章第28节,第196页,中国基督教三自爱国运动委员会。

斋戒、朝圣、施舍和购买赎罪券等善功圣事,当然也就不需要依靠教会和教士们的帮助和干预了。这与天主教会历来强调的"除教会外,别无救恩"(一个人必须接受教士所施行的各种圣礼,经过教会的帮助才能赎罪)的教义截然相反。"因信称义"在教徒中引起了巨大反响,路德在诸侯的支持下成立了路德派教会。路德派主要代表一部分德国诸侯和上层市民的利益,较为温和。

在瑞士,茨温利和加尔文也先后发起了改革。茨温利强调《圣经》是信仰的基础,人是否得救在于信仰,而不在于善功圣事。加尔文也宣扬"因信称义",否定罗马天主教会的权威。他们的观点都与路德相似,但比路德更为坚决、彻底、激进。

在英国,英王亨利八世和他的女儿伊丽莎白女王也相继在大不列颠岛上打起宗教改革的旗号,把罗马教廷对英国教会的领导权夺了过来,使英国教会与天主教会脱离关系,成为由国王领导的英国国教会——安立甘教会。

同时,在苏格兰、荷兰和斯堪的纳维亚各国也相继进行了自上而下的宗教改革。这些脱离罗马公教的教派,后来统称为"抗议宗"或"新教"。其中路德宗、加尔文宗、安立甘宗并列为基督教新教的三大主要宗派。

进入20世纪以后,随着现代社会进入多元化和世俗化,基督教也对自身不断做出重大的调整。在神学上吸收了现代科学与哲学的成果,形成了一些新学派,如新正统神学、新托马斯主义、存在主义神学、世俗神学等。在派系和组织上,一些传统机构发起的普世教会运动逐渐发展为现代基督教各宗派重新联合的世界性运动,并在荷兰成立了包括新教和东正教等大多数教会的世界基督教教会联合会,以寻求各教派的对话与重新合一。

第二节　基督教的经典和教义

一、基督教的经典

基督教的经典是《圣经》,英文为 Bible,是由希腊文 biblia 转译而来,意为"一组书卷"。基督教认为,书中记述的都是上帝的启示,具有最高的权威,是基督徒信仰的依据、行为的规范。所以,译成汉语时,取其"神圣的经典"之意,名为《圣经》。

《圣经》共66卷,包括《旧约》39卷和《新约》27卷。

《旧约》反映的是古以色列的宗教生活和经验,是犹太教的希伯来经典。由于基督教本身就是从犹太教的一个支派发展而成,所以基督徒都认为《旧约》《新约》是一部统一的书,《旧约》是《新约》的先声和准备,《新约》是《旧约》的延续和更新。

《新约》各卷形成于公元1—2世纪,原文为希腊文。4世纪中叶曾以罗马帝国皇帝名义编订《新约全书》并颁发各地使用,至公元397年,教会又对《新约全书》的内容和目次加以确认,这就是传世的《圣经·新约》。《新约》形成之后,被基督教看作《旧约》预言的完成,成为基督教特有的经典。

《新约》共有27卷,按其内容可分为四类:福音书、历史书、使徒书信、启示录。

二、基督教的教义

基督教的各项教义都以《圣经》为依据。在天主教,传述教义的权威属于教会,由教父、教皇、公会议和主教等执行。东正教除《圣经》外,还以《尼西亚信经》和前七次公会议决议为信仰标准。新教只承认《圣经》为信仰的唯一最高权威,对教会的许多繁文缛节不加理睬。三者虽略有不同,但是基督教各派还是有其共同信奉的基本教义:

(1)相信上帝是世界的创造者和主宰者。上帝全在、全知、全能、全善,具有理性和意志。上帝创造世界的过程即《圣经》中所说的"六日工程"。

(2)相信耶稣是救世主。上帝圣父差其独生子耶稣借童贞女马利亚因圣灵感孕而降世为人即"道成肉身",耶稣为拯救世人甘愿被钉死在十字架上,流出宝血作为"赎价"。

(3)相信圣父、圣子、圣灵三位一体。认为上帝只有一个,但包括三个位格:第一位为"上帝圣父",第二位为"上帝圣子",第三位为"上帝圣灵"。

(4)相信来世,对现实世界的压迫剥削要忍耐顺从,不能反抗。

上述教义为基督教中的基本教义,在基督教各派神学中都作了系统的阐释和烦琐的论证,并各有侧重,但耶稣是救世主、基督为世人赎罪的信仰则固定不变。这是基督教在信仰上与其他宗教的根本区别。

第三节　基督教在中国

 特别提示

基督教在中国传播,不仅十分注重中国本民族的文化传统,而且对中国近代科学产生了很大影响。

基督教在中国的发展,可谓经历了一个漫长而曲折的过程。《大秦景教流行中国碑颂并序》的发现,为我们研究这个问题提供了许多线索。

根据碑文中所说,景教就是基督教中的聂斯托里派,最晚于唐贞观九年(公元635年)传入当时中国的首都长安。由此可见,基督教在华的历史至少也有1 300

多年了。

碑文记述了景教在中国的传播情况:大秦国(中国对罗马帝国及东罗马帝国之古称)主教至华后,唐太宗允许其在御用藏书楼翻译《圣经》,并在宫内宣讲教义,在长安建造波斯寺,后改名为大秦寺即景教礼拜堂。之后,唐高宗也继承了宗教宽容政策,在各州建造礼拜堂,景教得到很大发展。

基督教第二次传入中国是在元朝。当时蒙古族兴起,各个蒙古汗国都注重维持东西往来的畅通,而元朝政府也对宗教采取了宽容政策,基督教得以再次兴起。元朝时,人们把在华的基督教各派统称为"也里可温"。

"也里可温"中有一部分原来就信奉聂斯托里教的蒙古人,他们入主中原后,把景教再次带入内地。此外,蒙古族统治者还与罗马教廷直接发生联系。至元三十一年(公元1294年),罗马教皇派方济各会孟德高维诺来到元朝首都汗八里(即今北京),颇受礼遇。蒙古贵族中一些信奉聂斯托里派的人改奉天主教。当时汗八里受洗礼入天主教者多达6 000余人。孟德高维诺获准在汗八里先后建教堂三座,并将《圣经·新约》及《圣经·旧约·诗篇》译成蒙古文,使基督教在华传播经历了一段鼎盛时期。除北京外,泉州、甘州、宁夏、杭州、温州、镇江、扬州等地均建有"十字寺"。但是由于它在内地广大社会下层群众中没有牢固的根基,所以当1368年元朝被推翻后,"也里可温"也逐渐灭绝。至此,基督教在华传播的第二阶段终结。

基督教再一次进入中国是在两百年之后的事了。明朝中叶,基督教第三次在华传播,这次来华传教的有天主教的耶稣会、方济各会、多明我会等,其中收效最多、影响和势力最大的是耶稣会。

第一位到东方传教的是耶稣会的创始人之一方济各·沙勿略。他是受葡萄牙国王派遣,以罗马教皇使者的身份来华传教的。沙勿略先抵达印度,在东南亚各地传教,然后进入日本。当得知日本所奉行的佛教、儒教来源于中国后,他便试图进入中国。他来到广东台山县所属的上川岛,但因明朝政府海禁较严,没有成功,最终病死于上川岛。不过,从此澳门就成了耶稣会对我国内地传教的基地。

在沙勿略死后30年,意大利传教士利玛窦真正打开了中国的大门,奠定了基督教在华传播的基业。利玛窦1552年生于意大利,19岁时加入耶稣会,28岁时任神甫。同沙勿略一样他先是抵达印度传教,之后来到澳门学习中文。次年来到广东肇庆,广泛结交各级官员文人,并向地方官员赠送了自鸣钟等厚礼,这才获得一块空地建起寓所和教堂,开始他在中国的传教。

利玛窦之所以能在中国取得成功,因其十分注重中国本民族的文化传统,取消了西方宗教仪式中强制推行的习俗,从而使基督教中国化,适应了中国的习俗。

利玛窦的传教事业不断发展,受洗人数不断增加。当时的一批名流学者如徐光启、李之藻和杨廷筠都先后入教,被誉为"教中三杰"。利玛窦深刻意识到要使中国彻底接受天主教必须获得中国皇帝的信任,得到他的恩准。经过多次周折,利玛窦终于获准进入北京,觐见当时的明神宗皇帝,献上圣像、《圣经》、万国图和自鸣钟、八音琴等欧洲近代科技产物,并借用儒家词汇向皇帝传教说:我们信仰的"上帝"就是你们的"天"……我们来此,不是想否定你们,只是提出一些补充而已。神宗对利玛窦这番话极为赏识,于是批准利玛窦在北京传教,并赐给他一所住宅,还在旁建立一座天主教堂,也就是今天北京宣武门内"圣母无染原罪堂"的前身。利玛窦去世后,神宗还下令以陪臣之礼葬于阜成门外——后来成为北京教士公墓。

利玛窦去世后,意大利人龙华民接掌中国天主教教务。因为他禁止教徒参加祭祖、祀天等仪式,人们对此产生反感,不久便爆发了"南京教案"。礼部侍郎三次向神宗皇帝上疏,要求禁教,认为天主教有违中国礼俗,西教士有窥国之意,反教风潮由此兴起。但是明末因为满族势力兴起,边防危急,同时朝廷历法失修,需要借助传教士制造火炮和修订历法,所以明末传教士仍然能在中国立足传教,并进入宫廷。宫中甚至为汤若望特设教堂一所,几年内受洗者竟有540名之多。到崇祯末年,全国已有13省传入天主教,教徒达到3.8万人。

清军入关后,汤若望同样受到清朝皇帝重用,掌管钦天监印信。顺治皇帝还尊称其为"玛法"(满族语对长辈的尊称),在北京宣武门内建立天主堂一座,并亲笔题"钦崇天道"匾额,允许在利玛窦墓旁建圣母堂一座,还亲笔题写"通玄佳境"。

至康熙即位,守旧势力辅政。守旧势力与西方传教士不合,上疏礼部,致使汤若望、南怀仁等四位教士被捕入狱。恰逢北京连续地震5日,太皇太后下令释放汤若望。但是仍下令废止西洋新法,严厉禁教。后康熙亲政,命南怀仁与监管质辩,并同赴天文台测验,南怀仁皆获胜。康熙随即任命南怀仁为钦天监副,平息冤案。

康熙十分喜欢西方科学,因此对通晓数学与立法的南怀仁十分看重,天主教也随之得到发展。康熙还在皇城内赐地修建了一座天主堂,即北堂(北京四大天主教堂之一,其余分别为东堂、南堂、西堂)。到1701年,全国13个行省共有传教士117人,有澳门、南京、北京三个主教区,大小教堂250处,教徒达30万人。教徒中以平民居多。但是不久后,由于发生了"中国礼仪之争",导致清廷下令禁教。

而此时,基督教的另一个教派东正教也不断向我国渗透。先是在1685年北京东直门内建立一座东正教堂即"北馆",也就是"尼古拉教堂"。后又在北京东江米巷(现东交民巷)新建一座东正教堂"南馆",即"奉献圣婴堂",作为传教士团的永久驻地。随着沙俄对我国的入侵,东正教教士团实际上是由沙皇政府外交部操纵,进行刺探机密、搜集情报的工作。

基督教在华的第四次传播开始于鸦片战争。在不平等条约的压制下,清政府被迫取消传教禁令,使教会势力迅速膨胀。这次传播是以新教来华为起点,第一位来华的新教传教士是19世纪来华的英国人马礼逊。虽然在马礼逊传教年间,由他施洗入教者并不多,但是他编译了第一部中文《圣经》,可以说是新教在华传播的先驱者。在马礼逊来华后的一个多世纪中,传入我国的教派共有100多个,不同国家竞相在中国建立基地,划分势力范围。如圣公会主要势力在上海至厦门一带;浸礼会在宁波;归正会在厦门;美以美会在四川;循道会在湖南等。而势力最大的是内地会,这是个跨宗派的组织,任何宗派均可参加。

在不平等条约的保护下,天主教、东正教得到很大发展。由于清政府的妥协,在《南京条约》《望厦条约》《黄埔条约》一系列不平等条约中都写进了允许外国教士在中国自由传教的所谓"宽容条款",外国教会势力不断涌入中国且不断向内地扩张,还建立了"广学会",出版书报杂志,使基督教在我国得以广泛传播。到新中国成立前夕,共有天主教徒320余万人,大小天主堂15 000座。罗马教廷正式将我国天主教组织划分为20个教省(总主教区12个,主教区85个,监教区34个,自立区4个)。但是这次发展同第三次传播不同,此时的基督教各教派均为西方列强的殖民侵略服务,虽然并非所有外国传教士都是帝国主义分子,但从整体上来看,外国殖民主义、帝国主义总是控制和利用着教会。有许多不平等条约的起草、签订都有传教士参与、策划,有的还出自他们之手。

至新中国成立以后,基督教发起了"三自"(自治、自养、自传)爱国运动,成立了爱国运动委员会,实行独立自主的办教方针,使基督教从帝国主义的侵略工具变成了中国人民自办的宗教事业。

由此可见,基督教在中国的发展以及它对中国社会的影响是复杂的,我们无法一概而论。其中既有负面的、消极的因素,也不乏正面的、积极的影响。基督教与中国传统文化之间既有着无法跨越和填补的鸿沟,但同时又有着两者的相融相合。基督教的影响是广泛而又深远的,涉及中国社会的方方面面,自然也包括旅游业。基督教在中国的传播,为我们增添了许多富有特色和魅力的旅游资源,如具有历史意义的教堂,具有基督教特色的建筑、习俗等。

拓展知识

基督教在中国传播过程中,注重把欧洲近代科技传入中国。不仅赠送自鸣钟、八音琴等欧洲近代科技产物给中国,而且带来了西方的数学和立法。

第四节 基督教教堂

东西部教会由于地域和文化传统的差别,历来在许多方面都有着差别,在教堂的风格上同样如此。基督教在中国的传播、发展,由于多种原因虽然谈不上十分顺利,影响也谈不上显著,但在中国的土地上却留下了许多富有基督教文化特色和魅力的建筑物,成为基督教宗教旅游中最富吸引力的旅游资源。

1. 北京天主教"北堂"

北京天主教"北堂",原名为"救世堂",取天主教耶稣救赎之义。因其位于北京西什库大街南端,所以称为西什库天主教堂;又由于位于北城,也被称作"北堂"。

"北堂"是一座典型的西欧哥特式建筑,仿巴黎圣母院而建,高31.4米。整个教堂通体洁白,令人顿生庄严肃穆之感。教堂顶端有许多高耸挺秀的尖塔,并镶嵌着守护天神。三扇红漆大门雕刻莲花图案。正门旁的墙壁上有圣保禄、圣伯多禄、圣玛窦、圣若望四位门徒的雕像,墙上还有"路、亚、阿、来"四个大字。正门前的石坛四周有56个神采各异的汉白玉雕小狮子组成的围栏,中央是五彩缤纷的鲜花围成的大花坛。教堂两旁耸立着两座古朴的中式建筑,用金黄色琉璃覆盖着十二柱四角亭亭顶,故又称"黄亭"。黄亭内各有一块石碑,记载着北堂迁移的原因和经过。教堂右边是圣母山,圣母马利亚雕像伫立在百花丛中。

教堂初建于康熙年间,据说康熙患疟疾,太医对此束手无策,此时耶稣会教士张诚献上金鸡纳霜,使康熙恢复健康。康熙于是赐给张诚住宅,并把蚕池口之地赐予传教士建造教堂,当时命名为"救世堂"。

"救世堂"经历了几次毁坏、重建、迁移,最终成了今日的"北堂",成为今日天主教徒进行宗教活动的场所。

2. 北京天主教"南堂"

北京天主教"南堂"即"无玷始胎圣母堂",坐落在北京宣武门内北顺城街,也被称为宣武门教堂,是北京现存最古老的天主教堂。与"北堂"相比,"南堂"少了几分华丽,却多了几分古朴、庄严。"南堂"不是完全的欧式建筑,而是采用了中式的山门和欧式的教堂二者相互交融的形式,堪称中西文化结合的典范。教堂的建筑风格为罗马式半圆模型的西式建筑,以瓦灰色为基调,加上整个建筑磨砖对缝,并饰以浮雕,十分古雅。

教堂的建筑空间十分宏大,宽阔的横厅和纵深的中殿使整个教堂的大堂呈长方形的拉丁式十字架式。教堂的堂顶悬挂着18盏华丽的五彩吊灯,两侧墙壁上悬挂着14幅油画,描绘耶稣从受苦至被钉在十字架上的故事。讲经台后面墙壁上挂着一幅巨大的油画,画的是"圣母无染原罪像",意为我们人类都是有原罪的,只有祈祷天主保佑,将来才有可能进入天堂。东西两侧圣台各供奉着耶稣和若瑟的画像。天主堂构成了东跨院的主体建筑,而西跨院主要是圣母山以及圣母马利亚的雕像。

在南堂留下了两位著名传教士的足迹,一位是利玛窦,另一位是汤若望。南堂最初建于明朝,是明朝神宗赐给意大利传教士利玛窦的寓所。后来为了传教,利玛窦买下寓所旁的"首善书院",改建为教堂。利玛窦死后,汤若望受到重用,又在宣武门内原天主堂旁重建教堂。经过近400年的风风雨雨,今日的南堂承担着大量的外事接待工作,北京天主教教区和北京市天主教爱国会都设在南堂。

3. 北京天主教"东堂"

东堂又称王府井天主堂,是北京四大天主教堂之一,由利类思和安文思(国籍不详)两位神甫创建。明末,二人在四川传教;清初,被清兵虏至北京,在肃王府当差,顺治十二年(公元1655年),被赐予一所宅院和一块空地(即今址),他们即在空地上修建一座教堂,即北京城内第二座圣堂(第一座为南堂),也就是最早的东堂。嘉庆十二年(公元1807年),失火后废止。1884年,重建的罗马式大堂在义和团运动中又被烧毁。1904年,用"庚子赔款"重建(法国和爱尔兰两国合建),即现在的东堂。东堂院内,中间为天主堂,坐东朝西,面阔25米,共约30间,坐落在青石基上,堂顶立十字架3座,中间大,两旁小。堂内有18根圆形砖柱支撑,直径65厘米,柱础为方形,堂内两侧挂着耶稣受难等多幅油画。"东堂"占地近1万平方米,为东城区重点保护文物。这座罗马建筑风格的教堂现成为王府井大街上颇具人文艺术色彩的宗教历史文化景观。

4. 圣尼古拉教堂

北京的圣尼古拉教堂坐落在东城区东直门大街东侧今俄罗斯大使馆内,也被人们称为"北馆"。"北馆"是北京地区最早的东正教教堂。

圣尼古拉教堂最初是一座关帝庙。清朝康熙二十四年(公元1685年)雅克萨战役后,康熙皇帝便把这座关帝庙赐给了俘虏来的哥萨克士兵及其家属。由于这些人都信仰东正教,这座关帝庙也就成了他们进行祈祷的场所。康熙二十八年(公元1689年),《中俄尼布楚条约》签订,这座关帝庙遂被哥萨克人改为了东正教教堂,被命名为圣尼古拉教堂。

1900年,圣尼古拉教堂在义和团运动中被烧毁,其中的一批教徒也被杀死。至义和团运动失败,清政府被迫赔款几百万两白银,重建并扩大教堂。重建后的教堂取名为"致命堂",被义和团杀死的教徒被封为"致命圣人",葬于致命堂下。

致命堂为典型的十字形东正教堂,堂顶上有五个带十字架的拱形堡,堂内装饰华丽。该堂占地3亩,房屋80多间。1956年,莫斯科教廷下令,调回全部苏联神职人员,并将教堂交回中国,教权交中国神职人员,不久,便改作苏联大使馆,致命堂建筑被拆除。现俄罗斯使馆内还存有义和团被镇压后,清政府割让给致命堂的老四爷府的一组中式古建筑,包括北大殿五间和西殿三间。这组绿色琉璃筒瓦屋顶的建筑,吻兽为鸽形,是中国古建筑中罕见的一例,具有较高的价值。

在致命堂建后不久,沙俄还在东交民巷俄国驻华领事馆内建起另一座东正教教堂,命名为"奉献节教堂"。由于致命堂在北面,奉献节教堂在南面,人们习惯上称它们为北馆和南馆。

5. 望海楼教堂

亦称圣母得胜教堂,位于天津市东北角海河北岸狮子桥旁。教堂为青砖木结构,面向西南,正面有三座塔楼,呈笔架形排列。全堂平面呈长方形,长30米,宽10米,内部并列着两排庭柱,为三通廊式建筑,没有间隔和隔层。内窗券作尖顶拱形,窗面由五彩玻璃组成几何图案,在阳光照耀下,放射出五颜六色的光芒,显得神秘、庄重。地面上砌着瓷质花砖,整个教堂装饰精美华丽。

望海楼始建于1869年,建成后,传教士与一些入教的地痞流氓在此为非作歹,奸淫抢掠无恶不作,连教堂边为抚养穷孩子而建的仁慈堂也成了他们残害中国儿童的场所。人们对此深恶痛绝,1870年6月21日,民众抱着幼童的尸体到望海楼质问神甫,遭到神甫威胁。愤怒的人群用砖石反击,并打死了闻讯而来的法国驻天津领事,放火焚烧了望海楼教堂。这就是闻名全国的"火烧望海楼"事件。1897年,清政府在外国使团的逼迫下被迫赔款重新修建望海楼,重修后的望海楼却在1900年义和团运动中再次被烧毁。现存的望海楼教堂是1904年第三次重建而成的。

6. 老西开教堂

天津的老西开教堂因位于天津和平区滨江道独山路厚墙子河老西开地带而得名,又因为它是由法国人所建,所以也被人们称为法国教堂。

现存的建筑包括两个部分:1914年建的天主教总堂和1917年建的大教堂。大教堂采用法国罗马式建筑造型,平面呈长十字形,正面和后部耸立着三座高大的塔楼。楼座都以红黄相间的花砖砌成,上面砌有翠绿色圆肚形尖顶,檐下为半圆形拱窗。教堂内的空间为三通廊式,内墙上绘有彩色壁画,装饰华丽。老西开教堂是天津所有现存教堂中规模最大的一座,现在已经修饰一新,对外开放。

7. 哈尔滨南岗尼古拉教堂

清朝初年,俄国东正教开始传入中国,并在北京建立了第一座东正教堂,即北京圣尼古拉教堂。随后在一系列不平等条约的保护下和沙俄的支持下,东正教不断扩展。1917年以前已经由北京扩展到了东北、华北、华东、华中和西北等地;十月革命以后,又有大批俄国流亡者进入中国,因此东正教在中国的影响不断扩大,修建的东正教教堂也越来越多。其中,黑龙江省哈尔滨市南岗区的圣尼古拉教堂是俄国东正教在我国所建教堂中比较著名的一座。

南岗圣尼古拉教堂坐落在今黑龙江省哈尔滨市南岗区大直街,俗称"喇嘛寺",始建于清光绪二十五年(公元1899年),由俄国传教士发起,并于当年底完工。

经历一百余年之后,现存教堂建筑采用了全木结构,内部装饰华丽,即使在细微之处也雕工精致。其规模在哈尔滨市 17 座教堂之中占据首位,年代也最为久远。

8. 宁波天主教堂

宁波天主教堂位于宁波上新江桥北,是国内近代哥特式建筑的代表作之一。由浙江教区法籍主教于清同治十一年(公元 1872 年)修建。光绪二十五年(公元 1899 年)又增建钟楼。宁波天主教的传入是在明朝末年,葡萄牙、意大利、法国传教士相继来到宁波传教,并建教堂。这座天主教堂是现存最好的一座。教堂坐西朝东,由大堂、钟楼、主教公署、神甫寝室、藏书楼等建筑组成。建筑面积 4 800 多平方米。钟楼高耸,具有哥特式建筑风格,大堂内均按天主教仪规布置。

9. 南京石鼓路天主教堂

南京石鼓路教堂是一座规模较大的天主教堂,因为它位于石鼓路上,所以得名。相传这座天主教堂最初建于明代,在清朝又重修过,它在江苏现存的天主教堂中,是建筑风格较为典型的一座。

教堂除了保留了礼拜堂、钟楼、厢房等建筑以外,还保留有四块很有价值的清代碑刻,对于了解基督教在中国的传播和中国近代史有着一定的价值。近来石鼓路天主教堂又得到整修,并对外开放。

10. 上海徐家汇天主教堂

上海徐家汇天主教堂位于上海市徐汇区漕溪北路,是上海地区规模最大的天主教堂,为天主教上海教区主教堂。它历史悠久,始建于清光绪二十二年(公元 1896 年),也叫"圣依纳爵堂"。正式的名称为"圣母为天主之母之堂"。由于它位于徐家汇,人们习惯称为徐家汇天主教堂。道光二十七年(公元 1847 年),法国天主教传教士利用清政府取消对天主教的禁令,想在上海的徐家汇建立天主教堂,但是当他准备购买民地修建时遭到当地农民群起反对而被迫终止。

它的建筑风格是典型的中世纪哥特式,整幢建筑高五层,砖木结构,可容纳三千多名教徒进行活动。大堂顶部两侧是哥特式钟楼,尖顶,高 50 米。大堂内圣母抱小耶稣像立祭台之巅,俯视全堂,为整座教堂之中心。这座圣母耶稣像是 1919 年在巴黎制成后运抵上海的。

现在的徐家汇天主教堂每日都要接待大量教友,教堂内圣音缭绕,教堂外白鸽飞舞,也成为上海市一大景观。

11. 佘山天主教堂

佘山天主教堂坐落于上海市松江区西佘山之顶,被誉为"远东第一大教堂"。初建于清同治十三年(公元 1874 年),由法国传教士所建,后又几次翻建,现在的教堂是 1925 年扩建而成。包括中山教堂和山顶大教堂两座建筑,有圣母亭、圣心亭、若瑟亭等"三圣亭"。此天主教堂为欧洲巴洛克风格建筑,熔希腊、罗马、哥特式建筑艺术于一炉,部分建材与装饰采用中国传统建筑手法,可谓中西文化融合的结晶。天主教堂与山融为一体,轮廓协调自然,堂红山绿相映生辉。整个建筑平面呈拉丁式十字形,充分体现了建筑美学上对称中不对称的美感。山顶大教堂高17米,教堂内设3 000个座位,可容纳近4 000名教徒。大殿正祭台用大理石砌成,殿窗部分镶嵌五彩玻璃,顶部盖以碧色的琉璃瓦。钟楼高38米,按一定音符排列着8只大钟,由紫铜铸成的圣母像高8米。圣母高举双手呈十字状的小耶稣,寓意欢迎各地前来的朝圣者。1942年罗马教皇曾封佘山天主教堂为"圣殿",成为我国天主教徒朝觐的圣地。佘山天主教堂是上海天主教徒在东南沿海的主要朝圣地,每逢5月圣母月,各地天主教徒纷纷来此朝圣,故佘山在海外有圣母山之称。

12. 广州圣心大教堂

广州圣心大教堂位于广州市一德路。因为奠基日是"圣心瞻礼日",所以得名圣心大教堂。又因为整座建筑均用花岗石砌筑而成,所以又被人们称为"石室"。

第二次鸦片战争后,法国依据《天津条约》,强迫清政府出租土地,兴建教堂。于是圣心大教堂这座由法国天主教会兴建的天主教堂于清同治二年(公元1863年)奠基,经过25年的建设,于光绪十四年(公元1888年)落成。

整个教堂占地2 700平方米,是国内最大的以高直尖顶为特色的哥特式建筑群。教堂前部,两座巍峨高耸的尖顶石塔直指天空,象征着向天国升华,皈依上帝。其上挂有大钟一组。堂深78.69米,东西宽35米,高度由地面至天面平台为28.7米,天面平台全塔顶端为29.8米,共高58.5米。堂内是尖形肋骨交叉的拱形穹隆,正面的大门和四周护壁分布的花窗棂都是合掌式。所有门窗都以红、黄、蓝、绿等深色图案玻璃镶嵌,可避免室外强光射入,使室内光线保持柔和,形成神秘肃穆的宗教气氛。石室由法国工程师参照巴黎圣母院设计,工程浩大,从打磨到吊装都用手工操作完成。

教堂所在地原为清朝两广总督行署遗址,兴建时教堂原占地面积达到4万多平方米,四周附设医院、育婴堂和主教、神甫宿舍等,这些后来都已改作他用。

13. 沈阳南关天主教堂

南关天主教堂位于沈阳市沈河区小南街一段华光里2号,始建于1878年,为法国传教士所建。1900年,在义和团运动中被烧毁。现存教堂系1912年利用《辛丑条约》的"庚子赔款"重建。南关天主教堂为两座尖塔哥特式建筑,高40米,面积为1 000多平方米,一次可容纳1 500人做礼拜。教堂素面青砖,白灰勾缝,砖混结构,装饰花纹大方、明快。1926年,在教堂两侧,又建起了一栋4层楼的主教府,面积达2 700平方米。南关教堂建筑宏伟,具有浓厚的法国宗教建筑风格,是沈阳市内面积最大、历史较久的天主教堂建筑,也是东北地区天主教的活动中心。

14. 崇文门教堂

北京基督教会崇文门教堂，又称亚斯立教堂，位于北京市东城区崇文门内大街后沟胡同丁2号。该堂是北京现存最大的一座基督教新教教堂，在国内外享有一定声誉。其建筑呈瓦灰色，风格古朴庄严，塔楼上加以锥形尖塔，上竖一个金色十字架，将视线引向天空，令世人感受到自身的渺小、基督教的神圣、耶稣的圣洁。

教堂共占地8 246平方米，分为正、副两堂。正堂设有800个座位，中间有闸板相隔，可分可连。崇文门教堂为木质结构，整体呈半扇形，外观不像天主教堂那样豪华气派，内部装饰也不像天主教堂那样高大华丽，布置十分简朴。圣台上只挂了一个十字架，这或许是由于新教不注重形式而更注重内心信奉基督教的缘故。

崇文门教堂始建于1870年，是美国卫理公会在北京乃至华北所建的第一所礼拜堂。教堂经历了扩建、搬迁，并在义和团运动中被烧毁，现教堂是1904年所建。

崇文门教堂还与爱国将领冯玉祥有着深厚的关系，这位被人称作"基督将军"的爱国将领就是在崇文门教堂接受洗礼，皈依基督教的，也是在此与北京基督教女青年会总干事李德全小姐举行婚礼，结为夫妇的。

如今，一些外国重要领导人也曾到此礼拜，如美国前总统布什、克林顿等。

15. 上海国际礼拜堂

上海国际礼拜堂位于徐汇区衡山路53号，由美国侨民集资兴建，于1925年落成，是上海最大的基督教堂之一，曾经被称为美国礼拜堂，专为美国教徒做礼拜。后因做礼拜的人多了，其他国家的教徒也加入进来，故改名国际礼拜堂。整幢建筑呈"L"形，是近代哥特式的砖木结构建筑物，占地7 300平方米，建筑面积1 372平方米，堂内有1 400个座位。教堂近年来修缮一新，环境幽雅，各种宗教活动均已正常举行。该堂的圣诗咏唱班十分有名，那平和而又虔诚的歌声常常从教堂飘出，每逢宗教节日和每月第三周的星期日，这里都举行盛大的音乐活动。美国前总统卡特、诺贝尔和平奖获得者图图主教等都曾来此聆听过那美妙的歌声。

16. 大三巴牌坊

大三巴牌坊是澳门特别行政区最有名的古建筑，位于市中心大炮台山西侧。它并不是中国传统意义上用来光宗耀祖、留名万世的建筑物，而是一个宗教性质的建筑物，是澳门特别行政区圣保罗教堂残留下来的一个前壁。所谓"三巴"事实上就是"圣保罗"的音译，当地人又因为其大，形似中国牌坊，所以称它为大三巴牌坊。

从外形上来看，大三巴有点类似谷仓的形状，高27米，宽23.5米，总共分为5层。每一层都镶嵌或雕刻着形态迥异的艺术群像，弥漫着浓厚的宗教色彩。五层以上的屋檐并不是三角直线，而是不时呈弯弧状，隆起一个又一个细塔似的尖尖石柱，簇拥着尖端竖着的十字架。底层是教堂的入口处，共有三座门，用爱尔尼亚式柱子隔开。第三层正中是童贞圣母雕像，旁边围绕代表中国的牡丹和代表日本的菊花，左边刻有"永恒之泉"字样，右边刻着一棵生命之树。第五层的墙壁间嵌着一只铜质灰鸽，铜鸽周围的花岗岩石壁上镶刻着太阳、月亮和星辰，以显示耶稣降生的不平凡时刻。因为据说圣灵降临马利亚使她怀孕，在马棚生下耶稣时，顿时太阳和月亮照亮夜空。而在铜鸽之下是耶稣圣婴雕像，旁边还有钉死耶稣的工具的石刻。

在澳门特别行政区的一些传说中，还提到在大三巴教堂旧址底下有条隧道，藏有许多宝藏，同时这条隧道也是意外之时的逃生之路，直通邻近的大炮台和关前后街。虽说这个传说究竟是否属实还有待考证，但无疑又为大三巴抹上了一层神秘色彩。1990年至1995年，政府在昔日圣堂的地点进行了维修工程，并建成了一个天主教艺术博物馆，馆内收藏了澳门特别行政区各教堂和修道院具代表性的画作、雕塑和礼仪饰物等展品，现在，大三巴牌坊已经成为澳门特别行政区的象征之一，也是游客澳门特别行政区之行的必到之地。

17. 滕公栅栏传教士墓地

滕公栅栏传教士墓地坐落于北京车公庄三塔寺，最早曾是被称为"滕公"的贵族的私人花园，并由此得名"滕公栅栏"。后来成为来华传教士的墓地，第一位长眠于此的传教士就是意大利人利玛窦。

利玛窦可以说是第一个打开中国大门的传教士，他采取的"驱佛补儒""耶儒合流"的传教方针把天主教的教义和中国的儒家思想礼俗相互糅合，用儒家的思想来解释基督教教义，在中国产生很大的影响。明神宗对他十分赏识，至他死后，允许其破除"客死中国的传教士都须葬在澳门"的惯例，而安葬在北京。明朝神宗皇帝原是个懒得出奇的皇帝，他很长时间既不上朝听政，又不批复大臣们的奏章，只靠着太监来传达旨意。但是对于利玛窦死后的安葬问题，他却一反常态，很快予以批复，因而只经过近一年的交涉、筹划，京师西郊第一块洋人墓地就准备妥当。

一些著名的传教士如邓玉函、龙华民、汤若望、南怀仁等也都葬于此。到目前为止，作为北京市文物保护单位的滕公栅栏，一共保留了63名传教士的墓碑，其中还有14人为中国籍教士。这63尊墓碑不仅铭记着那些致力于中西文化交流的使者，而且它们本身也是中西文化交融的产物。这里已成为北京一处重要的文物古迹，成为从16世纪末至19世纪初的中西文化交流的重要见证。

18. 基督坟场古墓群

澳门特别行政区白鸽巢前有一片基督教坟场，但早已停止入葬，而成了澳门特别行政区的古迹。坟场的门墙及大门十分简朴，像普通宅院，因而不大引人注意。坟场靠着一条名为西洋坟路的小路，与外面的车水马龙相隔开，显得格外的幽静。

院落的铁门雕花镂空，朝着热闹的街面洞开；亚热带乔木生长旺盛，宽大的阔叶罩住了进门的路面,又为这里平添了几分神秘。

坟场分为两部分。前部为一座小教堂,名为马礼逊堂,以纪念著名传教士马礼逊。马礼逊是英国人,1807年抵达中国,在澳门研读中文,宣讲《圣经》,虽然他最终无法进入中国内地传教,但是他译出了中国第一本《圣经》,编撰了第一本《英华辞典》,在东西方文化交往史上占有突出的位置。

因为礼逊堂供奉着圣味基天使,它象征主持公道,镇魔压邪,是三大天使之一,故又叫"圣味基教堂"。在澳门40多座小教堂中是独一无二的。

教堂之后是墓园。花木扶疏,在宽敞的场地上筑起数十个墓冢,碑石纵横,环境幽深肃穆,墓冢多为19世纪所建,死者均为欧美的基督教徒。除葬有马礼逊之外,还有住在我国澳门20多年的著名英国画家钱纳利等。

 特别提示

作为宗教活动场所,基督教教堂与佛教寺庙、道教宫观等有着很大的不同,基督教教堂可以用来举办婚礼,佛教寺庙、道教宫观则不行。我们常见欧洲青年男女在教堂举行婚礼的场景和画面。中国也有很多青年男女开始选择在教堂举办婚礼。

第五节　基督教的礼仪和节日

一、基督教的礼仪

基督教的某些重要礼仪称为圣事或圣礼,其神学意义是借助可见的形式或表象,将不可见的神恩赋予领受者。由于宗派不同,对圣事的理解也不完全相同。但是有两件圣事却是各派都承认的,即洗礼圣事和圣餐圣事。

洗礼圣事亦称为圣洗、受洗或受浸,是信徒加入基督教必经的一种宗教仪式。基督教认为通过外在的水洗,赋予人圣化、圣宠,可使人获得灵性的重生。

圣餐圣事在天主教被称为圣体圣事,在东正教被称为圣餐或主的晚餐。领取圣餐的人必须是有效地领受过受浸的信徒。圣餐来源于《圣经》中耶稣与门徒的最后的晚餐。因为据《圣经》说:"他们吃的时候,耶稣拿起饼来,祝福,就劈开递给门徒,说,你们拿着吃,这是我的身体。又拿起杯来,递给他们说,你们都喝这个,因为这是我立约的血。"① 所以,圣餐中劈开的饼,代表耶稣为信徒所舍的身体;杯中

---

① 见1980年版《新旧约全集》的《新约·马太福音》第6章第26节,第316页,中国基督教三自爱国运动委员会。

的葡萄酒或葡萄汁代表耶稣的血,代表天主用血所立的新约。基督教各宗派要求领圣餐的信徒,身体要端正恭敬,衣着要整洁、庄重。天主教还要求信徒敬守圣体斋,即在领圣餐前一小时不吃固体食物,不饮液体饮料,如牛奶、啤酒、汽水等,但是清水却随时可饮。除以上两件外,天主教、东正教的圣事还有另外五件,分别是坚振、告解、终傅、神品、婚配。

(1) 坚振:即"坚信礼",入教者在受洗后一定阶段再接受主教的按手礼,以使"圣灵"降于其身,使之坚定信仰。

(2) 告解:被认为是耶稣为赦免教徒在领洗后对"上帝"所犯之罪,使他们重新获得恩宠而订立的。由教徒向神甫告明对"上帝"所犯罪过并表示忏悔。

(3) 终傅:教徒垂危时,神甫用经主教祝圣过的橄榄油,擦拭病人的耳、目、口、鼻和手足,并念诵经文,以此赦免受敷者的罪过,使其安心去见上帝。

(4) 神品:即派立礼,亦称"按立礼""受神职礼"。教会工作人员只有在接受"派立礼"后成为神职人员才能有主持"圣事"的资格。

(5) 婚配:教徒在教堂内由神甫主持,按教会规定的礼仪结为夫妻。神甫先询问男女双方是否同意结为夫妻,在得到双方肯定回答之后,诵念祈祷经文,宣布两人为"天主所配合的人,不能分开",并为结婚双方祝福。

基督教最普遍的崇拜仪式是主日礼拜。基督徒相信耶稣受难后在"七日的第一日"即星期日复活,所以选择这一天举行礼拜。多在教堂中举行,由牧师主礼。一般包括祈祷、读经、唱诗、讲道等内容。天主教、东正教还有斋戒的规定,分为小斋、大斋。小斋主要方式是在规定日期内减食,一般规定每星期五不吃肉,意为"节至己身"。大斋亦称"禁食",即在规定日期内一天只吃一顿饱饭,其余仅吃半饱或更少。现在一般只在受难日和圣诞节前一天守大斋。新教则对斋戒没有具体要求。

二、基督教的节日

基督教的节日很多,而且各派不尽一致。但是最为重要的有圣诞节、复活节、圣灵降临节,合称基督教会的三大节日。

1. 圣诞节

圣诞节为每年12月25日,纪念耶稣诞生。由于基督教的广泛传播,目前圣诞节已经成为一个世界性的节日,中国近年来也掀起了过圣诞节的风潮。但是事实上,《圣经》中并没有明确记载耶稣究竟诞生于何时。圣诞节最早起源于古罗马帝国,大概出现在公元4世纪,原来是罗马人供奉太阳神的节日,后在公元354年,在西部教会年历上首次沿用12月25日为耶稣诞生纪念日。

圣诞节的活动通常从12月24日便开始了,即平安夜。据《圣经》记载,耶稣降生当夜,便有天使来到人间传递佳音。根据这一传说,在圣诞节,基督教信徒们便组成唱诗班,到各个信徒家中去唱圣诞节祝圣歌曲,互相问候、祝贺,也称报佳音。还有传说有位农民在圣诞之夜接待了一位极其穷苦的儿童,儿童临行时折下一根杉树枝插在地上,树枝立即成树,儿童说:"年年此日,礼物满树,留此美丽杉树报答您的好意。"于是在圣诞节就有了家家户户摆放圣诞树的习俗,人们把写有亲朋好友名字的礼物挂在树上,在圣诞树旁唱歌跳舞,迎候耶稣的降临。在圣诞节还有一位不可缺少的人物,就是圣诞老人。这是一位白须、红袍的胖老人。每年圣诞节时,驾着鹿橇从北方来,由烟囱进入各家,把糖果、玩具等礼物放进挂在炉前的长袜内送给儿童。据说这位老人是小亚细亚每拉城主教圣尼古拉的化身。

 特别提示

中国近年来也掀起了过圣诞节的热潮。中国人过圣诞节,主要流行吃圣诞大餐、交换圣诞礼物、互表圣诞祝愿等活动。

2. 复活节

复活节是每年春分月圆后第一个星期日即每年三四月。复活节是纪念耶稣受难后复活,来源于《圣经》中关于耶稣被钉死在十字架后复活的记载。教会规定,耶稣复活日是基督教举行宗教礼仪的日子,也称为"主日"。

复活节的活动实际上从节日前三天即星期四就开始了,这天为"濯足日"。据《圣经》记载,耶稣在遇难前一天曾为穷人们洗脚,并亲吻他们的脚。"耶稣就离席站起来,脱了衣服,拿一条手巾束腰。随后把水倒在盆里,就洗门徒的脚,并用自己所束的手巾擦干。"[①]据说当时的英国国王为了表明自己是耶稣的虔诚信徒,每到复活节前的星期四,都在大教堂为穷人洗脚,并跪下来吻他们的脚。不过这些穷人自然是经过精心挑选的,而且事先由国王侍从给他们洗过脚,并且洒上香水。现在习俗已经有所改变,但是英国女王伊丽莎白二世每到这个星期四,仍然会接见一些穷人,分送新铸的钱币。参加典礼的牧师肩上还搭着一块擦脚用的白布。

复活节前两天即星期五是"受难日",也就是耶稣被钉死在十字架上的那一天。习俗上人们会在那天食用一种印有十字凹文的小圆面包,以纪念牺牲在十字架上的耶稣。在复活节这一天,人们会互赠绘制精美的彩蛋,以象征生命复活。父母还常常会把彩蛋、玩具、食品等藏在花园里,让孩子们去寻找,而教堂在复活节那

---

① 见 1980 年版《新旧约全集》的《新约·约翰福音》第 13 章第 4 节,第 134 页,中国基督教三自爱国运动委员会。

一天会举行圣烛游行,象征基督的降临。

3.圣灵降临节

圣灵降临节在复活节后第50天,以纪念圣灵降临,也称为五旬节。因为据《圣经》记载,耶稣在复活后第50天差遣"圣灵"降临,门徒领受圣灵,开始布道。

各地对圣灵降临节的庆祝方法不完全相同,但是大致内容为:去教堂聚餐,演出取材于《圣经》故事的节目,或举行群众游艺及体育活动,集体长途步行,为慈善事业募捐等。教堂会向群众投掷面包和干酪(中世纪向穷人施舍的遗风),有的村庄在这一天会屠宰一只小羊,抬着游行,跳舞,然后把小羊烤熟,将肉卖给参加活动的群众。这个风俗起源已久,据说因为该地过去没有水源,居民便祈求上天,忽然出现了一道甘泉,于是他们便杀了小羊以献给上天。

在圣灵降临节前一天的晚上,信徒们还会身穿白色长袍,排队等候洗礼。根据《圣经》上记载,圣灵降临节那天,两位身穿白袍的天使降落在耶稣门徒们中间,身穿白色长袍的习俗可能由此转化而来。

本章小结

本章首先简要介绍了基督教的产生与发展概况,使我们大致把握其发展脉络;其次分析了基督教的经典、教义以及礼仪与主要节日;还特意介绍了基督教在中国的发展情况,并对中国著名基督教教堂做了比较全面的讲解。

案例分享

徐光启与上海徐家汇天主教堂

徐光启是上海地区第一个天主教徒。徐光启本在上海一个赵姓私塾教书,后来因为主人去了韶关,他随行来到广东,在那里与来华传教的郭居静结交,三年后,徐光启拜访了著名的传教士利玛窦,并加入了天主教。徐光启一生致力于开拓天主教在上海的传播并不断学习西方先进的科学知识,被称为"中国近代科学先驱"。

上海徐家汇天主教堂位于上海市徐汇区漕溪北路,外形宏伟壮观,外部结构采用清一色红砖,屋顶铺设石墨瓦,饰以许多圣子、天主的石雕,纯洁而安详。

思考:

1.天主教在科学知识传播方面起到了什么样的作用?

2.基督教和天主教是一种什么样的关系?

[案例分析]

天主教在华传播的同时,也把西方近代科学传到了中国,致力于科学和教育传播是天主教的特色,对推进中国文明进程起到了积极作用。

 思考与练习

1."三位一体"是基督教的基本教义之一,你能说出它的具体含义吗?

2.假设你现在带了一个不信奉基督教的旅游团,团友提出让你讲一讲《圣经》,请设计一段讲解词。

3.请结合基督教在中国传播、发展的历史谈谈中国文化在吸收异质文化时呈现出什么特点。

4.请结合中国基督教旅游景观的具体情况,设计一条"中国基督教精华景观游"的旅游线路。

第五章 伊斯兰教

> **引言**
>
> 伊斯兰教是世界三大宗教之一,传入我国后经过上千年的发展,已经拥有相当数量的信徒。伊斯兰教文化灿烂多姿,穆斯林的世俗生活神秘、独特,伊斯兰教文化旅游借此吸引着广大旅游者。本章将向您介绍我国宗教文化旅游的一个重要组成部分——伊斯兰教文化旅游。

> **学习目标**
>
> 全面了解伊斯兰教兴起与外传的历史过程,尤其注意把握伊斯兰教在中国的发展;准确理解伊斯兰教的基本教义与主要宗教制度;基本掌握伊斯兰教清真寺、陵墓等建筑的原则、风格、结构与特征;明了伊斯兰教的主要宗教节日和穆斯林的生活习俗,并思考穆斯林的生活习俗对旅游活动有什么影响。

公元7世纪初,伊斯兰教诞生于阿拉伯半岛,不久便传入中国。在数千年的历史发展和演变过程中,这一世界性的宗教与我国的本土文化互相冲击、吸收,逐渐稳固下来,生成了一种独具特色的中国伊斯兰教文化。由于这种文化是由伊斯兰教特色与中华民族传统融合于一体而形成的,因而具有旺盛的生命力,时至今日仍然是贯穿于宗教旅游活动之中的"文化内核"。

第一节 伊斯兰教的兴起与外传

一、伊斯兰教的兴起与外传

从公元6世纪开始,阿拉伯半岛进入了社会大变动时期:一方面,半岛大部分地区的原始社会开始解体,各部落割据一方,政治混乱,内部战争与仇杀事件不断,社会矛盾和阶级对立尖锐;另一方面,长期的分裂为强邻提供了入侵的机会,525—628 年,拜占庭和波斯两大帝国为争夺商道,占领了也门,进一步加剧了岛内的社会危机,激发了阿拉伯人民族感的觉醒。面临如此形势,要抵御外族入侵,夺回商道与资源,就必须先实现半岛统一。因此,统一宗教意识势在必行,伊斯兰教就是当时阿拉伯社会政治变革和经济要求在意识形态上的反映。

610 年,麦加出现了一位商人,宣称自己是安拉的使者和先知,劝导人们归顺并敬畏安拉,止恶行善,并以此为旗帜开始了统一活动。他就是伊斯兰教的创立者——穆罕默德。此后,这位伊斯兰教的杰出领袖一直致力于伊斯兰教的传播与半岛统一,阿拉伯进入了宗教和政治、经济、军事结合于一体的新时期。到 631 年,半岛各部落相继皈依了伊斯兰教,政治渐趋统一。632 年 3 月,穆罕默德率 10 多万穆斯林到麦加进行了一次"辞别朝觐",并以安拉启示的名义,宣布"我已选择伊斯兰教做你们的教主",伊斯兰教从此成为阿拉伯民族的精神支柱。

随着阿拉伯帝国的强大和扩张,伊斯兰教开始通过贸易活动与文化交流传播到非洲和亚洲。20 世纪以后,穆斯林移民、劳工、商人和学者又将伊斯兰教传入西欧和北美,使之大大突破了阿拉伯地区的范围,成为当今世界流行的第二大宗教。

二、穆斯林的旅行与留居带来了伊斯兰教

相传,穆罕默德在位时就已注意到中国的文明,他曾对门徒们说:"学问,虽远在中国,亦当求之。"这句话后来被录入"圣训",为众多教徒所熟知。领袖的倡导无疑对信徒的活动起了主观促动作用,而当时发达的水陆交通则使穆斯林的传教旅行在客观上具备了可能。因此,从 7 世纪开始,阿拉伯穆斯林就带着对大唐繁荣的向往,到达中国进行民间贸易与旅行活动。唐永徽二年(公元 651 年)八月,阿拉伯帝国第一次正式派使者到长安朝见唐高宗,此后两国保持了长期的友好关系。中国政府在广州、泉州、扬州等国际贸易港口开设专门销售阿拉伯商品的市场,以鼓励民间交往。在这种情况下,许多阿拉伯商人开始在中国定居下来。

唐玄宗后期,朝廷借用 1 000 多名大食(今阿拉伯地区)援兵协助平定安史之乱后,这些信仰伊斯兰教的大食兵多数留在中国娶妻生子,成为今天回族的祖先。

除此之外,还有一些来自中亚的战俘与被掠人口被迫留居中国。当然,与商人和士兵相比,他们只占到留居人口的一小部分。

这些留居下来的阿拉伯穆斯林在唐宋时期被称为"蕃客"。尽管当时伊斯兰教信仰的范围还很有限,但在长期的定居过程中,"蕃客"们除了发展贸易与旅行

外,还推选其中德高望重者负责领导宗教活动,例如,在聚居处经营穆斯林的公共墓地,修建清真寺,进行地区性的传教活动等,伊斯兰教随之开始在中国广为传播。

三、伊斯兰教在中国的发展

特别提示

中国伊斯兰教在内容与形态上都带有明显的特色,形成了中国回民共同体。

伊斯兰教在中国封建社会大致经历了以下四个发展阶段:

唐宋时期(公元757—1279年)是初传阶段。唐朝人对"大食法"①已有一定的了解,但大多数还建立在世俗基础之上。宋代,伊斯兰教有了初步的发展,不仅信仰人数有了明显的增加,教徒的覆盖面也开始由"外来蕃客"向"土生蕃客"扩展,甚至出现了其他民族(主要是汉族)改信伊斯兰教的现象。

元朝(公元1279—1368年)时期,伊斯兰信徒开始遍及社会各阶层,并逐渐进入统治者行列,享受免赋、免差、免役的特殊待遇,清真寺由官方出资兴建的情况屡见不鲜。在蒙古西征过程中,大批来自中亚、波斯和阿拉伯的士兵、工匠及商人被迫东迁到中国,形成"元时回回遍天下"的局面。另外,同处于蒙古人统治下的各伊斯兰教国家,与开放的中国西部边界来往频繁,无疑为伊斯兰教迅速向东发展提供了便利。因此,对中国伊斯兰教而言,元代是其发展的一个关键时期。

到了明朝(公元1368—1644年),由于蒙古军队的败退,作为"色目人"主要成员的伊斯兰教教徒大多随之退回漠北,社会地位有所下降。明朝严厉的海禁政策也不利于中国穆斯林与伊斯兰教世界的联系。社会环境的改变使教徒内部凝聚力大大增强,不久便出现了一个新的民族——回回民族共同体。到此,我们就能很清楚地理出伊斯兰教信徒构成在中国封建社会的发展脉络:

唐:"蕃客" → 宋:土生蕃客 → 元:色目人集团 → 明:回回民族

穆斯林改用汉族姓名在明朝蔚然成风,而且汉姓世代相传,标志着伊斯兰教开始与中国本土的传统文化相融合,在我国伊斯兰教发展史上具有里程碑意义。

清朝(公元1644—1911年)是中国伊斯兰教典型化时期,中国伊斯兰教在内容与形态上都带有明显的特色。

---

① 当时对伊斯兰教的称呼,出自杜环的《经行记》。

第二节　伊斯兰教的基本教义与制度

一、两大经典——《古兰经》和"圣训"

伊斯兰教有两个基本的经典——《古兰经》和"圣训"，旅游从业人员需要掌握与之相关的基础知识。

（一）《古兰经》

《古兰经》共30卷，114章，是伊斯兰教最根本的经典，我国旧译《古尔阿尼》《古兰真经》《宝命真经》《可兰经》。"古兰"阿拉伯语意是宣读、诵读或读物，《古兰经》即使者穆罕默德宣布的"安拉启示"汇集。它是穆斯林世俗生活和宗教生活的行为准则，千百年来一直影响着伊斯兰与阿拉伯国家的经济、政治与传统文化。《古兰经》涉及的内容相当广泛，归纳起来大致有五个方面：

①基本信仰与基本功课；②阿拉伯社会的种种主张和伦理道德规范；③早年政教合一的穆斯林社团制定的各种制度（包括宗教、政治、经济、社会、军事和法律等诸多领域）；④在传教过程中，与多神教徒和犹太教徒进行辩论的记述；⑤流行于阿拉伯半岛的民间故事和历史传说。

目前世界上约有60余种文字的《古兰经》译本。在中国，《古兰经》的流传基本依靠传抄和口述，到明末清初，一些汉语教学者开始译述、引用《古兰经》，但尚无汉语全译本。1927年李铁铮翻译的《可兰经》是最早的汉语通译本。1981年中国社会科学出版社出版了马坚教授的现代汉语译本《古兰经》，由北京伊斯兰教协会认可并经世界回教联盟同意，沙特麦地那法赫德国王古兰经印制厂于伊斯兰教历1407年印制出版。除此之外，维吾尔文与哈萨克文译本已正式出版。

（二）"圣训"

"圣训"是穆斯林对穆罕默德言行录的尊称。穆罕默德除宣布安拉的"启示"外，还对《古兰经》经文作了阐释，并不时就伊斯兰教的教义、教规、律例和有关现实问题发表意见和主张，后人将其整理成文，阿拉伯语称为"哈迪斯"（言论）、"逊奈"（行为、常道）、"艾塞尔"（遗训、遗教），汉语译为"圣训"或"圣谕"。穆罕默德逝世后，为了创立教法的需要，人们将其弟子甚至再传弟子的言行也列入"圣训"。因此，今之"圣训"以穆罕默德的言行记述为主，但并非仅其一人之言。

"圣训"的内容大致可以分为三类：①言语圣训，即穆罕默德发表的宗教论述；②行为圣训，即穆罕默德的行为和习惯；③默认圣训，即穆罕默德对某些情况和个人行为、习惯的默许。

《古兰经》中说："凡使者给你们的，你们都应当接受；凡使者禁止你们的，你们都应当戒除。"由于穆罕默德是安拉的使者,因此"圣训"在伊斯兰教中的地位仅次于《古兰经》,是教中立法、执法的第二依据与源泉,信守"圣训"(使者的言行录)是伊斯兰国家自上到下的义务。长期以来,它与《古兰经》相辅相成,互相补充,对穆斯林的思想、感情、言行及生活方式产生着重大的影响。

目前著名的"圣训"集有逊尼派的《六大圣训集》与什叶派的《四圣书》,两者体例基本相同,只是在传述内容上有所差异。

二、六大信仰与五项功课

(一)六大基本信仰

伊斯兰教追求永生的天堂,穆罕默德把这种愿望寄托在"无形象,无方所"的"真主"身上。他为穆斯林规定了六大信仰纲领,即对安拉、天使、经典、使者、后世及前定的信仰,其中又以信安拉、信使者穆罕默德和信经典《古兰经》为教义核心。

1.信仰安拉

安拉是阿拉伯语"神"的音译,我国穆斯林也将其意译为"真主"。伊斯兰教创立前,安拉只是麦加等地信仰的一个主神,穆罕默德从多神崇拜中将其抽象出来,成为唯一的神,主要是为了当时统一阿拉伯半岛的需要。

信仰安拉是伊斯兰教六大信仰的核心与基础。穆罕默德宣扬安拉是万物的创造者、主宰者,又是清算日的掌权者和裁判者。安拉不仅是唯一的,也是完美的、永恒的,其高超程度为人类语言所无法形容,因而人类在其面前十分弱小。《古兰经》要求教徒对安拉的崇拜应该达到"心里诚信""舌肉召认"的程度,教徒必须全心全意地顺服他,敬拜他,不能有丝毫怀疑与反抗。

2.信仰天使

天使是安拉用光创造的妙体,其职责是顺从和执行安拉的命令。天使与安拉一样,也是不能被人眼看到的,且没有性别、年龄之分。《古兰经》中说天使长有翅膀,神通广大,数目繁多,遍布天上地下,因此人类的功过善恶均受天使的监督。

天使有着明确的分工,承担不同的职责。其中最著名的是:"哲布勒伊来"(往来于安拉与穆罕默德之间,负责传达"启示")、"米卡伊来"(负责观察宇宙万物)、"伊斯拉非来"(世界末日来临时,专司吹号角,使所有死者复活以接受安拉的审判)和"阿兹拉伊来"(掌管死亡)四大天使。他们各司其职。另外,还有许多地位较低、职能各异的天使。可见,伊斯兰教对天使的分工正是世俗世界在"天国"的反映。

在伊斯兰教中天使只是安拉的差役,他们虽然忠诚地执行安拉的命令,但却不是神,所以信徒不能敬拜天使,更不能在神性上将之与安拉做比较。

3.信仰经典

在伊斯兰教的观念中,安拉是神,使者是普通人,两者之间的联系途径就是安拉颁降的"启示"——经典。据传安拉曾先后赐给众使者104部经典,但《古兰经》中提及名称的只有4部,分别是《古兰经》、摩西的《讨拉特》①、耶稣的《引支勒》②和大卫诗篇《则布尔》。穆罕默德认为,《古兰经》是安拉颁降的最后一部"启示",也是唯一一部没有经过歪曲篡改的经典,受到安拉的保护,不会变更,因此它是最完美无缺、最权威的经典,穆斯林应该完全相信,并一生遵守。

4. 信仰使者

使者是安拉选派的"警告者",他们接受安拉的启示"治世安民""普济众生",向世人传播宗教。他们具有非凡的能力,能向人们显示奇迹。伊斯兰教中的使者与先知有一定区别:先知能领受安拉的启示,做出预言;而使者除此之外还肩负安拉委派的使命,因此地位高于先知。

信仰使者与信仰安拉在伊斯兰教中是统一的,信安拉必须信使者,信使者就是信安拉;与使者背约,也就背叛了安拉。同时,伊斯兰教又坚持一神原则,安拉是唯一的神,使者不是安拉的化身,与安拉也没有子嗣关系,他们只是安拉从普通人中挑选出来的,所以没有神性,会生老病死。

5. 信仰后世

伊斯兰教信徒追求的不是短暂的今生,而是幸福的"天国"。他们相信人生是有限的,世界末日来临后,安拉将命令天使吹响号角,唤起死者,并根据每个人的善恶记录逐个进行审判。生前行善者将会永居天国,作恶多端者则会被罚入火狱。

6. 信仰前定

在伊斯兰教中安拉无所不能,因此天地间的事物,社会的经济、政治状况,甚至每个人的生老病死、贫富贵贱都早已由安拉安排好:命中有的,不求自来;命中无的,强求不得,这就是前定。尽管各教派在前定与意志自由的问题上发生过争议,关于人是否有选择意志的自由,意志自由的程度如何,各教派提法不同,但穆斯林对意志自由的选择也是由安拉前定的信仰,仍是一致的。

(二)五项功课

穆罕默德除制定理论信条外,还确立了一系列宗教功课,将思想信仰和行为实践结合起来。伊斯兰教的五项基本功课可概括为念、礼、斋、课、朝,中国穆斯林称之为"五功"或"五常",即"身有礼功、心有念功、性有斋功、财有课功、命有朝功"。

1. 念功

又叫"作证",是五功之首,指口头表达自己的信仰。"念"的内容主要是三句话:"万物非主,唯有真主,唯穆罕默德是真主的使者。"这就是中国穆斯林所说的"清真言"。凡是伊斯兰教徒就必须经常口诵此言,以示信仰坚定,否则就失去了

---

① 即《旧约》。
② 即《新约》。

信教的起码条件。同时,任何人只要接受这一信条,公开口头念诵,就可以成为穆斯林的一员。重要的宗教活动和平时的礼拜要多次念诵"清真言",穆斯林的婴儿降临人世后听到的第一句话是"清真言",穆斯林临终前念诵的也是"清真言",可见它在伊斯兰教徒的生活中发挥着极其重要的作用。

2. 礼功

礼功就是礼拜,是教徒向真主感恩的一种方式。穆斯林每日需礼拜5次,分别是日出前的晨礼、午后的响礼、下午4时左右的晡礼、日落时的昏礼、夜晚的宵礼。此外,每星期五正午过后,清真寺会举行集体礼拜,称聚礼。每年的开斋节和古尔邦节还要举行会礼,地点为清真寺或露天,仪式之隆重超过聚礼——对旅游者来说,或可作为了解伊斯兰文化的重要窗口。

3. 斋功

斋功通常又被称为"封斋"或"把斋"。斋戒并非伊斯兰教首创。《古兰经》中说:"信道的人们啊! 斋戒已成为你们的定制,犹如它曾为前人的定制一样。"可见伊斯兰教创立前阿拉伯人就已有斋戒的习俗。穆罕默德号召教徒将这一传统继承下来,是要通过戒除食、色,达到清心寡欲、磨炼意志、防止犯罪的目的;同时也使富裕者体验贫苦,进而激人施舍。

4. 课功

伊斯兰教以安拉的名义向信徒征收一定的课税,称为课功或纳天课。主要用于缓和社会矛盾。天课在阿拉伯语中是"洁净"的意思,即通过交纳天课净化自己的财产。穆罕默德创教初期,交纳天课是教徒的自发行为;阿拉伯半岛统一后,交纳天课成为穆斯林的基本功课。凡理智健全的信徒财产达到规定限额的,就应按一定税率交纳。对其使用范围教义作了明确界定:贫穷者、急需者、负债者、受束缚者、修路者、征收捐课者、专心于真理者和卫护伊斯兰教者。伊斯兰国家的天课由官方正式征集,并负责分配,具有严格的法律约束性。但在我国穆斯林不交纳天课,只交少量的学粮、"费图尔"钱和"所得格",用于维持阿訇的生活和接济穷人。

5. 朝功

伊斯兰教规定:凡理智健全、身体健康、经济条件许可和旅途方便的穆斯林,一生中至少要到圣地麦加的克尔白朝觐一次,以示对安拉的虔诚。如果路途遥远或生活贫困,可以免除朝觐,以"心朝"代替,在家孝敬父母,敬主礼拜。朝觐分为正朝和副朝。正朝又叫大朝,是指在朝觐期内(教历十二月八日至十二日)到达圣地参加集体仪式。副朝也称小朝,是指穆斯林在朝觐期外的时间到麦加单独朝觐。

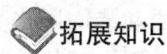 **拓展知识**

伊斯兰教"功课",是"功"和"课"的结合。"课"也是"功",称为"课功",就是以安拉的名义向信徒征收一定的课税。

第三节 伊斯兰教建筑

伊斯兰教清真寺、陵墓、宫殿、园林是领略伊斯兰文化必不可少的组成部分。

一、清真寺的由来、职能与基本建筑原则

中国对伊斯兰教寺院的称呼并不止"清真寺"一种,"清净寺""礼拜寺""清真堂"等亦特指穆斯林的礼拜、静修场所。另外,我国古代犹太教、道教也曾用清真寺、清真观来称呼自己的修炼场所。清真寺作为伊斯兰教寺院的专用称谓固定于明朝中叶,建于明正统十二年(公元 1447 年)的北京东四礼拜寺是目前所知的最早取名"清真"的礼拜场所,此后各地新修或重建的礼拜场所才普遍称作清真寺。

从伊斯兰学者的解释来看,"伊斯兰"是阿拉伯语"和平、顺从"的汉语音译,"清真"则是意译:"清"是指安拉的超然无染,不拘方位;"真"含有安拉无可比拟、永存长在的意思。我国早期兴建的伊斯兰教寺庙在命名时比较集中地选用了"清""真""净""觉",都是想对这一宗教信仰做出高度概括,最终"清真"的连用形式由于最能体现伊斯兰教的"至清至真,独得其正"而被广泛采用。

清真寺在伊斯兰教中的地位是相当重要的。它的职能主要体现在:

(1)它是穆斯林沐浴、礼拜和举行宗教仪式的场所。

(2)它是穆斯林获得宗教常识和学习教义、教规之处,肩负宗教教育的使命。伊斯兰教之所以能够在中国延续传播和不断发展,很大程度上是依靠各地寺院的经堂教育。另外,在阿拉伯国家,许多清真寺又是著名大学所在地。

(3)它是穆斯林欢庆节日、举办婚丧嫁娶仪式和屠宰牲畜的集会场所、服务场所。寺院的神职人员也经常到民间主持各种祈祷、祝福仪式。

(4)在世俗生活中,它是穆斯林的法庭与医院,起到排解民间纠纷、救治伤病和济贫救困的作用,同时也是接待外地穆斯林的旅客之家。

(5)它在历史上曾是动员、组织穆斯林反对封建王朝统治的指挥部,是制造和储存军械武器的兵工厂。

二、中国清真寺的建筑风格

我国分布于各地的清真寺大约有 2 万余所。由于建成年代不同,又受到各地

区地理环境和伊斯兰化程度的影响,这些清真寺在建筑式样、结构和装饰风格上体现了两种截然不同的建筑风格:内地的清真寺多以木结构为主,采用中国传统的四合院形式布局,中轴线明显;其余的清真寺则多采用砖石结构,保留了较多的阿拉伯传统建筑形式与风格。

(一)院落式清真寺的建筑风格

我国清真寺的建造可以追溯到唐朝,但目前旅游者见到的大多是元代以后,特别是明清时期重修或兴建的。当时中国本土文化已经对伊斯兰教产生了深远的影响,反映在建筑上清真寺被分为若干"进"不同功能的四合院,均沿中轴线按主次循序渐进,强调整体布局与左右对称,这就是典型的带有中国庙宇特色的院落式清真寺。北京东四清真寺、牛街礼拜寺、西安化觉寺等都是这类清真寺的典范。在这些清真寺中,一些中国独有的建筑形式取代了阿拉伯的传统建筑构件。以大门为例,通常所见的清真寺采用阿拉伯式的拱券大门,中国的院落式清真寺门却仿故宫午门或孔庙式样,除中间的朱漆大门外,两侧还各有一小门供平时出入;门前常建有牌坊,带八字墙及斗拱。熟悉中国寺庙的游客都知道,这是佛教寺院和道教宫观山门的典型样式,在阿拉伯乃至世界其他地区都很难见到。又如礼拜大殿和宣礼塔,基本采用中国传统的木结构和大屋顶样式,与阿拉伯的砖石尖塔区别相当明显。

同时,中国内地不少清真寺都采用了中西合璧的装饰艺术,成功地将伊斯兰装饰风格与本地传统建筑装饰手法融会贯通,强调了伊斯兰教的宗教内涵。其中最突出的表现就是大殿、走廊等处装饰图样的使用。由于伊斯兰教禁止偶像崇拜,在建筑装饰中也不主张使用动物图形,因此在我国的清真寺中,突破了传统建筑中随处可见的龙凤、神仙、走兽等常用的装饰图样,而代之以山水、植物、日月、云彩、几何图案、阿拉伯文字等。但是,目前所见的清真寺毕竟已是受中国文化深刻影响下的产物,一些民间喜闻乐见的吉祥图案,如二龙戏珠、麒麟送子、狮子、羊等,也能在其中寻到踪迹,有的甚至以之命名,如凤凰寺、仙鹤寺、狮子寺、麒麟寺等。

此外,中国穆斯林并不排斥世俗生活,其所建清真寺在庭院处理上多具浓郁的生活情趣。在内地清真寺中,穆斯林遍植花草树木,设置香炉、鱼缸,立碑悬匾,堆石叠翠,大有"小桥流水"的园林风格,使教徒在宗教功课之余也能得到身心放松。

(二)阿拉伯式清真寺的建筑风格

我国阿拉伯式清真寺主要有三类,以新疆地区数量最多,其次是新中国成立后各地新建的清真寺,东南沿海地区清真寺由于建成年代较早而保留了浓郁的阿拉伯风格。从用材上看,这些清真寺基本不用木料,而以砖石结构为主,其中一些建筑技术还被中国工匠吸收,用于佛塔建造上;从布局上看,阿拉伯式清真寺不太强调中轴线,左右也不对称,寺内布局紧密,完全不同于四合院式中国寺庙;从外观上看,中国式的大屋顶在这些清真寺中消失了,取而代之的是阿拉伯穹顶式建筑,极富异国情调。新建的清真寺中礼拜大殿顶上一般有一大四小五个穹顶,并饰以穆斯林新月标志。据说大穹顶象征穆罕默德,小穹顶象征伊斯兰教的四大法学派或四大哈里发。从装饰上看,殿堂中雕刻和彩画数量很少,给人以朴实、肃穆的感觉。这些都使阿拉伯式的清真寺在中国寺庙建筑中独树一帜,给游客留下深刻印象。

三、中国著名的清真寺

1. 泉州清净寺

清净寺又名"麒麟寺",是我国现存最早、最古老的具有阿拉伯建筑风格的伊斯兰教清真寺,现位于泉州市涂门街,为全国重点文物保护单位。从寺内现存古阿拉伯文碑记来看,该寺始建于伊斯兰教历四百年,相当于北宋大中祥符二年(公元1009年),当时的主建者是伊斯兰教教长兹喜鲁丁。元至大三年(公元1310年),耶路撒冷人阿哈玛特出资重修。后来,明清时期又多次修缮。

寺内有两条长方形石板,嵌于大门甬道后的石墙上,上面所刻的古阿拉伯文称"这一寺是居留在这一邦国的伊斯兰教信徒的第一圣寺。最古、最真,众人所崇仰,所以取名叫'圣友之寺'"。原来,我们现在将其称为清净寺完全是一个"误会"。根据历史文献与考古发掘,现在的清净寺初建时被称作"圣友寺",而泉州城南部另有一座建于南宋绍兴元年(公元1131年)的清净寺,该寺在元朝末年毁于战乱,于是"圣友寺"被后人当作原来的清净寺,"冒名顶替"至今。

清净寺占地十余亩,建筑规模宏大,外形仿叙利亚首都大马士革的伍麦耶清真寺式样,保留了中世纪阿拉伯流行风格。寺内现存主要建筑有寺门、奉天坛和明善堂。寺门坐北朝南,高20米、宽4.5米,由青白两色花岗石砌成。门楣呈尖拱形,分外、中、内三层,看似门中有门。外层与中层上部筑有青色圆形穹顶,分别象征宇宙的无穷威力与安拉的无上崇高。内层则为纯圆白色穹顶。站在寺前仰视门楼,三层尖拱虽相互联结,形状却各不相同。有的如谷粒尖、有的如蜂巢尖、有的如杧果尖。门楼上有一平台,筑"回"形垛,类似古城墙上的城堞。这里是阿訇望月,决定封斋与开斋日期的地方;也可用于俯瞰全城。门内外雕有云纹、卷草和阿拉伯文等修饰图案,设计精美。每当夕阳西下,寺门上的青白二色石会因光线折射相互映照,景象蔚为壮观,所以"清真夕照"被列入"泉州八景",远近驰名。

寺门后西侧为原礼拜大殿——奉天坛。殿门也呈尖拱形,门楣上浮雕两行古阿拉伯文为北宋遗物。该坛四壁由大小不等的白色花岗石砌成,上刻《古兰经》经文,笔法苍劲秀丽。大殿屋顶早已坍塌,难蔽风雨,因此现在不再作为礼拜之用。

明善堂位于奉天坛北面,是一清代风格两进式砖木结构建筑,原用于斋月静修、商议教务和接待贵宾,奉天坛屋顶塌陷后,这里又被改为礼拜堂。堂前存一北宋时期的寿山石"出水莲花香炉",高1米,重数百斤,雕工精美秀雅,极富历史价值。该堂东为一幽静园圃,植有西域茉莉、含笑、伊拉克枣树及龙柏等多种花木,四季常青。一口北宋时开掘的"千年古井"水质清洌,久旱不枯,供教徒礼拜前汲水净身。

清净寺是我国古代人民与阿拉伯各国人民友好往来和文化交流的历史见证,在我国沿海寥寥可数的几座清真古寺中,它的规模与建筑艺术首屈一指。此外,寺内还设有泉州伊斯兰教史迹陈列室,展出伊斯兰教的珍贵历史文物与图片,因而是了解我国伊斯兰文化的必游之处。

2.广州怀圣寺

怀圣寺是我国初建年代最早的清真寺之一,现位于广州市越秀区。该寺的具体建造时间已难考证,据说其建造者是唐初到中国传教的阿拉伯人赛尔德·宛葛斯,寺名也出自其手,意为怀念圣人穆罕默德。该寺建成后,曾在元代遭大火焚毁,后又经过多次重修,但至今仍保留了浓郁的阿拉伯建筑风格。

寺内现存主要建筑中最值得一提的是位于寺南一隅的光塔。该塔始建年代是初唐、中唐还是晚唐目前仍有争议。现在所见的塔高36.3米,主要起宣礼的作用。阿訇登塔召集教徒礼拜时,常高声呼唤"邦克、邦克",因广州方言中"邦"与"光"发音相似,且塔身光洁古朴,"望之如银笔",故将其称为光塔。塔身呈圆筒形,中有实心塔柱,初看不知如何攀登,其实塔心柱与外壁间有两条螺旋暗梯,游人上下互不干扰。在建筑形制上,它与我国的传统佛塔有明显差异,因而清代以前该塔又被称作蕃塔,怀圣寺也就有了"光塔寺""蕃寺"的别名。除此之外,光塔还曾兼有灯塔的功能。广州在历史上是对外贸易的重要口岸,怀圣寺原位于珠江边,所以光塔塔顶常悬有导航明灯,为来往船只指引航向。明代以前,穆斯林在塔顶放置了可随风转动的金鸡,不仅为这座阿拉伯式伊斯兰建筑增添了中国色彩,也可用于观测风向,导引船舶。明洪武年间,金鸡为飓风所坠,被同样起风向标作用的铜葫芦替代,一直持续到清康熙年间。近代重修怀圣寺时,因珠江位置变迁,光塔已不再有导航作用,风向标也失去了存在的必要,于是改为固定的葫芦形宝顶。

怀圣寺与泉州的清净寺、杭州的凤凰寺并称我国沿海的三大清真古寺,它至今仍是各国来华穆斯林的重要礼拜场所;同时也是研究我国海外交通史、建筑史和伊斯兰宗教史的重要文物古迹,在我国的清真寺中占有特殊的地位。从观赏角度而言,怀圣寺是"羊城八景"之一,整座寺院布局紧凑,风格雅静、开阔,建筑物保存完好,形制古朴,阿拉伯特色与华南古建筑风貌巧妙地融为一体,堪称我国早期清真寺建筑的代表作。

3.西安化觉寺

西安是我国回族同胞居住相对集中的城市,目前市内的清真寺建筑有十几处之多,大部分集中于市区西北,其中化觉巷和大学习巷内的两座清真寺年代久远,而前者也是我国现存规模最大、保存最完整、装饰最精美的清真寺,因其位于大学习巷清真寺东面的化觉巷内,故被称作"东大寺""化觉寺"或"化觉巷清真寺"。

化觉寺始建于唐朝天宝元年(公元742年),是一座按中国传统院落样式布局的清真寺。整座寺院依照礼拜朝向的规定,背向圣地麦加而建。经过历代的重修与扩建,现在旅游者所见到的化觉寺东西长约250米,南北宽约50米,前后分为四进院落,共占地12 500平方米,建筑面积近4 000平方米,已远远大于初建时的规模。现存的主要建筑,如前后大殿、省心楼、朝阳殿、凤凰亭等,也都是明洪武二十五年(公元1392年)所建,并非唐朝原物。

在中国的伊斯兰教建筑中,化觉寺堪称院落式清真寺的典范,其四进院落分别构成完整的四合院,设有厅、殿、门楼,前后贯通,左右对称,排列有序,犹如一幅和谐的宋卷轴画(见下图)。

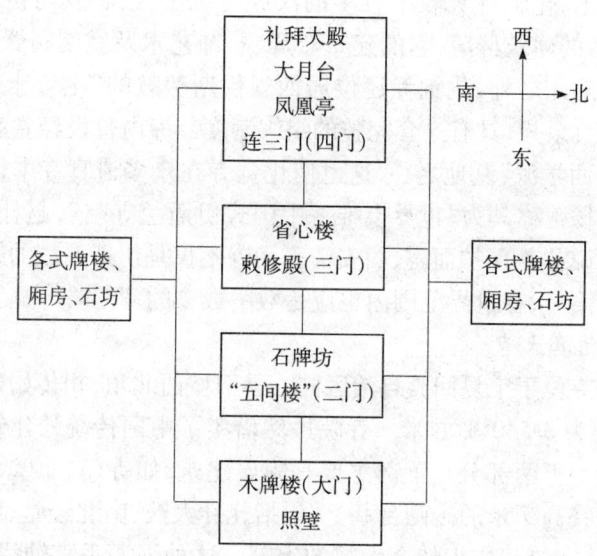

西安化觉寺平面简图

前院寺门外的导引空间较为开阔,借鉴孔庙的入口布局,中间设三间石牌坊,甬道两侧各有砖砌碑龛两座。寺门为典型的中国传统木牌楼,飞檐翘角,琉璃瓦顶,并悬挂明朝天启年间制作的匾额,上书"敕赐礼拜寺"五个大字,别无他饰。

进入寺门往西便是第二进院落,内有石牌坊和冲天雕龙碑,碑上镌刻的是宋代与明代的书法家米芾、董其昌的手书,笔力遒劲飞逸,为我国书法艺术中的珍品。

第三进院落布局严谨,幽静雅致,其中的主体建筑为省心楼。这是一座两层三檐八角攒尖顶阁楼,造型典雅大方,主要起宣礼作用。此外,该院落中还有用来收藏古抄本《古兰经》和《麦加图》的讲经堂以及供礼拜者使用的沐浴房。

第四进院落占地面积最大,为全寺主院。院落正中是具有清初建筑风格的凤凰亭,六角双翼,宛若凤凰展翅起舞。亭后还有海棠池和"招云""邀月"二峰,极富庭院趣味,与严肃的宗教气氛形成鲜明的对比。院落正西便是礼拜大殿,面阔七间,进深九间,由前廊、礼拜殿和后殿组成,占地1 300平方米,可同时容纳千余人礼拜。大殿呈西向的"凸"字形,殿内雕梁画栋,碧瓦丹楹,天花板与藻井上绘制阿拉伯文、花草纹等装饰图案,刻画精美,气韵生动,在我国的清真寺彩画中堪称精品。特别是后殿,除了用伊斯兰教规定的阿拉伯文字和几何图形装饰壁龛外,还多处有宝瓶、牡丹等图案,呈现出浓厚的中国特色。另外,后殿左右开间的雕饰均按汉族传统,以荷花和菊花为题材,强调对称与变化相统一,讲究线条流畅和层次分明,是中国内地清真寺中彩绘装饰艺术的代表。

在建筑艺术上,化觉寺吸收了较多的汉族传统手法,将其与伊斯兰教融为一体,形成风格独特的建筑群落,它的建筑布局、彩饰艺术及庭院布置都是我国清真寺中的佼佼者。除此之外,化觉寺还位居西安伊斯兰教的"七寺十三坊"之首,相传其坊众曾达八百余户,具有一套完整的组织制度。寺内曾设经堂教育机构,培养宗教人才,为"陕西学派"基地之一,这也使化觉寺在众多清真寺中得以独树一帜。我国台湾作家柏杨曾称其为"世界上唯一中国式伊斯兰寺院",赵朴初先生曾称赞化觉巷清真大寺说:"就保护而言,西安清真大寺不仅是伊斯兰教的第一,也是全国宗教建筑保护的第一,在世界范围内也应是数一数二的。"

4.宁夏同心清真大寺

同心清真大寺位于宁夏回族自治区同心县旧城西北角,相传始建于明朝初年,目前的面积大约为3 540平方米。寺院虽然借鉴了中国传统的建筑风格,但在空间布局上却分为上下两部分。下部主要是附属建筑,如寺门、照壁、井房、浴室等。主体建筑则建造在高7米的砖砌台基上,包括礼拜大殿、南北经堂、门楼和宣礼塔。因台基较高,主体建筑就成为整个寺院的上部。这种强调垂直轴线的布局显然与一般的平面院落式清真建筑有很大区别,富有新意与特色。

寺门朝南,门前一座照壁看似木制,实际上为砖砌,中央雕刻一幅"月藏松柏"图,是清光绪年间河州工匠马忠良的作品。图上一轮明月,隐藏于松柏之间,清新素雅,栩栩如生,显示了回族工匠的高超技艺。寺门东面辟有三个砖砌券洞,以蓝色的花卉和阿拉伯文字装饰,可通往寺院的上部。

寺院的主体建筑群构筑于前圆后方的台基之上,是一个半环形的院落。礼拜大殿在院落北部,面阔五间,进深九间,上为单檐歇山式屋顶,内部深大,可同时容纳七八百人礼拜。殿内陈设简单朴实,木板铺地,正面阿訇领导礼拜处设拱形圣龛一个。殿外则装饰精致,飞檐斗拱,门楣和柱间雕刻各种花卉图案,细致入微。大殿南侧为宣礼塔。塔高22米,是一座重檐攒尖顶的亭式建筑,其北面墙上刻有"西蜀工匠谭得华"几个字,说明四川的汉族工匠也曾参加过同心寺的修建,所以整座寺院虽然在布局与装修上不同于佛教庙宇,但主要建筑却采用了传统的大屋顶式样,充分体现了回汉两族的文化艺术交流。

5. 新疆艾提卡尔清真寺

艾提卡尔清真寺也叫艾提尕[①]清真寺,坐落于新疆喀什市,是目前全疆最大的清真寺和伊斯兰教活动中心。这里过去曾是一片戈壁荒滩,许多到新疆经商、传教的阿拉伯人死后皆葬于此。明正统七年(公元1442年),这里出现了小规模的清真寺建筑,嘉靖十六年(公元1537年)改建为可作聚礼的主麻清真寺,到清同治十一年(公元1872年)又进行了一次大规模的整修与扩建,于是形成了今天的格局。也有传说认为艾提卡尔寺始建于1789年,当时一名维吾尔族妇女古丽拉来娜前往巴基斯坦旅行,到喀什时不幸病故,她将遗产作为宗教基金捐赠出来修建清真寺,并命名为艾提卡尔。后来又有一位富有的维吾尔族妇女卓里皮亚汗去麦加朝觐,中途因战争受阻,便返回原籍喀什,用朝觐的旅费扩建了艾提卡尔清真寺。

整个清真寺占地1.68万平方米,分为东西两部分,东者为礼拜寺,西者是经学院。建筑全部采用阿拉伯样式,具有浓郁的伊斯兰艺术风格,同时也兼有维吾尔族古代建筑的特色。

寺门高12米,呈浅绿色,顶部和左右边廊环以穹形壁龛15个。门楼两侧各有一座圆形尖塔,不仅是大门的陪衬,也是召唤穆斯林前来礼拜的理想建筑。门楼内有一个方形的大厅,设计者在此借用了中国园林的造园手法,在其正对大门的墙上设置了一扇花窗,隐约透出里面庭院的景色。

内院分布着净身池、讲经堂和礼拜大殿等主要建筑。礼拜大殿面阔160米,进深16米,能容纳8 000名穆斯林同时礼拜。殿内有一百多根绿色雕花木柱,排列成网格状,顶棚的藻井绘有几何图形和植物图案组成的彩画,色彩绚丽,动静相宜。

艾提卡尔清真寺往往由新疆地区最有名望的阿訇主持,配备齐全的教职人员。西部的经学院还曾同时供四百余名学生住宿、学习。20世纪初,寺前开辟了南北同衢大道和艾提卡尔广场,广场上种植各种花卉,每逢古尔邦节和开斋节,这里便张灯结彩,成为穆斯林游乐歌舞的主要场所。

四、伊斯兰教的陵墓建筑

穆斯林陵墓建筑也是伊斯兰教中富有特色的建筑形式之一。在我国,穆斯林

---

① 艾提尕是阿拉伯语与波斯语的复合词,意为节日礼拜的场所。

陵墓大致可以分为三类：东南沿海的圣墓与先贤墓，甘肃、宁夏地区的"拱北"以及新疆地区的"麻扎"。

东南沿海的圣墓与先贤墓是指元代以前来华的伊斯兰传教士的陵墓，主要有广州流花桥畔的宛葛斯墓、泉州灵山圣墓和扬州的普哈丁墓。其中灵山圣墓被认为是世界上现存最古老、最完好的伊斯兰教第三圣墓，仅次于麦地那的穆罕默德圣墓和纳夫城的阿里圣墓。圣墓与先贤墓的外观造型一般为阿拉伯式样，地上部分建有圆形或梭形的拱顶。由于墓主在中国伊斯兰教史上的地位都比较高，他们的陵墓自然也成了当地穆斯林心目中的圣地，每逢宗教节日或清明时节，来此扫墓的教徒络绎不绝。为了满足他们的需要，墓地规模不断扩大，成为具备沐浴室、礼拜殿等附属设施的建筑群落，有的甚至附有清真寺。

"拱北"在阿拉伯语中的意思是"圆拱屋顶"，可见这也是一类阿拉伯式的陵墓建筑。我国西北地区的"拱北"主要是伊斯兰教苏非学派各门宦为其传创人建造的墓庐。它们多建于清代，所以在形式上吸收了明清传统建筑的风格，一般有六角形重檐塔楼，雕梁画栋，底层墙壁有砖雕图案，镌刻经文和植物。除了陵墓外形采用阿拉伯式圆拱外，附设的礼拜殿、诵经堂等建筑基本是中国庭院式的。宁夏金积洪乐府拱北、韭菜坪拱北、宁夏张家川宣化岗拱北、兰州大拱北、青海石河子拱北等都是这类陵墓建筑的代表。

新疆地区的伊斯兰教陵墓称为"麻扎"，意为"拜谒之处"。"麻扎"大体上分为三类：一种是为在新疆传教过程中做出过重要贡献的历史人物而建的，如位于南疆阿图什西南的萨图克·布格拉汗麻扎和北疆霍城县的秃黑鲁·帖木儿麻扎；一种是苏非派著名人物的麻扎，如汉文史料中提到的香妃墓就属于这种类型，现位于喀什东北部，当地人称阿帕克和卓麻扎；还有一种是以动植物命名的麻扎。前两者规模较大，常设有穹隆形的高大墓室和豪华的拱北，并附建礼拜殿、塔楼和经堂，共同组成庭院式或宫殿式建筑群。墓室顶部与墙面镶嵌绿色琉璃砖，装饰华丽精美。第三种麻扎数量最多，约占新疆麻扎总数的90%以上，但规模都比较小，一般为中小型土木建筑或简陋拱北。新疆麻扎的特色之处在于其繁多的装饰品，各种麻扎的墓室四周都插有长竿，挂上布条、马尾、牛尾、羊角、三角旗等，沿墙及沿栏杆处还堆积了大量的羊头骨架和羊角。遗憾的是，个别著名的麻扎由于长期受风沙侵蚀，原有的建筑已经不复存在，仅以旗桩、旗林为标志。

各类伊斯兰教陵墓在我国星罗棋布，分布甚广。它们不仅建筑样式各异，有的地区还形成了特有的祭扫行为和朝拜行为。如广州穆斯林的传统习惯是宗教节日或为亲人扫墓时必须先到先贤墓做"都阿"。新疆穆斯林更是形成了麻扎朝拜习俗，每次路经麻扎所在地都会下车马拜谒。遇到天旱不雨、家庭失和等情况，到麻扎敬拜祈福是教徒们的求助之法。逢阿舒拉日、拜拉特夜等宗教节日，穆斯林会自发前往麻札朝拜。在维吾尔族民间,每当农历五月或小麦成熟季节,麻札所在地还会举行传统盛会。这些贯穿于生活中的习俗与行为大大丰富了我国伊斯兰文化旅游的内容。

第四节 宗教节日与穆斯林的生活习俗

一、伊斯兰教节日

伊斯兰教的节日一般按照阿拉伯历(伊斯兰教历)计算,简单地说就是以月亮圆缺一次作为一个月,没有闰月。各伊斯兰教地区盛行的主要宗教节日如下表所示:

节日名称	时间(按教历计算)	节日名称	时间(按教历计算)
阿舒拉日	1月10日	盖得尔夜	9月27日
圣纪	3月12日	开斋节	9月底10月初
法蒂玛节	6月中旬	古尔邦节	12月10日
登霄节	7月27日	盖迪尔胡木节	12月18日
拜拉特夜	8月15日		

由上表可见,伊斯兰教的节日数量是比较多的。对穆斯林而言,节日发挥着传授知识、加强内部团结、救贫济困的作用。节日期间,到清真寺参加会礼的教徒人数陡然增加,阿訇通常在此时结合社会现实,讲解教义教史。另外,在我们耳熟能详的开斋节、古尔邦节期间,穆斯林更会按传统习俗组织盛大的庆典,这是了解文化差异、体验异族生活的好时机,所以旅游者对这些节日特别感兴趣。利用宗教节日策划、组织旅游活动,成功概率较大,有时还可收到事半功倍的效果。下面我们就来了解一些伊斯兰教的基本节日。

(一)与宗教功课相关的节日

1. 开斋节

开斋节始于伊斯兰教纪元二年,在我国的新疆地区也被称为"肉孜节"①,是教规中的重要节日,世界各族穆斯林都会以热情的态度和虔诚的心情参加各种庆祝活动。按伊斯兰教的传统,每年教历九月为斋月,成年健康的穆斯林将全月封斋。直至斋戒的第二十九个傍晚,如果见到新月,则次日为开斋节;若不见新月,则还要继续封斋,但顺延不会超过三天。

开斋节当日,有七件事对穆斯林而言是可嘉行为:在晨礼后迅速进少许饮食,

---

① 肉孜是波斯语"斋戒"的音译。

庆祝一个月的斋功圆满完成,并向安拉感恩;刷牙;沐浴;点香;穿洁美的衣服;会礼前交纳开斋捐(中国有的地区也称"麦子钱");低声念诵赞颂安拉之词。开斋节举行的会礼十分壮观,穆斯林一般选择当地最大的清真寺举行仪式,有时由于人数过多,不得不将会礼地点改在洁净的广场或郊野。此次会礼在穆斯林心目中非常重要,即使天气恶劣也不能延期举行。会礼完毕后,教徒互相祝愿平安,并各自到墓地为亡故的亲属祈祷念经,然后回家向长辈和街坊中的长者祝贺节日。

开斋节期间,中国各信仰伊斯兰教的民族依据风俗习惯选择不同的庆祝方式:有的地区人们以走亲访友的形式表示庆祝,此时"色俩目"是最常用的祝福语,含有"和平""平安"之意;有的地区制作丰盛的油炸食品和干果互相赠送;有的地区邀请阿訇诵经,以祈祷安拉降福驱祸。尽管我国的回族穆斯林聚居地比新疆地区更加重视开斋节,但后者也会举行盛大聚会,载歌载舞欢庆开斋,并邀请汉族和其他民族的非伊斯兰教信徒参加。

2. 古尔邦节

古尔邦节又被中国穆斯林称作"献牲节""宰牲节"或"忠孝节"。这一节日现在与伊斯兰教的另一项基本功课——朝觐是联系在一起的。每逢伊斯兰教历十二月,许多虔诚的穆斯林会从各地赶往圣地麦加参加朝觐活动,古尔邦节的庆典就是朝觐活动的高潮与尾声。

关于这个节日的来历有一个古老的神话传说。相传古代先知易卜拉欣因年老无子向安拉祈求,后来果然得子,取名伊斯玛仪。伊斯玛仪长到13岁时,安拉托梦给易卜拉欣,授意他宰杀儿子以示忠诚。易卜拉欣将此事告知儿子后,两人都毅然决定按照"启示"去做。最终这个故事以喜剧告终:正当易卜拉欣到米那山谷要宰杀爱子时,安拉派天使送来一头绵羊代替伊斯玛仪牺牲。据说当日是伊斯兰教历的十二月十日,为了纪念父子二人对安拉的绝对忠诚,穆罕默德将这一天定为节日,规定凡朝觐者都要到米那山谷宰牲,未参加朝觐的穆斯林则到当地的清真寺或郊野参加会礼和宰牲仪式。当日宰杀的牲畜都是经过挑选、格外健壮的骆驼和牛羊,宰杀后的肉分为三份,自己家只留下其中之一,剩下的用于馈赠亲友和施舍穷人。

我国新疆地区的穆斯林比回族更为重视古尔邦节。节日期间,新疆各界的伊斯兰教徒除了宰牲宴请宾客外,还会盛装参加会礼,并举行大规模的歌舞欢庆活动。除此之外,旅游者还可以在哈萨克族穆斯林聚居地观赏到赛马、叼羊、姑娘追等传统的民族体育活动,因此,旅行社经常将古尔邦节视为促销新疆旅游线路的上佳时机。如果它与法定假日重合,更会引起到新疆旅游的高潮。

(二) 由纪念知名人物生日、忌日衍生的节日

1. 圣纪

圣纪就是伊斯兰教的"圣诞节"。相传穆罕默德出生于阿拉伯太阴历象年(约公元 6 世纪)三月十二日。他逝世后,伊斯兰教什叶派的法蒂玛王朝首先于公元10 世纪在埃及举行纪念活动,12 世纪时,伊拉克国王下令伊斯兰教历三月十二日为圣诞日,举国上下都要欢庆圣诞。后来,这一庆祝日逐渐扩展到伊斯兰国家,成为公认的宗教节日。

另外,传说穆罕默德的卒日与生日相同,也是三月十二日,所以这一天也是"圣祭"或"圣忌"。我国穆斯林习惯将圣诞与圣祭活动合办,称"圣会",一般是在清真寺中听阿訇讲述穆罕默德的生平事迹,并诵经赞颂他的品格,表示怀念。有时还会熬肉粥,邀请亲人聚餐,但庆祝的规模远不如开斋节与古尔邦节。

2.法蒂玛节

伊斯兰国家通常在教历每年六月中旬举办活动,纪念穆罕默德之女法蒂玛逝世,称作"法蒂玛节"。法蒂玛是伊斯兰教第四代哈里发的妻子,曾为其父的创教活动做出过重大的贡献,被穆斯林妇女尊为学习典范,因此专门设立节日纪念。

法蒂玛节主要受什叶派重视,中国穆斯林也称为"法蒂玛纪念会"或"姑太太节"。节日的纪念活动与圣纪十分相似,一般是由妇女操办,在清真女寺请阿訇念经,有条件的也熬肉粥,施舍财物。

(三) 其他节日

1.登霄节

根据《古兰经》的记载,穆罕默德曾由天使吉卜利勒陪同,乘天马从麦加飞到耶路撒冷,并登霄遨游七重天,见到古代众使者。此后,穆罕默德将礼拜次数定为每日五次,并把礼拜朝向定为耶路撒冷的阿克萨清真寺,耶路撒冷也成了伊斯兰教三大圣地之一。故此次夜游在伊斯兰教史上意义非同一般。由于当日是教历七月二十七日,所以伊斯兰教把这天确立为"登霄节"。每到这天,穆斯林会聚集到清真寺举行夜间礼拜,阿訇则着重讲解穆罕默德登霄的重大作用,并发表向善演说。

2.阿舒拉日

对于伊斯兰教来说,教历一月十日与许多神话传说、历史事件有关。相传安拉在这天创造了人类、天国和火狱;亚当、亚伯拉罕和摩西等古代使者也都在这一天得到拯救;另外,教历九月成为斋月前,穆罕默德曾定此日为斋戒日;巧合的是,颇受什叶派重视的侯赛因(第四任哈里发次子)遇难日也是教历一月十日,所以,这天被定为纪念日。在阿拉伯语中,阿舒拉是"第十"的意思,于是阿舒拉日就成了这个节日的名称。中国穆斯林在这天有煮豆粥、聚餐纪念的习俗。

3.盖得尔夜

盖得尔夜是指《古兰经》的降临之夜。相传真主安拉从教历九月二十七日开始颁降经书,穆罕默德也曾说:"谁使该夜充满生气,谁就有资格进入乐园。"由于《古兰经》在伊斯兰教中的特殊地位以及教徒对乐园的期盼,穆斯林在当夜会沐浴焚香、举行礼拜、诵经、赞主、赞圣、施舍仪式,有的地方还张灯结彩,欢庆活动一直持续到第二天黎明。

4.拜拉特夜

拜拉特夜也就是"赦免之夜",相传每年伊斯兰教历八月十五日夜晚,安拉会大开饶恕、怜悯之门,凡悔过自新者必将获得赦免。所以穆斯林经常在该日白天封斋,夜晚念经、礼拜、施舍,以求安拉恩赐和赦免。中国部分地区的穆斯林还将拜拉特夜的时间延长,在教历八月举行一系列的宗教活动,表示忏悔,直至教历八月十五日逐渐结束。

二、穆斯林的生活习俗对旅游活动的影响

(一)我国伊斯兰教专项旅游的发展现状

我国目前有回族、维吾尔族、哈萨克族、乌孜别克族、塔吉克族、塔塔尔族、柯尔克孜族、东乡族、撒拉族和保安族10个少数民族,几乎是全民信仰伊斯兰教的。根据1990年全国第四次人口普查统计,这些民族人口共计1 759.73万,为开展伊斯兰教专项旅游提供了可靠的国内客源保证。此外,放眼世界,伊斯兰教教徒的人数已经达到了9亿,对于我国而言,有着1.6亿穆斯林的东盟各国是发展伊斯兰文化旅游的最主要国际客源市场,伊斯兰教的发源地中东地区则可作为辅助客源市场加以培育。

在旅游资源方面,伊斯兰教文物古迹数量多、分布广,清真食品味美可口,节日期间的聚会盛大且内容丰富,穆斯林民族历来热情好客,这些都为开发伊斯兰教专项旅游提供了资源支撑。当前我国已经开辟的伊斯兰教旅游项目主要有以下几种。

1.穆斯林聚居地观光游

这是最受普通旅游者欢迎、参与性最强的活动项目。旅行社往往选择伊斯兰文化和传统保留较多的穆斯林聚居地,如泉州、西安、喀什等地,组织旅游者前往体验穆斯林的生产与生活习俗,了解参观伊斯兰教的宗教仪式,参加伊斯兰教的宗教节日活动,访问穆斯林家庭,采购伊斯兰教日用工艺品等,以满足旅游者猎奇、求异的心理需求,促进各民族间的交流。

2.清真寺及伊斯兰文物古迹游

这一活动项目以中国伊斯兰教悠久的历史与独特的建筑样式为吸引,使旅游者通过游览文物古迹,品味异域的建筑风格,体会中阿两种文化的交融。组织安排该项活动时,可能需要跨越几个地域空间,如沿海三大古寺游,旅游者必须到访泉州、广州、杭州三地,时间与金钱上的支出都比较大。在同等消费水准与日程安排下,大多数旅游者不会将单纯的伊斯兰古迹游列为首选,所以目前清真寺及伊斯兰

文物古迹往往被旅行社作为重要旅游景点之一编入线路,除了接待专家团或穆斯林团外,旅行社专程组织以伊斯兰建筑为主题的旅游活动还是比较少的。

3. 伊斯兰教文化学术考察游

这是专家游的一种。其组织者一般凭借伊斯兰教在中国源远流长的优势,邀请世界各国的伊斯兰教专家学者来华参加研讨会,如 1994 年初泉州举办的伊斯兰教与泉州学术研讨会就是一例。对于旅行社与饭店等旅游企业而言,它们除了扮演会务工作者的角色外,还会组织专家学者到我国历史上或现在伊斯兰化程度比较高的城市游览。这些带有考察性质的旅游活动将大大提高中国伊斯兰文化的国际地位,吸引国际穆斯林客源,促进伊斯兰专项旅游的发展。

(二)穆斯林对旅游活动的特殊要求

穆斯林在生活上的特殊习惯比较多,由于长期的传承及对宗教的虔诚与敬畏,他们不愿在旅游活动中因为条件的局限而改变日常习俗。所以,要更好地为穆斯林旅游者提供满意的服务,就必须注意以下几个方面:

1. 行

组织穆斯林旅游时要注意计划性和目的性。按照教规,伊斯兰教信徒每周五中午都必须前往清真寺参加聚礼,这一天,在外的穆斯林一般不乘飞机。所以设计线路时,应尽量将参观清真寺安排在周五,使游客顺便在清真寺参加礼拜;而让穆斯林旅游者在交通工具上度过周五是不合适的。此外,在伊斯兰教的斋月期间,穆斯林不会外出旅行,旅行社的促销与宣传活动应避开教历九月。

2. 住

穆斯林对饭店星级的要求并不高,一般三星级的饭店就已经可以满足他们的需求了。另外,在旅游活动中,穆斯林可将祈祷改为每日早晚两次或每日一次①,但朝向不能改变。在阿拉伯、东盟等地,饭店客房的天花板上均设有一个指向圣地麦加的箭头,便于穆斯林辨认礼拜方向,我国也可以借鉴这种做法,选择一些饭店开设穆斯林楼层或专用客房,设置指向标志。

3. 食

关于穆斯林的饮食,除了清真菜以外,伊斯兰教徒普遍能接受西餐,特别是早餐。所以,在饭店中预订美式自助餐可以解决穆斯林的用餐问题。

4. 游

部分穆斯林游客来自阿拉伯国家和印度尼西亚等地,其母语并非英语,懂英语的也不多,而且我国少数民族地区的穆斯林旅游者也可能不懂汉语,所以旅行社在组织穆斯林旅游时要做好提供阿拉伯语、印尼语和各种民族语言的导游服务。另

---

① 安排在每日午后 1 点半至晚上 8 点之间。

外,导游与服务人员要取得穆斯林的认同感,除了具备良好的语言技巧外,还应熟悉伊斯兰教的基础知识。因此,旅游企业要搞好员工培训,为接待工作的顺利展开扫清障碍。

5.购

对于穆斯林而言,去麦加朝觐是履行宗教义务,但去其他地方游览却并非必做之事,在支出上,他们不会像去朝觐那样慷慨解囊,因此很少购物。导游人员要在工作实践中慢慢摸索经验,选择一些地方特产推荐给穆斯林旅游者,避免强硬推销。

6.娱

安排在晚间的娱乐活动应单列价格,让穆斯林旅游者自由选择;在内容上要多组织一些具有浓郁历史文化色彩的节目,让穆斯林旅游者更多地了解中国丰富的民族文化。

特别提示

世界各大宗教中,伊斯兰教禁忌多而特殊,因此,特别需要引起重视和注意。穆斯林教徒旅行禁忌,一是在时间上,二是在饮食上,三是在住宿上。

本章小结

> 伊斯兰教在我国传播时间长,影响范围广,我国的穆斯林汲取了其中的宗教思想精髓,以真主、穆罕默德和《古兰经》为行动指导,恪守伊斯兰教的基本教义教规。同时,他们的世俗生活不可避免地受到中国本土文化的影响,尤其反映在建筑、节日等有形的文化载体上。利用丰富的资源、结合独特的文化形态、尊重穆斯林的宗教习惯和生活习俗是成功开展伊斯兰文化旅游的关键所在。

案例分享

一场土耳其伊斯兰民族歌舞表演带给我们的启示

随着旅游事业的蓬勃发展,旅游表演活动在国内外推陈出新、层出不穷,从到某地特色餐馆观看具有当地特色的演出到前往藏族人家进行藏民家访,从在古希腊圆形剧场欣赏一出歌剧表演,到观看著名大型实景演出《印象·刘三姐》《印象·普陀》《印象·西湖》，旅游演艺活动正逐渐成为游客在旅途中除走马观花参观各景点、拍照、听讲解外的另一个选择，且越来越受到欢迎。

如果你有幸随团赴土耳其旅游，在途中就一定能欣赏到一场独具伊斯兰民族特色的歌舞表演。该表演在一家具有当地风情的洞穴餐厅中举行，其间，多名演员不但表演具有当地特色的舞蹈，包括伊斯兰教苏菲派的旋转舞、肚皮舞、安娜托利亚高原舞蹈，而且还与观众进行很好的互动，进而引发阵阵笑声与掌声。

[案例分析]

文化作为旅游的精髓，成为吸引游客的原动力所在。而游客也将了解不同地方的文化作为其旅游的目的之一。

传统的参观景点、听导游讲解往往是静态的，游客听过一遍讲解后由于对当地文化的陌生，并不会对所参观过的景点和听过的相关讲解留下深刻印象，进而亦不会加深对当地文化的感知。与之不同的是，旅游演艺通过表演的方式使景区文化得以凸显，使之更立体化、形象化、艺术化，从而使游客在艺术享受中加深对旅游地及景区文化的认识和体验。以土耳其伊斯兰民族歌舞表演为例，在表演中，最具特色的舞蹈为极具宗教色彩的旋转舞，舞者身着传统服饰随音乐不停旋转，长袍、褐色高帽是伊斯兰宗教文化的体现，通过舞者的旋转及其手势向观众生动地传达了其生生不息、日夜更替、神人沟通的宗教思想，而这种体验仅仅通过参观清真寺或博物馆所是无法获得的，相对于看文字介绍或听导游讲解这样的形式更为生动，也使人们对伊斯兰教的理解更加深入而丰富。同样的，又如游客置身于古希腊剧场观看现代歌剧表演之时，通过运用光、电等高科技，加上古希腊剧场原本具有的高音质，人们在欣赏歌剧的艺术魅力之余，这又何尝不是一种文化体验呢？

 思考与练习

1.现有一支由宁夏回民组成的团队欲到乌鲁木齐旅游，旅游者提出要安排一天体验当地穆斯林的风俗民情。作为接团社的代表，请你根据两地的不同特色，拟订该日旅游计划。

2.商家在营销活动中如果合理利用宗教生活习俗，可能会获得声誉和利润的双重回报。例如，穆斯林中妇女地位低下，除了穿长袍戴面纱外，在外用餐时不得与男子同桌，即使在家她们也很少与丈夫同桌吃饭。但据报载，某地一清真餐馆专门开辟家庭就餐层面，使客人既不违反教规，又享受了天伦之乐，顿时宾客盈门。请你结合所学知识，举例说明如何将伊斯兰文化运用到旅游活动的商业行为中。

3.举例说明哪些地方名菜是穆斯林禁食的。

第六章 民间信仰

引言

在古老、广袤的中华大地上,除了几大系统性的宗教得到长远发展外,在全国各地、各民族底层民众中还存在着一种分布更为广泛、影响更为深远的崇拜和信仰现象——中国的民间信仰。尽管它不像四大宗教那样有佛寺、道观、清真寺、教堂等作为发展的依托,但由于民间信仰的对象无所不包、无处不在、无时不有,且民间信仰的传承源远流长,所以它在思想观念、行为方式上对中国民众的影响极其深刻,成为民众生产、生活中的重要内容和重要表征。旅游活动是民众基本生活方式中的内容之一,不可避免地受到民间信仰多方面的深刻影响,而旅游活动的发展同时也给民间信仰的流传、发展与演变带来了不容忽视的影响。

学习目标

1. 对中国民间信仰有基本的了解。
2. 能认识到旅游与民间信仰之间的关系。

第一节 中国民间信仰概况

民间信仰种类繁多,涉及万事万物。祭祀是民间信仰最主要的表现形式,陕西黄帝公祭、山东曲阜祭孔大典、湖南炎帝公祭活动等就属于利用民间信仰发展旅游事业的成功案例。

所谓民间信仰,是指在长期的历史发展过程中,在民众中自发产生的一套神灵崇拜观念、行为习惯和相应的仪式制度。① 它是人类在特定的历史阶段中,为了满足生存与发展的需要,特别是心理安全的需要而创造和传承的一种文化现象。民间信仰的历史源远流长,原始社会时期的图腾崇拜、万物有灵观念奠定了中国民间信仰的心理基础,并在后来长期的历史发展过程中代代相传,得到缓慢、持续的发展。民间信仰的分布极其广泛,内容丰富多彩。由于中国是多民族国家,除汉族外,尚有50多个少数民族存在,各个民族的崇拜与信仰习惯各不相同,加之中国地域广阔,地形地貌复杂多变,各区域的封闭性较强,因此,中国的民间信仰在总体上呈现出多姿多彩、极端复杂、变化莫测的综合性特征。

一、民间信仰的对象

中国民间信仰大致可以分为以下几种:一是灵魂信仰。灵魂信仰产生的原因在于人类对自身的梦境和死亡的不解。后来灵魂信仰还涉及自然神、图腾和人类自身役使的牛马和使用的器物。其中被奉为神灵的,有牛神、马神、鸡神、门神、宅神、井神、床神、灶神、仓神、船神等。二是自然神崇拜。其把自然现象(主要是与人类关系密切的自然现象)视为神灵并加以崇拜,这也是一种在民间广为流行的最古老的信仰。自然神大致包括四类:第一类是天体,如天神、日神、月神、星神;第二类是自然现象,包括风神、雨神、雷神、电神、火神等;第三类是无生物,包括山神、土地神(又称灶神)、水神、石神、海神、潮神;第四类是生物,如蛇神、熊神、鸟神、虎神、树神、草神、谷神、花神等。应注意的是,最初的自然神是具体的自然现象,后来人类把自然神拟人化,如山神由自然的山的形象发展为人格化的五位岳神,海神原指海水,后来演变为妈祖等。三是图腾。图腾是氏族时代的产物,是原始信仰之一,在少数民族中存在较多。四是祖先神。它是把已故祖先加以神化的结果。对祖先神的信仰,产生了广泛的祭祖活动,如今在清明时节依然延续的祭祖、扫墓活动即由此而来。五是生育神。生育女神有女娲、西王母、碧霞元君、妈祖、送子娘娘、催生娘娘等。男生育神后来有伏羲、张仙、保生大帝等。生育神信仰导致了广泛的女阴崇拜和男根信仰。六是行业神。行业神是各行业信奉的行业祖神和保护神,如工匠神鲁班、纺织神黄道婆、茶神陆羽、医药祖师神(即药王、药神)扁鹊和孙思邈等。三百六十行,行行有保护神。有的是该行业的开山鼻祖,如农神、蚕神;有的是某行业的革新能手,如酒神杜康、纺织神黄道婆;有的是对某些行业的发展起过保护作用,而被该行业所供奉。他们或源于自然崇拜,或源于对历史人物的附会,或源于传说、神话小说中的虚构人物,或源于道教、佛教的神仙菩萨等,内容丰富多彩。

---

① 钟敬文,等.民俗学概念[M].上海:上海文艺出版社,1998:187.

二、民间信仰的主要表现方式

民间信仰既是一种神灵崇拜观念,又是具体的信仰行为。民间信仰的表现方式很多,有各种各样的预知占卜信仰、丰富多彩的祭祀活动和千奇百怪的巫术等。我们在这里主要介绍民间信仰中的祭祀活动。

祭祀是民间信仰的重要表现方式和重要内容,它是民众向民间神祇祈求福佑或驱避灾祸的一种行为方式,是通神的主要手段,是祈神、谢神的基本形式。祭祀涉及若干必要的因素:一是有明确的祭祀对象——民众信仰的各种神灵,都是祭祀对象;二是有比较固定的祭祀场所——一般是在供奉神灵的地方,或是在神灵经常显灵的地方,如庙宇、祠堂、墓地、自然神所在地等;三是参加祭祀的人群;四是有一套相对完整的祭祀程序、仪式,包括请神、降临、叙述、祈求、送神、谢神等;五是有祭品或奉献,既包括物质性的衣食方面的东西,又包括歌舞技艺等娱神活动。这些因素使祭祀活动成为民间信仰中比较外显的、活生生的可直接感知的内容。

民众既要通过具体的祭祀活动来实现信仰的目的和追求,又在长年不断的祭祀活动中加强了家族、氏族内部的联络和团结,同时还在祭祀活动中得到消遣和娱乐。祭祀时所创造和保存的神话、传说、歌舞、杂技等,客观上起到了传播文化艺术、进行社会教育的作用。

三、中国民间信仰的特征

中国民间信仰的基本特征有如下三个方面:

一是民间信仰的多样性与包容性。这是其最显著的特点。民间信仰对象涉及万事万物,几乎无所不包。自然物、自然力、幻想物、英雄祖先、能工巧匠、贤圣豪杰、爱国志士等都是其崇拜对象。同时,中国民间信仰还对不同宗教谱系的神灵进行多重崇拜,凡为我所用者,不管来自何方,都拉来供奉。结果,在汉族和许多少数民族的民间信仰中,民间杂神与不少佛教的菩萨和道教的神仙享受同等的香火供奉,而原始的巫神与古圣先贤同样接受叩拜[1],彼此互相包容,相安无事。

二是民间信仰具有突出的功利性。民众的信仰活动,都是从其现实生活需要出发的,具有各种各样的最实际的功利目的。他们信仰的企图就是求吉禳灾、趋福避祸,尽力增加自己心理和精神上的安全感,从信仰中寻求即使是虚幻的、暂时的心灵安慰。因此,人神之间的"讨价还价""许愿还愿"的功利交换现象在中国民间信仰中极为常见。

---

[1] 乌丙安.中国民间信仰[M].上海:上海人民出版社,1996:6.

三是民间信仰具有强烈的神秘性、保守性和封闭性。民间信仰的传承活动,或由父传子、或由母传女、或由师传徒,一般不公开传授,其活动也不公开,给外界以神秘莫测之感,表现为很强的封闭性和保守性。另外,在民间信仰活动中,各种各样的咒语、禁忌、祷词、神歌、方术、求签、算卦、跳神、招魂等充斥各个角落,带有强烈的神秘气息,容易使人产生敬畏和迷信。

与系统性宗教信仰相比,中国民间信仰尽管缺乏系统化、理论化、规范化,更多表现为组织上的自发性、活动上的临时性、信仰上的情感性、规模上的简单性以及功能上的直接实用性[①],但是,民间信仰反映的是下层普通民众的世界观,它具有自己的内在秩序和特质。作为社会风俗的一种,民间信仰在民众的衣食住行各方面都有着深远、持久的影响,它在许多地区至今仍深刻影响甚至制约着民众生活的方方面面。其涉及领域之广、根植社会生活之深,是其他任何一种宗教都无法比拟的。

特别提示

民间信仰非常容易和道教、佛教相混淆。道教和民间信仰有着千丝万缕的联系;佛教在中国化的过程中,也吸纳了许许多多中国民间信仰的内容。即便如此,民间信仰的概念还是非常清晰的,它是指在长期的发展过程中,在民众间自发产生的一套神灵崇拜观念、行为习惯和相应的仪式制度。

第二节 中国民间信仰中最为常见的神灵

我国民间信仰中的神灵包罗万象,涉及万事万物,非常复杂。但它们的信仰范围及其在民众生产生活中的影响并不一样,有大有小,有强有弱,不一而足。这里选择一些民众信仰广泛、最为常见、对生产生活影响较大的神灵加以介绍。

城隍神 城隍神是道教神灵中守卫城邦、匡扶正义的地方神,民间信仰极为普遍。城隍神据说是源于先秦时代天子"八腊"祭祀中的水庸祭,这可以从《礼记》的"水庸"和《易经》的"城复于隍"一句中找到出处。古代城市多有沟渠或护城河护卫,"庸"就是排水的沟渠,"隍"就是城墙外没有水的护城壕。古人认为,护卫城市的沟、壕都有神灵存在,以保佑城市的安宁,后来逐渐演变成对于城隍神的崇信。

城隍信仰起初在吴越地区比较流行,公元239年东吴孙权在安徽芜湖建了城

---

① 胡申生.社会风俗三百题[M].上海:上海古籍出版社,1992:363-364.

隍祠,这是历史上关于城隍信仰的最早记载。南北朝以后逐渐在全国普及。各地的城隍神往往是由地方上生前有功德或政绩的人充任,如苏州城隍为春申君,上海城隍为秦裕伯。唐代封城隍为爵,当时的诗人张九龄、韩愈、杜牧、李商隐等均写有祭城隍文,大多是代地方官祈求风调雨顺而作的。可见当时的城隍信仰带有浓重的官祭色彩。宋朝将城隍列入国家祀典,于是有关城隍的祭祀活动遍布天下,各府州县均建庙奉祀,城隍信仰在民间逐渐普及。元代在京都建立城隍庙,封其为"佑圣王",城隍遂成为中国封建社会的守护大神。

明代的开国皇帝朱元璋对城隍特别崇敬。洪武二年(公元1369年)对各地的城隍大行封赏。京都的城隍封为王,职位是正一品,与中央的三公和丞相平级;府一级的城隍封公,州一级的封侯,县一级的封伯。城隍的这种级别制度一直沿袭至今。以后朱元璋又整顿祀典,取消了城隍的神爵,下令各地城隍一如行政建制称呼,其庙宇建造也仿造衙门规模,彻底形成了一整套完整的阴间官吏系统。

城隍神最初的职责主要是守卫城池、保障治安。道教将其纳入神系以后,将其职权进一步扩大,城隍不但要担负护国安邦的重任,还要负责扶贫济世、除恶扬善、调和风雨、管理亡魂等诸多事宜。各级地方官员赴任,也都要到城隍庙宣誓,以求得城隍的庇佑。

目前在我国最有影响的城隍庙首推位于上海黄浦区的城隍庙。庙内供奉的城隍是明代的秦裕伯。他是宋代文人秦少游的七世孙,为官清廉,政绩突出,深得民心。元末弃官,寓居上海侍奉老母。朱元璋多次召其入朝为官,均被其婉拒。秦裕伯卒于洪武六年(公元1373年),朱元璋闻讯后十分惋惜,于是封秦裕伯为上海县的城隍,希望秦裕伯"生不为我臣,死而卫吾土"。

经过明清两代的不断扩建增修,上海城隍庙至清末已有不小规模。全盛时期,有大殿、中殿、财神殿、文昌殿等多处殿堂,其香火也是上海佛道两教庙观中最兴旺的。乾隆二十五年(公元1760年),本地士绅集资购入潘允端的豫园,改为城隍庙的"西园"。以后随着上海商业、手工业的不断发展,西园成为各行业同业工会的聚集之所,城隍庙的周围地区开始逐渐繁荣,成为上海最热闹的商业区。如今的上海城隍庙在经过大规模改造以后,集游、购、食、娱等各项旅游活动于一身,已经成为上海乃至华东地区最著名的旅游景点和标志性景观之一,每天吸引着数以万计的中外游客来此观光购物。

魁星 在封建时代,我国几乎每个城镇都建有魁星阁或魁星楼,在其中供奉着一位青面獠牙、赤发怒目的神。这位神一般都是站立在鳌头之上,一手捧斗,一手执笔,一只脚向后高高翘起,好像一只大弯钩,他就是天下闻名的魁星神。

魁星源于古代的星宿崇拜。古人将二十八星宿分为东方青龙、西方白虎、南方朱雀、北方玄武四组。西方白虎的第一宿是奎星,共有十六颗。古人认为奎星是执掌文运之神,因此将其神格化为奎星神。由于"魁"与"奎"同音,且在古文中带有"首"的吉祥含义,道教就将其称为"魁星神"纳入俗神行列。民间又称其为大魁夫子、魁星爷。

唐宋以后,实行科举考试,学而优则仕,成为封建时代的金科玉律。因此众多读书人将魁星视为守护神而顶礼膜拜。应试者大多认为向魁星祈祷就能保佑自己考试顺利,功成名就。有些人应考时在座右侧贴上魁星像,有的还在怀里揣着泥塑小魁星。虽然魁星的形象张牙舞爪,毫无读书人儒雅斯文的气质,但是众多寒窗苦读的知识分子却一直将魁星奉若神明。传说他手中的那支笔专门用来点取科举考生的名字,一旦被点中,就会文运、官运亨通,从此飞黄腾达,跳入龙门。如果举子考中了进士,就要进入皇宫立于正殿下面恭迎御榜。正殿下的台阶上一般刻有龙和大鳌的图形。此时只有进士第一名状元才有资格站在大鳌的头上,所以过去又有"魁星点斗,独占鳌头"的说法。

现在在文昌帝君(文曲星)的祖庙——四川梓潼县七曲山大庙之中,有一尊铸于明崇祯年间的铁质魁星神像,形象极为生动。望着这位据说掌握读书人命运的魁星神得意非凡的神情,游客们似乎还能看到那些拜倒在他面前的封建知识分子诚惶诚恐、毕恭毕敬的模样。

妈祖 妈祖又叫天妃、天后或海神娘娘,是道教的一位著名女神。妈祖在历史上确有其人,据史籍记载,妈祖的故乡在福建莆田湄洲岛附近的港里村。她是宋代都巡检林愿的第六个女儿。据说她出生后一个多月从未啼哭过,因此父亲为她取名林默。按照道教的说法,林默从小就有道家的秉性和生活习气。她未满周岁尚在襁褓中,看见神像就合手做欲拜状。13岁时拜一游方道士为师,受"玄微真法"。从此她具有神异能力,常常为人医治疾病,搭救海上遇险的渔民、客商。当地人称其为"神女",闽人在母家称"妈祖",所以又有人亲切地称她为"妈祖"。林默28岁仍未出嫁,一日她突然伤感地对姐姐说:"我要远游去了,可惜无法同行!"言毕,独自驾舟泛海而去,从此没有归来。因为她在生前为附近乡民做了许多好事,大家怀念她,都不愿她死去,所以就传说她在湄洲岛湄屿峰(妈祖山)羽化成仙。当地人感念她生前治病救人的恩德,遂于宋雍熙四年(公元987年),在湄洲岛盖庙祭祀,尊她为"通灵圣女",奉她为航海保护神。从此妈祖作为海上救难女神的影响越来越广,渔民、海员在出海前都要到妈祖庙里祈求她保佑一帆风顺,平安无事。民间也不断流传官船和民船在海上遇险,因妈祖显灵保护而得救的故事,甚至传说她驾风帮助官兵剿灭海盗。据说郑和下西洋和郑成功收复台湾也都得到过妈祖的佑助。于是,妈祖的信仰更加盛行,得到了从宋至清历代帝王的重视。南宋封妈祖为"灵惠夫人",元朝加封"天妃",明朝封"天使",清朝更是达到顶峰,封为"天后""天上圣母"。朝廷还在妈祖诞辰和飞升两天派大臣礼祭,并载入国家祀典。东部沿海城市,如天津、扬州、南京、上海、福州等地,纷纷兴建起规模大小不等的妈祖庙、天妃宫、天后宫。如今全国的妈祖庙不下千座,仅台湾地区就有八百余处。但称为妈祖祖庙的只有三处:湄洲岛妈祖庙、天津天后宫、台湾北港妈祖庙。

  道教继承吸收民间传说,很早就把妈祖列为道教女神。自宋代始,众多妈祖庙就归道教负责祭祀和管理。道教将妈祖进一步神化,称其是天上的妙行玉女降世,神通广大,不仅能平波息浪救人于危难,而且能起死回生。但凡行商坐贾,买卖求财,或农作经营,行兵打仗,只要虔诚信仰妈祖,就能心想事成。在道教神系中,妈祖已超越了单纯的航海守护神角色,担负起主宰世间祸福成败的重任。

  随着海上交通的发展和华侨外出谋生,妈祖信仰又传到了日本、东南亚、朝鲜,甚至法国、丹麦等地。世界上现有一亿多妈祖信徒,在各国还建有一百多座妈祖庙。外国人将妈祖称为"中国的女海神",日本还因此产生了奉祀妈祖为主神的"天母教"。海外的许多信徒认为只有到妈祖的出生地朝圣才最灵验,所以每年来湄洲岛妈祖庙朝圣的人非常多,特别是农历三月二十三日和九月初九这一年两度的妈祖节最为热闹。

  灶君 中国的食文化世界有名。我们常说:"民以食为天",因此古代有人家的地方就有炉灶。而古代人普遍认为用来生火的炉灶中存在仙人即所谓灶神,他时刻监视着每家人的行为并向天神报告。所以从很早就开始流行灶神信仰。孔子对灶神就十分重视。

  灶神,又称灶君、灶王爷或东厨司命灶王。对于灶神的信仰来源于古代社会对于火的崇拜。古人相信与火有关的大神炎帝、祝融就是总灶神。道教尊灶神为"昆仑老母",认为她是各种火的源头,能上通天界,下统五行,达于神明。现在民间一般供奉的灶神像往往是一对老夫妇的画像,就是灶君和灶君奶奶。

  灶神最初的职能只是管理一家的饮食,但后来逐渐演变成记录一家人的功过善恶,报告天庭以作为赐福降祸的依据,进而变为掌握一家的寿夭祸福。因此,以前民间都将其神像供于灶台附近虔诚地祭祀。现在则一般移到神龛中供奉。相传每年农历腊月二十三日,灶君就要上天"述职",向玉皇大帝汇报一家人在这一年中的功过,因此这一天百姓大多要举行祭灶仪式,以祈祷他勿言坏事,只讲善行。为了防止他在玉帝面前乱说话而给家中带来灾难,有的人家就往灶台上涂抹酒精,用敬供的麦芽糖、饴糖封神像的嘴。祭祀仪式结束以后还要将所有的供品连同灶神画像一起烧掉。直到除夕灶神从天上返回时,再重新供奉。这些富有情趣的仪式活动构成了中国特有的祭灶风俗。

  龙王 龙是中国古代民间信仰中幻想出来的一种神异动物,被认为具有腾云驾雾、升天潜水、调风降雨的神奇功能。汉代祈雨时就已开始祭龙了。后来随佛、道两教有关龙王崇拜的广泛传播,古代民间信仰龙王的习俗广为普及,龙王逐渐发展成为驻在所有江河湖海等水之地的主司各地水旱和农业丰歉的神。唐宋以后，历代帝王对龙王崇拜的倡导，使龙王信仰成为民间最为普及的信仰传统。龙王最终成为民众祈求风调雨顺、五谷丰登的依赖对象。由于它影响着全民族的农耕生产与日常生活，所以，古时祭祀龙王的龙王庙、龙王堂遍及全国各地，并且民间还创造出多种祭祀龙王祈雨禳灾的仪典形式。

财神 财神崇拜是我国民间最普遍的世俗神信仰之一，它也是在民间各阶层最受欢迎的神之一。财神的数量众多，各时代、各地区所信仰的财神有所不同，其中，著名的有陶朱公、王显、王通、王圣、五路神、赵公明、利市仙官等。在众多的财神中，以赵公明最为著名，在民间影响最大。明代以后的财神一般是指赵公明。由于此君的形象是一武将装束，所以它在民间又俗称"武财神"。除崇拜赵公明以外，民间还崇拜文财神，即财帛星君或增福财神。近代，民间还普遍把殷纣王时的忠臣比干或春秋时期的越国大夫范蠡供为文财神，把关羽供为武财神。至今，我国广大地区春节期间还流传着"迎财神""祭财神"的民俗活动。

门神 门神是家庭安全保护神，传说门神把守门户，防止恶鬼入宅，因此在中国民间有着广泛信仰。最早的守门二神名神荼、郁垒，据《山海经》记载，此二神阅领万鬼，受到黄帝的敬重，画于门户，以驱邪祟，以后俗称门神。唐代以后，又改唐将秦琼、尉迟恭为门神。以后民间又各有附会，有的把钟馗作为门神，有的则是把各路人间英雄作为门神，如温峤、岳飞、赵云、孙膑、庞涓等，不一而足。每逢辞岁迎新时，家家户户焚香祭祀，并在左右二门板上张贴二门神画像，以保护家庭平安。此俗至今仍广为流传。

寿星 寿星是民间信仰中祈愿长寿而崇拜的幻想神。它是主司人间寿命之神。最初，寿星是指二十八宿中东方的角、亢二宿星神，后来是指西宫南极老人星。古人把寿星与国运兴衰及国寿的短长联系在一起，所以，每年秋分时节帝王要对寿星神进行祭祀。东汉时则把祭祀老人星与敬老活动结合起来，使寿星成为长寿老人的象征。此后，寿星神几乎完全成为尊老、敬老、祈年寿的吉神。它在民间的形象，是一种头部长而隆起，秃顶白须，扶曲杖过首而立的老人善相，成为民间最普及的世俗神之一。现在，每逢过年时许多人家还在家中供奉寿神——多是一幅寿星画，作为美好祝愿的一种象征。

关公 又称关帝、关老爷。关公，本名关羽，字长生，后改云长，三国时蜀汉大将。随刘备出生入死，多经战事，以威勇刚烈著称于世。宋代时关羽突然神运大增，先是民间不断出现关公显灵的传说，祭祀关羽的关帝庙在各地陆续建立；然后是戏曲小说对关公神圣情节进行描写和渲染；同时，历代朝廷不断对关羽加封。这使其影响越来越大。但真正使关羽名声远扬，直至上升到神、圣、帝的神位而成为民间所景仰的偶像的因素有二：一是佛、道两教的拉拢与宣扬，二是元末的历史小说《三国演义》对关羽忠义、勇武的描述与推崇。到明代时,关公已经成为三教共同祭祀的"超级神灵",名声大振。到清代时,关羽在国家祭典中与孔子比肩为武圣,民间各业也纷纷拉关羽为行业神,其地位和影响甚至超过孔子。祭祀关羽的关帝庙遍布全国各地,时至今日,许多关帝庙依然香火旺盛。

特别提示

中国民间信仰中常见的神灵很多,如龙王、妈祖、财神、寿星。中国沿海城市基本上都有妈祖庙,以龙命名的旅游胜地更是数不胜数。中国民间信仰中常见的神灵基本都是一些吉祥神,体现了中华民族追求福、禄、寿、喜、财的美好愿望。

拓展知识

民间信仰中的神灵很容易和佛教、道教中的神灵混淆。譬如财神,佛教和道教都有财神崇拜,许多佛教寺庙、道教宫观都建有财神殿,但所祀对象不同。

第三节 旅游与中国民间信仰的关系

民间信仰和旅游之间是一种互为影响的关系。一方面,中国的民间信仰已成为旅游发展中极其重要的旅游资源和旅游吸引物。另一方面,旅游事业的蓬勃发展对于中国民间信仰的传承起到了积极的推动作用。

一、中国民间信仰对旅游发展的影响

民间信仰在表现形式上既有思想观念层面上的崇拜,又有活动、行为层面上的祭祀和巫术,在不同的层面上,它对旅游发展的影响也不相同。民间信仰对旅游的影响主要体现在下列一些方面:

(一)激发旅游意识

对旅游主体而言,民间信仰中蕴含着许多有助于激发民众的旅游兴趣和好奇心的成分,对旅游活动的产生有促进作用。

中国民间信仰中对人自身之外的世界有着丰富的想象,其想象的宏伟与超群,具有很大的魅力,有助于激发人们外出旅游的好奇心。前文提到中国民间信仰的对象非常广泛,包罗万象,以自然神为例,有天体的(天、日、月、星神),有自然现象的(风、雨、雷、电神),有生物的(各种动、植物神),有无生物的(山、土地、水、石、海、潮神),等等,可以说是形形色色,几乎无所不包。应注意的是,民众对这些神灵

的信仰观念的形成,很大程度上是代代传承下来的。这种传承既有行为上的传承,也有通过各种各样的神话传说、民间故事等进行的思想上的熏陶。民间有着极其广泛、流传久远的各种各样的关于神灵的神话传说、传奇故事。其中关于自然界的,尤其是关于山、水、海、土地的传说、故事,以一种朦胧的、虚幻的方式在人们头脑中形成初步的对人自身之外世界的认识和观念,这些观念会刺激人的好奇心,促使他们想去探究传说中所描绘现象的真实面貌。由此形成的登临神山圣境的愿望,事实上成为激发民众产生外出旅游兴趣的有效的内在驱动力。没有文化的民众,首先在世代传承的民间信仰的有关传说故事中获得一些对他所生存的这个世界的初步认识,在头脑中模模糊糊地建立起一系列概念。这些朦胧的、模糊的概念和认识,对于早期民众外出旅游动机的产生而言,是相当重要的,它毕竟是一个最基本的前提和基础。从这个意义上说,民间信仰中所蕴含的某些因素有助于激发民众对各种神灵生活环境的好奇心,从而有助于激发外出旅游的兴趣与热情,它成为旅游活动发生的一个重要推动力。

(二)形成旅游资源

民间信仰中物化(物质化、物态化)的成分形成了许多独具特色的旅游资源和旅游景观,它们作为一种比较独特的历史人文类旅游资源,在今天的旅游业发展中发挥着重要作用,成为许多地方发展旅游业的重要资源依凭。

民间信仰作为一种社会文化现象,既是一套神灵崇拜观念,又是一种影响极其广泛的行为习惯。在长久的传承过程中,由观念派生出了许许多多的具体的物质性对象物,由行为活动需要形成了许许多多的信仰对象物和信仰场所,作为开展信仰活动的物质基础。历史上形成的这些信仰的物质性对象物和信仰活动场所,有很多成为今天发展旅游业的资源基础。由于民间信仰本身具有很多方面的复杂特性,它是特定地域、特定民族民众精神生活方式的重要体现,所以,由民间信仰形成的旅游资源在众多类旅游资源中独具特色——它既有历史文物类旅游资源的共性特征,又往往带有许多作为民间信仰的产物所具有的神秘性、传奇性特征。民间信仰中的物质化、物态化产物为后世创造出了许多特色鲜明的旅游资源和旅游景观。这类固定旅游吸引物包括的内容很多,如各种神灵的塑像和象征物,供奉、祭祀各种神灵的庙宇等建筑物,各种神灵的遗迹、遗物、纪念地、显灵地、显灵遗物等,祭祀神灵的祭品、祭器、祭祀仪式中所用的各种器具,反映信仰传说故事的壁画,等等,都可以转化为有特色的旅游吸引物。其中,各类神灵的庙宇是最突出的旅游资源。如遍布全国城乡的关帝庙,分布于许多城市的城隍庙,在农村广泛分布的龙王庙、刘猛将庙,沿海城镇的妈祖庙或天后宫,供奉爱神的月老庙,各行各业的祖师爷庙,遍布全国各地的魁星楼(阁),等等,大都已成为个性独具的旅游资源和旅游景观。

由神灵信仰而直接形成旅游景观的一个显著例子是"石翁仲"和"石敢当",这是石信仰所形成的旅游景观。民间信仰中对石神的崇拜,形成众多的关于石怪、石精、石人和石神的故事。结果,石头被赋予神奇的功能。最主要的有两点,一是守卫的功能,一是镇邪的功能。前一功能所形成的景观是古人墓前的"石翁仲"——墓前所立的石人、石马、石兽,以守卫主人免遭邪魔侵袭,是在古陵墓景区常可见到的景观;后一功能所形成的旅游景观是"石敢当"三字,作为镇鬼压灾的"神物"。这是古代中国从官府到民间都盛行的风俗。至清代时,演化为"泰山石敢当""石大夫",它不但可以镇邪消灾,还可给人看病,有"以石镇邪,所向无敌"之意。石头作为保护神的信仰成为一种固定风俗,因此,"石敢当"之类的旅游景观在很多地方可以看到。

由神灵信仰而形成的民间艺术品也非常广泛。例如,由龙信仰形成了一系列相关物品:龙盘柱(各种雕龙建筑物,以龙头、龙身雕于石、木柱梁之上,置于大寺庙、大户人家居所之中),龙石窗(将龙作变形图案雕于石窗之中),龙剪纸(以龙为图案,常辅以凤凰,构成一种富有民族特色的艺术品),龙饰品(以龙为图,有绣于荷包、手绢、坐垫等处的龙绣,有雕于家具、用具之上的龙雕,有刻于石桥、坟墓之上的龙刻等),龙戏服(以龙为图案,绣于古装戏服之上),龙灯(以龙为造型依据,以竹、铁丝、纸、布为材料扎制而成,多用于民间舞蹈、"漫龙灯",在正月初二、庙会、重大喜庆活动期间广泛使用),等等。这些民间艺术品用于旅游场景中时,成为颇具中国特色的民间艺术类旅游资源。

(三)丰富游乐节事

民间信仰中的许多行为活动成分(如祭祀),尤其是在岁时节日方面的活动,对参与的民众而言具有很强的消闲游乐功能,这类活动往往可以转化为有特色的活动(事件)型旅游吸引物。它为今天节庆类旅游吸引物的开发奠定了一定的心理基础,也提供了有益的开发思路。

有信仰就有信仰行动,民间信仰的重要表现方式是祭祀活动。祭祀是民众向民间神祇祈求福佑或驱避灾祸的一种行为方式,是通神的主要手段。它是民间信仰的重要内容,具有群众性强、组织严密、表现集中、内容丰富、外显性强等特征,具有比较完整意义上的表演性质和功能,因而成为民间信仰中活生生的、可直接感知的内容。

随着社会历史的发展,祭祀活动呈现出明显的世俗化趋势。一方面,有不少祭祀的日子逐渐演变成了民众社会生活的节日。另一方面,祭祀活动中神秘、迷信的因素和气氛越来越少,世俗化的内容越来越多,有敬神、娱神向乐人的自娱性转化。结果,很多地方的祭祀活动发展成为融祭祀、贸易、娱乐、民间艺术为一体的综合性社会活动,最为典型的就是各地围绕祭祀中心所形成的大型庙会,如天津的天后宫庙会、北京妙峰山庙会、淮阳的人祖庙会、福建莆田的妈祖庙会等。

我国的庙会共有三大类,即原始神庙会、宗教神庙会和世俗神庙会。其中,世俗神庙会是基于民间信仰的一类庙会,它是我国分布最广、影响最深的庙会。世俗神庙会又可以分为以下几类:自然神庙会(主要有山神、水神、海神、土地神、社稷神、石头神、雷神、风神或城隍等神灵的庙会)、植物神庙会(白果爷庙会、杏王爷庙会、榆母庙会、槐仙庙会、稻神庙会、麦王庙会)、动物神庙会(牛王爷庙会、马王爷庙会、鸡神庙会、狗王庙会、龙王庙会)、圣贤神庙会(关帝庙会、岳飞庙会最为典型,还有包拯、范仲淹等著名人物的庙会)、祖师神庙会(对各种行业祖师神的祭祀庙会,非常广泛)、生育神庙会(奶奶庙庙会——女娲、西王母、碧霞元君等神)等。大多数庙会后来都发展成为融信仰祭祀、贸易、娱乐、旅游观光为一体的综合性社会文化活动。

庙会地举办具有明显的季节性特征,其时间一般跟农耕文化联系紧密,集中在神佛的诞辰日或忌日。每祭一次,兴起一次庙会,结果庙会也成为一种特殊的地方性节日。这类作为民间信仰产物的庙会事实上已成为民间地方性的固定游乐节日,成为地域文化中的重要文化景观。

这种由祭祀形成的庙会,由于其中的娱乐成分不断增加,其旅游、娱乐功能日趋突出。它所蕴含的明显的旅游功能,以及所具有的内容丰富多彩、群众性强、吸引力大、影响面广、动态性强、参与性强、综合性强的特征,使它在今天日益受到政府旅游部门、旅游开发者和大众旅游者的广泛青睐。一些地方对原有庙会进行改革,推出了新型庙会和节庆活动,有的已成为具有独特吸引力的旅游资源和旅游景观。例如,2000年4月29日至5月6日,福建省旅游局、莆田市政府、澳门特别行政区旅游局和天津市旅游局联合举办了"妈祖文化旅游节",主要活动内容有:纪念妈祖诞辰1040周年祭典仪式,闽、澳、津民俗娱乐和风味小吃的大庙会表演,妈祖文化书画展,妈祖文物(摄影)展等。此次活动吸引了众多的海内外游客,在国内外产生了很大影响。[①]

(四)推动民俗旅游

在民间信仰中得到极大发展的多种门类的民间艺术和多种形式的民间游戏娱乐,都是群众文化艺术创造的产物,它和文物古迹一样具有历史意义和审美价值,是一类具有较高开发利用价值的民俗旅游资源。

民间艺术是在社会下层民众中广泛流行的音乐、舞蹈、美术、戏曲等艺术创造活动。从艺术产生的角度看,民间艺术与物质生产和原始信仰有着难以分割的联系,绘画、雕塑、音乐、舞蹈等艺术,在远古时代就和人类的信仰活动结合在

---

① 洪树.妈祖文化旅游节盛况空前[N].中国旅游报,2000-05-05.

一起了。现在的民间信仰中依然存在着多种门类的艺术表演,它们有的是从信仰活动中产生的,有的是被用来娱神娱人的,因此,它在信仰活动中得到持续的发展。民间信仰中民间艺术的蕴藏量极其丰富,"可以说,没有一种民俗信仰活动不包含群众的艺术创造"。① 相当多的民间美术品并非源于民众的物质需要,而是与原始信仰和巫术活动有着密切的联系。祝福祈祥、镇恶避邪、生殖崇拜等均是这类民间美术品的重要内涵,如民间年画(门神画)、民间剪纸都是历史悠久、流传广泛的民间美术品,它们最初都是源于民众驱邪纳福的心理需要,主要用于巫术和宗教活动,后来民众才重视其审美作用。现在的民间年画和民间剪纸都已成为颇具中国特色的民间艺术品,多种民间音乐、戏曲、舞蹈也都在民间信仰中得到相当大的发展。

民间游戏娱乐是一种以消遣休闲、调节身心为主要目的的民俗活动,它跟宗教、民间信仰关系密切,其发生、发展走了一条由娱神向娱人再到民间娱乐项目这样的道路。它主要包括民间游戏、民间竞技和民间杂艺等,内容丰富多彩,趣味性、参与性强,具有很强的娱乐功能。

岁时节日中的民间信仰活动往往是民间艺术、民间游戏娱乐集中展示的场所,以迎神赛会、香会、庙会最为集中,其中庙会尤有代表性。庙会中的民间文化艺术主要包括民间戏曲、民间歌曲、民间舞蹈、民间社火、民间杂技、民间工艺等。② 如浙江温州地区持续达600多年之久的东岳庙会,该庙会从头到尾都贯穿着丰富多彩的文化娱乐活动。主要的有以下几类:一是供欣赏的灯类,有珠灯、龙舟灯、白鸟灯、走马灯、春灯、猜灯谜等;二是戏曲类(主要是地方戏),有乱弹、高腔、昆曲、和调、傀儡戏等;三是音乐曲艺等,有鼓词、弹词、道情、清唱、说书、吹打班等;四是舞蹈类,有龙舞、舞纱龙、舞板凳龙、舞狮、马灯舞、高跷等。在太湖渔民举行的"天妃庙会"(娘娘出会)中,有专门的音乐队和娱乐队边走边表演,非常热闹。有的庙会中还有各种武术表演、比赛,各种竞技、杂艺等,集中地反映了民众的文化艺术创造。庙会实际上成了民间艺术展览,汇集了各地民间艺术、民间娱乐项目进行巡回演出。

民间艺术和民间游戏娱乐使民间信仰活动的影响力更大,影响面更广,具有更强的文化向心力;而民间信仰活动则一方面促进了一批新的民间艺术品和娱乐项目的诞生,另一方面为各种民间艺术、民间游戏娱乐项目有效地组织了观众,为之提供了极好的表演舞台和传播舞台,有力地推动了其向前发展。这方面的内容丰富,具有相当高的开发价值,值得认真挖掘整理。经过推陈出新的改革,应该可以在今天的旅游业发展中发挥其独特的作用。

---

① 上海民间文艺家协会.中国民间文化——稻作文化与民间信仰调查[M].北京:学林出版社,1992:252.

② 高有鹏.中国庙会文化[M].上海:上海文艺出版社,1999:141.

（五）增强旅游审美

民间信仰中围绕神灵观念创造出异常丰富的民间传说、传奇、神话、民间故事等，它们大大充实了许多景观的内在文化意蕴，加快了景观知名度的形成，成为旅游吸引力的源泉。同时，它们为导游的讲解提供了极好的资料，还为地方旅游形象的塑造与推广提供了一个独特的视角。

这类传说、故事的数量巨大，分布地域特别广泛，影响的人群面很广，其内容也非常丰富。其中，关于神灵、祖师之类虚拟人物的传说和关于各地特定山、河、泉、石、名胜古迹特点的地方传说，是数量较多的两类。如岭南西江地区的龙母信仰，流传悠久，影响非常广泛，波及面除西江地区外，还有中国香港、中国澳门、湖南、江西、福建、贵州等地。有关龙母的神话、传说极其丰富，其中龙母与烂布衣斗法的故事，被附会为当地的山川风物，成为肇庆七星岩、华表石、云浮石山的来历。著名的桂林山水的来历也跟它有关。风景名胜、旅游景观大都跟民间神话、传说有密切关系。神话、传说既是一些景观形成的基础，又为景观的出名、扩大影响提供了条件，成为旅游吸引力的源泉。由神话、传说又形成许多对旅游景观的附会现象，丰富了旅游景观的审美层次，有助于提高旅游审美效果。

民间信仰中的神话、传说、故事也为导游的讲解提供了丰富的、重要的资料。在旅游过程中，旅游景观尤其是历史人文旅游景观大都有丰富的文化内涵，这种内涵是经过长期的认识、挖掘、创造、积淀而成的，游客仅从外表很难欣赏到景观的深层意蕴，加之很多游客本身文化素养较低，所以，游客对景观的欣赏一般需要导游进行必要的讲解。关于景观形成及特征的那些神话、传说，由于具有宏伟超群的想象，对游客具有很大的魅力，容易引起游客的审美想象和联想，使其得到更多、更高层次的审美享受。因此，它们总是成为导游讲解中的"百宝囊"，为导游的讲解词、导游词的设计提供了丰富的材料。

神话、传说、故事还是今天旅游业发展中旅游地或旅游景区塑造、传播本地旅游形象的特色资源。随着旅游市场竞争的加剧，各旅游地日益重视市场推广工作，都把在旅游市场上树立一个特色鲜明的、良好的旅游地形象作为一项重要工作。而要塑造、提炼出独具特色的旅游形象，就必须对本地的各种旅游资源进行有效的整合。在整合过程中，本地流传久远、影响广泛的民间神话、传说、传奇等起着独特而重要的作用，对于特色旅游形象的形成有很大帮助。

（六）促进资源保护

民间信仰中的禁忌观念在一定程度上有利于旅游资源和景观的保护、保存和延续。

民间信仰中崇拜的神灵是多种多样、无处不在的。在民间信仰中，民众对神灵的态度相当复杂，既敬畏、恐惧，又想充分利用神灵祈福，为自己谋利益，所以我们才能在民间信仰活动中看到许多跟神灵讨价还价、对神灵威逼利诱的现象。尽管如此,总体而言,民众对各种神灵的基本心理还是以敬畏为主的。这种敬畏和恐惧感在民众日常生活中的表现,主要集中在民众形形色色的禁忌观念上。除了要在固定的岁时节日对神灵进行祭祀外,在日常生活中还有方方面面的禁忌,从语言、行为到衣食住行各方面都不能做冒犯神灵或神灵不喜欢的事情。民间信仰中的禁忌和各种人为宗教中的禁忌是人类社会发展史上一种历史悠久、极其复杂的社会文化现象。所谓禁忌,"就是在人与自然、人与人的交往中,由人类自己建立起来的。借助象征与符号成为社会成员代代相传的、共有的、具有一定约束力的行为规范"①。禁忌强调的是"不许做什么",是一种否定性的行为规范,是人类自我约束的产物,任何违背它的言行都会受到强制性的惩罚。禁忌的作用对象非常广泛,包括世间的万事万物:有关物化的崇拜对象的禁忌(信仰中的神物);有关崇拜场所的禁忌(供奉、祭祀神灵的地方);有关仪式器物的禁忌(祭祀活动中运用的祭器、祭品);有关神圣时间的禁忌;有关天体的禁忌(日、月、星);关于天象的禁忌(风、雨、雷、电);关于动物的禁忌(图腾动物、动物精灵和不祥动物);关于植物的禁忌。另外,对人的禁忌也有很多,如对英雄、巫师、祖先的禁忌等。总而言之,有多少信仰的神灵,就会相应的产生关于该神灵的种种禁忌。无疑,民间信仰中的种种禁忌,对于民众的生活而言,有着多方面的消极作用。但也应该看到,某些禁忌,如那些关于自然界山水及动植物的禁忌(禁忌砍伐山林,禁忌猎杀某些动物,禁忌动某些山石等),关于崇拜、祭祀场所、仪式器物的禁忌等,对于今天的旅游业而言,客观上具有积极意义。前者具有保护生态环境的积极作用,后者则有利于保存和延续一些民间信仰中人文资源和景观。这两点都有利于的旅游业,并为今天旅游业的发展遗留下来许许多多的旅游资源和旅游景观。

(七)影响旅游风俗

民间信仰深刻影响了旅游风俗的形成、发展和演变。

民间信仰是民俗活动的核心,它渗透到各个领域,如生产、器具、旅游、饮食、衣饰、文化、艺术、娱乐等,其影响甚至制约着民众生产、生活中的方方面面。作为民众生活内容之一的旅行活动自然也深受民间信仰习俗的影响。民间信仰观念在民众旅游活动中的具体体现构成中国旅游风俗的重要内容,可以说,民间信仰观念在旅游活动中留下了深刻的烙印,它深刻地影响着旅游风俗的形成和发展。今天的人们研究中国古代旅游习俗时,都会清楚地看到各种各样民间信仰因素的影子。最为明显的是中国古代旅行者临行风俗中的祖道习俗与择吉风俗。这类习俗的产生及其具体内容,都跟古代民间信仰观念有密切关系。

---

① 金泽.宗教禁忌[M].北京:社会科学文献出版社,1998:5.

中国古人具有根深蒂固的"出行遇凶"的心理,认为未来的旅途中充满着形形色色的神怪,危及生命安危。这种心理完全源于上古人类的"万物有灵"观念。由于地理环境的险恶和征服自然能力的低下,在古人的心象世界里,山林河水、驿亭客栈内到处都布满了妖魔鬼怪,这些神奸鬼怪时时处处都在威胁着路上行人的安全,所以外出旅行很不安全。为了平衡和安慰出行前的不安与恐惧心理,产生了在临行前进行祖道、择吉的旅游风俗。

所谓祖道,就是举行祭祀行神的信仰仪式,祖,即道神、行神。关于行神的说法主要有两种:一种说法是起源于上古时代共工的儿子修,因修"好远游","故祀以为祖神"。祖者,徂也,也就是行的意思。另一种说法是起源于黄帝的儿子累祖,史载它"好远游,死道路,故祀以为道神,以求道路之福"。总之,中国古人都是在用他们的祖先作为行神,通过临行前举行"祖道"的祭祀活动以祈求行神沿途保护,保佑"一路平安"。后来随着人们旅行的日益频繁,对地理的认识有所明晰,许多人尤其是文人士大夫阶层大多不再相信山川中布满神怪的传说,所以,祖道中的祭神成分减少,逐渐为依依惜别、饮宴自娱的饯行风俗所取代,饯行的风俗一直流传至今。

但在最下层的民众中,"出行遇怪"的观念依然很强。他们认为,有无数的神煞在主宰人们生活的方方面面,包括旅游活动。要出门旅行,必须选择黄道吉日,以避开黑道凶煞。于是,出行前的择吉风俗盛行于世。在"行必择吉"心理的作用下,中国古代的择吉术有很大的发展,研究择吉术的书籍则成为有浓厚迷信观念的群众出门旅行的"指南"。其实,即使在今天,"七不出门、八不归家"之类的观念依然影响着许多人外出旅行日期的选择。

中国古代人视旅行为畏途,早就形成一种惧游、慎游的传统。而上述旅游风俗既是古人产生这种传统的重要原因,又是这种旅游传统的最好注解和体现。祖道、择吉这类旅游风俗的产生及发展都跟中国古代的民间信仰有密切关系。应该指出的是,这类旅游风俗尤其是行必择吉的习俗对下层民众的旅行活动实际上起到了很大的阻碍作用,这种保守观念不利于培养勇往直前、不畏艰险的旅游精神。

二、旅游对中国民间信仰的影响

旅游活动作为一种开发旅游资源而形成吸引力的活动,它对民间信仰的正常演变有着多方面的影响。旅游开发是一种时代性很强的活动,在开发过程中,开发者对民间信仰的有关观念、活动等不可避免地要进行一定的筛选和改造。而经过筛选和改造的东西,在一定程度上会出现变异,这种变异影响着中国民间信仰的正常发展。

(一)对民间信仰的积极影响

民间信仰作为一种在民众中世代传承的民俗事象,它本身就在不断地发生着变化,一个明显的特征是其民俗化趋势明显。健康成分不断渗入,并且经常增加新的内容,这使得民间信仰中的许多因素逐渐演变成一种比较健康的、无害的传统风俗习惯,成为人们所喜闻乐见的社会文化生活的重要内容。而旅游活动加速着民间信仰的新变化。最为明显的是,民间信仰中那些文化内涵丰富、艺术成分较多、地域特色鲜明而又比较健康的事象和因素,将会得到开发者的青睐和重视,而那些渗透着较多的迷信观念、呈现较多落后习俗的事象和因素,则可能排除在开发者视野之外。对于前者,开发者会进行符合时代特点的开发,在明确的、系统的、功利性开发理念的指导下,在把民间信仰作为地方文化生活和地域风俗的重要表征的整体眼光的审视下,对民间信仰中的若干因素进行清理挖掘和重新整合。有的可以成为比较独立的旅游资源和景观,如对一些信仰场所遗址的修复,对神灵遗物、遗迹的整理等;有的可能跟地方文化中的其他因素相结合,形成新的旅游资源和景观;有的则可能通过对传统信仰符号重新进行解读,赋予其较多的时代内涵和特征;有的可能通过崭新的包装,以新的形象呈现在众人面前。凡此种种,都推动着源远流长的中国民间信仰在现代化时代背景下的演变和发展。这是旅游活动给民间信仰所带来的所有影响中的最大、最明显、最深刻的影响。而对于后者,由于它已跟现时代脱节甚多,难以形成新的旅游吸引力,所以很可能会被开发者率先淘汰掉。这就导致两个结果:民间信仰中的地域文化精神成分、反映民族优良传统的成分、民间艺术较浓的成分必将得到更为广泛地弘扬和传播,在国内外的影响会更大,也会在现时代继续以创新的姿态向前发展;而民间信仰中那些作为特定历史时期、特定阶段产生的反映特定地域民众精神生活,含有较多落后因素,已不适合时代变革要求的成分将因旅游开发的筛选作用,而加速其灭绝的进程。这就是旅游活动影响民间信仰正常演变的主要表现。由旅游活动所引起的民间信仰的发展变化,在本质上符合民间信仰自身的发展演变趋势,只不过旅游所带来的影响更为直接、更为明显、速度更快而已。

另外,在旅游活动中,民众了解到更多的关于自然界和人类社会的知识与信息,这些新的知识和信息所带来的新的认识,在一定程度上校正着其早先形成的关于自然和社会的认识,这就有可能使民众在面对民间信仰时,少一些迷信盲从的心理,而多一些科学理性的精神。尤其是在当今时代,人们在旅游活动中接触有关民间信仰的内容时,更多的是注意到其中比较明显的娱乐功能和传说性质,把它作为娱乐身心、丰富想象力的重要依凭。这也深刻地影响着民间信仰的正常演变。也就是说,旅游对民间信仰的影响,除了旅游开发者的筛选和改造所带来的影响外,参与旅游活动的民众自身也在作着自己的评价、筛选和改造。他们通过自己的所见所闻,通过自己在旅游活动中所获得的知识和得到的感受,做出自己对民间信仰活动及现象的评价。一般而言,这种通过旅游活动所作出的评价科学性较强。民众自身所作出的评价、筛选和改造,影响着民间信仰发展变化的方向、范围和速度。事实上,这一点为民间信仰在现时代的快速演变奠定了广泛的群众心理基础,有利于推进民间信仰变化的进程。应该说,这是旅游对中国民间信仰的有利影响。

(二)对民间信仰的消极影响

当然,在分析旅游对民间信仰的影响时,我们既要看到有利的、积极的影响,同时也应认识到旅游可能给民间信仰带来的消极的、不利的影响和效应。由于旅游业是一项经济产业,其获利性会驱使开发者、经营者在面对民间信仰这种复杂的民俗事象时,可能会采取只求经济效益而不顾社会效益的策略。例如,他们可能会利用民间信仰中那些落后的、迷信成分较多的因素来吸引和招徕游客,因为在相当长的时期,基层民众的观念中依然会留存许多诸如此类的东西。这些因素一旦渗入旅游产品开发、旅游服务、旅游设施建设、旅游宣传、导游讲解中任何一个方面,都会带来非常消极的社会影响,其消极影响通过旅游活动被大大扩展了。这一点应引起足够的重视。就我国旅游业发展的现实状况来看,这种担心绝不是多余的。如在早几年"人造景观热"中,很多地方建造了许许多多的诸如"鬼府神宫""阴曹地府"之类的乌七八糟的"旅游景观",企图利用游客的民间信仰心理去赚钱,这种做法曾受到文化学界、旅游学界众多有识之士的尖锐批评。还有一些地方滥化民间信仰中的某些因素,如在一些山洞里随便塑一些神像,便声称此处是某某神显灵之所,招徕那些不明就里的游客入内拜祭。更有甚者是在旅游风景区内随便指定一棵树、一块石等,通过编造神话传说,任意赋予其信仰上的意义,吸引游客的目光。而在导游讲解中,滥化民间信仰现象,使民间信仰庸俗化的情况更为严重。上述现象的存在,提醒我们在认识旅游和民间信仰之间的关系时,应作全面的分析和研究,否则就会出现偏差。

旅游与中国民间信仰之间是一种深层次的互动关系。中国源远流长、影响广泛而深刻的民间信仰在多个方面为中国旅游业的发展提供着丰富的营养,而中国旅游业在新世纪的全方位的发展,为中国民间信仰的发展演变提供了积极而温和的途径和手段。二者之间的互动关系将在中国新型旅游文化的建设、构建过程中得到全面展现,也将随着新型旅游文化的发展向前发展。保证二者间的互动关系得到良性发展的一个基本前提是,民俗学学者、文化学学者、民族学学者和旅游学学者、旅游开发者对这个问题的共同关注与重视,以及在地方旅游业发展、地方文化资源开发和地方文化建设中上述各方之间的密切配合与合作。

拓展知识

旅游与民间信仰的关系容易被忽视,譬如,养生旅游产品和长寿文化景观,实际上都属于民间信仰资源,但由于这类项目和产品具有鲜明的现代特征,所以,一般都致力于从现代人们需求的角度思考,不再从民间信仰的角度定位。

分布广泛、源远流长的中国民间信仰是中国各民族祖先创造和积累下来的文化财富,是整个中国民间文化史中最基础、最生动的组成部分。它是中国各民族风俗形成过程中起决定作用的因素,是风俗的核心因素。它深刻地影响着民众的思想观念和行为方式,在民众生产、生活的各个方面都有着鲜明的体现。旅游活动是民众生活方式的基本内容之一,不可避免地要受到民间信仰的多方面的深刻影响。作为一种独特的民俗事象,作为民间文化的重要组成部分,作为中国民众精神生活方式的一种表现,中国民间信仰在旅游活动发展历史上留下了深刻的烙印。它在旅游观念形成、旅游资源开发、旅游景观建设、导游讲解词设计、旅游习俗研究等方面有着广泛的影响。同时,旅游活动的发展也给民间信仰的流传、发展与演变带来了多方面的影响。从这个意义上说,旅游与中国民间信仰之间有着相当密切的关系。

本章小结

> 本章首先介绍了中国民间信仰基本状况,使我们对中国民间信仰的对象、表现形式以及基本特征有了初步了解;其次对中国民间信仰中最常见的神灵作了介绍;最后则详尽论述了旅游与民间信仰之间深层次的互动关系。

案例分享

激流涌动的生命经济

21世纪是生命经济的世纪,而生命经济是未来社会发展的方向和原动力,是一切经济活动的利益点和本源。新经济浪潮下的人们什么都可以忽略,但对长寿养生一定不会忽略,特别是随着物质文化生活的不断提高,人们对长寿养生的愿望更加迫切。

四川省彭山县发展生命经济有着得天独厚的资源条件,彭祖长寿文化是彭山旅游资源的瑰宝,相传商朝大夫生于彭山,葬于彭山,他是我国古代著名的寿星。为了打造"彭祖"品牌,2000年5月,境内的仙女山更名为彭祖山。中国长寿城、彭祖山庄、长生岭、彭王阁、彭祖像、养生文化苑、长寿梯、彭祖墓等一系列围绕"养生"彭祖展开的景点和项目相继建成。彭祖山风景名胜区已经成为彭山旅游的标志和符号。

为了传承长寿文化,寿星民俗村、西天瑶池、福寿苑、外国长寿风情园等相继建成,构成彭山长寿旅游有机整体。为了把古代彭祖长寿养生之道变成现代人间长寿现实,一个投资5亿元的四川彭山国际寿星谷休闲度假项目正在启动。

思考:

1.为什么要把仙女山改名为彭祖山?

2.生命经济为什么会在当代激流涌动?

[案例启示]

利用民间信仰开展旅游,成功的案例很多,如浙江宁波东钱湖利用"财神"范蠡传说打造"钱湖",上海利用城隍庙建成豫园商城。彭山案例给予我们两个方面的启示:第一,民间信仰是宝贵的财富,在民间有着广泛市场,与佛教、基督教相比,更具有民间性、大众性和广泛性;第二,坚持错位发展,营造特色。民间信仰资源开发利用不成功的案例很多,做成特色,体现唯一,既是难点,也是突破点。

 思考与练习

1.追求长寿与寿星崇拜是一种什么样的关系?

2.中国民间信仰的特征是什么?

3.如何看待中国的龙文化和龙信仰?

4.怎样正确处理旅游发展与民间信仰之间的关系?

第七章 宗教文化旅游资源的开发与利用

引 言

前面各章分别对佛教、道教、基督教和伊斯兰教这四大主要宗教的发展历程、教理教义、主要旅游景观等内容作了全面的介绍和分析。那么,如何科学认识这些宗教文化资源的旅游价值,又如何在旅游业发展实践中充分发挥其应有价值呢?如何才能在开发利用这些宗教文化旅游资源的同时,不给宗教文化自身正常发展带来消极影响呢?这些都是我们必须面对又必须解决好的问题。本章就尝试解决这一问题。

学习目标

1. 认识宗教文化旅游资源在我国旅游业发展中所具有的特殊而重要的作用。
2. 准确把握宗教文化旅游资源区别于其他旅游资源的基本特征和独特价值。
3. 科学理解宗教文化旅游资源开发必须遵循的若干原则以及应注意的一些问题。

作为一种特色鲜明、意境独特、文化内涵深厚的人文旅游资源,宗教文化旅游资源在我国旅游业的发展中一直发挥着特殊而重要的作用。近年来,随着我国旅游业的快速发展,宗教文化旅游资源开发问题引起越来越多的关注和重视,许多地方对此表现出极大的热情和积极性,这对于旅游业的发展而言无疑是积极的。但需要指出的是,宗教文化旅游资源是一类比较特殊的旅游资源,其开发相当复杂,应谨慎对待,而不少人对这一点尚缺乏全面、科学的认识。这不利于宗教文化旅游业的健康发展。

第一节　宗教文化旅游资源的基本特征

宗教文化旅游资源,一般是指因宗教观念、宗教活动而形成的对人们具有旅游吸引力并且具有经济开发价值的各种事物、因素和现象。其范围相当广泛,内容非常丰富,主要包括宗教圣地、宗教名山、宗教建筑、宗教艺术文物、宗教节庆、宗教名人、宗教饮食等。作为一种特色鲜明的人文旅游资源,它具有以下特征。

一、从宗教文化旅游资源本身的特性看

从宗教文化旅游资源本身的特性来看,它具有境界玄奇神秘、文化底蕴深厚、文化倾向性强三个特征。

(一)境界玄奇、神秘

这是宗教文化旅游资源最突出的特征,也是它区别于其他类旅游资源的根本之处。宗教的本质属性在于对超自然、超人间、超现实力量的崇拜与信仰。从宗教教义到宗教建筑到各类宗教艺术、仪式、活动、宗教用品以及宗教神话传说故事等,宗教的各个方面都含有虚幻、想象、夸张成分以及超现实世界的神秘感。这使宗教文化旅游资源带有强烈的玄奇、神秘的特征和氛围。

(二)文化底蕴深厚

宗教是人类历史上一种古老而又普遍的社会文化现象,具有多种表现形态和丰富的内涵。而宗教文化旅游资源的形成,一般都是宗教与当时政治、经济、社会文化等因素相互影响、相互作用的结果,这多种因素的互动及长期积淀才形成了现存的宗教文化旅游资源。所以,它们既具有宗教内涵,又具有丰富的历史、社会、文化、艺术、民俗方面的深厚底蕴。

(三)文化倾向性强

文化倾向性是指旅游资源对旅游者具有文化、意识上的倾向和诱导作用,它是人文旅游资源区别于自然旅游资源的一个显著特征。这一点在宗教文化旅游资源中表现得极为突出。幽静的环境,深邃幽暗的殿堂,缭绕的烟雾,神态安详的塑像,神奇的壁画,舒缓的音乐,深沉悠扬的经声佛号,这一切形成一种强烈的宗教氛围,容易使人不由自主、不知不觉间产生一种超脱凡世的感觉,对人的意识具有明显的倾向和诱导作用。

二、从旅游开发的优势条件看

从旅游开发的优势条件来看,宗教文化旅游资源具有知名度高、影响广泛,层次丰富、综合性强和旅游基础深厚、历史悠久三个特征。

(一)知名度高,影响广泛

宗教文化旅游资源大都影响广泛,具有相当高的知名度,这对于旅游开发极其有利。其知名度和影响首先来自宗教传播,其次来自历史上统治阶级对宗教的重视与提倡,还来自社会名流、文人学士的游览及其所创作的相关文学、艺术作品。这些文艺作品扩大了宗教文化旅游资源的影响,提升了其知名度。

(二)层次丰富,综合性强

宗教文化旅游资源的内容非常丰富,既包括有形的物质性资源,也包括无形的精神性资源;既包括各类静态资源(圣地、建筑、艺术品、文物),又包括各类动态的资源(仪式、修炼活动、节庆活动),可提供多种形式的游览项目和活动方式。

(三)旅游基础深厚,历史悠久

许多宗教名山在历史上早就成为民众的朝拜圣地和游览胜地,而许多寺庙道观在历史上既是宗教场所,也是百姓娱乐活动的游艺场所,担负着地方文化娱乐活动中心的功能。寺庙用于旅游的历史相当悠久,旧时寺庙旅游的内容已相当丰富,主要有降香拜神、观光寺貌、参观寺藏、聚餐饮酒、观戏买物(庙会)、观灯赏月、品茶闲话、纳凉避暑等。另外,有不少宗教活动,如庙会早已成为地方游乐民俗节庆活动,影响深远。这种悠久深厚的旅游基础为今天的旅游开发提供了不少有利条件。

 特别提示

与其他旅游资源不同,宗教旅游资源具有典型的神秘性特征。宗教文化旅游资源的"神秘性"主要体现在以下三个方面:一是宗教信仰神秘;二是宗教活动和仪式的神秘;三是宗教寺庙布局于名山大川的神秘。

第二节 宗教文化旅游资源的旅游价值

宗教文化旅游资源的上述特征,决定了它的旅游价值主要体现在三个方面。

一、宗教价值

对于信徒而言,宗教价值就是朝圣、朝拜等信仰活动方面的价值。很多宗教场所的实用功能依然存在,至今仍开展正常的宗教活动,对信徒具有宗教活动功能上的吸引力。对于一般游客而言,宗教价值主要体现在宗教教义的哲理性和宗教氛围的神秘性上。宗教教义中包含有一些游客乐于了解和接受的积极内容,如劝人为善、自我约束、积极奉献等处世哲理。宗教氛围的神秘性则是指宗教场所为一般游客提供了一个由"人界"进入"神界"的机会,其间的巨大文化环境差异构成吸引力。

二、社会历史文化价值

丰富多彩的宗教文化旅游资源是宗教文化的集中体现;而宗教文化是我国传统文化中极为重要的组成部分。所以,人们不仅把宗教文化旅游资源看作是宗教的产物,还把它们看作是具有重要历史文物价值的文化设施,把它作为一种历史人文景观来欣赏。

三、景观审美价值

宗教文化旅游资源的很多内容具有相当高的艺术性,宗教环境、宗教建筑、宗教艺术品等具有较强的艺术魅力,具有很高的景观审美价值,不论对于信徒香客还是对于一般游客都有很强的感染力和吸引力。

特别提示

宗教文化旅游资源具有独特的旅游价值,其中文化体验是其主要价值。作为游客,宗教旅游资源的旅游价值的主体在于感受一种独特的文化体验,不是进香,也不是拜佛。

第三节 宗教文化旅游资源开发应遵循的原则

宗教文化旅游资源是一类特色独具的人文旅游资源,它既有历史文物类旅游资源的所有特征,又具有鲜明的宗教性特征。由于我国的宗教问题具有长期性、群众性、民族性、国际性、复杂性等特点,所以宗教文化旅游资源的开发较其他旅游资源的开发更具复杂性,其开发必须遵循下列原则。

一、科学性原则

宗教文化旅游资源开发中科学性原则的内涵是:要以科学的态度对待历史上和现实中的宗教现象和宗教问题,在涉及宗教的所有问题上都要坚持科学的态度;

要切实遵守国家有关宗教法规,正确贯彻党的宗教政策,既尊重宗教组织和宗教信徒的宗教感情,切实保护其合法权利和利益,又要防止非法宗教、伪宗教及迷信因素借开发宗教文化旅游资源之名渗透进来;整个开发工作都要遵循科学的程序,采用科学的方法进行分析、论证和建设,绝不能盲目地、想当然地去操作。

二、历史性原则

宗教文化旅游资源大都是珍贵的历史文化遗产和文化财富,其开发必须遵循历史性原则:在开发前进行资源评价时首先应判定该资源在历史上宗教信仰地位的高低和宗教影响范围的大小;对宗教建筑的修复或重建,应尽可能地在形态、结构、材料、风格、颜色等各方面忠于历史原貌,切忌不伦不类,更忌无中生有;开发工作不能破坏长期历史形成的宗教景观文化生态(景点与环境之间、景点与景点之间、景点各构成要素之间的合理关系);应重视对宗教文化旅游资源历史文化艺术内涵的挖掘与展示,提升其文化品位。

三、效益原则

宗教文化旅游资源开发既要追求经济效益,更要重视社会效益和环境效益:对经济效益的追求,要求开发工作要遵循旅游资源开发的一般程序,如科学的可行性分析与论证、严肃的投资效益与风险评估、正确的宗教旅游市场调查与分析等。绝不能仅根据"想象中的旅游吸引力"进行盲目开发与建设;对社会效益的追求,要求我们必须切实注意开发活动的社会影响,这一点对宗教文化旅游资源开发尤为重要。因为宗教中既有很多哲理、智慧成分,同时又有不少神秘超验的唯心成分与因素。开发时应主要展示优秀的宗教文化和精湛的宗教艺术,在满足宗教信徒信仰活动需求的同时,满足一般游客了解宗教知识、欣赏宗教艺术、体验宗教情感的需求;对环境效益的追求,要求任何开发建设都不能破坏宗教文化旅游资源的整体环境和独特氛围,而是要充分挖掘并弘扬宗教理论本身所含的积极的生态环境保护思想(如佛、道两教都有其独特的生态观),增强宗教景观的环境魅力。

四、个性原则

鲜明的个性是旅游景观吸引力的源泉和灵魂。目前的宗教文化旅游资源开发普遍存在旅游项目雷同、游览方式单调等问题,因而使游客产生重复、乏味之感而削弱了其吸引力。如何在同类旅游地中显示出个性与特色,已成为宗教文化旅游资源开发工作面临的艰巨任务。此处的"个性"主要是指在创造整体宗教环境、氛围的基础上,根据自身在某一方面的突出特点而确定的特色化方向或角度。可从两个方面来考虑:一是从宗教资源本身挖掘,如信仰地位、历史文化地位、有影响事件、宗教名人、圣物、圣迹、文物珍品等;二是从宗教文化旅游资源所处的地域环境中挖掘,展示资源的地域特征与民族、民俗文化特色。另外,在开发中还要善于根据旅游者人口行为特征的变化对相关资源进行恰当组合,这也有助于宗教景点个性的形成。

五、综合性原则

一是指开发内容上的综合性,主要是指对宗教文化旅游资源各种内容进行综合开发,注意游览内容、游览方式的丰富性和多层次性,避免单调,以满足各类、各层次旅游者的不同旅游需求。二是指整个开发工作本身的综合性,它既包括宗教旅游景观的开发,又包括各类相关设施的开发,还包括对工作人员的培训、教育以及对有关宗教旅游的政策、法规的制定和完善等。要综合考虑多方面的问题,把宗教文化旅游资源开发作为一个复杂的系统工程来对待。

六、可持续性原则

一方面是指宗教文化旅游资源大多是历史文化遗产,在开发中应注意保护,切实处理好保护与开发的关系,避免开发性破坏;另一方面是指开发工作必须充分地考虑宗教组织、宗教信徒的宗教情感,考虑他们对旅游开发的心理承受能力。是否可以开发,能开发到何种程度、何种范围等问题都要尽可能多地征求相关宗教组织、信徒及当地居民的看法与要求,以确保开发工作能够顺利进行。

遵循上述开发原则,是宗教文化旅游资源开发工作能够取得积极成效的基本保证。

 特别提示

宗教文化旅游资源开发应遵循科学性、历史性、综合性等众多原则,但其中最核心的当是遵循我国的宗教政策原则。中国有独特的宗教政策,宗教文化旅游资源开发不得影响宗教活动,是其中一个明确的规定。

第四节 宗教文化旅游资源开发应注意的问题

除了要正确认识宗教文化旅游资源的特征、价值并遵循上述开发原则外,宗教文化旅游资源的开发还应注意下列问题。

一、树立科学的开发观念

由于宗教问题政策性强,比较复杂,所以一些人对宗教文化旅游资源开发工作怀有疑虑。这种态度不利于地方旅游业的持续发展。宗教文化旅游资源是一种民族性、地域性都很鲜明的旅游资源,除丰富的物质性资源能吸引人之外,宗教信仰观念及信仰行为本身作为特定国家和民族群众的精神文化生活的重要表现,对游客也具有极强的吸引力。可以说,对宗教文化旅游资源进行开发是旅游业持续发展的内在要求和重要支撑。事实上,只要对宗教有正确认识,对宗教文化旅游资源的特性有正确认识,开发时能够贯彻宗教政策,遵守宗教法规,遵循正确的开发原则,那么这项工作完全可能取得较好的成效。国内不少地方对宗教文化旅游资源的成功开发都证明了这一点。开发者面对这样一种特色鲜明、内涵丰厚的旅游资源,应该有所作为。

二、保证正确的开发方向

在旅游业发展中,有些地方以开发宗教文化旅游资源为名,乱建寺庙、道观,乱造"鬼国神宫"和露天神像,更有甚者,在原本就是宗教名胜景观旁增建"鬼宫""阎王殿"之类所谓的"景观",不仅粗制滥造、文化品位低劣,更是破坏了原有的名胜古迹与环境,最终造成严重的风景污染和巨大的资源浪费。宗教文化旅游资源开发本质上也是一种精神文化产品的生产,它应该与国家文化建设事业的要求相一致。因此,应加强对宗教文化旅游资源开发活动的规范和管理。要制定或完善相关的政策法规,进一步明确宗教文化旅游资源开发应遵循的程序,在落实上下大功夫。一方面要依法保护好旅游事业中的优秀宗教文化;另一方面则要严厉清除那些借开发宗教文化旅游资源之名出现愚昧的、反科学的精神文化垃圾,通过科学管理来保证正确的开发方向。

三、建立有效的协调机制

宗教文化旅游资源开发,不可避免地关系到宗教、旅游文物、规划等多个部门。宗教旅游管理部门应多做一些考察、论证、宣传、解释工作,加强与相关部门的沟通与协调,争取以科学的认识和实事求是的分析征得相关管理部门对宗教文化旅游资源开发工作的配合与支持。这是开发工作能够得以顺利进行的基本组织保障。有的地方为了推动宗教旅游业的发展,有效解决宗教文化旅游资源开发中的问题,在机构设置上,把旅游、宗教部门合并为宗教旅游局,不失为一种可取的办法。

宗教文化旅游资源开发问题相当复杂,涉及的内容非常丰富。随着宗教文化旅游资源开发工作的逐步深入，宗教旅游产品开发、宗教旅游市场开拓、宗教文化旅游资源保护等问题都将成为今后应着重关注的研究内容。

 特别提示

宗教政策性强，因而保证正确的开发方向十分重要。在宗教旅游资源开发利用中，乱建寺庙、道观现象比比皆是，迷信现象十分突出，规范宗教文化旅游市场，既迫切，更重要。

本章小结

本章首先明确了宗教文化旅游资源在我国旅游业发展中所发挥的特殊而重要的作用，深入分析了宗教旅游资源所具有的基本特征——境界玄奇神秘、文化底蕴深厚、文化倾向性强、知名度高、综合性强、历史悠久等，揭示了宗教文化旅游资源具有宗教信仰、社会历史文化及景观审美三大价值。在此基础上，对宗教文化旅游资源的开发原则及应注意的问题做了比较全面的阐述。

案例分享

宗教是对心灵的操练

阳明山位于湖南省永州市双牌县东北隅，属南岭支脉，总面积114.2平方公里，自古为天下名山，向来以优美的自然生态和源远流长的佛教文化冠绝湘南，具有"古、奇、灵、秀"四大特色，被誉为"灵山福地"，年均气温14.2℃，最高点"望佛台"海拔1624.6米，境内生态保存完好，森林覆盖率98%，十万亩竹海翠连无际，万亩原始次森林遮天蔽日，流泉飞瀑、奇峰怪石、云山雾海等奇观胜景赏心悦目，精品景点有：供奉植物肉身黄金樟弥勒佛和树化玉的万寿寺、被列入世界吉尼斯之最的杜鹃花海、柳宗元《游黄溪记》黄溪的源头万和湖、被誉为"天然氧吧"的小黄江源（空气中负氧离子达68 800个/cm³）、被誉为"江南九寨沟"的大黄江源等，因而享有"湘粤凉岛""天然氧吧"和"岭北生态画卷"之美誉。

阳明山以其秀美风姿，荣获"湖南省作协创作基地""百姓喜爱的'湖南百景'"（休闲类）、绿色中国环境文化示范基地、面积最大的野生杜鹃花基地（大世界吉尼斯纪录）、"国家水利风景区""国家森林公园""国家级自然保护区""国家4A级景区"等称号。

思考：阳明山以佛教文化冠绝湘南，被誉为"灵山福地"，但阳明山在全国的知名度不高。阳明山的佛教文化旅游文章怎么做？阳明山在打造佛教名山的同时，依托王阳明文化资源，做两岸交流的"和"文章，具有借鉴和启发意义。

[案例分析]

我国台北市旅游协会与永州市双牌旅游协会签订"两岸阳明山结为兄弟山"协议。由台湾省政要名流吴伯雄、宋楚瑜、蒋孝严、郁慕明以及联合国院秘书长安南等海内外人士题写的56幅"和"字，保存在永州阳明山，象征56个民族齐聚，亦传达海峡两岸期盼和平发展的美好祝愿。2000年，台胞林树南先生将珍藏了一生的《中华大藏经》捐给了阳明山万寿寺。

为了促进海峡两岸生态旅游的合作与发展，湖南省人民政府于2011年4月在永州阳明山国家森林公园举办第五届中国·阳明山"和"文化旅游节暨"首届两岸阳明山环境保护与生态旅游高峰论坛"，旨在进一步实现海峡两岸阳明山旅游资源的融合与互补，同时为两岸阳明山创造更多接触和交流的机会，促进双方的合作与发展。

阳明山在创新宗教文化旅游资源开发利用方面在以下三个方面做出了有益尝试：一是在佛教文化旅游上锦上添花；二是在旅游宣传营销上进行两岸合作；三是在旅游主题上，突出"和"文化。

 思考与练习

1. 请结合中国旅游资源的总体状况谈谈宗教文化资源的功能与作用。
2. 试以你所在地区的宗教景观为例，分析一下宗教文化旅游资源的特征与旅游价值。
3. 据媒体报道，国内有不少地方为了发展旅游业，在某个山洞里面或古树旁边随便塑个佛像（或神像），然后招徕不明就里的游客参观进香，收取费用。请结合本章内容分析一下这种现象的本质及危害。
4. 试举例说明在宗教文化旅游资源开发过程中，如何有效避免"同质化"竞争。
5. 结合现代旅游心理需求特点和技术创新成果，阐述如何提高宗教文化旅游资源开发的品位和魅力。

第八章 旅游宗教文化教学案例

引言

旅游宗教文化资源开发利用是当今旅游开发的热点,也是难点。本章选取的两个案例,分别从不同的视角,对宗教文化旅游资源开发利用的思路、方法与技巧进行了梳理和分析。

学习目标

了解宗教文化旅游资源开发利用的原理、方法及技巧。

第一节 以河南巩义河洛汇流景区为例

河洛汇流因其独特的地形地貌条件和深厚的神秘文化资源构成了旅游开发的先天基础优势,景区开发通过"真实文化——文化解读——文化展示——文化体验"的方式演绎、塑造"东方智慧,神秘家园"的旅游愿景。同时注重景区自然景观与生态保育,实现绿色巩义,和谐巩义的目标。

一、背景资料

河洛汇流所在地——巩义位于河南中部中岳嵩山的北麓,地处省会郑州与九朝古都洛阳之间。巩义历史悠久,是古代名人活动和墓葬的宝地。

河洛汇流的景观非常美丽,据清乾隆十年《巩县志》记载,县内有八景,其中本区就有四景:什谷异流、洛口春游、邙岭秋风、石窟晚钟。除这四景之外,洛河沿岸的田园风光,邙山顶上独特的黄土景观,黄河边上广阔的沙滩,河洛水面上的渔船等都是比较美丽的景观。登上神都山顶远眺,河洛汇流的壮观景象一览无余,西望黄河,浊浪滔滔,水从天上来,一泻东流去;南瞻伊洛,碧水如镜,岸柳婆娑,秀美绝妙,两水清浊交汇,河洛分明。

伏羲八卦台遗址位于洛口村东岭上的平台地,属新石器时代早期遗址。人祖伏羲在此创出八卦,成为河洛文化之根,中华文明之源。该古台遗址高出黄河50多米,呈椭圆形,东西长150米,南北宽100米。高台东侧下面有一个15平方米的洼地,叫"羲皇池"。隋文帝开皇二年(公元582年)于此敕建"羲皇祠"。元代樵国公曹锋为了弘扬古老文化,又于此建"河洛书院"。

神北大王庙是中国四渎之一的河渎庙,坐落在河洛汇流处的神北村北。此庙始建于唐,庙内供奉河伯及四海龙王,现存前门、正殿及戏楼各一座,为明清时建筑。目前已经修复一新。

河洛汇流处是河出图、洛出书、太极诞生、伏羲画八卦的地方,史载:黄帝、帝尧、虞舜、夏禹、商汤、周成王与周公等登基时,都曾在此沉璧祭天。因而河洛汇流处在历史上具有极其重要的地位,吸引着历代文人墨客、社会贤达、中外名人到此观景、怀古、凭吊、赋诗、作词,留下了大量的赋作和诗篇,形成了极其丰富的河洛文化。

二、思维通路:强化精髓,弱化鸡肋

(1)立足资源的本质,抓住产品的差异,把握市场的兴奋,最终形成河洛汇流的核心竞争力。

(2)河洛汇流现有的资源现状,近似五个手指、一盘散沙,只有通过掌心,捏紧五指,才能形成"拳头"概念,而不再是原来的资源概念,把河洛汇流现有资源整合形成产品,应采用"掌心"思路。

(3)通过对现有资源背后的"灵魂"挖掘,透过现象揭示本质。

(4)插上想象的翅膀,突出传统的思维边框,通过塑造典型象征物,将河洛汇流许许多多的精彩故事由"虚"化"实"。

河洛汇流景区文化指向多元,有新石器时代遗址文化、黄帝文化、源头文化等,每一指向似乎都有其理由、有其市场、有其优势和特色。诸多指向,如何抉择?方法只有一个:有的放矢,对准靶子再放箭,不是什么都去做。

我们强调不宜面面俱到,而是应该突出一点,强化精髓,弱化鸡肋,围绕一点,做足做大。根据"本质点+差异点+兴奋点=核心竞争力"的定位理由,我们将河洛汇流的(概念)主题定位为"东方智慧,神秘乐园",以东方智慧为魂(神),神秘文化为形,视神秘文化为河洛汇流最本质的资源。

三、方案聚焦

(1)中华文化源头主题。河洛汇流是中华文化之源,这种说法是近期提出的,并且主要作为一种学术观点,无法与早已约定俗成、流传广泛的那个源头在公信力、影响力等方面相提并论。河洛汇流文化源头说,只能说其重要性也相当突出,但缺乏典型性,影响力不足,代表性不够。

(2)与"三皇五帝"等神话相关的主题。一来缺乏新意,许多地方都有,俗套;二来不敏感,对于当代大多数游客而言,这一类定位指向有其局限性,不具有旅游需求的敏感性。

(3)神秘文化主题。第一,"神秘"是河洛汇流景区所反映的那个时期文化的时代特征、本质特征;第二,神秘文化是河洛汇流景区的文化敏感点;第三,神秘文化主题目前尚有市场空缺;第四,神秘文化主题定位可以把"巩义——中华文化源头"内容化、特色化,最大程度上实现差异化、个性化;第五,神秘文化具有最广泛的群众基础、市场基础,容易横空出世,满足游客新、奇、特的需求。

河洛汇流集中反映了中国的远古文化、上古历史,也基本上是史前时代的传说历史,是一种"创世纪"文化。而上古历史和远古文化的共性特征就是神秘色彩,上古时代总称为神话传说时代,其神秘特征自可想见。

无论是河图洛书,还是易学八卦,拟或君权神授,神秘文化背后的"灵魂",是中华民族特有的"智慧"。河图洛书、周易八卦,历来被人们称为自然奥秘之源,中国传统文化的活水源头。它无疑是东方智慧的集中体现,是中国人特有的东方智慧,发明创造了这样一种文化并且成为中国传统智慧文化的标志,也是最伟大的"圣经"。

"读懂"东方智慧,神秘文化就是河洛汇流最本质的资源,使河洛汇流有了与其他类似中华文化发源地产品上的差异性、不同点,使河洛汇流景区有了市场兴奋点。

四、实战纪实

(一)指导思想

站在国家崛起、民族振兴的高度,以"中华新文化建设"为出发点,全面贯彻落实中央"文化中国"精神,以河洛汇流旅游资源为基础节点,坚持市场导向,围绕主题,整合资源,着力突破制约发展的各种瓶颈,积极探索中国特色、巩义特点的文化旅游产业道路,充分演绎河洛汇流景区博大精深、具有东方特色的中华源头文化,深挖所蕴藏的精髓,坚持走"文化自主创新"道路,打造重量级龙头吸引物和超级发展平台,为国人献上丰富的文化与旅游双重大餐,把河洛汇流景区打造成为巩义文化与旅游"双名片"旅游景点。

(二)发展定位

1.(概念)主题定位

东方智慧,神秘乐园。

2. 产品定位

以发展高端休闲旅游产品为导向，开发大众观光体验旅游产品为基础，兼发展教育朝圣旅游产品，形成集朝圣、探秘、观光、休闲于一体，新观光、新体验、新文化、新休闲、新教育为主的复合型旅游产品。

3. 性质及功能定位

以华夏神秘文化为脉络，以文化展示、游赏和休闲体验为互动性的核心功能，兼具观光、教育、休闲、购物等功能的主题文化休闲旅游区。

改变传统旅游景点单一的观光功能，将河洛汇流景区打造成一个集展示、观赏、休闲、娱乐等多项功能于一体的具有深厚文化内涵特征的景区。

4. 主题景区发展模式

(1) 遗址公园+主题公园+文化博物馆。
(2) 神秘文化展示+游赏+休闲体验。

(三) 总体布局

1. 创意思路：天界·人界·地界

在中国神秘文化中有一个极其重要的现象，就是形成了系统的"天界""人界""地界"宇宙结构图式，并且强调天、地、人三界的合一，这对中国古代文化的世界观、人生观等产生了重大的影响。直到今天，三界的神秘观念仍在民间延续，并且也符合河洛汇流景区"汇流"的意义。

通过划分天界、人界、地界，进行整个景区山上、山下及水域的联动开发，配合景观的建设，达到空间连贯、景观交融和情景叙事完整，促进整个景区的全面开发和利用。

2. 总体布局结构："三元汇源"的"人"字形布局结构

将河洛汇流景区分为三个相互联系而又功能不同、主题形象特色突出的区域，即"天界"神都山文化朝圣观光游览区，"人界"神秘部落娱乐休闲游乐度假区，"地界"两河流域水上运动游乐休闲区。三个功能分区（即主题分区）汇"源"于一点，即中华文化源广场主题形象区。

功能分区（主题分区）一览表

序号	区域	名称	项目单元	主要功能	特色
1	山上	天界——神都山文化朝圣观光游览区	华夏神秘文化博物馆、创世路景区（点）、河洛天坛景区（点）	朝圣、观光游览、探秘	"圣"文章
2	山下	人界——神秘部落娱乐休闲游乐度假区	八卦城、广寒宫、神农百草园	娱乐、博览、休闲游乐、体验、购物度假	神秘文化文章

续表

序号	区域	名称	项目单元	主要功能	特色
3	水域	地界——两河流域水上运动游乐休闲区	中华和合园、仙岛浮槎	水上运动、休闲娱乐、文化体验	汇流(和)文章
4	广场	中华文化源广场主题形象区	景区大门、三皇大道、神鸟迎宾、天神之门、文化之"源"主题广场、景区管理中心、生态停车场、旅游购物市场	旅游集散、游客接待、导游服务、票房、管理、安保、停车等服务功能	"源"文章

(四)项目策划

1.中华文化源广场主题形象区

(1)规划范围:进入河洛汇流景区处。

(2)功能定位:作为枢纽,主要承担旅游集散、游客接待与导游服务功能,同时承担票房、管理、安保、停车等服务功能。

(3)规划思路。

①本区不仅作为一般景区的入口,满足出入门户、迎来送往的管理、集散需求,并且创造性地通过几组浑然一体的主题景观达到整个河洛汇流景区开篇点题、破题的作用,形成对游园行为的强烈吸引,也在规划思路上把它作为一个景区吸引物进行立意思考。

②做"源"(中华民族发源地和文化发祥地)文章:体现"源"主题,做足"源"文章。

(4)布局结构:本区采用直线形与阶梯形相结合的结构布局方式。

(5)旅游主题:中华民族(中华文化)发源地。

(6)旅游形象:中华文明之源,中华文化(神秘)之根。

(7)规划项目:景区大门、三皇大道、神鸟迎宾、文化之"源"主题广场、天神之门、景区管理中心、旅游购物市场、生态停车场。

2.天界——神都山文化朝圣观光游览区

(1)规划区域:神都山。

(2)发展定位。

以华夏神秘文化中的"天界"来规划发展定位,充分利用神都山作为上古帝王祭天圣地这一资源特征和优势,形成"天"系列,打造"天"文化。确立文化朝圣观光游览区的框架,并在此基础上,以大手笔和高品位的建设点明华夏神秘文化这一主题,成为既有视觉冲击力,又蕴含深厚文化底蕴的神秘文化之"天"特色主题文化游览区。神都山是整个河洛汇流景区的标志和当之无愧的"圣地"。

(3)规划思路。

在中国神秘文化的宇宙构架中,"天界"是各路天神居住的地方。在"天界"中存在着许许多多专门的概念和范畴,统称为"神秘观念",它们构成了神秘文化事象的基石。因此,在考虑该区块的建设时,应以中国神秘文化观念的展示为主题和灵魂。

(4)旅游形象:天上人间,神秘无限。

(5)功能定位:朝圣、观光、游览、探秘。

(6)规划要点。

①整体风格统一,营造神秘感、"天"的威严感和崇高感,凸显庄严、肃穆、神圣的气氛。

②与原有的景观、植被相和谐,营造天人合一的和谐美感,保持高品位的文化氛围,建设高品位的文化景观。

③紧扣神秘文化"天"这一主题,多重点题,展现出应有的气势。

(7)布局结构:形成以河洛天坛为核心的"点线面"发展格局(见下表)。

天界——神都山文化朝圣观光游览区布局结构

点	华夏神秘文化博物馆	神秘观念馆、神秘符号馆、预测馆、巫术馆、方技馆、休息茶座
线	创世路景区(点)	"天道"系列(天门、天道、天梯、天堃)创世纪之路
面	河洛天坛景区(点)	天籁广场、河洛天坛、九天阁、天上人街、摩崖石刻、天皇宫

3.人界——神秘部落娱乐休闲游乐度假区

(1)规划区域:山下区域。

(2)规划思路。

在华夏神秘文化中,与天、地、人三界划分关系最密切的是沟通天地的人。人通过神山、神木、龟策、灵性动物、舞乐以及各种药物来沟通天地。因此,该区块以表演项目、游乐活动、娱乐休闲为主,让游客体验华夏神秘文化的魅力所在。

(3)功能定位:娱乐、博览、休闲、游乐、体验、购物、度假。

(4)旅游形象:神秘部落,人间仙境。

(5)发展定位。

本区是以"神秘部落"为产品元素和概念提炼组织的区域,既有与河洛汇流整个产品的一致性、协调性,同时又有相对独立性,把娱乐、学习、休闲、购物、文化体验等功能有机结合,突出观赏性、娱乐性、参与性。如果说,神都山突出的是观光朝圣,是静,那么,神秘部落强调的是全过程参与、全过程体验,突出广阔,真正把河洛汇流文化娱乐化、产品化,充分考虑如何吸引游客,最大限度地体现项目的时代性、参与性、差别性。增强冲击力、震撼力和吸引力。本区在某种程度上就是一个独立的神秘部落小型主题公园,但避免了高投入。

(6)发展模式。

①展示+博览+项目+活动+表演+节目。

②新文化、新形式、新体验。

(7)旅游愿景:中国神秘部落第一村。

人界——神秘部落娱乐休闲游乐度假区

八卦城	八卦村、傩舞演艺中心、八卦文化广场、娲皇祠、东方智慧园、神秘部落、观星台、九宫游戏屋
广寒宫	广寒宫度假村、旅游景观房产、乡村度假村
神农百草园	洪荒植物园、农业园、果香园、神木园

4. 地界——两河流域水上运动游乐休闲区

(1)规划区域:河洛汇流滨水区域。

(2)规划思路。

华夏神秘文化的"三元"宇宙构架中,地界囊括了与人相关的生物和无机物。该区块以水为最基本也是最重要的元素,规划形成河洛汇流以水为特色和主题的滨水休闲活动区域。

(3)功能定位:水上运动、休闲、娱乐、文化体验。

(4)发展定位。

依托黄河与洛河,凸显资源特色,形成"和合"主题,做足"汇流"文章。

(5)旅游形象:根在河洛,和合祈福。

地界——两河流域水上运动游乐休闲区

中华和合园	中华和合园纪念广场(碑)、中华福园、龙马负图、神龟负书、中华神州百姓坛(神州百姓坛、神州水土堂)、巩氏古国
仙岛浮槎	祈福水榭、河滩烧烤、渔猎祭祀、黄河沙滩、河洛泛舟、河渎庙

5. 节庆:聚焦平台

河洛汇流景区发展必须要有依托、要有平台,方能聚焦。

(1)东方智慧论坛。

以"东方智慧"为主题内容,在河洛汇流景区举办论坛,打造中国传统文化活动的第一"盛地"。

(2)中华百姓节。

弘扬中国传统文化,光大姓氏文化,将是中华民族的大事,也是全球华人的大事。

五、经验分享

文化旅游不同于生态旅游。文化旅游需要阅读文化,并且能不能"读懂",是不是"读懂",成为文化旅游策划成功与否的基础。读懂了,豁然开朗;读不懂,一筹莫展。以河洛汇流景区为例,你可以说它的资源散、乱、弱、小,但不是没有文化,而是你没有去认真阅读;你可以说它充斥迷信,但不是没有科学,而是你没有办法、没有水平真正读懂。读懂了,你就会恍然大悟,原来资源背后那是一种文化,并且是一种典型的再也不能典型的上古创世纪原始神秘文化。以下为河洛汇流概念性规划相关示意图。

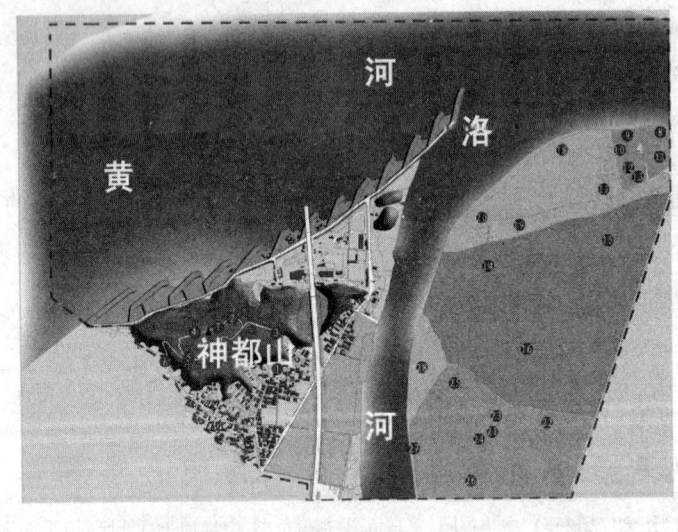

河洛汇流概念性规划总平面图

第八章 旅游宗教文化教学案例

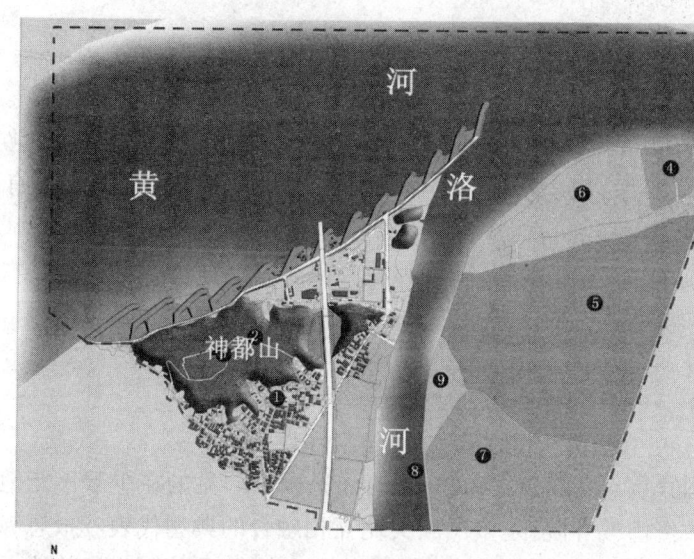

1 华夏神秘文化博物馆
2 创世路景区
3 河洛天坛景区
4 八卦城
5 广寒宫
6 神农百草园
7 中华和合园
8 仙岛浮槎
9 中华文化源广场

河洛汇流概念性规划项目布置图

规划提出"三元汇源"的"人"字总体布局结构，将河洛汇流景区分为三个相互联系而又功能不同、主题形象特色突出的区域。三个功能分区汇"源"于中华文化源广场主题形象区。

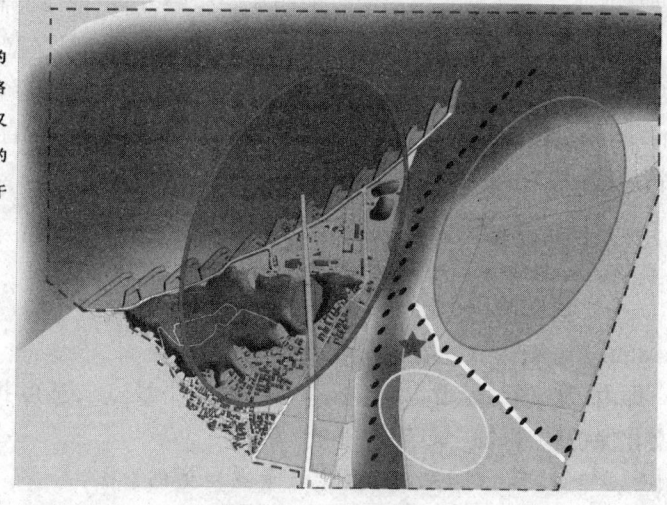

 天界：神都山文化朝圣观光游览区　　　　　人界：神秘部落娱乐休闲游乐度假区

地界：两河流域水上运动游乐休闲区　　 广场：中华文化源广场主题形象区

河洛汇流概念性规划功能分区图

第二节 以四川平武报恩寺为例

平武报恩寺是国家重点文物保护单位,资源级别高,和青海瞿昙寺、北京智化寺同为国内仅有的保存完整的明代早期官式寺庙建筑实例,资源具有稀缺性。

旅游发展存在的问题主要是设施、环境和服务落后,行、住、食、游、购、娱六要素均有待改进,游览项目欠缺,缺少参与性强、趣味性强、娱乐性强的旅游项目,文化内涵挖掘展示不够。

一、背景资料

平武报恩寺是国家重点文物保护单位,同时还是国内罕见的在少数民族地区的汉式建筑风格的藏传佛教寺院,是多民族文化互相融合的典型代表。报恩寺是明代汉人担任的地方土司奏请皇帝建造的,历时二十年完成,是当时多民族边远地区特殊政治制度的重要历史见证。

报恩寺建筑群为罕见的明初官式寺庙遗物,完整地保存了明代始建时的布局,各建筑单体只作过局部修缮,也基本保持了始建时的原状。寺内转轮藏,与北京智化寺藏殿的转轮藏同为国内罕见的明代转轮藏,历史价值极高。

寺内附属文物是文物建筑建造活动的重要证据,现存壁画、泥塑、装饰琉璃及室内陈设等大多数制作于建寺之始,其中大部分都基本保存完好,尤其是大雄宝殿内的"当今皇帝万万岁"供牌与山门的"敕修报恩寺"匾额,直接反映出由明代正统皇帝下令敕修报恩寺的史实,具有很高的历史价值。

二、思维通路

(一)创意思路

1.由景点到景区

即由现今的国家重点文物保护单位这一"景点",适度扩大范围,发展成为历史文化保护区,也即"景区"。

2.由寺庙文化到文化寺庙(宗教景点到文化景点)

即由现在的寺庙文化发展定位(寺庙)向多元文化的文化寺庙发展定位转型,报恩寺成为反映历史上平武多元文化的载体,原作为主体的宗教文化将成为规划后多元文化的一个子系列。

3.由文保型发展道路到文化型内涵式发展道路

报恩寺旅游发展的关键在于其历史文化魅力,从其历史过程即遗存现状来看,其最有影响、最有代表的首先是明清时代平武的社会政治文化,其次是宗教文化、报恩文化、民族文化和民俗文化。而宗教文化、报恩文化、民族民俗文化等都从属于明清时代平武的社会政治文化。从目前来看,报恩寺旅游基本处于未开发状态,缺少明晰的旅游主题和旅游重点,也尚未开展真正意义的旅游项目。文化载体严重不足,文化内涵的挖掘整理及展示解说均亟待深入。

报恩寺旅游应走文化型内涵式发展道路,凸显文化特色和文化主题。

4. 由点到面,由局部到总体的景观构成

规划从景观吸引力的角度进行有机组合,形成各有侧重,各有内容的多元化景观面系列,既保证各资源独立成景,又将主题相近、类型相似的多景点组合成景观面。

5. 进一步体现"形体交融"的文化主题立意

寺庙建筑是"形",寺庙展示的平武历史文化是"体",通过复兴报恩寺功能,采用旧瓶装新酒的形式,将报恩寺建设成传统寺庙空间形态与多元特色文化及现代功能和谐共处的平武历史文化特色区。

(二) 发展定位

1. 旅游概念

项目开发的基本概念:以突出土司府衙——"西京故宫"这一独特的品牌概念为核心,构建以政治、宗教、民族、民俗为产品元素的体验文化,营造文化与旅游、历史与现代、科学与传说以及民族文化、民俗文化景点融合的知识学习型与参与体验型白马藏族民族民俗风情主题景区。

2. 发展主题

白马藏族民俗风情。

3. 发展目标

由"西京故宫"这一唯一性的卖点入手,打造"西京故宫"的名片效应,借由动态与静态两种途径,让游客通过各种活动或吸引物来感受和体会其中多姿多彩的历史文化内涵,形成以白马藏族民族风情为主体,"西京故宫"为营销卖点,宗教文化为主要载体的全景式、立体化、综合文化博览的景区特色,以及以休闲、游憩参与、观光及保护为产品要素的知识学习型与参与体验型结合的绵阳市文化旅游精品景区、示范景区、特色景区。

三、实战纪实

(一) 旅游吸引物系统

报恩寺旅游吸引物系统围绕西京故宫这一主题形象,由"族""区""寺""堂""场""街""景"构成。

①族：即白马藏族少数民族。这是报恩寺存在及西京故宫出现的根基，没有白马藏族，也就不会出现平武的土司、平武的报恩寺。所以，白马藏族少数民族风情是报恩寺旅游发展的主体和灵魂，渗透于各个旅游活动和旅游景点，是"软"景观，却是最有吸引力的"活动力"。

②区：即以报恩寺为核心，同时整合王玺公衙遗址（西京故宫）等在内的历史文化主题园区。

③寺：即报恩寺。

④堂：即复建的西京故宫（王玺公衙遗址公园）。

⑤场：报恩寺广场。

⑥街：具体再现历史文化风貌及民族民俗风情，使人们感受文化，体验历史氛围之所在，由特色街、商业街、传统民居街构成。

⑦景：为西京故宫民族风情风貌具体代表，由西京故宫、大雄宝殿、万佛阁、钟楼、广场等组成。

(二)规划内容

1.结构布局

(1)三大层次结构：核心景区、主题园区和扩展街区。

①核心景区。核心景区即以报恩寺为主体的核心形象与品牌景观。报恩寺作为重要的文物遗产资源和品牌形象载体，必须加以重点保护，保持其文物状态不被破坏或改变，达到文物保护与资源合理开发的根本目的。因此报恩寺的旅游发展强调了宗教的神秘性与当地民俗人文色彩的融合和统一；即通过典型的"旧瓶装新酒"的局部展示与陈列内容的充实和调整，重塑景观与功能结合的文化特色，但必须突出西京故宫的主体形象。

②主题园区。是作为二期以西京故宫（王玺公衙遗址公园）为主体的"故宫"文化博览和传播以及体验的主题园区。

③扩展街区。是对于上述两大核心景观资源的必要延伸以及民俗文化现代主题的丰富拓展和时代内涵的空间发挥，也是着重打造知识学习型与参与体验型的新型旅游产品组合的重要展示。主要包括报恩门广场、商街及酒店、餐饮设施等。

(2)四大功能区分区。

即以上三大层次结构规划描述的具体化或功能细化的四个功能分区。

规划结构布局简表

四大功能分区	面积	核心功能
核心景区——报恩寺宗教文化观光博览区	26 500 平方米	文物保护、宗教文化博览知识学习

续表

四大功能分区	面积	核心功能
主题园区——西京故宫（王玺公衙遗址公园）主题博览体验区	23 100平方米	文化博览、文化体验、文化休闲
扩展街区Ⅰ——报恩门广场	22 000平方米	集散、休闲、体验
扩展街区Ⅱ——综合服务区	18 400平方米	商务、服务接待

2.景区景点规划

（1）报恩寺宗教文化观光博览区。

①一寺——报恩寺。价值评估得分较高的文物建筑景点有山门、天王殿、大雄宝殿、万佛阁一层、华严殿、大悲殿、南斜廊、北斜廊、南碑亭、北碑亭，对这些景点不改变建筑本体及附属文物的原状，真实地展示自身的历史形象，进行文物本体展示。万佛阁二层出于保护需要，暂不对一般游客开放，仅对专业人员进行有限开放。

②一殿——王玺公衙大殿。王玺公衙大殿内展示新制玉佛，展示内容与建筑本体及报恩寺无关，对大殿进行复原或重建，将增添一笔浓厚的人文色彩，作为一种民间广为流传的土司故宫文化的历史溯源或历史重现，其民俗基础和民间文化影响力将不言而喻。景点的主体建筑基本成型，但其内涵构建及形式设计尚待完善。除了安排土司公衙大堂的特殊建置陈列外，还需大力配以政务活动或仪式主持，以及民族习俗的歌舞巡礼等文化参与性内容，使之打造成为民族土司政治文化经典。

③一坛——感恩坛。感恩坛的构思，取之于北京天坛历朝祭天膜拜的历史寓意，影射天地之间，或父子之间、师生之间之脉相，正对前庭且可拾级而上，呈半圆弧形和放射状的三级台殿或观廊，有象征众星座的石兽守护，使游客产生太阳与众神相守圣殿的联想。

④一馆——中国第一个报恩文化展示陈列馆。主题创意：集报恩、知恩、感恩文化于一体，展示报恩、感恩文化经典，全景式解读报恩文化脉络，着重挖掘报恩文化内涵，展示报恩文化的当代美，打造感恩文化之旅和中华美德文化之旅。

⑤一钟——改造原有钟楼。从民间收集一些明清时期的古钟，并敬铸"报恩""祈愿""永昌"三口仿古钟。钟楼恢宏的钟声将祝愿祖国昌盛富强，祝愿游客阖家幸福、吉祥如意。

⑥一树——祈愿树。人们在报恩寺宗教文化博览区中观赏徜徉，既能体验到深厚的文化底蕴，还可以在祈愿树上挂上祈愿牌以表达对未来的追求，对明天的祈

祷以及对亲人朋友的祝福和感激。

(2)西京故宫(王玺公衙遗址公园)主题博览体验区。

王玺公衙遗址是平武县县城区域重要的建筑群落，集中体现了地方土司原有的行政管理系统，具有较高的历史价值。

挖掘展示土司地方行政文化及平武少数民族文化，打造以西京故宫为卖点的王玺公衙遗址文化园区。依托公衙遗址、遗迹，挖掘、整理、研究和展示土司文化，打造土司故宫文化区，为旅游的发展提供一个新的空间和形象的支撑点。西京故宫以公衙遗址为主体，形成完整的故宫文化旅游序列。建成融历史文化博览、特色商业、餐饮休闲、传统民俗为一体的土司故宫文化第一园。

(3)报恩门广场。

①报恩门广场是报恩寺文化旅游区的形象和窗口，结合西京故宫(王玺公衙遗址公园)的立项和报恩寺的流程再造，形成商业街—广场—殿衙—报恩寺的传统空间序列格局，形成报恩寺文化旅游观光的物质场景。

②规划措施。主要分成两大功能区：广场主题景观区和公共活动集散区。

A.广场主体形成开阔的市民活动休闲空间，作为报恩寺的主入口广场，气势壮观，景观丰富，主要功能为集散、活动、表演、停车。

B.主题景观区将形成一个以报恩为主题的标志性景观雕塑群。主要景观有：报恩巨雕、报恩牌匾及报恩题词，形成风格独特的报恩主题文化、商业和旅游休闲景观。

C.修建一座巨大壮观的赭红照壁，一方面用于分隔停车场和主题景观区，起到一定的遮蔽和装饰作用；另一方面作为主题景观区整个景观雕塑组群的序幕，给人一种庄严雄伟之感，让人感受到由隐蔽转而"豁然开朗"的视觉、心理效果。

(4)综合服务区。

报恩寺广场左侧及前街是代表性的特色地段。但大部分建筑维修过后，色彩和形式与其原貌不符。在尺度与形象上，打破了传统和谐的道路景观；另一方面，商业、文化功能的发展，使得整个报恩广场不能形成有效一致的氛围，并且从根本上无法形成有效的商业效应。

在保护的基础上，恢复左侧沿街的传统风貌，前街的商业功能，营造宜人的环境与氛围，发展与报恩有关的特色商业、休闲与旅游，以展示寺前广场区域作为一个整体的商业中心、富有人文氛围的历史环境风貌。

四、规划项目

1. 民族街

分别由游客中心和购物街市组成。

(1)游客中心。

是景区的主要接待服务单位,设置游客问询处,导游服务中心,并配置通信服务处、网络服务处、游客休息室。

(2)购物街市。

以西南各少数民族为主体,形成一族一房一主题一内容的特色商业店铺格局,展示并出售各少数民族的特色商品。

2.休闲街

即寺前广场前街,规划形成以少数民族为特色内容的餐饮、休闲、商业街。

报恩寺兴盛的香火带来了人气。因而这里形成了寺庙禅院林立、街市里巷遍布、庭院作坊汇集的商业核心街区,形成了独特的宗教文化、民族风情和民间世俗紧密结合的休闲生活方式。风云在此际会,商贾在此云集,尽显良好的商贸发展氛围。

尤其在报恩庙会期间,各种传统特产和地方美味如麻婆豆腐、豆花和蒸菜、师友面、冷啖杯、汤圆、烧卖、珍珠丸子、烧鸭子、米花糖……使得休闲街区商业发展兴旺。

五、经验分享

宗教文化旅游资源开发利用应注重三方面的结合,一是开发利用与保护的结合,二是旅游与文化的融合,三是宗教与民俗的结合。

思考与练习

1.河洛汇流景区文化的神秘性体现在哪里?

2.平武报恩寺旅游开发各有哪些优势和劣势?

责任编辑：张　萍

图书在版编目（CIP）数据

旅游宗教文化/沈祖祥主编．—北京：旅游教育出版社，2000.7（2021.1）
ISBN 978-7-5637-0873-4

Ⅰ．旅… Ⅱ．①沈… Ⅲ．①宗教文化-概况-中国 ②旅游-关系-宗教文化　Ⅳ．B928.2

中国版本图书馆 CIP 数据核字（2000）第 35722 号

普通高等教育"十二五"国家级规划教材
高等职业教育旅游专业基础课教材

旅游宗教文化
（第 6 版）

沈祖祥　李萌　主编

出版单位	旅游教育出版社
地　　址	北京市朝阳区定福庄南里 1 号
邮　　编	100024
发行电话	（010）65778403 65728372 65767462（传真）
E - mail	tepfx@163.com
排版单位	北京旅教文化传播有限公司
印刷单位	北京市泰锐印刷有限责任公司
经销单位	新华书店
开　　本	720 毫米×960 毫米　1/16
印　　张	15.5
字　　数	245 千字
版　　次	2017 年 6 月第 6 版
印　　次	2021 年 1 月第 3 次印刷
定　　价	30.00 元

（图书如有装订差错请与发行部联系）